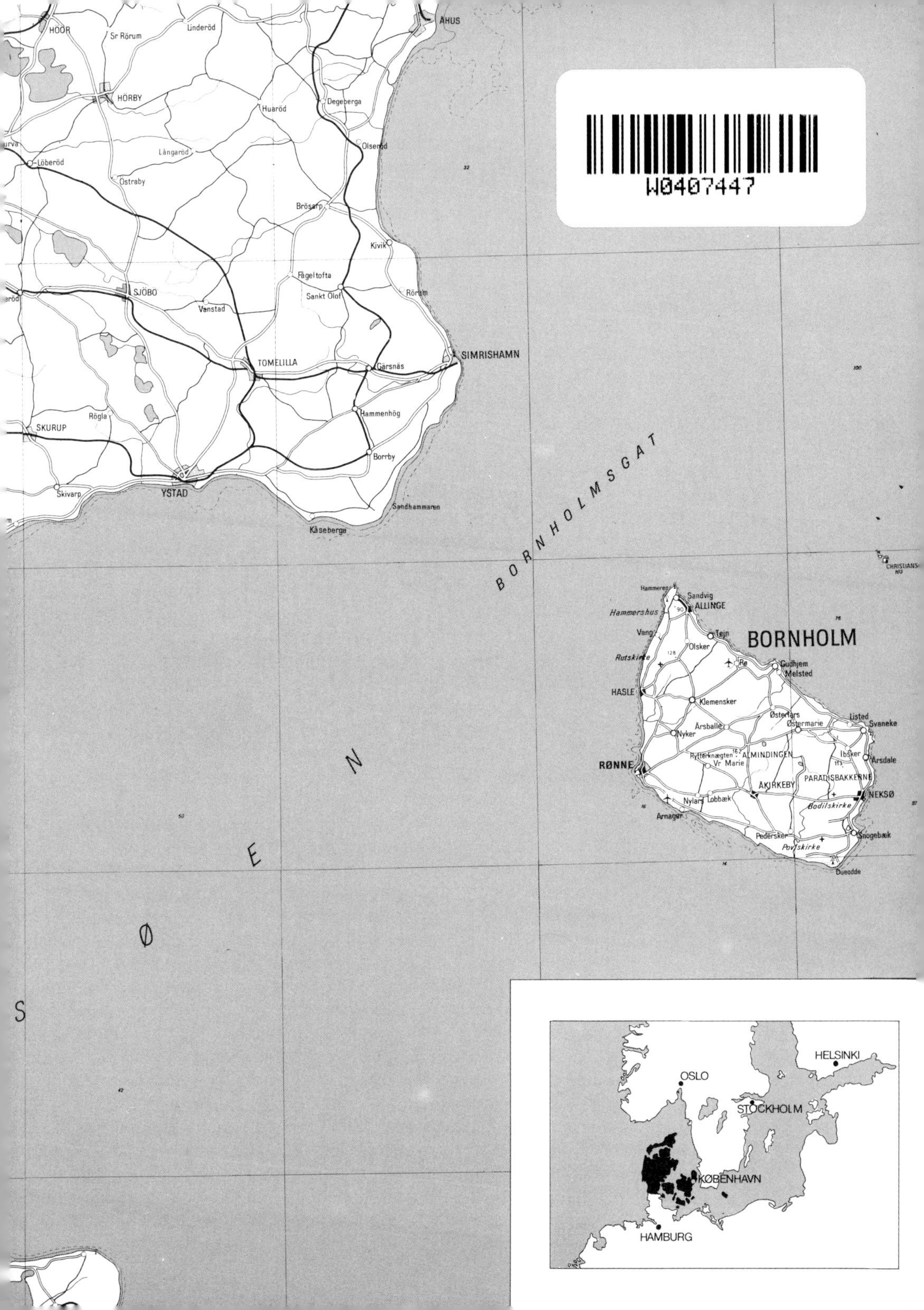
HÖÖR
Sr Rörum
Linderöd
ÅHUS
HÖRBY
Huaröd
Degeberga
Olseröd
Långaröd
Löberöd
Östraby
Brösarp
Kivik
Fågeltofta
SJÖBO
Vanstad
Sankt Olof
Rörum
TOMELILLA
Gärsnäs
SIMRISHAMN
Rögla
Hammenhög
SKURUP
Borrby
YSTAD
Skivarp
Sandhammaren
Kåseberga
BORNHOLMSGAT
Hammeren
Sandvig
ALLINGE
Hammershus
Vang
Tejn
BORNHOLM
Olsker
Rutskirke
Rø
Gudhjem
Melsted
HASLE
Klemensker
Østerlars
Listed
Østermarie
Svaneke
Årsballe
Nyker
Ibsker
Rytterknægten
ALMINDINGEN
Årsdale
RØNNE
Vr Marie
ÅKIRKEBY
PARADISBAKKERNE
NEKSØ
Nylars
Lobbæk
Bodilskirke
Arnager
Pedersker
Snogebæk
Povlskirke
Dueodde
N
E
Ø
S
HELSINKI
OSLO
STOCKHOLM
KØBENHAVN
HAMBURG

BORNHOLM
Gestalt - Geschichte - Kultur

BORNHOLM

Gestalt - Geschichte - Kultur

Redaktion Bent Rying

WACHHOLTZ VERLAG

Bornholm. Gestalt - Geschichte - Kultur
ist übersetzt nach
»Bornholm med Ertholmene«, 2. Auflage
in der Serie Gyldendals Egnsbeskrivelser
von Gisela Perlet.

Das Buch ist gesetzt mit Intertype Times und
gedruckt im Offset von Th. Laursens Bogtrykkeri A-S, Tønder.
Umschlag nach einem Foto von Inga Aistrup. Motiv: Die Bucht
unterhalb von Hammershus mit den »Kamelköpfen« und den
»Löwenköpfen«.
Fotografien: Sven Thoby, Frede Kjøller, B. Ilsted Bech,
Arthur Christiansen, Ole Klindt-Jensen, Arne Larsen,
S. A. Andersen, A. E. Kofoed, Ib Henriques,
Nationalmuseet, Museet for Danmarks Frihedskamp.
Kartenzeichnungen: Ejnar Nielsen und Lotte Tranekjær.
Grundlage der topographischen Karten sind Karten des
Geodätischen Instituts.
Typographie und Einband: Austin Grandjean.

Deutsche Ausgabe: Karl Wachholtz Verlag, Neumünster
Printed in Denmark 1981.
ISBN 3 52906172 7

Hauptredakteur: Presseattaché Bent Rying
Redaktion: Alice Kennebo

MITARBEITER

Museums-Kustos a.D. Ellen Andersen · Volkstracht
Oberlehrer Frede Kjøller · Landschaftsformen
Diplomingenieur Jørn Klindt · Geschichte · Bauart
Professor Dr. phil. Ole Klindt-Jensen · Vorgeschichte
Oberlehrer A. E. Kofoed · Die Ertholme
Lektor cand. mag. Arne Larsen · Geologie · Pflanzenleben · Tierleben
Propst cand. theol. Viggo Nielsen · Religiöse Strömungen
Museums-Kustos cand. mag. Erik Skov · Kirchen
Schriftsteller mag. art. Chr. Stub-Jørgensen · Sagen und Aberglauben
Oberlehrer Th. Sørensen · Städte · Erwerbsleben

INHALT

BORNHOLM - DIE FELSENINSEL ACHTER DÄNEMARK

Lage Geographisch unkundige Leute - selbst in Dänemark - werden häufig durch viele, vor allem ältere Karten zu der Annahme verleitet, daß Bornholm als einzige von den fünfhundert grünen Inseln Dänemarks irgendwo hoch oben bei Schweden zu suchen sei, ja, einem Leitartikelschreiber unterlief es sogar einmal, von der »Millionenstadt fern in der äußersten östlichen Ecke« zu schreiben, denn er war der Meinung, »Bornholm liege in einem schwarzen Rahmen oben bei Göteborg«. Der Vermessene ist seitdem in Sack und Asche und hat versprochen, so etwas nie wieder zu tun - und davor schützt ihn ein täglicher Blick auf den Denkzettel über seinem Schreibtisch, wo mit freundlichen Grüßen von Kollegen auf Bornholm beistehende Karte von Dänemark hängt, auf der für ihn alles Dänische wieder dänisch ist.

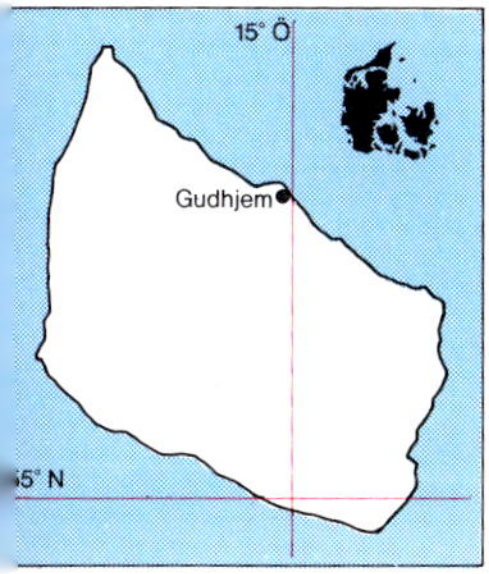

Ohne jede Rücksicht auf den Wunsch der Kartographen nach Platzeinsparung liegt Bornholm 55° nördlicher Breite und 15° östlicher Länge, also im Ausgang der Ostsee auf gleicher Länge mit dem schwedischen Blekinge und gleicher Breite mit der dänisch-westdeutschen Landesgrenze. Hier, im Schutz von Schonen, fast wie eine Schiffsjolle weit achtern im Meer, verbirgt sich Dänemarks einsame Felseninsel im Osten, die in ihrer isolierten Lage in dem ausgedehnten Königreich nur von den Färöern und von Grönland übertroffen wird. »Es ist weit weg«, sagen die Leute gern, aber »Wovon?« entgegnen die Bornholmer, die ringsum am Horizont zumeist nur Himmel und Wasser sehen. Møn, der nächste Punkt des übrigen Dänemark, das aus ihrer Sicht am äußersten Rand der Ostsee liegt, ist 135 km in gerader westlicher Linie von Bornholm entfernt, während die Luftlinie zwischen den Hauptstädten Rønne und Kopenhagen über Schonen 145 km und der Seeweg 180 km betragen. Am nächsten benachbart ist die schwedische Küste, und bei klarem Wetter ist über das knapp 40 km breite Hammerwasser Sandhammaren auf der Südostspitze von Schonen zu erkennen. Nach Süden sind es etwa 90 km zur polnischen Hafenstadt Szczecin (dem ehemaligen deutschen Stettin), die westlicher liegt als jede Stadt auf Bornholm, und nach Rügen ist es etwa ebenso weit. Ostwärts sind es ca. 300 km zur Küste der Sowjetunion, bis zur Gegend von Kaliningrad (dem früheren Königsberg).

Wenn man ein Bild von Bornholms geographischer Lage geben will, dann gehört dazu schließlich auch ein kleines Rechenkunststück. Da sich die Insel auf 55° nördlicher Breite befindet, beträgt der Abstand zum Äquator 55x111 km = 6.105 km und der Abstand zum Nordpol 35x111 km = 3.885 km.

»Gudhjem-Zeit« Anders ausgedrückt: Die Sonne geht auf Bornholm fast eine halbe Stunde früher als an der Westküste Jütlands und 10 Minuten früher als in der Hauptstadt Kopenhagen auf und unter, doch freilich hat Bornholm die genaueste Sonne und damit die genaueste Uhrzeit. Da der 15. Längengrad genau durch *Gudhjem* verläuft, verfügt Bornholm über den einzigen Ort in Dänemark, ja in der gesamten EWG sowie Norwegen und Schweden und vielen anderen Ländern, wo die Sonne Punkt 12 Uhr am höchsten und genau im Süden steht. So wundern sich zumindest die Einwohner des idyllischen Fischerstädtchens keineswegs darüber, daß die sogenannte *Mitteleuropäische Zeit* (die genau vom 15° östlich gelegenen Meridian aus berechnet wird) häufig auch *Gudhjem-Zeit* genannt wird.

Größe Bornholm ist mit seinen 588 km² - die 0,38 km² der *Ertholme* einbegriffen

- etwas größer als Falster und damit die fünftgrößte der dänischen Inseln, größer sind nur Seeland, die Nordjütische Insel, Fünen und Lolland.

Die Insel hat die Form eines verschobenen Rechtecks, dessen Ecken durch *Hammeren* (im Norden), *Svaneke* (im Osten), *Dueodde* (im Süden) und *Rønne* (im Westen) gebildet werden. Wegen der kompakten, geschlossenen Form, der besondere Einschnitte oder Vorsprünge fehlen, sind die Abstände kurz. Die *Küstenlinie* mißt 141,4 km, und von Hammeren bis Dueodde sind es ca. 40 km, von Svaneke bis Rønne ca. 30 km, die Entfernung zwischen Nord- und Südküste beträgt im Durchschnitt ca. 20 km.

Die *Ertholme* - nach der größten Insel zumeist *Christiansø* genannt - liegen 18 km nordöstlich von Gudhjem und 20 km nördlich von Svaneke.

Kilometerentfernungen von Rønne

16	Åkirkeby	29	Ibskirke	18	Rø Plantage
13	Årsballe	18	Jons Kapel		(Forsthaus)
35	Årsdale	12	Klemenskirke	24	Salene
25	Allinge	4	Knudskirke	23	Sandkås
14	Almindingen	10	Lobbæk	27	Sandvig
32	Balka	26	Louisenlund	5	Skovly (Blykobbeåen)
26	Bodilskirke	30	Nexø	30	Snogebæk
27	Bølshavn	7	Nykirke	24	Stammershalle
29	Dueodde	9	Nylarskirke	30	Svaneke
24	Egilsholm (Ferienkolonie)	20	Olskirke	23	Tejn
20	Finnedalen	32	Paradisbakkerne	4	Vandmøllen
27	Gryet	21	Pederskirke		(Blykobbeåen)
25	Gudhjem	25	Povlskirke	18	Vang
23	Hammershus	26	Randkløve	9	Vester-Mariekirke
11	Hasle	16	Rutskirke	20	Øster-Larskirke
21	Helligdommen	19	Røkirke	22	Øster-Mariekirke

Höchste Punkte

Rytterknægten in Almindingen, 162 m über dem Meeresspiegel, Dänemarks zweithöchster Punkt, mit dem Aussichtsturm *Kongemindet* 184 m hoch und nur 1 m niedriger als Ejer Bavnehøj mit Turm im mittleren Jütland.
Rutsker-Kirchhüfgl, 131 m.
Simblegårdsbakken in Klemensker, 127 m.
Lehns Klint in Østerlars, 119 m.
Slamrebjerg in Bodilsker, 91 m.

Bevölkerungszahl

Am 1. Juli 1979 hatte Bornholm 47.843 Einwohner, davon 124 wohnhaft auf Christiansø. Der jährliche Bevölkerungszuwachs von 0,3% entspricht völlig dem Landesdurchschnitt. Die *Bevölkerungsdichte* - 81,4 pro km² gegen 118,8 in Dänemark insgesamt - ist geringer als auf Seeland, Fünen und in Ostjütland, jedoch größer als auf Lolland-Falster und im übrigen Jütland.

Der Name der Insel

Zum erstenmal wird Bornholm - wie übrigens auch Dänemark *(Denemearc)* - um das Jahr 900 in einer angelsächsischen Reiseschilderung eines Mannes namens *Wulfstan* erwähnt und in König *Alfreds des Großen* Übersetzung der lateinischen Weltgeschichte des Spaniers *Orosius* hinzugefügt. Er benennt die Insel *Burgendaland.* In alten isländischen Quellen wird sie als *Borgundarholm* bezeichnet. Man hat beide Namen in Verbindung mit dem wandernden Volk der *Burgunder* gebracht, die zu Beginn unserer Zeitrechnung um die Oder-Mündung, also in der Nähe Bornholms wohnten. Da der Ortsname *Borgund* jedoch mehrfach in Skandinavien vorkommt, waren andere der Meinung, daß die Zusammensetzung Borgundar-holm (holm =

Insel) die Insel Borgund - vielleicht »Insel mit Hochburg« oder schlicht und einfach »die hohe Insel« - bedeuten müßte.

Gegen Ende des Mittelalters fielen im Dialekt die Endsilben -und und -ing zusammen, und dadurch entstand die Schriftform *Borringholm*, die der heutigen bornholmischen Aussprache entspricht. Noch im 18. Jahrhundert war diese Schriftform im offiziellen Sprachgebrauch allgemein üblich, danach wurde sie von der heute verwendeten Form *Bornholm* abgelöst, die deutsche und holländische Karten schon lange Zeit vorher benutzt hatten.

In der romantischen Periode zu Beginn des 19. Jahrhunderts dienten die archaisierenden Formen *Borgunderholm/Borgundarholm* poetischen Zwecken, ähnlich wie Sjølund für Seeland. So komponierte ein Lehrer Beyer aus Rønne im Jahre 1824 ein Lied »Borgundarholm aus Arilds Zeit«, das zeitweise die Beliebtheit einer Art bornholmischen Nationalhymne gewann.

In einem Skaldengedicht kurz vor dem Jahre 1000 und auf einem schwedischen Runenstein etwa aus der gleichen Zeit findet sich die Benennung *Holmr* (Insel). Um das Jahr 1075 gebraucht der gelehrte *Adam von Bremen* in seiner Reisechronik über Dänemark die latinisierte Form *Holmus*, und bei den Fischern zu beiden Seiten des Hammerwassers kann man die bestimmte Form *Holmen* noch immer hören.

DIE BORNHOLMER

Die Bornholmer selbst pflegen ihre Insel jedoch zumeist »das Land« *(Landet)* zu nennen, während sie mit »der Insel« (*Øen*) Christiansø meinen. Hier, wo die Sonne das dänische Reich zuerst berührt, ist zwar alles klein und nichts am größten, dennoch aber steht diese Natur im Meer und bezeugt, daß unser Herrgott seine Schuldigkeit getan und sich gar selbst noch übertroffen hat - nicht nur mit der Präzisionssonne von Gudhjem und seinen tropischen Gärten, die aus dem Granit geschlagen sind. Mag all diese Herrlichkeit, früher wie heute, auch der äußerste Beobachtungspunkt für die westliche Welt sein - wenn sich die Eiswinter darum schließen, gibt das den Lokalzeitungen nur Gelegenheit zu Überschriften auf der ersten Seite wie diese: Die Umwelt von Bornholm abgeschnitten.

Bergfahrten in Dänemark! Und ein Beispiel aus den Gudhjem-Hügeln - für die ausgezeichneten Nebenstraßen des Landes.

Der Flughafen von Rønne ist vermutlich der einzige in der Welt, wo außer dem obligatorischen Verbotsschild mit der durchkreuzten Pistole noch ein Schild mit einem durchkreuzten Hering hängt. Damit sind die beiden Haupteinnahmequellen der Insel einander vorgestellt, und der Tourist bzw. die Touristin ist beizeiten gewarnt, daß Heringe in Eimern als Handgepäck im Linienflugzeug nicht zugelassen sind. Frischgeräucherte warme Heringe - wenn man sie mit den Fingern auf den Klippen ißt, eine der besten kulinarischen Spezialitäten der Insel - schlüpfen dagegen durch die Kontrolle, wenn sie nur nach allen Regeln der Kunst verpackt sind.

Denn für die Bornholmer passieren die Dinge an Ort und Stelle, und so sind diese Inselbewohner, indirekt in ihrem gesamten Verhalten, auch in jener abwehrbereiten Mischung aus Minderwertigkeitsgefühlen und Hoffart, wie sie ein Dasein ständig fernab und ein wenig abseits vom Dänischen und gewissermaßen außerhalb der dänischen Volkssitte wohl zur Folge haben kann. Doch nur deshalb, weil an der uralten ostdänischen Sprache mehr oder weniger das halbe Schweden hängt, braucht man einen Bornholmer nicht gerade mit dem Titel »Reserveschwede« zu beleidigen oder ihn lediglich zu fragen, wo er her sei. Die Antwort lautet bestenfalls: »Das könnte ich schon erzählen, aber dann müßte ich auch wissen, woher Sie sind, und was, zum Teufel, geht mich das an.«

Denn, wie man sagt, König von Schweden kann mit etwas Glück und Geduld jeder werden, zum Bornholmer aber ist man durch die Gunst des Schicksals geboren. Allen anderen ist alles mögliche andere möglich, alle anderen Dänen »von drüben« und allen, die man »geführt« hat, und sie können auf die Insel kommen, soviel sie Lust haben, und Häuser und Grundstücke kaufen und die Sprache abhorchen - richtig ansässig werden sie nie. Die Tatsache, daß die meisten Bornholmer trotzdem vom Tourismus leben - und gut leben - können, soll jedoch niemanden zu der Frage verführen, ob sie sich über die Touristen freuen, denn der Verworfene bekommt unweigerlich die Antwort: »Na ja, wir freuen uns auch, wenn sie wieder abfahren.« Daß sie nicht immer abfahren, wird durchaus nicht verheimlicht, im Gegenteil, die Bornholmer erinnern als erste an jenen Seeländer, der nur an einem Landwirtetreffen auf Bornholm teilnehmen wollte, doch kaum, mehr tot als lebendig, vom Linienschiff an Land gekommen, der Frau ein Blitztelegramm schickte: Verkauf den Hof und nimm eine Fahrkarte einfach!

Tatsächlich könnte es fast so scheinen, als sei dieser global abgelegene Winkel anziehender als die Bornholmer selber. Doch im Grunde sind sie durchaus provinzfreundlich und gastfrei - glühende Herzen unter einer Kruste aus Eis, wie es *Martin Andersen Nexø* einmal ausgedrückt hat - nur verlieren sie deshalb nicht die Besinnung und verändern sich nicht, und dies dürfte wohl letztlich der Grund sein, weshalb die Gäste geströmt kommen. Hier geraten sie nicht in die Mühle des Konsumtourismus, wo es nur darum geht, um jeden Preis so viel wie möglich umzusetzen, ungeachtet der Konsequenzen für das lokale Milieu. Die meisten Strandflächen der Insel sind vor der Pest der Sommerhäuser geschützt, und in den idyllischen Kleinstädten pflegen Stadt und Bürger straßauf und straßab die hübschen, typischen alten, historischen Häuser, so daß man nach so friedlichen, schönen und gut erhaltenen Liliputstadtgesellschaften woanders lange suchen müßte. Zum Schutz der begehrten Häuser gehört eine Klausel, daß sie während des ganzen Jahres bewohnt werden müssen, und aus demselben Grund werden auch Bauplätze sehr selten an Fremde verkauft. Die Kontrolle der Neubauten verhindert außerdem, daß riesige Hotelkästen emporwachsen, obwohl die Entscheidung darüber manchmal an einem Haar hängen kann und die Bevölkerung ihre Abgeordneten durch einen Sturm von Leserbriefen, Protestversammlungen und Einwohnerabstimmungen zur Vernunft bringen muß. In der Regel aber sind Bürger und Stadtverwaltung in gegenseitigem Einvernehmen und konsequenter Zusammenarbeit lebhaft daran interessiert, jegliche Zerstörung oder Veränderung bis zur Unkenntlichkeit zu vermeiden. Das Schulbeispiel ist die kleine Fischer- und Schifferstadt *Svaneke* in der Nordostecke Bornholms, die kleinste und östlichste Provinzstadt Dänemarks. An wenigen anderen Orten hat so ungeteilte Zufriedenheit darüber geherrscht, daß die Stadt war, wie sie war, mit ihren Reihen von gut erhaltenen »bornholmischen Häusern«, jedes Jahr hübsch neugekalkt, und mit frischgeteertem, kohlschwarzem Fachwerk, und kaum einer anderen kleinen Stadt ist es so gut gelungen, ihre Würde und ihr Gesicht zu wahren, es sollte denn Colmar in

Frankreich sein; jedenfalls wurden Svaneke und Colmar im Europäischen Denkmalpflegejahr 1975 von Experten aus ganz Europa mit je einer Goldmedaille für schöne und vorbildliche Stadterhaltung geehrt.

Die Bornholmer haben sich immer um ihre Insel gesorgt, sie haben aber im Verlauf der Geschichte für ihr Land und ihre Freiheit und ihre gesamte Existenz so ziemlich allein gekämpft. Überreste von Bauernfestungen, die Schießscharten und Pechnasen in ihren eigentümlichen kompakten Rundkirchen, große Burgruinen und überwachsene Schanzen ringsum an der Küste zeugen von diesem besonderen Verhältnis zur Umwelt. Noch als Dänemark am 4. Mai 1945 vor Begeisterung über die Befreiung überschäumte, schenkte niemand einen Gedanken Bornholm, auch nicht, als *Rønne* und *Nexø*, die beiden größten Städte der Insel, halbwegs zu Ruinen bombardiert wurden. Und wenn die Ostsee zufriert, ist es stets dasselbe: wieder liegt die Insel zu weit weg, wochenlang im Stich gelassen und vergessen. Jedesmal erwacht die alte eingefleischte Bitterkeit wieder und einmal öfter die Diskussion über eine Lostrennung, die die Bornholmer dennoch nicht vergessen, weil sie besser wissen als andere, daß sie durchführbar ist und ihrerseits am meisten daran denken. Dann trösten sie sich von neuem, daß sich jedes Schicksal durch Verachtung überwinden läßt, daher die scharfe Unterscheidung zwischen »Geborenen« (*fødte*) und »Geführten« (*førte*) = Zugereisten. Das hat ihnen den Ruf von streitbaren Starrköpfen eingebracht, und es heißt weiterhin, daß ein Schiffer gut daran tut, nicht mehr Bornholmer anzuheuern, als die Schute Masten hat, damit er im Notfall wenn Sie in Streit geraten, jeden an seinen binden kann. Vielleicht haben die Leute in den Städten aus demselben Grund alle ihr eigenes Haus, mit einer hohen Mauer darum, und fast jede Straße ihr Gemeindehaus. In den Fischerdörfern ist für zusätzlichen Platz zwischen den Häusern gesorgt, und auch hier soll sich niemand in der bornholmischen Gemütsart täuschen: man mischt sich nicht ein, und schon gar nicht auf dem Lande, wo es keine Dörfer gibt, sondern ein Hof neben dem anderen auf seinem klar abgegrenzten Boden steht.

Bornholm hat mit seiner »Gudhjemzeit« nicht nur eine genauere Sonne und damit eine genauere Uhrzeit als andere Gegenden Dänemarks. Seit den Fernfahrten ihrer Jugend können sich die bornholmischen Fischer nicht erinnern, daß irgendwo anders in der Welt die Sonnenuntergänge so schön sein können. Sie tauchen Meer und Klippen in ein seltsames Dämmerlicht, das verstehen läßt, weshalb die Maler hier zu Mystikern werden müssen.

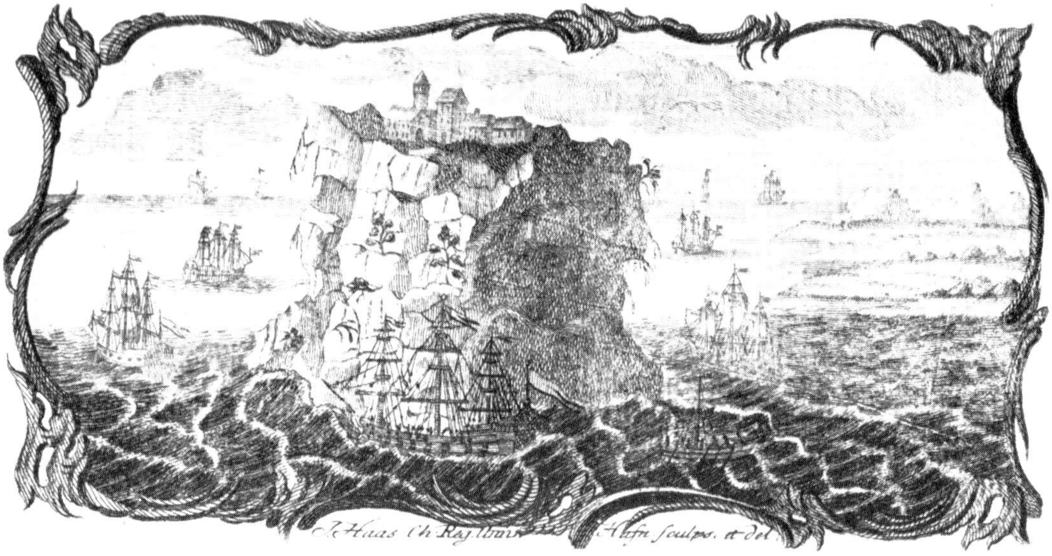

Laurids de Thurah, Hofbaumeister und Topograph, glaubte blind an die Sage von der Entstehung Bornholms - im Jahre 2264 nach Erschaffung der Welt und 1684 vor Christi Geburt - und brachte als eine Art Illustration diesen Stich in seiner »Umständlichen und zuverlässigen Beschreibung« der »blühenden berühmten Insel Bornholm und der nicht weit von ihr angelegten Festung Christiansø« von 1756.

ENTSTEHUNG

Eine Sage

»Unsere Erde ist ein gewaltiges Schiff, so groß, daß der Kapitän auf der Kommandobrücke zu Pferde reiten muß. Die Matrosen entern die Masten als Jünglinge und kehren als grauhaarige Greise zurück. Die Befehle des Steuermanns werden nach Jahrhunderten ausgeführt, und die Matrosen werden alt und sterben, ehe sie das Ergebnis ihrer Manöver sehen. Dieses Schiff wurde auf der Ostsee von einem Sturm überfallen, und es erging der Befehl, allen Ballast und auch die Abfälle aus der Kombüse über Bord zu werfen. Aus dem Ballast entstand Bornholm und aus den Abfällen die Ertholme.« Friesische Sage.

Die geologische Erklärung

Bornholms Erdschichten sind von großem Alter, geologisch gesehen ist die Insel selber jedoch nicht alt. Als Insel existierte sie erst nach dem Ende der Kreidezeit, jenes Felsengebiet aber, das heute Bornholm ist, muß sich über die gegenwärtigen Küsten der Insel hinaus erstreckt und wiederum nur einen kleinen Teil eines zusammenhängenden Landgebietes dargestellt haben, dessen Oberflächenformen man nur vermuten kann. Die gewaltigen Bergkettenfaltungen der Kreidezeit und des Tertiär, deren Schwerpunkte in Mitteleuropa und Asien lagen, brachten jedoch Unruhe weit über das eigentliche Faltungsgebiet hinaus, und das Ergebnis davon war, daß die Erdkruste Nordeuropas in Stücke brach. Der größte Teil jenes Gebietes, das heutzutage Finnland, Schweden und Norwegen genannt wird, blieb als ein annähernd zusammenhängender Schild, das *Fennoscandia* der Geologen, stehen, während Norddeutschland, Holland und Dänemark in die Tiefe sanken. Der Übergangsgürtel zwischen diesen beiden Gebieten, die *fennoskandische*

Randzone, endete als ein Wirrwarr emporgeschobener kleinerer Blöcke, sogenannter *Horste*, und tiefer, langgezogener *Grabensenkungen*, beide von Bruchlinien begrenzt. Genau in dieser Zone lag der »Bornholmflecken« und ist ein solcher Horst, dessen Umgebung so tief sank, daß eine Insel von der Form eines Parallelogramms bis zu 100 m über dem Wasser entstand. Der Kullen und der Romeleåsen in Schonen sind kleinere Horste, deren Bruchlinien parallel zu den bornholmischen verlaufen; der langgestreckte, bis zu 119 m tiefe Vättern-See, der zweitgrößte See Schwedens, und der Oslofjord, dessen größte Tiefe 298 m beträgt, sind Beispiele für die erwähnten Grabensenkungen.

BODEN

Bornholms Boden hat mit dem Boden des übrigen Dänemark wenig Ähnlichkeit, er hat jedoch viele gemeinsame Züge mit dem der Skandinavischen Halbinsel. Seit ihrer Entstehung ist die Insel nämlich einem starken Abbau ausgesetzt gewesen, während das übrige, tief gesunkene Land geschützt war und dort noch weitere Schichten hinzukamen, die Bornholm niemals erreichten. Jene Bodenschichten, auf die die Bornholmer so stolz sind, der Granit und die kambrisch-silurischen Ablagerungen, liegen in den anderen Landesteilen so tief, daß sie nur durch Tiefbohrungen bekannt sind.

Das Grundgebirge

Zwei Drittel der Inselfläche bestehen aus »dem Granit« (*Gneis* und *Granit*). Nördlich einer Linie, die, grob skizziert, von Teglkås an der mittleren Westküste bis Nyker, weiter in einem Bogen um die Knuds-Kirche und von dort in östlicher Richtung zur Halleklippen nördlich von Nexø führt, ist das Grundgebirge nur von *Moräne*-Schichten bedeckt, dagegen ist der Granit im etwas flacheren Südland in die Tiefe gesunken und wurde von jüngeren *Ablagerungen aus paläozoischer und mesozoischer Zeit* überdeckt. Wo die Granitgrenze durch Verwerfungen bedingt ist, kann sie als ziemlich steiler Granitfels in der Landschaft hervortreten, z.B. Klinten südlich von Åkirkeby.

Die Entstehung des Granits

Der klassischen Theorie zufolge wird vermutet, daß die Gesteinsart *Granit* entstanden ist, indem glühende Lava erstarrte. Jedoch neigen immer mehr Geologen zu der Auffassung, daß Granit auf solche Weise zwar entstehen kann, daß er aber normalerweise durch einen besonderen Prozeß tief in der Erdrinde entstanden sein muß, durch eine sogenannte *Granitisierung* uralter *Sedimente*: Ton, Sand und Kalk, die langsam untereinander Stoffe ausgetauscht und mit *Gneis* als Zwischenglied das Endstadium Granit erreicht haben. Die häufigsten *Mineralien* des Grundgebirges sind *Feldspat, Quarz, Glimmer* und *Hornblende*. Ihr wechselndes Mengenverhältnis bewirkt die große Variationsbreite im Farbenspiel der bornholmischen Klippen.

Die bornholmischen Granite

Die größte Verbreitung hat der *Gneis*, der aufgrund seiner Streifen von dunklen Mineralien, Glimmer und Hornblende, früher *der gestreifte Granit* genannt wurde. Außer der Inselgruppe Ertholmene bildet er den größten Teil der zerklüfteten Klippenküste Nordbornholms und ist im gesamten zentralen Teil der Insel verbreitet. Als Nutzgestein ist der hell-rotgraue Gneis wegen seiner Neigung, entsprechend seiner Streifen zu zerbrechen, nicht viel wert.

Der *Rønne-Granit* - der *Rønne-Granodiorit* der Geologen - ist aufgrund seines hohen Gehalts an Hornblende sowie recht durchsichtigem Quarz und Feldspat fast schwarz. Er ist, wie der Hammer-Granit, ohne Streifenstruktur und stellt eine, technisch gesehen, sehr wertvolle Gesteinsart dar. Er ist hart und widerstandsfähig und kann durch Beschleifen - in der großen Steinschleiferei in Rønne - einen schönen und edlen Glanz erhalten. Wie der Name besagt, ist dieser Granit in der südwestlichen Ecke der Insel zu finden, er reicht jedoch in einem schmalen Gürtel bis zu Klinten bei Lobbæk. Hier liegt ein ansehnlicher Steinbruch, und bei Rønne sind es die beiden großen Brüche Klippeløkken und Stubbeløkken. Aus Rønne-Granit werden Wegebaumaterialien und vor allem Grabdenkmäler hergestellt.

Der *Hammer-Granit* kommt in der nördlichen Ecke der Insel sowie in Almindingen und Vestermarie vor. Er ist ohne gestreifte Struktur, und seine sehr helle, rötliche Farbe wird durch einen hohen Gehalt an Feldspalt und kleine Mengen von Glimmer und Hornblende bewirkt. Die wichtigsten Brüche sind Hammerværket und Moseløkken, die hauptsächlich Wegebaumaterialien produzieren. Der Säulengang des Nationalmuseums in der Stormgade in Kopenhagen ist aus Hammer-Granit.

Der *Vang-Granit*, der durchgehend schwach rötlich gefärbt ist, erstreckt sich in einem Gürtel quer durch Nordbornholm von Vang bis Tejn. Sein geflecktes Aussehen wird durch eine stellenweise Anhäufung dunkler Mineralien verursacht. Er wird unmittelbar südlich von Vang und in dem etwas nördlicher gelegenen Borrelyng gebrochen und zumeist als Wegebaumaterial verwendet.

Der *Paradisbakke-Granit* - der *Paradisbakke-Migmatit* der Geologen - hat ein charakteristisches, sehr buntes Aussehen mit »Flammen« aus helleren Mineralien auf dunklerem Grund. Die Geologen halten ihn für ein Mischgestein, einen *Migmatit*, denn mit einem ursprünglich dunklen Granit ist ein zweiter vermischt, der reich an Quarz und Feldspat ist. Das Endprodukt ist eine malerische Granitart, die bei Præstebro am nördlichen Rand der Paradisbakker gebrochen und mit guter Wirkung für Säulen, Denkmäler und Hausfassaden verwendet wird (Schloßplatz von Christiansborg, Rathaushalle und Hauptbahnhof in Kopenhagen). Seine relativ weichen, dunklen Partien werden von der Natur stark angegriffen, so daß die weißen, quarzreichen und folglich harten »Flammen« als Rippen hervortreten. Man rutscht deshalb auf den Felsenflächen der Paradisbakker nicht so leicht aus.

Der *Svaneke-Granit*, von grauer bis rötlicher Farbe, kommt in einem 2-3 km breiten Streifen an der Küste von Svaneke bis Halleklippen nördlich von Nexø vor. Wegen seiner großen Feldspatkörner ist er wesentlich grobkörniger als die übrigen Granite und zur technischen Verarbeitung ungeeignet. Er verwittert leicht - und wird zum sogenannten *Årsdale-Grus*.

Denkmäler der Erosion

Die Oberfläche des Grundgebirges ist von markanten, geradlinigen Tälern durchzogen, den sogenannten *Spaltentälern*, die im wesentlichen alle in der Richtung Südwest-Nordost und rechtwinklig zur Nordküste verlaufen. Diese tiefen, oft imponierend breiten, waldbedeckten Schluchten, die der Landschaft Nordbornholms ihr besonderes, in der dänischen Natur einmaliges Gepräge geben, sind in gespaltenen und zerbrochenen Bewegungszonen entstanden, die der Wirkung des fließenden Wassers und anderer abbauender und transportierender Kräfte weniger haben widerstehen können als ihre Umgebung. Die Spaltentäler wurden in erster Linie durch die Erosion des Eises während der *Eiszeit* modelliert.

Mineralgänge

Viele Granitspalten sind mit einem besonderen Material ausgefüllt. »Gänge« eines sehr grobkörnigen Granits, des *Pegmatits*, sind überall zu finden, während der feinkörnige, zumeist rote *Aplit* nur im Vang-Granit verbreitet

Westlich des Øresunds

Bornholm

Ablagerungen im Untergrund Bornholms und des übrigen Dänemark		
65 Mill. Jahre	TERTIÄR	*Pliozän:* Ton und Sand
		Miozän: Süßwasserschichten: Glimmerton, Glimmersand, Braunkohle Marine Schichten: Glimmerton, Glimmersand
		Oligozän: Mergel, Septarie-Ton, Glimmerton
		Eozän: Lillebælts-Ton, Moler, vulkanische Asche
		Paläozän: Lellinge-Grünsand, Kerteminde-Mergel
135	KREIDE	*Dan:* Bryozoenkalk, Korallenkalk, Schlammkalk
		Oberes Senon: Schreibkreide
		Unteres Senon: Bavnodde-Grünsand
		Turon: Arnager-Kalk
		Cenoman: Arnager-Grünsand
		Gault: Phosphorit-Konglomerat
		Neokom: Ton, Kies
200	JURA	Marine Schichten: Eisensandstein Süßwasserschichten: feuerfester Ton, Sand, Braunkohle
225	TRIAS	Sandstein und roter Ton
400	PERM KARBON DEVON	
440	SILUR	Graptolithschiefer
500	ORDOVIZIUM	Graptolithschiefer Orthoceratitkalk Graptolithschiefer
600	KAMBRIUM	Alaunschiefer Grüne Schiefer Balka-Quarzit
3500	PRÄKAMBRIUM	Jüngeres: Nexø-Sandstein
		Grundgebirge: Diabas Granit, Gneis, Pegmatit

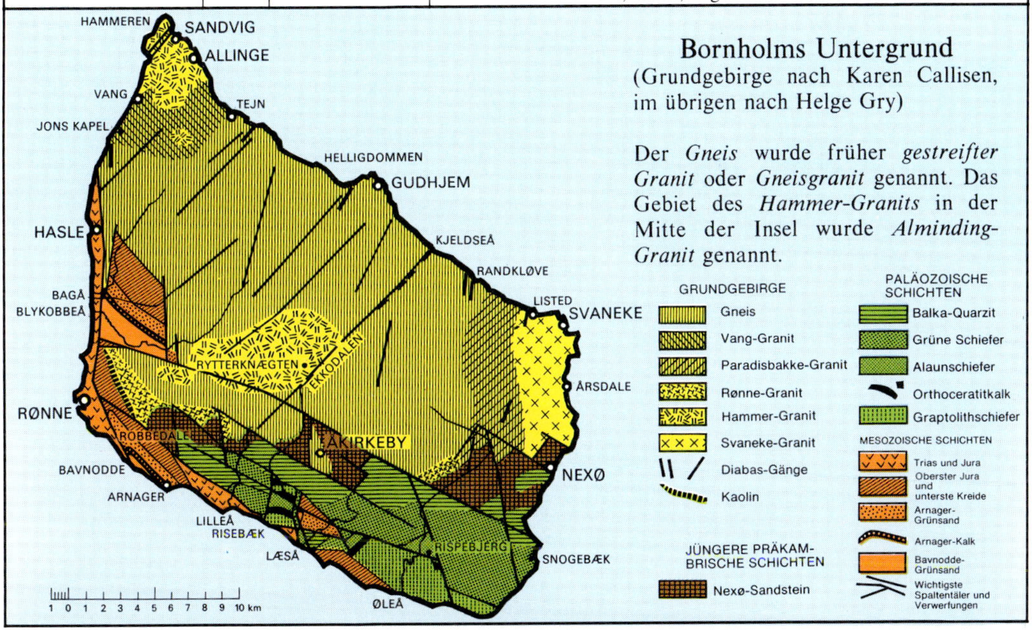

Bornholms Untergrund

(Grundgebirge nach Karen Callisen, im übrigen nach Helge Gry)

Der *Gneis* wurde früher *gestreifter Granit* oder *Gneisgranit* genannt. Das Gebiet des *Hammer-Granits* in der Mitte der Insel wurde *Alminding-Granit* genannt.

ist. Schließlich gibt es Gänge aus *Basalt*, jener vulkanischen Gesteinsart, aus der in der Tertiärzeit die Färöer aufgebaut wurden; doch hat der Basalt, der sich in präkambrischer Zeit in glühendem Zustand in die Spalten des bornholmischen Granits ergoß, im Laufe der Zeit seinen Farbton von schwarz zu grün-bräunlich gewechselt und wird *Diabas* oder *Grünstein* genannt - die braune Farbe ist durch Oxydation des reichlich enthaltenen Eisens entstanden. *Diabas*-Gänge sind nicht selten und kommen in allen Granitvarietäten vor. Sie sind zumeist bis 0,5 m dick. Der bekannteste, der sich bei *Listed* befindet, ist jedoch 30 m breit und der größte, im Tal der *Kjeldseå*, sogar 60 m. Da die Insel an *Feuerstein* arm ist, haben die Bornholmer der Steinzeit bei der Herstellung von Beilen in gewissem Umfang den Grünstein verwendet.

Rundhöcker

Die Oberfläche des Grundgebirges ist durch die Erosion des Eises geprägt. Die Spaltentäler wurden geformt, und ursprünglich unregelmäßige Felsenpartien wurden vom Eis zu *Rundhöckern* abgeschliffen, deren Oberfläche an jener Seite, von der das Eis kam, der »Stoßseite«, stark abgerundet und an der »Leeseite« ungleichmäßiger und steiler ist. Der größte Rundhöcker ist *Hammerknuden*, ein besonders typisch ausgeformter Rundhöcker ist jedoch bei *Madseløkke* in Allinge zu sehen, übrigens an derselben Stelle, wo ein Bronzezeitmensch die besten *Schiffszeichnungen* Bornholms geritzt hat. Außerdem sieht man hier die größten und am schönsten geformten *Gletscherschliffe* der Insel.

Schärenhof und Felsengrotten

Unmittelbar nach der Eiszeit muß die Granitküste Bornholms von der Arbeit der Gletscher geprägt gewesen sein. Vielleicht kann man die Insel noch heute als einen einzigen großen Rundhöcker ansehen - mit der niedrigen, schwach abfallenden Stoßseite im östlichen Teil der Insel und der hohen, steilen Leeseite im Westen, bei Jons Kapel und Hammershus. Entscheiden-

Wo der grobkörnige Svaneke-Granit zum Årsdale-Grus zerbröckelt ist, sind einzelne merkwürdige und runde »Kerne« zurückgeblieben. Bei Klinten - einem Lustwald südlich von Åkirkeby mit weiter Aussicht über das südbornholmische Tiefland und das Meer - tritt die Bruchlinie zwischen Granit und Sandstein klar hervor. Hier liegt auch ein eigentümlicher Findling aus der Eiszeit: Kyllingemoderen (Kückenmutter).

de Bedeutung für die Gestaltung der Küste aber hat die postglaziale Meereserosion gehabt.

Weiche Partien wurden vom Meer verschlungen: *nasse* und *trockene Öfen* bei *Rø, Hammershus* und *Jons Kapel.* Leicht verwitternde Diabas-Gänge waren sehr geeignet, und wo das Seewasser ein Stück in die Spaltentäler eingedrungen ist, hat man häufig den Eindruck eines Schärenhofs. Die *Helligdomsklipper* bei Rø sind ein Schulbeispiel dafür, und *Lyseklippen* hier und *Kamelhovederne* (die Kamelköpfe) bei Hammershus zeigen, wie die harten und widerstandsfähigen Partien übrigbleiben.

ÖFEN

Våde Ovn (Nasser Ofen), bei Hammeren auf Nordbornholm, ist eine 38 m lange und 12 m hohe Grotte im Granitfels, mit 4 m Wassertiefe. Bei Sonnenuntergang spielen die Wände der Grotte in allen Farben. In der Nähe, unterhalb der Hammershusklippe, befindet sich *Tørre* (Trockener) oder *Sorte Ovn* (Schwarzer Ofen). *Sorte Gryde* (Schwarzer Topf), nahe der Helligdomsklipper bei Rø auf Nordbornholm, ist eine 1850 entdeckte enge, fast spaltenartige Felsenhöhle, die 55 m weit unter Land führt, die letzten 20 m in vollständiger Finsternis. In der Nähe befinden sich *Tørre Ovn* (Trockener Ofen), 24 m lang, 2,5 m breit, 4 m hoch, und *Våde Ovn* (Nasser Ofen), der sich schön über dem Meer wölbt, 18 m lang, 6 m breit, 5 m hoch und mit 11 m Wassertiefe.

Porzellanerde

In einem 3 km langen und 500 m breiten Gürtel der westlichen Randzone des Rønne-Granits ist der Gehalt des Granits an Feldspat und dunklen Mineralien zu einem grauen, fast weißen *Kaolin* verwittert, während die Quarzkörner unverändert geblieben sind. Das Vorkommen geradliniger *Pegmatit*-Gänge in der Kaolinmasse beweist deutlich, daß das Kaolin auf »primärem Lager« liegt, d.h. an jener Stelle, wo es entstanden ist, und nicht woandersher stammt. *Diabas*-Gänge, die durch Verwitterung zu grünem oder rötlichem Ton umgewandelt wurden, kommen ebenfalls vor. Das Kaolin

Als das Eis vor etwa 15.000 Jahren Dänemark verließ, waren alle bornholmischen Küsten abgerundet und gleich. Dieser »tørre ovn« (trockener Ofen) bei Jons Kapel und Kamelhovederne (Kamelköpfe) am Fuße von Hammershus sind Neubildungen, von Luft und Wellen geformt. Die Kamelhovederne werden häufig mit Løvehovederne (Löwenköpfe) verwechselt, die in der Klippenwand hinter der Schäre zu sehen sind.

Tamperdalen, eins der typischen Spaltentäler mit ihrer üppigen Pracht an Wacholder, Weide und Birke, dazwischen zahlreiche Farne und andere kräuterähnliche Pflanzen, durchschneidet Paradisbakkerne, jenes hochgelegene Granitgebiet, wo Acker und Wald die bornholmische Hochheide niemals bezwingen konnten.

ist von großer Bedeutung für die örtliche Industrie und wird vor allem zur Herstellung von feuerfesten Steinen und technischem Porzellan, außerdem als Füllstoff bei der Papierherstellung verwendet. Für feinere Porzellanwaren ist es nicht geeignet. Während des 2. Weltkrieges wurde ein Teil davon zur Seifenherstellung gebraucht.

Die südbornholmische Grundgebirgsdecke

Das Grundgebirge Bornholms ist in *präkambrischer Zeit* vor etwa 2 Milliarden Jahren entstanden. In ungeheuer großen Zeiträumen wurde der Granit später von Grus-, Sand-, Ton- und Kalkschichten überlagert. Die Ablagerungen haben im Meer, in Seen und Flüssen oder auf dem festen Land stattgefunden; die Schichten waren ursprünglich lose, wurden jedoch später durch die Wirkung des durchsickernden Wassers zu festen Gesteinsarten zusammengekittet. Auch Nordbornholm ist einmal von all diesen Ablagerungen bedeckt gewesen, da diese Gegend jedoch höher und exponierter gelegen ist, sind sie hier wieder verschwunden. Dagegen sind diese Schichten - von den Geologen *Sedimente* genannt - eine ganz besondere Spezialität Südbornholms geworden, sie sind jedoch im übrigen Dänemark nicht länger unbekannt, denn man ist dort bei den Tiefbohrungen der letzten Jahre auf ähnliche Vorkommen gestoßen.

Ursprünglich haben diese Schichten auf Südbornholm waagerecht gelegen, sie haben sich jedoch später schwach nach Süden geneigt und wurden in Blöcke aufgeteilt, die zueinander verschoben sind. Die spätere Erosion (zuletzt das Abhobeln des Eises) hat bewirkt, daß verschiedene Teile der Schichtserie an der Oberfläche (unter den Eiszeitschichten) anzutreffen sind, wie auf der Karte Seite 17 gezeigt wird.

Die vollkommenste und damit interessanteste Schichtserie ist in einer alten *Grabensenkung* in der Gemeinde *Åker* zu finden, die von zwei parallelen, in Nord-Süd-Richtung verlaufenden Bruchlinien begrenzt wird. Hier sind alle erwähnten Schichten in die Tiefe gesunken und waren dadurch vor Wind und Wetter geschützt, während die Schichten der Umgebung an vielen Stellen nicht standhalten konnten. Heutzutage ist die Grabensenkung im Gelände nicht zu erkennen, dagegen hat sich nach der Eiszeit ein idyllischer Wasserlauf, die *Læså*, in die Schichtserie hineingegraben und es damit den Geologen ermöglicht, sie näher zu studieren.

Ältere Schichtserie

Die meistverbreiteten südbornholmischen Gesteinsarten sind der rötliche *Nexø-Sandstein*, der *Balka-Quarzit* und *Grüne Schiefer*.

Nexø-Sandstein

Der *Nexø-Sandstein*, am Ende der *präkambrischen Zeit* entstanden und ca. 100 m dick, ist ein typischer rotgefärbter Sandstein mit Körnern von unterschiedlicher Größe. Sein Hauptbestandteil ist Quarz; Feldspat, Glimmer und kaolinartige Körner kommen jedoch vor. Die Körner sind nicht immer sehr abgerundet, und es ist anzunehmen, daß der Sandstein eine Landbildung ist, entstanden in Seen und periodischen Wasserläufen (siehe die Wellenrippeln auf dem Foto unten), und daß das ursprünglich lose Material ein Verwitterungsprodukt des Granits gewesen ist.

Vielleicht hat die damalige Landschaft Ähnlichkeit mit heutigen Wüsten gehabt - nicht weil Niederschläge fehlten, sondern weil zu jener Zeit kaum Pflanzen und Tiere entwickelt waren, die sich für das Leben an Land eigneten.

»Versteinerter Tang«

Der Sandstein enthält keine Versteinerungen; die algenähnlichen braunen Zeichnungen, die man für Versteinerungen halten kann, rühren von eisenhaltigem Wasser her, das in haarfeine Spalten eingesickert ist und dort Rost abgesetzt hat. Man nennt dieses Phänomen *Dendriten.*

»Bänke«

Der Sandstein ist am besten im neuen *Frederiks-Steinbruch* (der alte ist mit Wasser gefüllt) unmittelbar nördlich von *Nexø* oder in den flachen Sand-

Rauhheit und Sanftmut begegnen sich überall auf Bornholm und stellen oft - wie hier bei Sandkås - eine glückliche Einheit dar. Durch die Bäume des Waldes hindurch sieht man, wie sich zwischen den kandisartigen, roten und grauen und oben mit Heidekraut bedeckten Steinformationen der Klippenküste plötzlich ein kleines Stück weißer Sandlagune öffnet. Nach mehreren Anläufen setzt sich der fast streuzuckerfeine, weich knirschende Sand an der gesamten Südküste durch.

Die Dendriten (»Blumen«) des Nexø-Sandsteins sind keine Versteinerungen, sondern einer der vielen raffinierten kleinen Scherze der Natur. Erst in den flachen Strandklippen bei Snogebæk sind die quarzitischen Sandsteine mit ihren echten Versteinerungen anzutreffen. Die U-förmigen Wurmröhren eines der ältesten Tiere Dänemarks, des Diplocraterion, kann man in einer kleinen Strandmole südlich des Hafens von Snogebæk sehen, der ebenso wie der Hafen von Arnager ein »Inselhafen« und ein Stück von der Küste entfernt angelegt ist.

steinklippen südlich der Stadt zu beobachten. Im übrigen erstreckt er sich westwärts bis Knudsker und liegt hier, wie auch östlich und westlich von Åkirkeby, relativ dicht unter der Oberfläche. Der Sandstein ist überall durch parallele, oft fast waagerechte Spalten in sogenannte *Bänke* aufgeteilt und ist deshalb nur begrenzt verwendbar.

Die dünnsten Bänke werden für Platten und Schotter, die dickeren für Bausteine und Denkmäler (die Freiheitssäule in Kopenhagen) verwendet. Nirgends aber ist der Nexø-Sandstein so viel benutzt worden wie in seiner Heimatstadt, am schönsten in den alten Sandsteinmauern, die der Stadt mehr als alles andere Charakter und Lokalkolorit verleihen.

Balka-Quarzit

Der *Balka-Quarzit* ist ein quarzitischer Sandstein, der über dem Nexø-Sandstein in einer Mächtigkeit von ca. 40 m folgt. Er stammt aus dem ersten Abschnitt des Erdaltertums, aus dem *Kambrium*, als das Meer während einer beginnenden Landsenkung über den stark verwitterten Granit der Urzeit eindrang. Während die leichteren Glimmer- und Kaolinpartikel weit ins Meer gespült wurden, sanken die Quarzkörner der Verwitterungsmassen im flachen Wasser des großen Küstenbereichs zu Boden, wo sie zu feinem und gleichmäßigem Sand geschliffen und danach durch kieselhaltiges Wasser zu einem kristallinischen Quarzstein zusammengekittet wurden, der etwas härter als gewöhnlicher Sandstein ist. Den marinen Ursprung dieses typischen Quarzits beweisen nicht nur Schichtteilung und abgerundete Form der Körner, sondern auch der Gehalt an dem grünlichen Mineral *Glaukonit*, das nur auf dem Meeresgrund gebildet werden konnte, und das Vorkommen der ältesten *Versteinerungen*, die in Dänemark bekannt sind.

Versteinerte Tierspuren

Der klassische Ort, um den Balka-Quarzit zu sehen, sind die flachen Strandklippen bei *Snogebæk.* Nördlich des Hafens sind die senkrecht stehenden Gangröhren des Wurms *Scolithus* zu erkennen, eine Versteinerung, die von vielen anderen Orten Europas bekannt ist, während man die U-förmigen Röhren des Wurms *Diplocraterion* nur im Quarzit südlich des Hafens von Snogebæk beobachten kann. Gelegentlich lassen sich auch gewundene *Kriechspuren* finden, und *Wellenrippeln* sieht man an den Schichtflächen häufig, sie gleichen vollkommen jenen Wellenrippeln, die von jedem Badestrand bekannt sind.

Im Innneren der Insel ist der Balka-Quarzit leicht zugänglich im Sandsteinbruch südlich von Åkirkeby. Wegen seiner Härte ist er schwer zu bearbeiten und wird deshalb zumeist für Schotter verwendet. Der Hafen von Snogebæk ist jedoch im wesentlichen aus Quarzit gebaut.

Grüne Schiefer

Die *Grünen Schiefer*, die über dem Balka-Quarzit liegen, sind eine etwa 100 m dicke Schicht, die entstanden ist, als das kambrische Meer allmählich tiefer wurde. Sie bestehen aus feinkörnigen, oft recht losen und, technisch gesehen, wertlosen sandig-tonigen Gesteinsarten. Sie haben einen größeren Glaukonitgehalt, und da dieses Mineral eisenhaltig ist und leicht verwittert, wechselt die Farbe der Schiefer von grün bis grau. Südlich des Fischerdorfs *Snogebæk* bei *Broens Odde* treten Grüne Schiefer als flache Strandklippen hervor.

Hier findet man relativ leicht zugängliche Knollen von *Phosphorit (Kalziumphosphat)* sowie die Versteinerung *Hyolithes*, kleine kegelförmige Versteinerungen eines schneckenähnlichen Tiers, das vor langer Zeit ausgestorben ist.

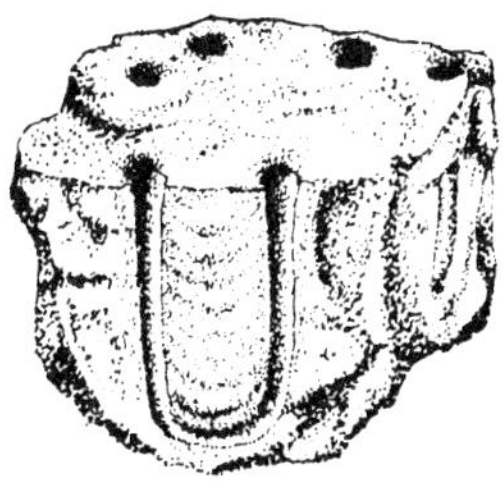
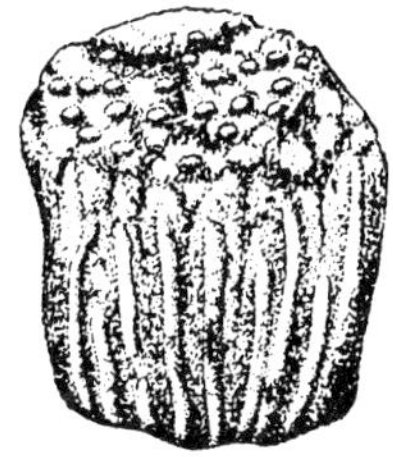

Wellenrippeln vom Frederiks-Steinbruch, ebenso wie die Dendriten ein mechanisches Phänomen, entstanden durch Erhärtung des gerippelten Sandbodens in Küstennähe. Rechts: Violette Quarzkristalle, Amethyste, im Nexø-Sandstein. Oben: Balka-Quarzit mit Wurmröhren, Diplocraterion (links) und Scolithus. In der Nähe von Åkirkeby findet sich im unteren Balka-Quarzit eine Schicht von 10 cm hohen, kegelförmigen Bildungen mit der Spitze nach unten - vielleicht Abdrücke von Organismen oder von Spiralströmungen des Wassers.

An der *Lilleå* in *Sose* sind ein paar km von der Küste entfernt recht hohe und schöne, übrigens botanisch interessante Abhänge von Grünem Schiefer zu beobachten.

Das Eldorado der Læså

Die kambrischen Gesteinsarten Balka-Quarzit und Grüner Schiefer haben ebenso wie der präkambrische Nexø-Sandstein eine große horizontale Verbreitung. Anders verhält es sich mit den jüngeren kambrischen Schichten, die nur an der *Øleå* und - besonders leicht zugänglich und sehenswert - in der zuvor erwähnten *Læså-Grabensenkung* in Åker sichtbar werden.

Der Oberlauf der Læså führt durch das Granitgebiet von Almindingen, weiter südlich durch Nexø-Sandstein, Balka-Quarzit und Grüne Schiefer. Im allgemeinen beginnt das Studium der Schichtserie beim Vejrmøllegård, ein guter Fundort von *Hyolithes*, und folgt danach dem Flüßchen bis zur oberen Grenze der Grünen Schiefer in der Nähe von Kalbygård. An dieser Stelle, gleich hinter einem kleinen Wasserfall, werden die Schiefer von einer Serie jüngerer kambrischer Schichten mit wechselnder Korngröße, Farbe und Dicke überlagert.

In der Reihenfolge von oben nach unten sind zu beobachten:

JÜNGERE SCHICHTSERIE

Oberer Alaunschiefer (20 m)
Andrarum-Kalk (1 m)
Unterer Alaunschiefer (1,5 m)
Kalby-Ton (20 cm)
Phosphorit-Sandstein (40 cm)
Rispebjerg-Sandstein (3 m)

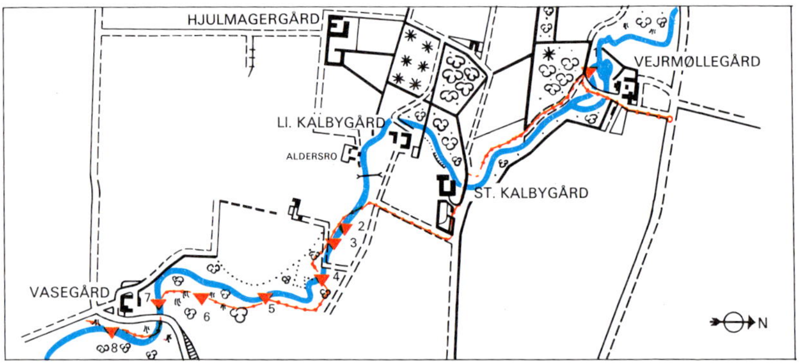

Læså-Wanderung (rote Linie): 1) Grüne Schiefer mit Hyolithes. 2) Rispebjerg-Sandstein. 3) Untere Alaunschiefer. 4) Andrarum-Kalk u.dgl. 5) Obere Alaunschiefer. 6) Orthoceratitkalk. 7) Untere Graptolithschiefer und Tretaspis-Schiefer. 8) Tretaspis-Schiefer mit Graptolithen.

SCHICHTENSERIE AN DER LÆSÅ

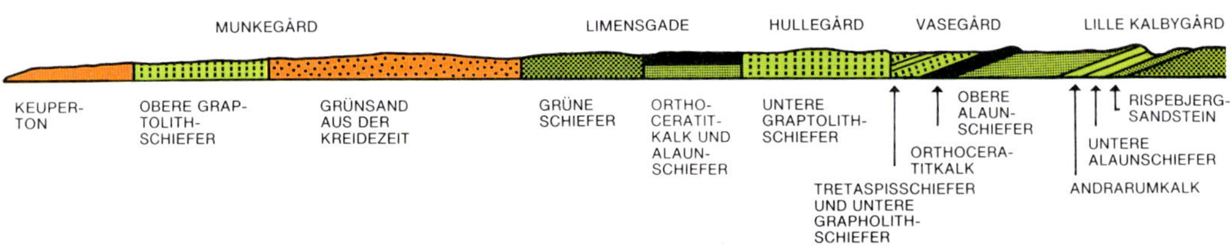

Die Namen geben eine teilweise Beschreibung der Gesteinsarten, und auf der Kartenskizze Seite 24 sind die besten Beobachtungsorte angegeben. Die Schichtserie ist auf folgende Weise entstanden: Sand, in Küstennähe abgelagert, wird zu Sandstein, während Ton und Kalk, an ruhigen Küsten oder in tieferem Wasser abgelagert, zu jeweils Schiefer und Kalkstein zusammengekittet werden. Die Tiefe des Meeres war in kambrischer Zeit also sehr unterschiedlich. Die dunkle Farbe des Alaunschiefers und des Graptolithschiefers wird durch dunklen organischen Stoff von Algen und anderen Mikroorganismen und fein verteiltem Schwefelkies bewirkt. Der Kalk kann chemisch ausgefällt sein oder von schalentragenden Organismen stammen.

Versteinerte Meerestiere

In den Læså-Schichten lassen sich zahlreiche *Versteinerungen* finden, im wesentlichen *Trilobiten*, vor langer Zeit ausgestorbene, vermutlich mit Krebstieren verwandte Gliedertiere, und *Brachiopoden*, muschelähnliche Würmer, die einst eine große Rolle spielten, in unserer Zeit jedoch nur durch ein paar Arten im Atlantik repräsentiert sind.

Stinkstein

Der *Alaunschiefer* wurde zu Beginn des 19. Jahrhunderts zur Herstellung von Alaun verwendet, ist jedoch heute ohne praktische Bedeutung. Nr. 5 auf der Kartenskizze Seite 24 bezeichnet eine besonders schöne Alaunschieferwand, und an dieser Stelle sind zwischen den Schiefern linsenförmige Konkretionen aus schwarzem, kohlehaltigem *Kalkstein* zu sehen. Ihr Durchmesser kann über 1 m betragen, und wenn man mit einem Hammer auf einen solchen »Klumpen« schlägt, verbreitet er einen kräftigen Gestank von Schwefelwasserstoff, er trägt seinen volkstümlichen Namen *Stinkstein* also zu Recht. Die Geologen nennen ihn *Antrakonit*.

Linsenförmige »Klumpen« aus Stinkstein (schwarzer Kalkstein) im Alaunschiefer an der Læså nördlich von Vasegård. Der grobkörnige Antrakonit stinkt am kräftigsten und ist ohne Versteinerungen, während der feinkörnige manchmal von Trilobiten und kleinen Brachiopoden wimmelt.

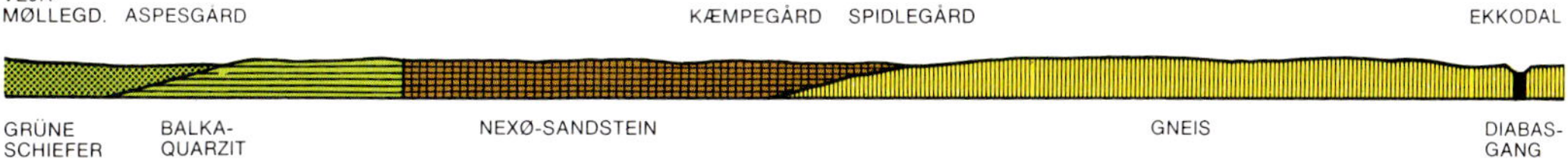

Die Kalkstein-schichten

Setzt man die Wanderung an der Læså weiter flußabwärts fort, so werden die Schichten immer jünger. Der oberste Meter des oberen Alaunschiefers wird nicht zum Kambrium gerechnet, sondern ist ebenso wie die folgenden Schichten - der hellgraue *Orthoceratitkalk*, der schwarze *untere Graptolithschiefer* und der weiche, braune *Tretaspis-Schiefer* - in der Periode *Ordovizium* entstanden.

Der *Orthoceratitkalk* enthält außer Trilobiten und Schnecken die namengebende, längst ausgestorbene Tintenfischfamilie *Orthoceras*. Diese bis zu 30 cm lange Versteinerung besteht aus einer schwach kegelförmigen Schale, die durch bogenförmige Scheidewände in Kammern aufgeteilt ist. Sie ist auf Bornholm recht selten, auf Öland und Gotland hingegen sehr häufig. An der Læså ist der Orthoceratitkalk manchmal nicht ganz leicht zugänglich, ohne Schwierigkeit und weitaus besser ist er dagegen in einem offenen Bruch am Sdr. Landevej, 14 km von Rønne, zu erkennen, wo man außerdem an der Kalkoberfläche einige feine *Gletscherschliffe* sehen kann. An dieser Stelle, *Skelbro* bei *Risebæk*, und übrigens an vielen anderen Stellen in Åker, hat man den 5 m dicken, tonhaltigen Kalkstein im vorigen Jahrhundert als Rohstoff einer für die damaligen Verhältnisse bedeutenden Zementindustrie gebrochen; daher rührt auch der auf Bornholm populäre Name »Zementstein«.

Der *untere Graptolithschiefer*, 11 m dick, tritt in einem hohen und sehr schönen, leider aber nicht festen Hang bei Vasegård auf. Auf den schwarzen Schieferflächen wimmelt es von langgestreckten, federförmigen Abdrücken

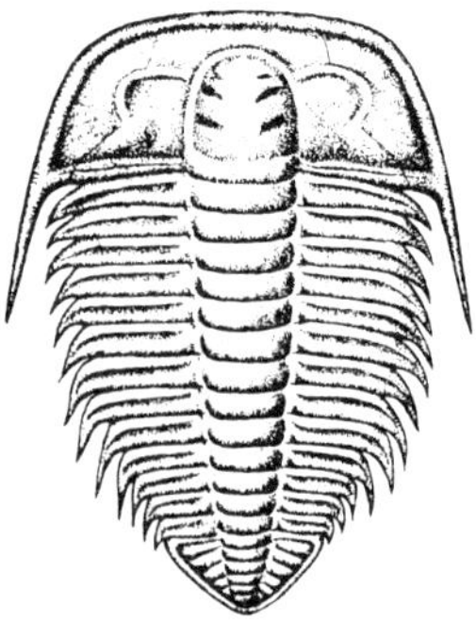
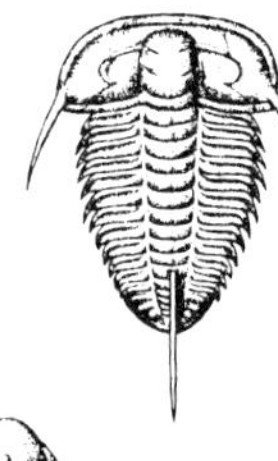
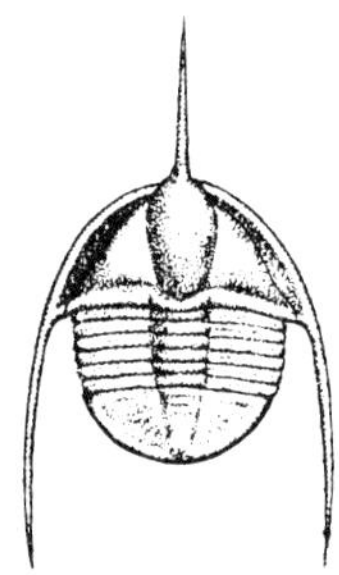

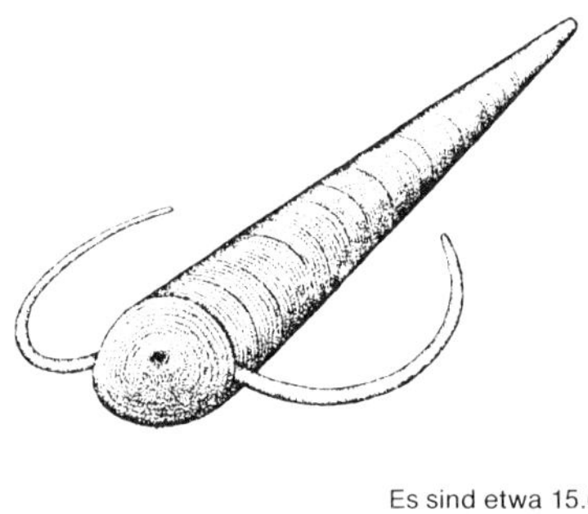

Es sind etwa 15.000 Arten von Trilobiten bekannt, von denen jedoch nur eine geringe Anzahl auf Bornholm gefunden wurde. Zuoberst werden einige der Læså-Vertreter dieser längst ausgestorbenen Gliedertiere gezeigt, die so groß wie eine Seite dieses Buches werden konnten. Unten: Eine Rekonstruktion von Hyolithes-Schalen (links) und Orthoceratitkalk mit versteinertem Tintenfisch. Nächste Seite: Graptolithen.

von *Graptolithen*, vor langer Zeit ausgestorbenen, quallenähnlichen Kolonietieren, deren Stellung im Tiersystem noch immer diskutiert wird.

Der *Tretaspis-Schiefer*, 3 m, ist schwer zugänglich, man kann ihn jedoch häufig in losen Stücken unterhalb des Vasegårdhangs finden.

Die »Diamanten« der Flußmündungen

Die Strecke vom Vejrmøllegård bis Vasegård - wo die Gutsbesitzer mit lobenswerter Initiative den sogenannten *Læså-Pfad* mit Brücken und Richtungspfeilen eingerichtet haben - ist also die klassische Strecke, ein bornholmisches »Mekka« für Geologieinteressierte; wenn man jedoch das Ganze sehen will, dann muß man die Exkursion bis zur Mündung der Læså oder, noch besser, bis zur Mündung der Øleå ausdehnen, um die *oberen Graptolithschiefer* anzutreffen, die aus der *Silurzeit* stammen.

Die *oberen Graptolithschiefer* stellen eine vermutlich 80 m dicke Schicht dar und sind mehr grau oder graubraun als ihre Verwandten bei Vasegård. Auch hier sind zahlreiche Graptolithen zu finden, jedoch andere Arten, u.a. spiralförmige und verzweigte Formen. Außerdem können recht große, kugelförmige graue Kalkkonkretionen vorkommen, vor allem in dem Schiefer im flachen Wasser vor den Mündungen der beiden Flüßchen, besonders der Øleå. Die besondere Attraktion dieser »Klumpen« besteht darin, daß sie in inneren spaltenförmigen Hohlräumen einzelne farblose Quarzkristalle, *Bergkristall*, von einer so einzigartigen Klarheit und einem solchen Glanz enthalten können, daß ihnen deshalb der wohlklingende Name *bornholmische Diamanten* verliehen wurde. Ihre relativ geringe Härte (die Geologen geben sie mit der Zahl 7 an) verrät jedoch, daß es sich nicht um richtige Diamanten handelt, die den Härtegrad 10 haben. Im übrigen haben sie die typische Quarzkristallform: ein sechsseitiges Prisma, abgeschlossen von zwei sechsseitigen Pyramiden.

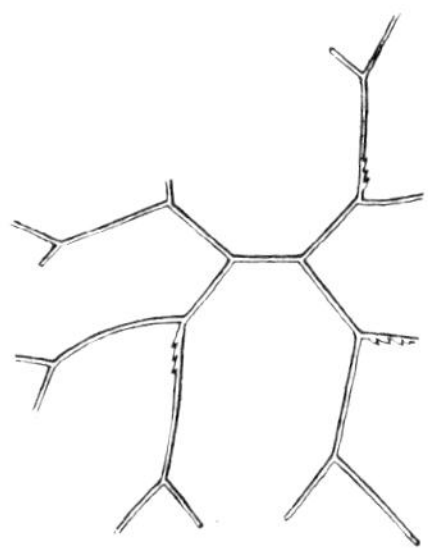

Die Jura- und Kreidebildungen

Mit dem oberen Graptolithschiefer ist die kambrisch-ordovizisch-silurische Schichtserie und damit das *paläozoische Zeitalter* abgeschlossen, denn Karbon- und Permbildungen scheinen auf Bornholm zu fehlen. Die nächste Epoche, die *mesozoische*, ist durch eine Vielzahl, oft stark gestörter, Schichten in der südwestlichen Ecke der Insel repräsentiert.

Spuren von riesigen Kriechtieren

Von Stampen über Rønne bis Hasle, sowie bei Sose, gibt es Ton-, Sand- und Kohleschichten aus der *Jurazeit*, gelegentlich zusammen mit dem recht schweren *Toneisenstein*, der u.a. bei *Nebbeodde* nördlich von Rønne ein hohes Steilufer bildet. *Versteinerungen* zeigen, daß eine gewaltige Entwicklung stattgefunden hat. Es treten u.a. Muscheln, Schnecken und eine Art von Tintenfischen, die sogenannten *Ammoniten*, auf, und es wurden sogar Rückenwirbel und Zähne eines riesigen Kriechtiers, einer Art *Schwanendrachen* gefunden, das 6-8 m lang gewesen sein muß. Alle genannten Tiere waren mit Salzwasser verbunden, also ist Bornholm in der Jurazeit zeitweise vom Meer bedeckt gewesen. Daß es dort zu anderen Zeiten festes Land mit Süßwasserseen und Mooren gegeben hat, davon zeugen u.a. die zahlreichen *Kohle*-Schichten, und die schönen Pflanzenabdrücke in bestimmten Lehmschichten erzählen, daß dieses Land von einer systematisch hochstehenden Vegetation bewachsen war. Besonders erfolgreich ist der Abbau von Kohle nie gewesen, doch hat sie in Kriegssituationen eine gute Hilfe dargestellt. Südlich von Hasle wurden während des 2. Weltkrieges 37.000 t gefördert, dreimal soviel wie 1914-18; die letzte Abbaustelle ist heute eine große wassergefüllte Grube, der *Rubinsø*. Der nahegelegene berühmte *Smaragdsø*, eine alte Lehmgrube, war zeitweise leergepumpt, da man eventuell wieder Lehm abbauen wollte, später ist er jedoch von neuem vollgelaufen.

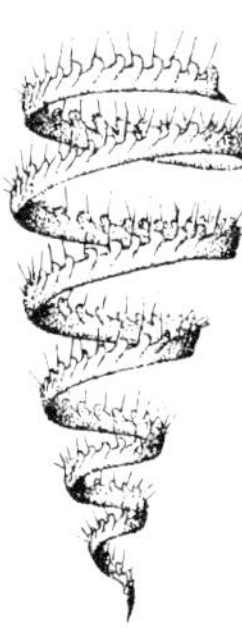

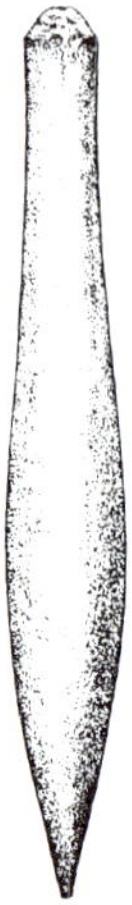

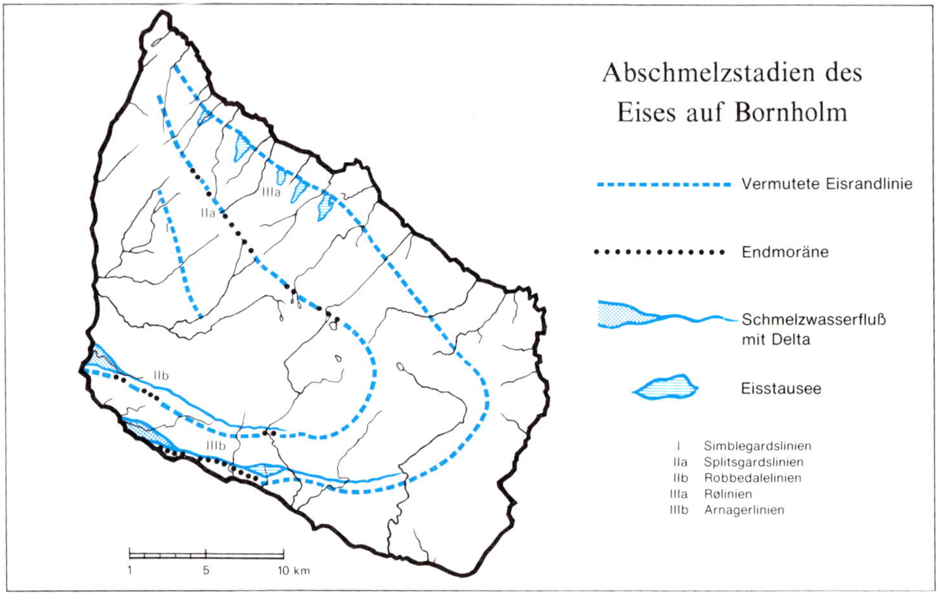

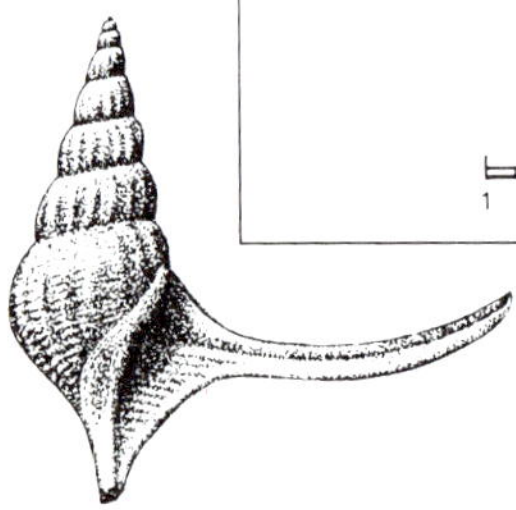

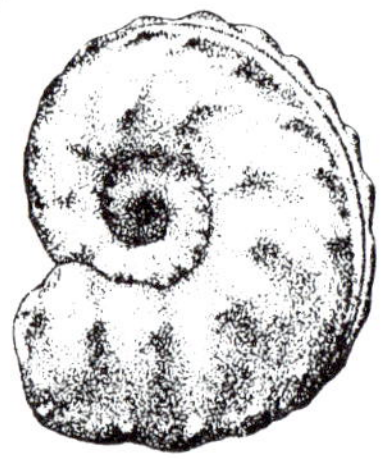

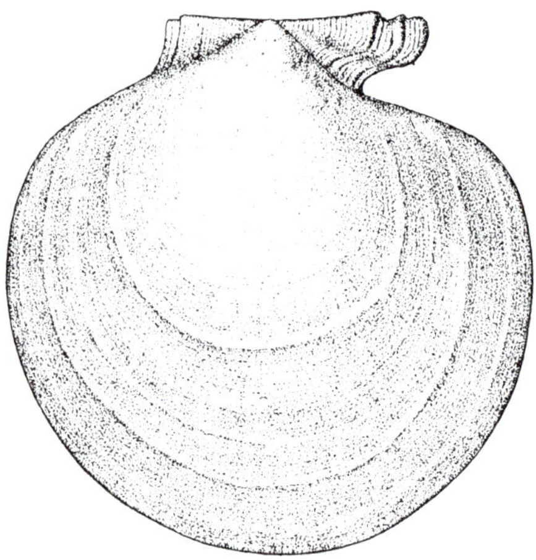

Schräge Schichten aus Ton, Kohle und Sand in der Lehmgrube der Klinkerfabrik Hasle an der Bagå und, oben, der Kalkfelsen - der einzige der Insel - westlich von Arnager. Im Kalk findet sich, ebenso wie im Grünsand östlich von Arnager, eine reiche Fauna von Schnecken, Muscheln und Tintenfischen. Letztere hatten oft aufgerollte Schalen und einen inneren Kalkstachel, »Donnerkeil« (Zeichnung zuoberst).

Jura-Ton tritt in weißen, grauen, schwarzen und rötlichen Varianten auf und dient als Rohstoff für die landesbekannte bornholmische *Keramikindustrie.*

Kreidezeitlokalitäten

Aus dem alleroberstem Jura stammt u.a. der *Robbedale-Grus*, eine gelbliche, grobsandige marine Küstenbildung, der gegenwärtig für die Insel einen sehr wichtigen Exportartikel darstellt und u.a. für Wasserwerkfilter verwendet wird. Er wird von Lehm überlagert, der in süßem bis brackigem Wasser im alleruntersten Teil der *Kreidezeit* entstanden ist. Die übrigen Kreidezeitschichten auf Bornholm sind marin.

Eine berühmte Fundstelle für Ablagerungen der Kreidezeit liegt bei Arnager in der Nähe von Madsegrav, 1 Kilometer östlich vom Fischerdorf. Über dem älteren *unteren Grünsand* lagert der *Arnagerkalk*, der in einem Felsen westlich des Ortes hervortritt, jedoch noch weiter westlich im *oberen Grünsand* bei Bavnodde untertaucht. Die Farbe des Grünsandes rührt von dem zuvor erwähnten *Glaukonit*, dessen Eisengehalt die zahlreichen rostfarbenen Steine im Quellwasser der Hänge erklärt. Bei Madsegrav treten Schichten von knollenförmigem *Phosphorit* auf, der während des 1. Weltkrieges zur Herstellung von Superphosphat verwendet wurde. Dieses Unternehmen war jedoch nicht rentabel.

Donnerkeile

Im Arnagerkalk findet man ebenso wie im Grünsand *Donnerkeile*, die charakteristischen Überreste ausgestorbener Tintenfischformen sind, sowie mehrere Arten von Muscheln und Schnecken. *Feuerstein* ist dagegen nicht verbreitet, obwohl es von rostgefüllten Hohlräumen oder aufgelösten Kieselschwämmen wimmelt. Der Kalk ist unrein und locker und wird nicht verwendet.

Ein leeres Intermezzo

Aus der *Tertiärzeit* gibt es im übrigen Dänemark und namentlich in Jütland zahlreiche interessante und verschiedenartige Bodenschichten. Auf Bornholm, das zu jener Zeit wieder Land gewesen ist, ist dieser geologische Zeitraum nicht vertreten.

Zeugnisse der Eiszeit

Die erwähnten *Rundhöcker* und *Gletscherschliffe* berichten von der Arbeit der Eismassen. Andere Zeugnisse davon sind die drei *Eisrandlinien* im nördlichen Teil der Insel. Zwei davon - die *Simblegårds-Linie* und die *Splitsgårds-Linie*, beide in Klemensker - treten recht deutlich in der Landschaft hervor, während die dritte - die *Rø-Linie* - schwierig zu finden ist. Man entdeckt sie am leichtesten in flachen, nicht besonders großen Gebieten mit geschichtetem und steinfreiem Lehm in der Nähe der Nordküste, z.B. am Fußballplatz von Rø, bei Rutsker Højlyng oder bei Allinge. Es handelt sich hier um Ablagerungen in »eisgestauten Seen«, deren relativ kurze Lebensdauer dadurch bedingt war, daß ein Eisrand in Küstennähe die Verbindung zum Meer abschnitt.

Ein Fluß-Delta

In Fortsetzung der Rø-Linie lag auf Südbornholm ein zweiter, der Küste folgender Eisrand, der das Schmelzwasser und das Regenwasser des höhergelegenen Almindingen-Gebiets in westliche Richtung zwang. Der Fluß war sehr wasserreich und bildete bei seiner Mündung in das eisfreie Meer an der Südküste ein flaches Deltagebiet, an jener Stelle, wo sich heute der *Flugplatz Rønne* befindet. Das rechte Flußufer läßt sich noch immer an einem flachen Abhang erkennen, der parallel und nördlich von Sdr. Landevej in 5 bis 10 km Entfernung von Rønne verläuft. Das südliche Ufer war der eigentliche Eisrand.

Strandwälle und Riesentöpfe

Langgestreckte Steinanhäufungen, die parallel zur Küste verlaufen, sogenannte *Strandwälle*, verraten eine Landhebung während der letzten Jahrtausende - ca. 10 m bei Dueodde und gut 20 m an der Nordspitze der Insel. Bei kräftigem anlandigem Sturm entstehen derartige Anhäufungen von Steinen noch heute durch die Wellen. Gleich südlich von Nexø sieht man unmittelbar am Meer die Strandwälle der Gegenwart und westlich von der Landstraße Strandwälle aus der Steinzeit. Die alten Strandwälle, 3-8 m oberhalb der gegenwärtigen Strandlinie, sind vom Gras fast überwachsen, doch kann man deutlich erkennen, daß die Steine darin vom Wasser abgeschliffen und echte *Gerölle* sind.

Die sogenannten *Riesentöpfe* in der flachen Strandklippe sind durch Gerölle entstanden, die von den Wellen in rotierende Bewegung gesetzt wurden.

LANDSCHAFTSFORMEN

Vielfalt und Besonderheit

Mit seinen 588 km² ist Bornholm nur ein kleiner Teil des dänischen Reiches. Dennoch besitzt die Insel eine derartige Vielfalt an Landschaftstypen, daß fast alle Typen der dänischen Landschaft vertreten sind: lächelndes Ackerland, Moränenhügel, Buchenwald, Dünen, Sandstrände, Moore, Wiesen usw. Dazu aber kommt ein neues Element, das der übrigen dänischen Landschaft fremd ist, nämlich der Fels, der Granituntergrund, der das bornholmische Land auf so vielerlei Weise prägt. Und wenn man die bornholmischen Landschaftsformen gründlich betrachtet, so wird klar, daß im Grunde keine von ihnen recht typischen dänisch ist. Alle weichen sie etwas ab, was bedingt ist durch die östliche Lage und die daher etwas anderen klimatischen Bedingungen, durch andere Bodenverhältnisse, eine etwas andere Zusammensetzung der natürlichen Vegetation und vielleicht noch andere Umstände. Mit anderen Worten: es handelt sich um eine Landschaft, die mehr mit der schonischen, also der alten ostdänischen, heute schwedischen Landschaft verwandt ist.

Dies muß sich der Beobachter vor Augen halten, wenn er Bornholm in das dänische Landschaftsgebiet einbezieht.

Die Nutzung des Gesamtareals

Der größte Teil des bornholmischen Bodens ist kultiviert. Die *landwirtschaftliche Nutzfläche* beträgt 65% des Gesamtareals. Auch *Wälder und Anpflanzungen* nehmen eine große Fläche ein, nämlich 19% oder ca. 1/5 der Fläche der ganzen Insel. Damit ist Bornholm der waldreichste Amtsbezirk Dänemarks. Dagegen sind die Flächen, auf die sich andere Landschaftstypen verteilen, nicht sehr groß, obgleich sie vorhanden sind. *Torfmoore* bedecken z.B. 142 ha, *Wasserflächen* 265 ha, *Heiden, Dünen, Sümpfe* und *Steinfelder* bedecken 2.680 ha oder ca. ½% der Gesamtfläche. Eigentliche *Wiesenflächen* gibt es sehr wenig. Es hat mehr davon gegeben, doch wurden sie durch Entwässerung kräftig reduziert.

Die Landschaften des Graniterrains

Wie schon erwähnt, macht sich im bornholmischen Untergrund und ebenso in der speziell bornholmischen Landschaft der Granit am stärksten bemerkbar. Die drei Landschaftsgebiete, in denen sich der Fels nachdrücklich präsentiert, sind vor allem *die nord- und ostbornholmischen Klippenküsten*, dann *Højlyngen* - die Heide - und schließlich die *Spaltentäler*.

Die Klippenküste

Die *Küstenformen des Granitterrains* sind von *Teglkås* nördlich von Hasle in ungebrochener Linie zur *Halleklippen* nördlich von Nexø zu verfolgen, wo der Granit unter dem Nexø-Sandstein verschwindet. An der gesamten Strecke gibt es Wege oder Pfade, so daß man die einzelnen Orte ohne Schwierigkeit erreichen kann.

Teglkås, eins der malerischen kleinen Fischerdörfer an der Westküste, verbirgt sich unter schroffen Küstenhängen, und unmittelbar nördlich hiervon beginnen die Klippen. In einer schmalen Kluft führt eine steile Treppe mit 108 Stufen hinab zu Jons Kapel. Der Eingang zur Grotte des Mönchs ist links am Fuß des Felsens zu erkennen. Einen Felsabsatz höher war seine »Kanzel«. Die Umgebung gehört zu den imposantesten Klippenpartien Bornholms.

Verborgen unter einem Idyll

Ein Blick auf die Karte des Untergrundes von Bornholm zeigt, daß der Granit bei *Bæla*, einem kleinen Dorf nördlich von Hasle, etwa an der Mündung des *Ravnebæk* beginnt. Er ist jedoch nicht zu sehen. An der Strecke von hier bis *Teglkås* gibt es indessen eine Reihe von Küstenhängen, die zu den schönsten auf Bornholm gehören, und dies wird von den idyllischen alten Häusern betont, die sich sehr gut in diese eigenartige Landschaft einfügen. Die Küste hat hier einen Vorstrand, der jedoch sehr schmal ist, und da er sowohl Wegen als auch Bebauung Raum bieten soll, ist es oftmals notwendig gewesen, die Häuser geradezu in den Hang zu graben.

Jons Kapel

Gleich nördlich von Teglkås erstreckt sich der Fels bis in die Hänge; doch erst bei *Gines Minde*, einer Gastwirtschaft kurz von dem Jons-Kapel-Massiv, beginnt die eigentliche Klippenküste. Ein Pfad führt in nördlicher Richtung über die Klippen bergan. *Jons Kapel* gehört zu den Felsenpartien Bornholms, denen man 3 Sterne für besondere Schönheit geben sollte. Es ist eine natürliche, 22 m hohe, freistehende Klippe mit einer Grotte, an die sich eine Sage vom Einsiedler-Missionar Jon knüpft, der vom Strand oder von dem »Prædikestolen« (Kanzel) genannten Felsvorsprung aus den heidnischen Bornholmern das Christentum gepredigt hat. Der Name Jons Kapel (Jons Kapelle) ist jedoch neueren Datums. Früher hieß der Ort *Jonstjærkan* (Jons Kirche).

Ein Stück weiter südlich liegen drei andere und ansehnlichere Grotten, die ihren Namen allesamt in den letzten Jahren bekommen haben - um der Touristen willen. Sie werden nun *Jons Madkælder* (Jons Speisekeller), *Jons Spisestue* (Jons Eßzimmer) und *Jons Soveværelse* (Jons Schlafzimmer) genannt. Nördlich davon ist die steile, 41 m hohe Felsenwand *Hvidkleven* zu sehen, wo bei anlandigem Sturm riesige Brandungswellen senkrecht aufsteigen und zu Kaskaden von Tröpfchenstaub zersprühen.

An den Steilhängen entlang

Von Jons Kapel führt der Pfad über die *Ringebakker* - hier sollte man nicht übersehen, wie sehr ein großer Granitbruch das Aussehen der Landschaft verändern kann - durch das Fischerdorf *Vang*, jetzt hauptsächlich Verschiffungsort für Steine, und weiter über *Finnedalen* und *Slotslyngen*. Diese gesamte Strecke ist nur auf der Anhöhe zurückzulegen, denn statt eines Strandes gibt es fast überall eine Felswand, die steil ins Meer abfällt. Nur eine Strecke nördlich von Vang ist bis kurz hinter Finnedalen zu befahren. Hier mündet ein kleiner Bach mit dem weniger hübschen Namen *Pissebækken*. Wo sich dieser Bach aber die Felswand hinunterstürzt, bildet er einen der schönsten Wasserfälle Bornholms - wohlgemerkt, wenn er Wasser hat.

Das Hammer-Land

Der Pfad, der von Vang über Slotslyngen nach *Hammershus* führt, windet sich durch eine ungewöhnlich schöne Landschaft mit prachtvollen Aussichten. An einigen Stellen führt er über wuchernde Felsenheiden, an anderen durch Naturwald, wo bald der Wacholder, bald die bornholmische Buche, die Weißbuche, dominiert, deren Bestände in Slotslyngen eine eigenartige Stimmung von Alter und Unberührtheit bewirken.

Die Felshänge bei Hammershus und vor allem jene unmittelbar nördlich von *Løvehovederne* (Löwenköpfe) und *Kamelhovederne* (Kamelköpfe) sind wohl die größte Erlesenheit Bornholms, nicht allein wegen der Landschaft, sondern auch in Hinblick auf die Vegetation. Hier gibt es eine große Zahl von Gewächsen, die in Dänemark sonst selten sind.

Hammerknuden (Hammerknoten) im äußersten Norden ist größer, als es den Anschein hat. Vor Jahren war er mit Heidekraut bewachsen, es zieht sich jedoch vor anderen und größeren Holzgewächsen zurück. Ein vorherrschendes Element ist der Ginster, der während seiner Blütezeit große Teile der Flächen und Hänge des Hammers in goldene Farben kleidet.

Im zeitigen Frühjahr macht der Pissebæk seinem Namen Schande und verwandelt sich in einen reißenden Gebirgsfluß mit einem Wasserfall, der sich an Mächtigkeit und Schönheit mit dem Dyndalefald und Kobbeåens Stavehøl messen kann. Die Jættegryder (Riesentöpfe) bei Jons Kapel sind durch Gerölle entstanden, die von den Wellen wie Mühlsteine gedreht wurden. Wo der Rispebjerg-Sandstein der Læså einen niedrigen Wasserfall bildet, gibt es unter einer alten Esche am östlichen Ufer ebenfalls einen »Riesentopf«.

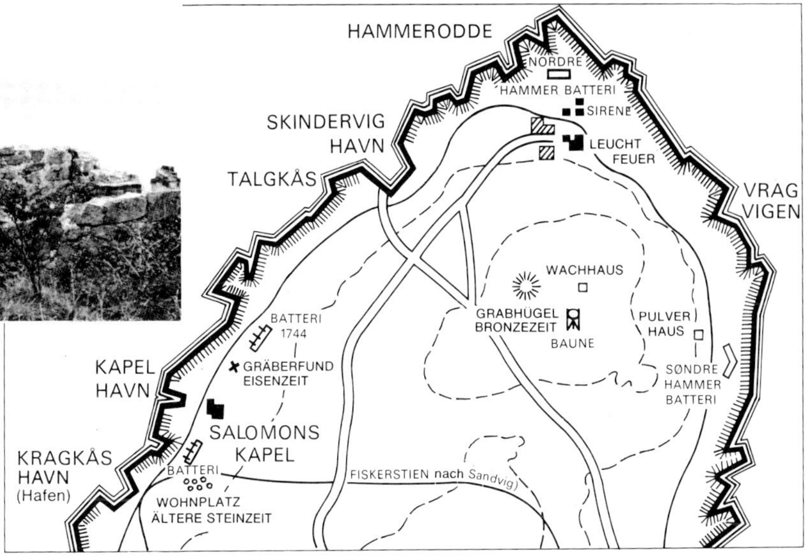

Salomons Kapel auf Hammeren (siehe Karte) stand 1624 leer, aber es heißt, daß darin »früher Predigt für die Fischer gehalten wurde«, doch wird sie bereits in einem Testament des Jahres 1379 genannt und ist sicher in Verbindung mit den großen jährlichen Heringsmärkten der pommerschen Hansestädte errichtet worden. In der nordwestlichen Ecke der Kirchhofsmauer, die sich noch immer im Boden erkennen läßt, befindet sich ganz nah am Strand Salomons Kilde, in alten Tagen eine der vielen Heilquellen der Insel.

Ein »Wendepunkt«

Die westbornholmische und die ostbornholmische Klippenküste sind von unterschiedlichem Charakter. Während die Felsen bei Jons Kapel, Ringebakkerne und Hammershus hoch, steil und »abgescheuert« sind, sind sie an der Ostseite zumeist zerklüfteter, und die Schärenhofküste herrscht stärker vor. Diese Unterschiede sind bereits an der Ost- und Westseite des Hammers zu erkennen.

In der Landschaft um den Hammer fällt besonders der *Langebjerg* südlich vom Hammersø auf. Es ist ein 77 m hoher Granithügel, der seine Umgebung überragt, und wie alles, was man auf Abstand sieht, ist er größer, als man es unmittelbar empfindet. Der Langebjerg hat eine prachtvolle Natur und läßt sich an der Nordseite vom Parkplatz der Straßenverwaltung aus leicht besteigen.

Strecke der Herrlichkeiten

Die Küste von Allinge-Sandvig südwärts besitzt den größten Teil der Sehenswürdigkeiten der bornholmischen Klippenküste. Auf dem Felsenpfad passiert man *Sandkås, Tejn, Stammershalle* und die *Helligdomsklipper* mit ihren seltsam zerklüfteten Formen, *Røsta* mit *Røstàtjærkan*, eine freistehende Klippe ähnlich wie *Jonstjærkan*, die Klippen bei *Stevelen* (der bornholmische Name für die freistehenden Glockentürme von Kirchen) und den - obgleich Sturm und Strömung den größten Teil des Sandes davongetragen haben - idyllischen Badeort *Salene*. Von dort führt der Pfad, einer der landschaftlich schönsten Küstenwege der ganzen Insel, weiter nach *Gudhjem*. »Du bist wohl von Rø nach Gudhjem gegangen?« fragte einmal ein Freund in Gudhjem den bornholmischen Schriftsteller Christian Stub-Jørgensen, als der zu Besuch kam. Ja, das hatte er natürlich getan. »Ja«, entgegnete der Freund, »dieser Weg ist auch der zweitschönste, den man auf

Bornholm wandern kann!« »Na, und welchen hältst du für den schönsten?« fragte der Schriftsteller. »Den von Gudhjem nach Rø«, lautete die Antwort. Und was der Grund dafür auch sein mag, so ist das richtig. Vieles erklärt sich jedoch schon aus der unterschiedlichen Art, wie das Licht auf die Landschaft fällt und bewirkt, daß ihre reiche und lebendige Vielfalt ständig neue Eindrücke hervorruft. Dies trifft auch für viele andere Gegenden der bornholmischen Landschaft zu.

Schärenhof und Salzwiesen

Die Küstenlandschaft von Gudhjem und südwärts ist eine flachere Klippenküste, nur von *Saltuna* in Østermarie bis *Ypnasted* erhebt sich der Granit wieder zu größerer Höhe; die beliebteste Stelle ist *Randkløveskår*, eine tiefe und schmale Spalte des Grundgebirges. Die imposanteste Küstenlandschaft befindet sich jedoch südlich von diesem Einschnitt. Ein Sommergast hat den Pfad von Randkløve bis Ypnasted einmal *Cobrastien* (Kobra-Pfad) genannt. Das ist gar nicht schlecht erdacht, denn es liegt etwas Exotisches über dieser Gegend; u.a. befindet sich dort der Bootshafen *Haraldshavn*, wo die Fischer bei unruhigem Wetter ihre Boote mit Hilfe eines Krans aus dem Wasser hieven.

Das Randkløve-Massiv ist das vierte Gebiet, das ansehnlichere Küstenklippen aufweist. Das erste in der hier verwendeten Reihenfolge ist Jons Kapel, das zweite die Klippen bei Hammershus und der Hammer und das dritte die Helligdomsklippen. Jedes dieser Gebiete hat seinen besonderen Charakter. So zeichnen sich die Randkløveklippen dadurch aus, daß ihr Schärenhof, vor allem in südlicher Richtung, stärker ausgebaut ist als an den übrigen Küsten.

Zwischen Ypnasted und der Mündung der *Gyldenså* südlich von *Bølshavn* sieht man an mehreren Stellen Salzwiesen mit einem ungewöhnlichen Auf-

Das 12-15 m tiefe Randkløveskår ist vermutlich ein verwitterter Diabasgang. Im Svaneke-Granit auf der kleinen Halbinsel Gulehald bei Listed finden sich sowohl Diabas- als auch Sandsteingänge. Letztere sind selten, deuten jedoch darauf hin, daß die Insel einmal ganz von Sandstein bedeckt gewesen ist. Längs der Küste wechseln Schärenhöfe und Salzwiesen ab.

bau, die unmittelbar auf dem Granit entstanden sind. Sie zeichnen sich durch ihre eigenartige Vegetation aus.

Die langen, offenen Sandstrände

Nördlich von *Nexø* geht der Granit in die Tiefe, und die Küstenlandschaft wird bis zur *Balka*-Bucht, wo er unter Sand und Dünen verschwindet, vom Sandstein geprägt. In der Nähe des Fischerdorfes *Snogebæk* taucht er erneut auf und bildet eine ganz eigentümliche Küste. Der Sandstein liegt hier in »Bänken«, durch Rinnen voneinander getrennt, die durch das Meereswasser entstanden sind.

Gleich südlich von Snogebæk - das einen kleinen Inselhafen mit einer Brücke zum Strand hat - wird der Sandstein von grünem Schiefer überlagert, der hier und da in der Küstenlinie hervortritt; sonst aber wird das Bild der Landschaft vom Sandstrand beherrscht, und zwar im wesentlichen an der gesamten Südküste bis Rønne und weiter bis Hasle. An diesen Stränden - der Sand ist außerordentlich feinkörnig und wohl der feinste in Dänemark - floriert im Sommer das Badeleben, und in den *Wäldern auf alten Flugsandgebieten* verstecken sich Hunderte von Sommerhäusern.

Es gibt zahlreiche schöne Stellen, doch es würde zu weit führen, auf alle einzugehen. Beispielsweise wären zu nennen die Strandhügel bei *Slusegård* um die Mündung der *Øleå* mit der alten, vor kurzem restaurierten Wassermühle und dem Forellenhaus, *Boderne* an der Mündung der *Læså*, die *Sose*-Bucht und *Arnager* mit seinem Inselhafen, dem zweiten auf Bornholm, hinter dem schützenden Arnager-Riff, südlich von Rønne *Stampen* und *Onsbæk*, nördlich von Rønne die Partien um die beiden Flüßchen *Blykobbeå* und *Bagå*, von denen das erstgenannte der einzige schiffbare Wasserlauf der Insel ist, da sein Bett seinerzeit im Hinblick auf eine Verschiffung bornholmischer Kohle vom heutigen Waldrestaurant *Skovly* bis zum Meer vertieft wurde.

Die alte Klippenheide

Højlyngen - die »Hohe Heide« - nahm in alter Zeit und bis um 1800 etwa 1/5 der Fläche Bornholms ein und bedeckte den gesamten zentralen Teil der Insel. Sie war gemeinsames Eigentum, eine Art Allmende, und wurde in großem Stil als Weidefläche für Rindvieh benutzt, das hier den Sommer über graste und über weite Entfernungen auf den sogenannten »gader« («Straßen«) hierhergetrieben wurde, die noch von einer großen Zahl von Ortsnamen bekannt sind. Als die gemeinsame Bewirtschaftung aufhörte, veränderte sich die alte Hochheidelandschaft völlig. Große Teile wurden kultiviert und in Ackerboden umgewandelt, der Rest mit Wald bepflanzt, so daß von der Heide, der alten bornholmischen Klippenheide, fast nichts mehr übrig ist. Zwar stehen einzelne Gebiete unter Naturschutz, da aber das Vieh nicht mehr dort weidet, hat der Wald die Führung übernommen, und dagegen kann die Heide nicht bestehen.

Einen Teil des unbebauten Landes behielt der Staat. Dies ist heute der Staatswald *Almindingen*, der größte Wald Bornholms und der drittgrößte Dänemarks (2410 ha). Von jenem Anteil, den jede der Gemeinden erhielt, ist nun ein Teil von *Gemeindeplantagen* bedeckt, nur die Gemeinden Olsker und Rø haben das erworbene unbebaute Land auf andere Weise genutzt. Die große *Rø-Plantage* gehört dem Staat.

Große Teile dieser Plantagengebiete sind heute Tannenwald mit jenem gleichartigen Gepräge, das solchen Wäldern eigen ist. Doch sorgen der felsige Boden und das kupierte Gelände dafür, daß selbst in den langweiligsten dieser Plantagen schöne Flecken von Wert zu finden sind. So in *Almindingen*, das eine überaus große Vielfalt an Landschaft und Natur bietet, und ganz besonders in Gebieten wie *Ibsker Højlyng* mit den *Paradisbakker* (Paradieshügeln) und *Rutsker Højlyng.*

Der Großwald

Von den vielen schönen Stellen in *Almindingen* sind die gesamte Gegend westlich vom *Jomfrubjerget* mit *Åremyre* bis *Pykkekullekær* und *Kohullet, Lilleborg, Ekkodalen, Baste Mose* östlich vom Jomfrubjerget und die Landschaft um *Rundemose* hervorzuheben, um nur einige zu erwähnen. An mehreren Stellen gibt es Reste von altem Naturwald, so die alten Eichen und Weißbuchen südöstlich von *Christianshøj.* Die lieblichsten Waldmoore Bornholms befinden sich in Almindingen, und es gibt kaum ein Waldgebiet auf Bornholm, wo man so viele verschiedene Wanderungen durch naturschöne Gegenden unternehmen kann wie gerade hier.

Die Wildmark

Ibsker Højlyng umfaßt die unter Naturschutz stehenden *Paradisbakker* (Paradieshügel), den hügeligsten und landschaftlich am reichsten ausgestatteten Teil der alten Hochheide mit Reihen von *Spaltentälern* kreuz und quer. Sie sind für den Fremden unwegsam, und Touristen verirren sich sehr häufig hier. Doch das ist gut so, denn es gibt kaum ein schöneres Gebiet zum Verlaufen. Zu den schönsten Stellen in den Paradisbakker gehören *Majdal* und *Grydedal.*

Die »lebenden« Steine

Im nördlichen Teil von Højlyngen liegt *Rutsker Højlyng.* Diese Gegend ist felsig und war vor einigen Jahren durch ihre »*Rokkesten*« - »Wackelsteine« - berühmt. »Rokkesten« sind große Findlinge, vom Eis auf dem steinigen Grund zurückgelassen, die durch eine relativ leichte Berührung zum Wackeln gebracht werden konnten. Die Findlinge sind für die unbebauten Flächen Bornholms typisch, und es gibt davon noch viele. Sie lassen sich jedoch nur ausnahmsweise zum Wackeln bringen. In Rutsker Højlyng gab es ganze vier mit dieser Eigenschaft; doch nun haben sie für die Besucher

Route I
Ca. 1 Stunde

Lisegård
Fjeldstauan
Skottedam
Rokkestenen
Grydesø
Rokkestensvejen
Lisegård

Route II
Ca. 2 Stunden

Grydesø
Skottedal
Stendal
Slingesten
Gamleborg
Tamperdal
Midterpilt
Stendal
Grydedal
Grydesø

Route III
Ca. 4 Stunden

Lisegård
Fjeldstauan
Rokkestenen
Grydesø
Grydedal
Dybedal
Stendal
Midterpilt
Tamperdal
Majdal
Ravnedal
Troldstuerne
Dybedal
Paradisgård
Trommerestene
Gamledam
Kodal
Rokkestensvejen
Lisegård

Der Grydesø liegt in einem Spaltental, das rechtwinkling zur normalen Richtung dieser Täler verläuft. Die Vegetation des Tales ist üppig, mit vielen seltenen Farnarten, und aus den dunklen Felsspalten »leuchtet« hier und da das nur auf Bornholm vorkommende Leuchtmoos. Man verirrt sich leicht in den Paradisbakker, auf Steinen und an Bäumen sind jedoch die oben angeführten besonderen Routen markiert.

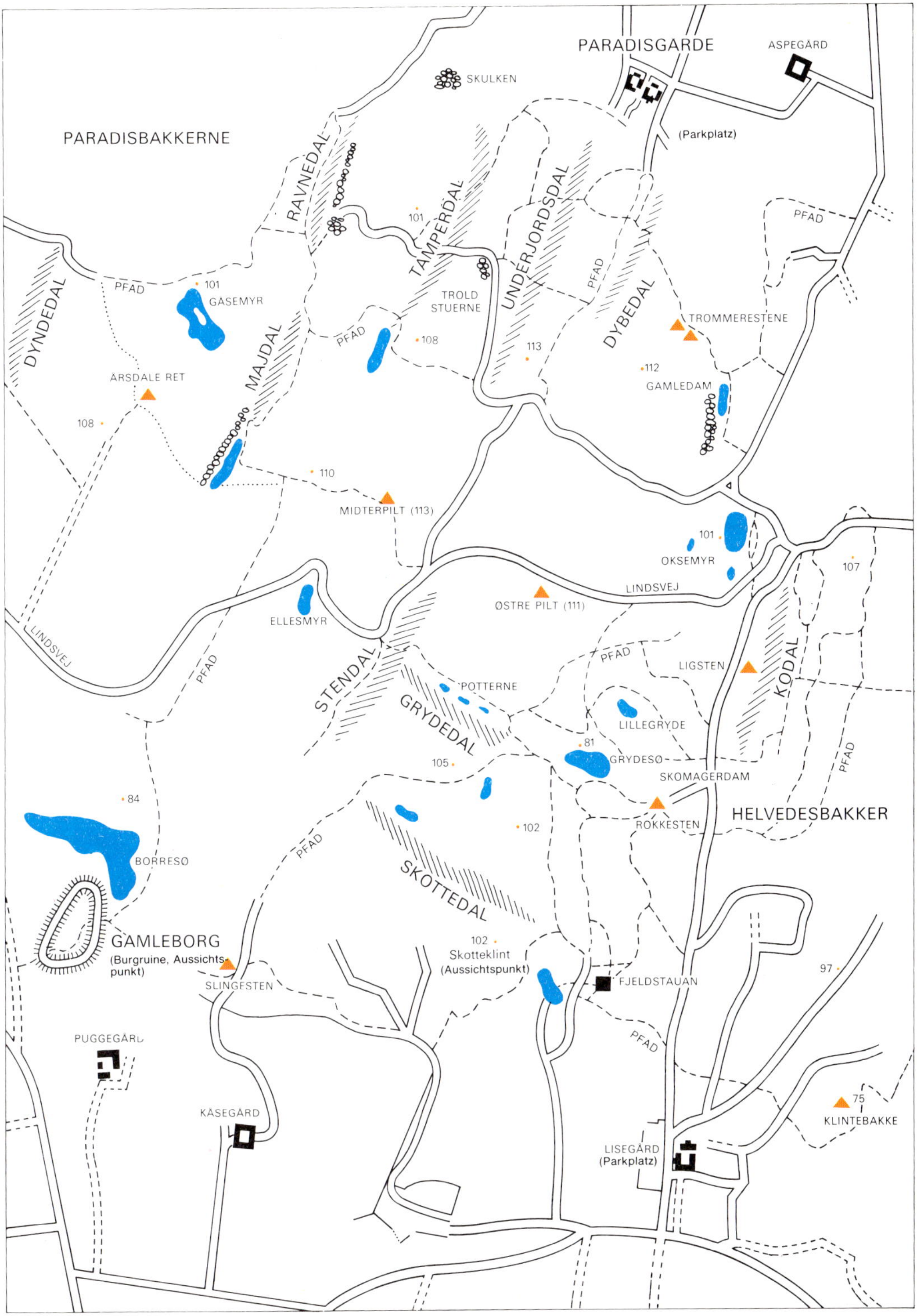
PARADISGARDE
ASPEGÅRD
SKULKEN
(Parkplatz)
PARADISBAKKERNE
RAVNEDAL
TAMPERDAL
UNDERJORDSDAL
101
PFAD
PFAD
DYNDEDAL
PFAD
101
GÅSEMYR
TROLD STUERNE
DYBEDAL
TROMMERESTENE
PFAD
108
MAJDAL
113
112
GAMLEDAM
ÅRSDALE RET
108
110
MIDTERPILT (113)
101
OKSEMYR
107
ØSTRE PILT (111)
LINDSVEJ
ELLESMYR
LINDSVEJ
PFAD
STENDAL
PFAD
LIGSTEN
KODAL
POTTERNE
GRYDEDAL
LILLEGRYDE
81
GRYDESØ
105
SKOMAGERDAM
PFAD
84
ROKKESTEN
HELVEDESBAKKER
102
PFAD
BORRESØ
SKOTTEDAL
GAMLEBORG
(Burgruine, Aussichtspunkt)
102
Skotteklint
(Aussichtspunkt)
97
SLINGESTEN
FJELDSTAUAN
PFAD
PUGGEGÅRD
75
KLINTEBAKKE
KÅSEGÅRD
LISEGÅRD
(Parkplatz)

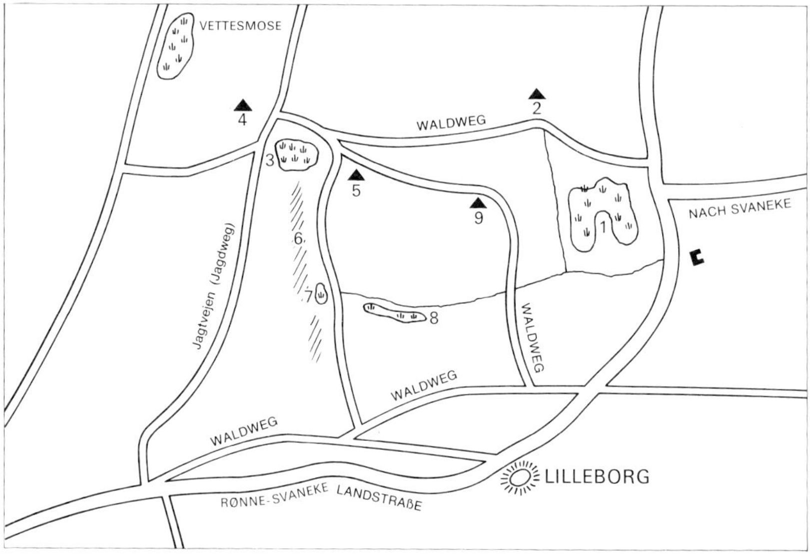

Die Karte zeigt einige der sehenswertesten Stellen im westlichen Almindingen: 1) Åremyre. 2) Æblekul. 3) Pyggekullekær. 4) Vildtbanesten. 5) »Rokkestenen« (der jedoch die Fähigkeit zu wackeln verloren hat). 6) Store Rævegænge (schöne Talsenke). 7) Kohullet (Kuhloch). 8) Langemose. 9) »Munken« - der Mönch - (großer Findling aus der Eiszeit).

so viel gewackelt, daß sie müde geworden sind, d.h. die wirkliche Erklärung ist wohl die, daß sie sich auf dem Untergrund verschoben und dadurch die Fähigkeit der Bewegung verloren haben. Ähnlich ist es mehreren anderen bornholmischen »Rokkesten« ergangen (darunter dem berühmtesten von allen, dem in den Paradisbakker), es gibt jedoch Pläne, sie mit Unterstützung des Militärs wieder in Gang zu setzen. Die schönsten Stellen befinden sich im Naturschutzgebiet und im südlichen Teil des unbebauten Landes um die Spaltentäler *Kleven* und *Spælling Mose.*

Ein Ort der Vorzeit

Vestermarie Udmark im Westen ist von dem alten unbebauten Land, »Aussenmark« genannt, am leichtesten zugänglich. Was die Natur betrifft, so kann sie sich mit Ibsker Udmark und Rutsker Udmark wohl kaum messen; doch in archäologischer Hinsicht ist sie das reichste der Højlynggebiete mit über 100 *»Røser«* (Steingräbern) und mehreren gut erhaltenen *Schiffssetzungen.*

Bautasteine und Pilte

Zu den unbekannteren Højlynggebieten gehört *Povlsker Højlyng*, das von dem längsten Wasserlauf Bornholms, der *Øleå*, durchschnitten wird. Auch dieser Teil der Højlyng ist jetzt Plantage. Hier gibt es *Bautasteine*: den *Kragesten* und den *Kregsten*, und mehrere *Pilte*, d.h. kleinere Steinhügel, die in der »Außenmark« als Wegzeichen oder Wegweiser dienten. Derartige Pilte finden sich beispielsweise in den Gemeinden Ibsker und Povlsker und Pedersker. Am bekanntesten sind die *Varper* in Pedersker in der Nähe von Ølene. Sie markierten einen alten Verkehrsknotenpunkt in der Heide, und die alten schmalen Hohlwege sind in unmittelbarer Nähe der Steinsetzungen noch zu erkennen.

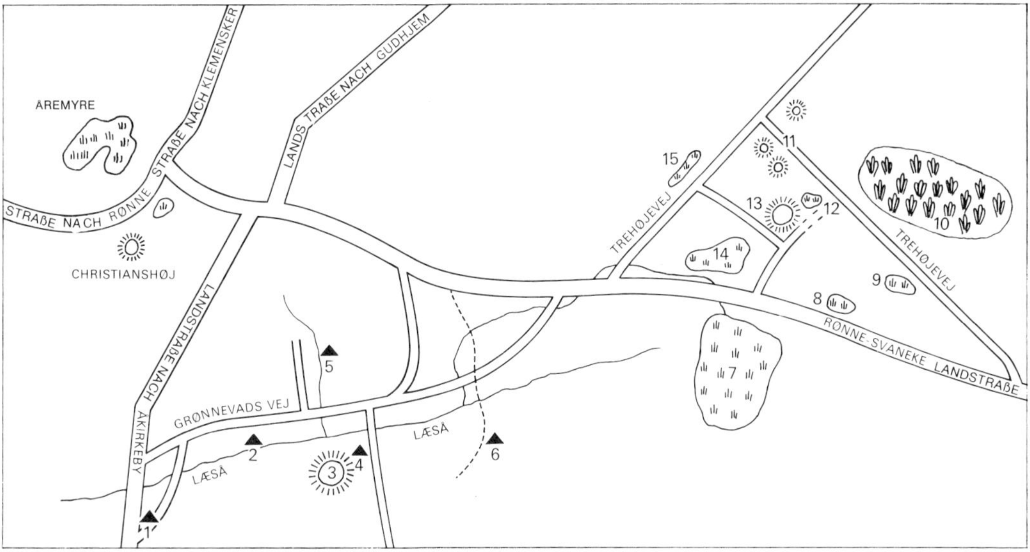

Im östlichen Almindingen gibt es vor allem zwei schöne Stellen in der Nähe des Grønnevadsvej und des Trehøjevej: 1) Alte Hohlwege und Wälle. 2) Die Felsenpartie Kajehajl (Kaje = Dohle). 3) Vognsbjerg. 4) Hempels Quelle. 5) Wasserfall des Stensvalebæk. 6) Reste von alten Wällen oder Mauern. 7) Baste Mose. 8) Iglemose. 9) Rundemose. 10) Schönes Wacholdergebiet. 11) Trehøje. 12) Baremose. 13) Luntebakken. 14) Stakkelemose. 15) Rappekær. Unmittelbar westlich der Einfahrt - mit Parkplatz - von Baste Mose steht am Waldrand diese siebenstämmige Tanne (Bild Unten), populär der »Siebenmaster« genannt. Vom Parkplatz führt ein Weg zu einem Beobachtungsturm für Vogelinteressenten.

DIE SAGE VON DEN VARPERN

Es ist heute noch Brauch, daß Reisende, die an den Varpern vorüberkommen, einen Stein zu den anderen legen. Damit wird der Sage vom Tod dreier unschuldiger Schwestern durch Bruderhand, vermutlich aus dem 16. Jahrhundert, die Ehre erwiesen. Auf dem nahegelegenen Siegård waren drei Söhne. Sie benahmen sich so schlimm, daß sie von der Insel fliehen mußten, und statt dessen segnete der Herrgott den Bauern und seine Frau mit drei Töchtern, die heranwuchsen und die schönsten Mädchen der Gemeinde wurden. Von den Söhnen hörte man nie wieder etwas. Eines Sonntags gingen die drei Jungfrauen in der Hochheide spazieren, um wilde Blumen zu pflücken. Auf ihrer Wanderung begegneten sie drei Männern, die in der Nacht von einer pommerschen Seeräuberschute an Land gegangen waren. Die jungen Mädchen bekamen Angst und flohen, aber die Piraten ergriffen sie und brachten sie um. Später wurden die drei Bösewichter gefangen und an einem Baum aufgehängt, und da erkannte man sie als die Söhne des Siegård wieder, die zurückgekehrt und die Mörder ihrer Schwestern geworden waren.

Die Leute aus der Umgebung gingen zur Mordstelle und »varpada« (warfen) zur Erinnerung an diese Begebenheit, die auf der ganzen Insel ruchbar geworden war, Steine zu drei pyramidenförmigen Haufen zusammen. Ein Stück weiter westlich, wo die Räuber einen großen Jungen umgebracht hatten, wurde eine Steinpyramide errichtet, die den Namen *Knægten* erhielt.

Rø-Plantage

Schließlich ist die *Plantage von Rø* unter anderem wegen der beiden schönen Spaltentäler *Søndre* und *Nordre Borgdal* zu erwähnen.

Die bornholmischen Hofwälder

Bornholm hat noch andere Waldtypen als den der Hochheide. So gibt es außerhalb des Højlynggebietes und vor allem auf Ostbornholm eine Anzahl kleiner Wälder, von denen in der Regel jeder Hof seinen hatte, und diese Wälder waren und sind teilweise noch als Naturwälder anzusehen, denn sie verjüngen sich auf natürlichem Wege durch jene Waldvegetation, die im

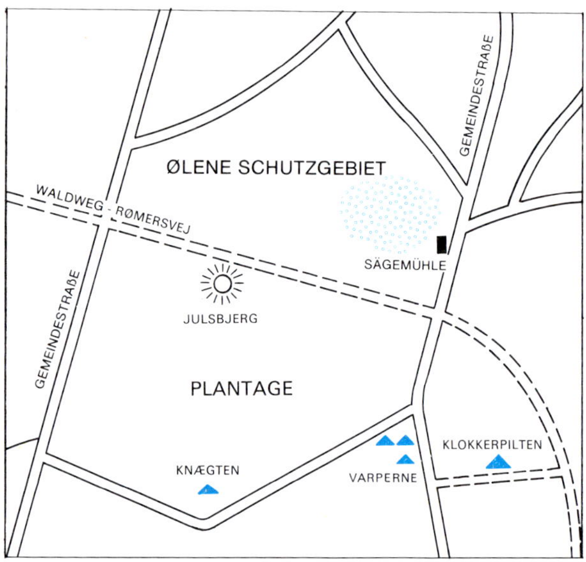

Die Varper, drei moosbewachsene Feldsteinhügel gleich am neuen Ølene-Weg, werden noch immer während des ganzen Jahres - und als fester Brauch zum Johannistag (Sankt Hans) - mit grünen Zweigen und Blumen geschmückt, zur Erinnerung an jene drei Schwestern, die hier durch Bruderhand ums Leben kamen. Auf der Karte sind einige der vielen »Pilte« (Warten) im zentralen Højlynggebiet markiert.

ostdänischen Vegetationsgebiet heimisch ist. Diese alten *Hofwälder* sind für das bornholmische Bauernland charakteristisch, und sie bringen auf lebendige und harmonische Weise Abwechslung in die Landschaft und lassen sie wohl auch waldreicher erscheinen, als sie in Wirklichkeit ist. Dieser Waldtyp ist nirgends sonst in Dänemark anzutreffen, und er enthält für den Botaniker viele interessante Dinge.

Die Täler des Granitterrains

Die *Spaltentäler* wurden schon zuvor für die Landschaft Nord- und Mittelbornholms als charakteristisch erwähnt. Sie sind entstanden als Risse und Spalten im Granit von unterschiedlicher Tiefe und Breite. In seiner typischen Gestalt hat ein solches Tal zu beiden Seiten mehr oder weniger steile Felswände (*Dybedal* in den *Paradisbakker*); doch häufig sind nur an einer Seite Felswände sichtbar (*Brommedalen, Rø*), und in einigen Fällen ist die Spaltung des Untergrundes an der Oberfläche nur durch eine allgemeine Talsenkung zu bemerken.

Einige Spaltentäler reichen von den zentralen Højlyngsgebieten der Insel bis zum Meer. So zum Beispiel das *Ekkodal*, das längste der Spaltentäler, das bei *Vallensgårds Mose* südlich von Almindingen beginnt und sich ostwärts durch den Wald unter den Namen *Flæskedal, Kløvedal* und *Kjeldseådal* fortsetzt. Seine Länge beträgt in gerader Linie ca. 12 km. Einige Spaltentäler lassen sich nicht bis zur Küste verfolgen, und andere sieht man nur in der Nähe der Küste. Viele von ihnen haben eine geringe Länge - bis zu einem halben Kilometer. Sie verlaufen fast alle in der Richtung Südwest-Nordost, einige wenige haben jedoch die Richtung Süd-Nord, und einige ausnahmsweise die Richtung Südost-Nordwest (*Grydedal* und *Skottedal* in den *Paradisbakker, Paradisdalen* in *Slotslyngen*), also rechtwinklig zur normalen Richtung. Diese Täler werden *Quertäler* genannt.

Vom Forsthaus Borgedalshus in Rø Plantage schlängelt sich dieser Weg quer durch Søndre Borgdal. Links - südlich von der Wegbiegung - ist ein künstlicher See aufgestaut, jetzt Vogelschutzgebiet, ursprünglich angelegt zur Aufbewahrung des zahlreichen Windbruchs vom Oktobersturm 1967. Zum selben Zweck wurde der alte überschwemmte Frederiks-Steinbruch bei Nexø genutzt.

Alte Flußbetten

Insgesamt gibt es etwa 70 Spaltentäler. Sie haben für die Gestaltung der Landschaft eine ganz wesentliche Bedeutung gehabt, denn viele von ihnen haben während der Eiszeit deutlich als Flußbett fungiert und dadurch ebenfalls auf ihre Umgebung eingewirkt, u.a. durch Ablagerung von Moränen, wie es beispielsweise an der Ausmündung des Spaltentals *Kleven* im Westen bei Lille Dammegård in Klemensker zu sehen ist.

Wasserfälle

Die durchgehenden Spaltentäler enthalten noch immer einen großen Teil der bornholmischen Wasserläufe, und im Laufe der Zeit hat die Erosion des Wassers ihre Zeichen gesetzt. Wo der Steingrund senkrecht abfällt, bilden sich kleine, hübsche Wasserfälle (*Dyndalefaldet, Stavehøl* an der *Kobbeå*). Da die bornholmischen Wasserläufe in trockenen Perioden nur wenig Wasser führen, sind die Wasserfälle am besten im Winterhalbjahr oder nach größeren Regenfällen zu beobachten.

Wichtigste Täler

Fast alle Spaltentäler sind mit Wald bewachsen, zumeist mit Naturwald; zur Zeit werden jedoch in vielen Spaltentälern Rotfichten angepflanzt, eine vom landschaftlichen Gesichtspunkt gesehen ungünstige Tendenz.

Eins der schönsten Täler ist *Ekkodalen* (das Echotal) in Almindingen. Es gehört zu den breiten (50 m oder mehr) und hat von allen Spaltentälern die höchsten Felsenpartien. *Dyndalen* in Rø gehört ebenfalls zu den ansehnlicheren. In seiner Fortsetzung landeinwärts liegt *Kleven*, eins jener Täler, das man während der Blütezeit der wilden Kirschbäume sehen muß. Im östlichen Teil des Tales, bei *Spælling Mose*, befindet sich einer der alten Burgplätze Bornholms, *Storeborg*, mit sehr schwachen Resten einer Befestigung.

Auch *Kobbeådalen* in Østerlars ist eins der ansehnlichsten Felsentäler. Hier befindet sich der Wasserfall *Stavehøl*. Ein »*Høl*« ist eine bornholmi-

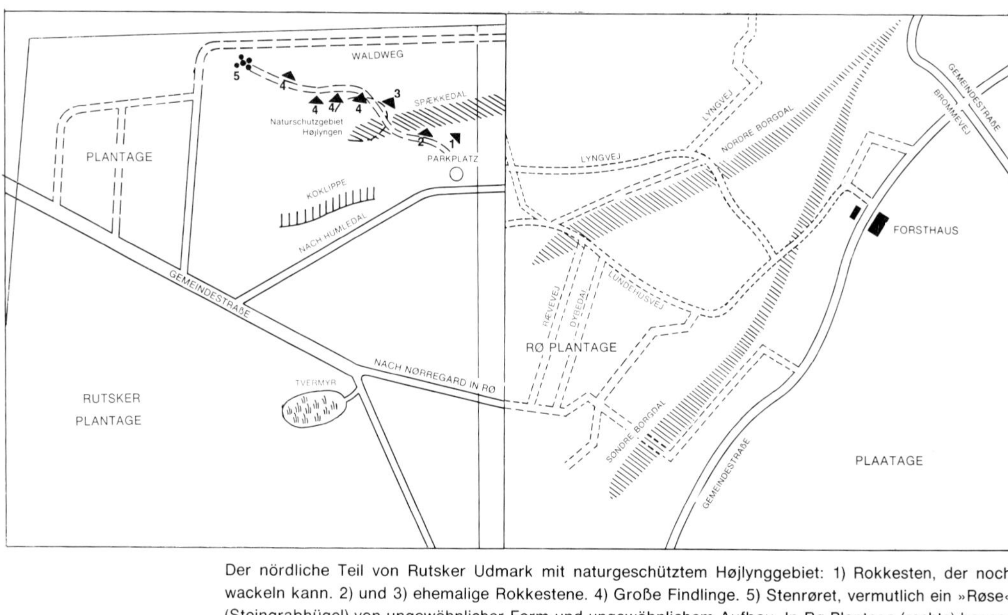

Der nördliche Teil von Rutsker Udmark mit naturgeschütztem Højlynggebiet: 1) Rokkesten, der noch wackeln kann. 2) und 3) ehemalige Rokkestene. 4) Große Findlinge. 5) Stenrøret, vermutlich ein »Røse« (Steingrabhügel) von ungewöhnlicher Form und ungewöhnlichem Aufbau. In Rø Plantage (rechts) begegnen sich die beiden Spaltentäler im 100 m hohen Borghoved mit der Ruine Borgen. Am Brommevej - landschaftlich einer der schönsten Wege der Insel - liegt Brommegård mit Wassermühle, erwähnt 1530.

Wie der Name schon andeutet, hat Øleå, der größte Fluß Bornholms, seine Quelle in Ølene in Østermarie. Am Auslauf beim Slusegård gibt es eine Wassermühle und ein Forellenhaus, welches vor kurzem restauriert wurde und seine ursprüngliche Form bekam.

sche Spezialität: eine Vertiefung des Flußlaufs, in der das Wasser gewöhnlich stehen bleibt, wenn das übrige Flußbett austrocknet. Derartige »Høl«s gibt es in den meisten Wasserläufen Bornholms.

Von anderen Spaltentälern sind hervorzuheben: *Kjeldseådalen* und *Gyldensådalen* in Østermarie, *Finnedalen* in Rutsker und *Storedal* bei Sandkås.

Die Flüsse des Flachlands

Auf Südbornholm sehen die Flußtäler ganz anders aus als auf Nordbornholm. Hier sind die Wasserläufe nicht so sehr durch die Bedingungen des Geländes vorausbestimmt, sondern fließen scheinbar mehr zufällig durch die Landschaft. Die wichtigsten von ihnen sind *Øleå, Grødby Å* und *Læså*. Ihre besondere Bedeutung liegt in den geologisch gesehen sehr interessanten Schichten des Paläozoikum, in die sich ihr Bett durch Erosion gegraben hat und die für die älteste Geologie Bornholms und damit Dänemarks wesentliche Auskünfte geben. Dies gilt vor allem für die Læså, wo auch die landschaftliche Umgebung hervorhebenswert ist, vor allem die schöne Talstrecke und die klassischen Profile um Vasegård.

Øleå

Die *Øleå* ist Bornholms längster und größter Wasserlauf. Wie die Læså entspringt sie in der Mitte der Insel und fließt durch Povlsker Højlyng, die Gemeinden Bodilsker, Povlsker und Pedersker und durch die Strandhügel bei Slusegård ins Meer. Dieser für bornholmische Verhältnisse ausgedehnte Wasserlauf passiert eine große Zahl eigentümlicher und schöner Landschaftsformen, von denen hier hervorzuheben sind: die Gegend um *Vandtappergård* in Bodilsker, *Gamleborg* bei den Paradisbakker, *Slamrebjerg* in Bodilsker und *Rispebjerg* in Povlsker und schließlich die Strandhügel um die Mündung mit der unter Denkmalschutz stehenden Wassermühle bei *Slusegård*, die sich ungewöhnlich schön in die Landschaft fügt. Bei *Ågård* in Pedersker gibt es eine Wassermühle mit unterschlächtigem Rad, die noch in Gebrauch ist.

In vergangenen Tagen hat es auf Bornholm zahlreiche kleine Wassermühlen gegeben. Jeder Wasserlauf hatte seine, und sie müssen dem Land ebenso ihr Gepräge gegeben haben wie später die Bockmühlen und Holländermühlen.

Fluß-Idyllen der Rønne-Gegend

Die westbornholmischen Wasserläufe - die größten sind *Blykobbeå* und *Bagå* - unterscheiden sich von den übrigen in mehrfacher Hinsicht. Granit und Schiefer fehlen ihnen, und sie scheinen weniger interessant zu sein, obwohl auch sie ihre Idyllen haben: *Onsbæk, Skovly, Vandmøllen* u.a.

Wasser-ansammlungen

Eigentliche Seen gibt es auf Bornholm nicht, nur ein einziger, der *Hammersø*, ein Bergsee, der in einem Felsenbassin entstanden ist, kann mit einigem Recht so bezeichnet werden. Er ist mit einer Fläche von ca. 10 ha das größte Gewässer der Insel.

Alle sonstigen Wasseransammlungen auf der Insel sind mehr oder weniger Flachmoore unterschiedlichen Typs. Die meisten befinden sich auf Nordbornholm und im alten Højlynggebiet, zumeist in den Spaltentalsystemen.

Zu den *Højlyngmooren* gehören die Waldmoore in Almindingen, insgesamt über zwanzig, die Moore in der Rø-Plantage, in den »Außenmarken« von Povlsker, Bodilsker, Ibsker und Rutsker und mehrere andere. Sie sind Verlandungsmoore, zumeist sumpfig, und in vielen von ihnen wurde Torf gestochen. In diesen Wäldern nehmen sich die alten Højlyngsmoore jedoch prächtig aus. Eins der schönsten und, was seine Vegetation und Natur insgesamt betrifft, reichsten ist *Baste Mose* (ca. 100 Morgen) in Almindingen, ein ganz typisches Verlandungsmoor, dessen gegenwärtiger Wasserstand jedoch dadurch bedingt ist, daß die Læså beim Verlassen des Moores gestaut wird.

Das Ølene-Reservat

Ølene, weiter östlich gelegen, hat einen etwas anderen Charakter. Es ist eine flache, schalenförmige, feuchte Niederung mit Wiesenflecken und flachen, feuchten Sumpfflächen. Vom Landwirtschaftsministerium unter Natur-

Im nordöstlichen Teil von Almindingen verbirgt sich die Sumpfeinöde Ølene und ist ein beliebter Rastplatz für Kraniche auf dem Vogelzug.

In einem Talstrich in Østerlars - unter den jagenden Schauerböen wie ein funkelndes Versteck für die Sonne - liegen die Lærkesøer (Lerchenseen). In der schwimmenden Blattdecke hinter dem Ried gibt es ringsum in den Seen die seltene Zwerg-Mummel.

schutz gestellt, hat es dennoch nicht jene Bedeutung als Naturschutzgebiet erlangt, die man sich seinerzeit erhofft hatte. Die Landschaft in und um Ølene ist jedoch an sich etwas ganz Ungewöhnliches in der bornholmischen Natur, obwohl sich hier wie an so vielen anderen Stellen der Insel die Landschaft im Verlauf der Jahreszeiten sehr verändert und Ølene seinen größten Charme kaum im Sommer hat.

Spælling Mose

Andere Moorgebiete, die wegen ihrer landschaftlichen Werte genannt zu werden verdienen, sind *Nydam* und *Gamledam* in Rutsker, *Spælling Mose* in Rø, *Lærkesøerne* in Østerlars und *Vallensgårds-mosen* bei Almindingen.

Hügelgebiete

Schließlich gibt es auf Bornholm an mehreren Stellen *Eisrandlinien* und Systeme von *Moränenhügeln* mit den markanten Landschaftsformen dieser Ablagerungen, jedoch ohne die Dimensionen, die man aus anderen Gegenden Dänemarks kennt. Zu den ausgeprägtesten Hügelgebieten gehört die *Splitsgårds-Linie*, eine Eisrandlinie, die am deutlichsten von Splitsgård im Norden bis Årsballe im Süden ist. Hier gibt es sowohl ansehnliche Kieshügel mit dem höchsten Punkt *Hintsebjerg* als auch schöne *Schmelzwassertäler* u.a. bei Dyndegård.

Andere schöne Hügelgebiete befinden sich bei *Rispebjerg* in Povlsker, bei *Robbedale* in Knudsker und bei *Torpe* in Klemensker.

Harmonie der Bebauung

In dieser Natur und in diesen Landschaftsformen haben die Bornholmer seit Jahrtausenden gelebt und gewohnt, und die Höfe und Städte fügen sich mit ihrem alten Stil harmonisch in die Landschaft ein.

Das typische dänische Dorf ist auf Bornholm unbekannt, es gibt jedoch Ansätze dazu, denn in allen Gemeinden gibt es Stellen, wo drei, vier Höfe dichter zusammen liegen. Derartige Siedlungen haben sehr häufig einen gemeinsamen Namen: *Gadeby, Elleby, Kjeldseby, Åby* usw. Wie das Bauernland seine eigene Siedlungsform hat, so auch die Küsten. Hier liegen die idyllischen Häuser der alten Fischerstädte und -dörfer, die sich auf ganz natürliche Art in die Landschaft einpassen.

Naturschutzgebiete

Eine Gegend, die jedes Jahr von Tausenden von Touristen besucht wird, versucht man natürlich mit all ihrer Eigenart zu erhalten, und dies geschieht durch umfassenden Natur- und Bodendenkmalsschutz.

So steht der gesamte *Hammerknuden* ebenso unter Naturschutz wie das Schloß *Hammershus* mit Umgebung. *Jons Kapel* ist geschützt und Teile von *Ringedalen*, ebenfalls Partien bei *Helligdommen* in Rø, Gebiete bei *Gudhjem*, Klippen bei *Randkløve, Bølshavn Udmark, Svaneke Nordskov* und *Frennemark, Halleklipperne* bei Nexø, *Balkalyngen*, Dünen bei *Dueodde* und Strecken an der *Læså*.

Wie *Ølene* sind der Strand südlich von Nexø und der nahegelegene *Ferskesø* wegen ihrer Bedeutung als Rastplätze für Zugvögel unter Naturschutz gestellt.

In der alten Hochheide gibt es nur wenige geschützte Gebiete, einige davon sind jedoch besonders wertvoll, nämlich Teile der Paradisbakker mit den schönen Spaltentälern *Grydedal, Dybedal, Stendal, Majdal* und *Ravnedal*. Ein kleinerer Teil von *Rutsker Højlyng* steht unter Naturschutz. Hier gibt es jenen »Rokkesten« (25 t), der - was Wackelsteine betrifft - heute Bornholms bester ist.

Mehrere charakteristische Steine sind ebenso geschützt wie eine Reihe kleinerer Sehenswürdigkeiten. Am Schutz einer Reihe größerer Lokalitäten, die für Landschaft und Natur Bornholms charakteristisch sind, wird ständig gearbeitet.

Listed ist eins der zahlreichen kleinen Fischerdörfer, die so malerisch in der Schärenhoflandschaft liegen, mit Heringsräuchereien und hübschen Häuschen, umgeben von alten Gärten und alten Bäumen. Einen ganz besonderen Ruf hat der Ort wegen seiner Kirschen.

WETTER UND KLIMA

Die »Sonnenscheininsel«

Zwischen dem Klima Bornholms und dem des übrigen Dänemark besteht kaum ein großer Unterschied, es läßt sich also kurz als ein gemäßigtes Seeklima mit milden Wintern und kühlen Sommern beschreiben. Dieses Klima wird auch atlantisches Klima genannt, im Gegensatz zum kontinentalen weiter östlich. Für das Klima auf Bornholm ist jedoch besonders charakteristisch, daß der Sommer oft sonnenreich und trocken ist, während die Insel im Winter häufig im Schnee ertrinkt. Das Frühjahr kommt normalerweise etwa zehn Tage später als im übrigen Dänemark, dafür aber dauert der Sommer entsprechend länger. Die Erklärung hierfür ist die große spezifische Wärme des Wassers, die bewirkt, daß sich die Ostsee in den Frühjahrsmonaten nur zögernd erwärmt, während sie umgekehrt Monate später so große Wärmereserven besitzt, daß der Insel ein außergewöhnlicher Spätsommer zuteil wird.

Geringe, jedoch ungleich verteilte Niederschläge

Die jährliche Niederschlagsmenge ist nicht hoch, Rønne hat beispielsweise nur 54 cm, im Gegensatz dazu haben die meisten Orte des übrigen Landes 60-80 cm. An der Ostküste Bornholms, die vor Westwind geschützt und im Regenschatten liegt, ist die Niederschlagsmenge sogar noch erheblich geringer, und auf Christiansø beträgt sie nur 42 cm. Das Gebiet von Almindingen in der Mitte der Insel erreicht aufgrund seiner hohen Lage - die den Wasserdampf der Luft nach oben zwingt, wo er abkühlt und zu Regen wird - jährlich bis zu 70 cm Niederschlag. Im übrigen ist das Klima dort etwas rauher als an den Küsten, im Winter bisweilen mit einem Unterschied von 10 Kältegraden.

PFLANZENLEBEN

Das wimmelnde Leben der vielen Mikroklimen

Es dürfte einleuchtend sein, daß der Pflanzenwuchs Bornholms von den besonderen klimatischen Bedingungen der Insel abhängig ist. Doch sollte man die absoluten Zahlen der Statistik nicht überschätzen, denn es ist wissenschaftlich erwiesen, daß die speziellen klimatischen Bedingungen des einzelnen kleinen Fleckchens, des eigentlichen Wachstumsortes - das »Kleinklima« oder *Mikroklima* - für das Gedeihen einer Pflanze von mindestens ebenso großer Bedeutung sind. Die täglichen Schwankungen von Temperatur und Luftfeuchtigkeit können innerhalb sehr kurzer Entfernungen ausserordentlich groß sein, und darüber gibt die Statistik keine Auskunft. Die besonders ausgeprägten und sehr verschiedenartigen Landschaften Bornholms haben entsprechend viele Möglichkeiten für die Vegetation zur Folge. Eine Felsenfläche, die nach Süden liegt, wird von der Sonne ausgetrocknet und gibt solchen Pflanzen eine Chance, die aus Steppengebieten bekannt sind, während in den Rissen der Felsenfläche die Feuchtigkeit festgehalten wird, so daß Bedingungen für ganz andere Arten entstehen. Nach Norden gerichtete Felswände sind kalt und feucht und sind die Basis für einen Reichtum an Farnen. Auch die Art des Bodens ist entscheidend dafür, was dort wächst. So kann der kalkhaltige Moränenlehm, der vor allem im nördlichen Teil der Insel vorkommt, Pflanzenarten aufweisen, die auf Moränensand nicht gedeihen oder vielleicht fast völlig fehlen. Und wie verhält es sich mit Klippen, Geröllküste, Steilküste, Dünen, Spaltentälern, Seen, Mooren und fließenden Gewässern? Das Thema ist unerschöpflich und läßt sich nur in kurzen Zügen darstellen.

Die Vegetation der Vorzeit

Als das Eis vor etwa 15.000 Jahren Bornholm verließ, wurde die Insel wie auch das übrige Dänemark von einer *Polarvegetation* bedeckt; Pflanzenreste im bornholmischen Torf zeugen davon. Erst um 8.000 v.u.Z. konnte die Sommertemperatur jene Minimalanforderungen erfüllen, die für das Wachstum von Bäumen notwendig sind, und die Insel war zeitweise von Wacholder- und Birkengesträuch verborgen, das sich im Laufe von einigen hundert Jahren in zusammenhängende Kiefernwälder wandelte. Indessen begünstigte die klimatische Entwicklung die Einwanderung der Eiche, und seit etwa 5.000 v.u.Z. wurde die Kiefer ein untergeordnetes Element, während der Eichenwald, vermischt mit Ulme, Linde und Hasel, dominierte. In der *Kiefernwaldzeit* wie in der *Eichenwaldzeit* lebte die Bevölkerung von Jagd und Fischerei, und der Wald hatte seinen Frieden. Als aber um 2.500 v.u.Z. die Bauernkultur mit ihrer Schwendwirtschaft Einzug hielt, entstanden im Waldteppich offene Stellen. Zu diesem Zeitpunkt erhielten auch andere Baumsorten ihre Chance; Buche und Weißbuche wanderten auf die Insel ein, und die Esche spielte eine größere Rolle. Die Eisenzeit, die um 400 v.u.Z. begann und neue und effektivere Geräte brachte, wurde dem Wald indessen zum Verhängnis. Zuerst ging es über die Wälder in Küstennähe her, doch nach und nach arbeitete sich die bäuerliche Bevölkerung weiter ins Innere der Insel vor, und da man gleichzeitig in den zentralen Teilen Rindvieh frei weiden ließ, war das Ergebnis, daß vor ca. 1.000 Jahren große Teile Bornholms völlig von Wald entblößt und in *Højlyng* (Hochheide) verwandelt waren.

In sandigen Küstenwäldern begegnet man süßduftenden Gewächsen wie Linnéa und (Seite 49) Deutschem Geißblatt.

Die *Buche* konnte unter diesen Bedingungen nicht bestehen und ist vermutlich völlig verschwunden - der heutige Buchenwald ist angepflanzt - die *Weißbuche* aber, die eine kräftige Beweidung vertragen kann, erlebte eine Renaissance und ist seitdem im bornholmischen Gebüschwald ein charakteristischer Baum geworden. Dank einer tüchtigen Forstwirtschaft wurde die *Heide* in den letzten Jahrhunderten wieder zurückgedrängt, und heute ist Bornholm mit seinen 19% der waldreichste Landesteil, denn der Durchschnitt liegt in Dänemark bei etwa der Hälfte.

Die bornholmischen Mischwälder

Die meisten der vielen kleinen Wasserläufe der Insel werden von einem schmalen Waldsaum eingefaßt, in dem *Esche, Schwarzerle, Weißbuche, Kirsche, Weißdorn* und *Rose* wachsen. Diese *Galeriewälder* kommen dem bornholmischen Urwald am nächsten und sind wohl auch ein Überrest davon, und von hier wird das Erlenholz für die Heringsräuchereien geholt.

Ringsum auf der Insel liegen kleine Wäldchen verstreut, die normalerweise jeweils mit einem Hof verbunden sind. Auch hier dominieren Esche und Kirsche, letztere oft sogar in einer Weise, daß man von reinen Kirschenwäldchen sprechen kann. Früher war diese Holzmasse für die Öfen des Hofbesitzers von großer Bedeutung, heute aber, im Zeitalter des Flaschengases und des Öls, sind sie *Schonungswald* und liefern als einzige Einnahmequelle Eschenholz zur industriellen Verwendung.

Bornholms botanisches Kleinod

Für den Naturliebhaber sind die Wäldchen jedoch einen Besuch wert. Eine Fülle von *Anemonen*, weißen, blauen und gelben, vermischt sich mit *Scharbockskraut, Lungenkraut* und drei Arten von *Lerchensporn* sowie dem auf feuchtem Boden verbreiteten *Scheiden-Goldstern.* Auch kleinere verbreitete Arten wie *Kamm-Wachtelweizen, Wald-Wachtelweizen* und *Langblättriges Waldvöglein* sind hier zu finden, und in den Wäldchen von *Østermarie* ist

Der Brommevej zwischen Rø und Østerlars ist am allerschönsten wohl an einem Frühlingstag, wenn die wilden Kirschbäume am Wegrand vor Blüten strotzen und der Wacholderduft von Hügeln und Felshängen herrlich in die Nase steigt. Ruhig und unnahbar erhebt sich der Wacholder zwischen Eichengesträuch und Heide in lauter immergrüner Verachtung für die florierende Putzsucht der Jahreszeiten.

die größte botanische Rarität der Insel, die *bornholmische Anemone*, auch *blaßblaue Apenninen-Anemone* (Anemone apennina) genannt, nicht selten. Dies ist nördlich der Alpen ihr einziger Fundort. Im Gegensatz zur weißen Anemone hat sie zahlreiche schmale Blütenblätter, die auf der Außenseite schwach blau sind, während die Hauptart in Italien auf beiden Seiten tiefblau ist.

Üppigkeit des Kulturwaldes

Almindingen, Dänemarks drittgrößtes Waldgebiet und mit den zahlreichen Klippen, die den Waldboden durchbrechen, eine Sehenswürdigkeit, ist zu einem großen Teil intensiv bewirtschaftet. Der interessanteste und schönste Teil, ein *Eichenmischwald*, der sich von Christianshøj über Lille- und Gamleborg zum Ekkodal erstreckt, ist jedoch vor allem als Erholungsgebiet anzusehen. Hier ist die Weißbuche sehr verbreitet, und die Eichen, sowohl gewöhnliche Eiche als auch Traubeneiche, sowie Kirsche und Hasel geben so wenig Schatten daß sich der Waldboden reich entwickelt. Bald ist es ein Sumpfboden mit *Maiglöckchen, Europäischem Siebenstern* und *Zweiblättrigem Schattenblümchen* und bald Humusboden mit *Anemone, Bingelkraut* und *Wald-Storchschnabel*, dazwischen kleinere Bewachsungen des recht seltenen *Zahnkrauts*. Besonders sehenswert ist das *Gebiet von Lilleborg* mit *Gemeinem Schneeball, Pfaffenhütchen, Geißblatt* und *Rose* und einer Untervegetation von leuchtendem *Storchschnabel, Schwalbenwurz, Erdbeerblättrigem Fingerkraut, Christophskraut, Wirbeldost* und *Sonnenröschen* sowie dem zur Frühjahrszeit blühenden und an Haselwurzeln schmarotzenden blaßroten *Schuppenwurz*.

Flugsandwälder

Wälder auf alten Flugsandgebieten bestehen im wesentlichen aus *Kiefer, Tanne* und *Birke* und sind durch eine Reihe von Pflanzenarten interessant, die im Laufe der letzten hundert Jahre von der Skandinavischen Halbinsel eingewandert sind. Vor allem ist zu nennen das süß duftende *Moosglöckchen*, gefunden in guten Beständen im *Nordskoven* (Nordwald) zwischen Rønne und Hasle. Weiterhin die Gattung *Wintergrün*, von deren 7 Arten 6 im Nordskoven gesehen wurden; eine von ihnen, das *Einblütige Moosauge*, ist im übrigen Dänemark wenig verbreitet, kommt hier jedoch häufig vor. Weiterhin ist *Kriechendes Netzblatt* oder *Kriechstengel*, eine ansonsten seltene dänische Orchidee, zahlreich und breitet sich jetzt ebenso wie das genannte Wintergrün in den südostbornholmischen Dünenwäldern kräftig aus.

Dänemarks einziges Exemplar

Als Kuriosum ist zu erwähnen, daß sich im Nordskoven das einzige bekannte dänische Exemplar einer *finnischen Vogelbeere - Sorbus hybrida* - befindet und daß es am Flüßchen bei *Skovly* (die *Blykobbeå*) einen ansehnlichen Bestand von *japanischem Pestwurz - Petasites japonicus* - gibt, die ursprünglich als Staude in Gärten eingeführt wurde, sich von dort aber zu ähnlichen Plätzen über die Insel verbreitet hat.

Einmischung der Menschen

Im übrigen wurde die Natur des Nordskov einmal in falsch verstandener Liebe verfälscht, indem man Pflanzen ausgesetzt hat, die nicht hier zu Hause sind. Dies betrifft Gruppen von *Türkenbund-Lilie, Sockenblume* und *Porzellanblümchen*; höchstwahrscheinlich gehören dazu auch einige Bestände von *Waldmeister*, der eigenartigerweise auf Bornholm eine sonst recht seltene Pflanze ist.

Die Urwildnis der Spaltentäler

Die *Vegetation der Spaltentäler* ist in vielen Fällen eine direkte Fortsetzung des Waldes, stellt jedoch ebenso oft ein Stück isolierter und eigentümlicher, typisch bornholmischer Natur dar, die überraschend in einer wogenden Kornlandschaft auftaucht.

Die Wälder an den Flüßchen der bornholmischen Spaltentäler besitzen prächtige Bäume und seltene Pflanzen, das Kleinod aber ist die berühmte blaßblaue Apenninen-Anemone, eine botanische Rarität, ebenso wie die arktische Kamille von Hammeren (in der Mitte), die in Dänemark nur auf Bornholm vorkommt. Auf feuchten kleinen Wiesen zwischen den Felsen kann das Holunder-Knabenkraut, eine seltene Orchidee, bisweilen Adam und Eva spielen.

Den Spaltentälern gemeinsam ist ihr farbenprächtiges Gebüsch aus *Schlehe, Rose, Kirsche, Faulbaum, Eberesche, Geißblatt* und *Adlerfarnen* sowie auf feuchtem und fruchtbarem Boden *Eschen*wäldchen und auf saurem Boden zugewachsene Teiche mit *Laichkraut* und Spuren von *Torfmoos* - eine Natur, die in ihrer Unberührheit ebenso wie die Galeriewälder ein Rest von Urwald ist. Außer *Adlerfarnen* dominieren vor allem auf den Felshängen mehrere Arten von *Wurmfarn*, in den Spalten wachsen jedoch seltene Farnformen, z.B. die drei verwandten *Braunstieliger, Nördlicher* und *Schwarzstieliger Streifenfarn* sowie an feuchten Stellen dicht am Fuß des Felsens der *Kraftfarn.*

Von diesen Farnen gibt es den *Schwarzstieligen Streifenfarn* außerhalb Bornholms in ganz Skandinavien nur in einem sehr kleinen Gebiet in Westnorwegen. Die anderen drei Felsenfarne kann man im übrigen Dänemark mit viel Glück auf Friedhofsmauern finden.

Der Blumenflor von Dyndalen

Dyndalen bei Rø ist jenes Tal, das die artenreichste Vegetation besitzt. Hier findet man *Zahnkraut, Christophskraut, Zweiblütiges Veilchen, Frühlings-Platterbse, Schwarze Platterbse, Berg-Ehrenpreis, Schaftlose Primel, Hain-Gilbweiderich* und *Breitblättrige Glockenblume* sowie am Wasserlauf des Tals eine riesige Bewachsung der Schachtelhalmart *Winter-Schachtelhalm.*

In Dyndalen wächst übrigens auch das *Mauer-Felsenblümchen*, das auf Öland und Gotland verbreitet, in Dänemark jedoch nur auf Bornholm bekannt ist.

Leider wird Dyndalen ebenso wie mehrere andere Gegenden von einem stark zunehmenden Bestand von *Bärenlauch* bedroht.

Die Süßwasservegetation

Die Seen auf Bornholm, die es vor allem in den nördlichen und zentralen Teilen der Insel gibt, sind nicht sehr groß.

Die *Seen der freien Landschaft*, die sich im fruchtbaren Moränenland, umgeben von üppigen, gedüngten Feldern, befinden, haben nahrungsreiches Wasser. Hier gibt es zumeist einen recht schmalen Röhricht-Gürtel aus *Schlamm-Schachtelhalm, Breitblättrigem Rohrkolben* und *Igelkolben*, während *Schilfrohr* und *Strand-Simse* nur eine untergeordnete Rolle spielen. An Schwimmpflanzen dominieren *Schwimmendes Laichkraut* und *Wasserknöterich*, doch nur ausnahmsweise ist eine einzelne, vermutlich angepflanzte *Weiße Seerose* zu sehen. An einigen Stellen, z.B. am *Lærkesø*, führt rings um den ganzen See ein Gürtel von *Zwerg-Mummel* (Teichrose), der im übrigen Dänemark selten ist.

Die Verlandungsseen der Wälder

Die freiliegenden Seen wachsen nur langsam zu, denn die Macht des Windes hat im Wasser Strömungen und damit eine verhältnismäßig schnelle Umsetzung des niedergesunkenen Bodenmaterials zur Folge. Anders verhält es sich mit den *Waldseen*, wo sich Reste von organischen Stoffen am Boden anhäufen und ein Zuwachsen damit beschleunigen. So ist in *Almindingen* zu beobachten, wie sich die *Weiße Seerose* über alle Grenzen ausbreitet und die gesamte Wasserfläche bedeckt, verfolgt vom Röhricht, dessen kräftiges *Schilfrohr* zusammen mit *Schlamm-Schachtelhalm, Zungen-Hahnenfuß, Fieberklee, Sumpfblutauge, Sumpf-Schafgarbe, Wasserschlauch* und nicht so selten zugleich dem scharfblättrigen *Schneidried* an Terrain gewinnt. Ein ausgezeichnetes Beispiel für einen solchen verlandenden See ist *Baste Mose*, und große Teile von ihm sind bereits zu Moor und Wiese mit reicher Flora umgebildet. An vielen Stellen dominiert hier die *Faden-Segge* allein, jedoch stellenweise mit *Zyperngrasähnlicher Segge, Weidenblatt-Alant, Schmal-*

blättrigem, Breitblättrigem und *Zierlichem Wollgras* vermischt. Die *Echte Schlüsselblume* bildet malerische Gruppen, während die *Mehlprimel*, die es früher um Baste Mose in großer Zahl gab, sowie die Orchidee *Händelwurz* und *Brand-Knabenkraut* vermutlich verschwunden sind. Der Insektenfresser *Fettkraut, Sumpfherzblatt, Sumpf-Silber, Rundblättriges Wintergrün* und *Natternzunge* dürften dagegen noch immer zu finden sein. Zwischen all diesen Kräutern treten anmutige Gruppen von weißer *Birke* und der schönen, blankblättrigen und gelbgrünen *Lorbeerweide* auf.

Zwei bornholmische Spezialitäten

In *Baste Mose* sowie an anderen Stellen in Almindingen und auch in Wasserlöchern von *Rø Plantage* ist die zuvor erwähnte *Zwerg-Mummel* zahlreich, und die Wiesen bei *Vallensgårds Mose* sind die einzige Stelle in Dänemark, wo das *Sumpf-Veilchen* wächst, eine ausgeprägt östliche, kontinentale Art.

Die Gewässer des Heidebodens

Die *Heideseen* in den *Paradisbakker* bekommen vom Heideboden ihrer Umgebung saures Wasser zugeführt, ohne jedoch selbst eigentlich sauer zu werden. So fehlen auf Bornholm Sumpfbrachsenkraut, Wasserlobelie und andere Pflanzen, die in einem typischen sauren See zu Hause sind. Trotzdem ist der Pflanzenwuchs hier etwas anders als in Almindingen. In den kleinen Wasseransammlungen der Spaltentäler bilden *Wassermoose*, in geringerem Grad jedoch richtiges *Sumpfmoos*, zusammen mit *Sumpf-Blutauge, Sumpffarn* und *Wassernabel* heimtückische Hängesäcke, deren Oberfläche mit dem insektenfressenden *allgemeinen Sonnentau* bewachsen ist. An Stellen mit freierem Ufer kann man nach *Strandling* und dem jetzt seltenen *Pillenfarn* suchen.

Ølene ist ein Flachwassersee, eine eigentümliche Mischung der drei genannten Typen, und besitzt das größte Vorkommen der Insel an *Schneid-*

Vegetation einer Gemeindeweide in einem sogenannten »Klippeløkke« von Denahajlana in Østermarie, wo noch immer Haustiere weiden. Hier können sich nur stachlige Holzpflanzen wie Wacholder und Schlehe und von den Kräutern die verschiedenen Distel-Arten behaupten. Die Gemeindeweiden bieten jedoch auch interessante Spezialitäten, z.B. die Orchidee Herbstwendelorchis.

ried. Auf den umliegenden Wiesen ist *Sumpfherzblatt* zahlreich, zusammen mit vereinzelten Exemplaren des auf Bornholm seltenen *Sumpf-Enzians.*

Højlyngen - ein artenarmer Außenposten

Echte *Heide* hat es auf Bornholm nie gegeben, jedenfalls nicht, sofern man »Heide« als flaches, ausgedehntes Gebiet definiert. Es hat sich hier um mit Heidekraut bewachsene Hügel und Klippen gehandelt, jedoch nur ausnahmsweise um flaches Land, wie *Balka-Lyng.* Im übrigen sind das *Heidekraut* und ebenso die *Glockenheide* atlantische, westliche Arten, die so weit östlich nicht recht zu Hause sind und nur gedeihen, wenn die Menschen ihre Konkurrenten fernhalten. Hier fehlen auch viele Pflanzen, die in einer echten, mehr oder weniger feuchten Heidegesellschaft vorkommen sollten, so die gesamte Gattung Ginster sowie Bärentraube, Moosbeere, Lavendelheide, Beinbrech und der schöne blaue Lungen-Enzian. Weiterhin ist bemerkenswert, daß die Charakterpflanze des Heidemoors, der aromatisch duftende *Gagelstrauch*, nur an einer einzigen Stelle der Insel und in abnehmender Menge zu finden ist. Die sagenumwobene Højlyng war also ein Kunstprodukt, geschaffen vom Bauern, der Acker brauchte, und von seinem Vieh; das spätere Interesse für Waldwirtschaft sowie die Überlegenheit der Bäume im Kampf gegen das Heidekraut haben das Bild völlig verändert, und wenn man die letzten Reste von Heidekraut erhalten will, dann muß man zu einem gewissen Grad wiederum die Partei des Heidekrauts ergreifen und ihm helfen. Im übrigen ist die Glockenheide wohl schon völlig von der Insel verschwunden.

Die großen Seltenheiten der kleinen Einhegungen

Eine spezielle bornholmische Pflanzengesellschaft stellen die *Gemeindeweiden* dar, wo flache Felsen und zahlreiche lose Steine einen rationellen Anbau verhindern. Oft befindet sich eine solche Weide in der Nähe eines Bauernhofs und wird zur Nutzung für das Vieh des Besitzers eingehegt, das die Strauchvegetation einer solchen »løkkja« einigermaßen niederhalten kann. *Esche, Schlehe* und *Rose* dominieren hier, gelegentlich sind jedoch auch seltene, kräuterähnliche Pflanzen anzutreffen, und an einer solchen Stelle wächst die Orchidee *Herbstwendelorchis*, deren einzige Fundorte im Norden Bornholm und Turø in der Nähe von Fünen sind. Noch halten sich an einigen Stellen *Holunder-Knabenkraut* und *Kleines Knabenkraut,* doch nach anderen Pflanzen wie *Hohlzunge, Weißzunge, Brand-Knabenkraut, Berg-Klee* und *Brenndolde* muß man suchen und um ihr Schicksal bangen.

Die Spezialität der Gemeindeweiden

An ähnlichen Stellen, jedoch auf etwas feinkörnigerem und trockenem Boden, wächst eine andere Spezialität der Insel Bornholm, der *Berg-Haarstrang.*

Die Pflanzenflut der Küsten

Die bornholmischen Küsten bieten eine Fülle von unterschiedlichen Pflanzengesellschaften. Nicht einmal die *Klippenküste*, die im Westen etwas nördlich von Teglkås beginnt und rings um die halbe Insel bis Halleklippen im Osten führt, stellt eine botanische Einheit dar.

Die vier Farbengürtel der Steilküste

An der senkrechten Felswand bei *Jons Kapel* ist es nicht möglich, die ursprüngliche Farbe des Granits zu erkennen, denn schon von der Wasserlinie an und dann so weit hinauf, wie die Spritzer der Wellen reichen, ist die Steinfläche durch *Verrucaria*, eine primitive, salzfordernde Pflanze, schwarz gefärbt. Danach folgt ein gelber Gürtel der Flechte *Xanthoria*, und noch weiter hinauf kann die Wand ganz grau von der Strauchflechte *Cladonia* sein. Bei Niedrigwasser tritt ein vierter und besonders scharf markierter, heller Gürtel unterhalb der zuerstgenannten schwarzen hervor, wo eingetrocknete Meeresalgen ihre grünen und bräunlichen Farbtöne verlieren. Diese Farbskala prägt Klippen und Schären an vielen anderen Stellen der

Rock-pool bei Randkløve. Im Frühjahr laichen in diesen kleinen flachen Schärenteichen Kreuzkröten, Grüne Kröten und zahlreiche Salamander. Hier wächst auch Salzbunge, während die umliegenden Salzwiesen im Vorsommer von der zarten und seltenen Mehlprimel ganz und gar rot sind. Die Echte Schlüsselblume (unten rechts) ist an Flüssen und in Mooren so verbreitet, daß sie zu den Charakterpflanzen der Insel zu rechnen ist, obwohl sie im ganzen Land vorkommt.

Insel, bald ist schwarz, bald gelb dominierend; Namen wie »Sorte Skær« (Schwarze Schären) und »Gule Skær« (Gelbe Schären) zeugen davon, daß die Bevölkerung einen Blick dafür hat.

Die senkrechte Felswand verwöhnt die Samenpflanzen nicht, schmale Risse geben jedoch den Wurzeln der *Strandkamille, Rote Nachtnelke, Krähenfußwegerich* und einzelnen anderen Pflanzen notdürftigen Halt.

Das Blumenreich der Felsenklüfte

Bei Jons Kapel ist auch der stark zerklüftete Klippentyp anzutreffen, der reiche botanische Möglichkeiten bietet. Hier wachsen, auf den äußersten Posten, *rote* und *schwarze Zwergmispel*, speziell bornholmische Arten, die die Insel mit Schweden und Norwegen gemeinsam hat. *Efeu* arbeitet sich überall an Bäumen und Felsen empor; verkrüppelte alte *Holunderbüsche,* mit dem seltenen Pilz *Judasohr* bewachsen, füllen die Klüfte zwischen den Klippen aus, zusammen mit *bornholmischer Vogelbeere, wildem Apfel, Geißblatt, Weißdorn, Schlehe* und *Rose.*

Eigentümlich für die Kluft bei Jons Kapel sind die großen Mengen von *Geflecktem Aronstab*, dessen korallenrote Früchte im Monat September aufleuchten. Im Frühsommer sind mehrere Hänge mit dem violetten *Ackerwachtelweizen* bedeckt.

Oasen in der Granitwüste

Wenn man nun der Klippenküste in ihrer gesamten Länge folgt, dann kehren dort diese zwei Vegetationstypen in allen denkbaren Varianten wieder. Dann und wann sind die Klippen ganz besonders zerklüftet und vielleicht ziemlich vegetationslos, an anderen Stellen sind ihre speziellen Konturen durch eine überüppige Entwicklung von Gebüsch oder gebüschartigem Wald verwischt, und häufig tauchen überraschend kleine kräuterreiche Salzwiesen auf, und die Küstenklippen haben sich gleichsam ein Stück ins Land zurückgezogen.

Die vier, oder richtiger fünf bornholmischen Ebereschen-Arten: a. Elsbeere, b. Mehlbeere, c. Bastard-Vogelbeere und d. Gewöhnliche Eberesche sowie e. Bastard von Bastard-Vogelbeere und gewöhnlicher Eberesche. Die Mehlbeere ist eine der äußerst wenigen Pflanzen, die seit über 12.000 Jahren auf Bornholm zu Hause sind. Der gelbblühende Färberwaid (rechts) ist eine baltische Pflanze, die schon im Altertum auf die bornholmischen Strände eingewandert ist, im übrigen Land jedoch niemals wild gefunden wurde.

Diese zurückgezogenen Klippen sind in Wirklichkeit die alte Küste aus der Steinzeit, als Bornholm niedriger lag und sich die Küstenlinie folglich weiter landeinwärts befand.

Die Hänge bei Hammershus

Der botanisch Interessierte sollte, nachdem er den »Trockenen Ofen« unterhalb von *Hammershus* besichtigt hat, die Hänge zur Ruine hinaufsteigen. Nicht durch das *Paradisdal*, denn es ist dunkel und stinkt von Tausenden von *Bärenlauch*pflanzen, sondern lieber auf gut Glück den Südhang hinauf, dessen unterste Buschvegetation *Rote Heckenkirsche, Kreuzdorn, Weißdorn*-Arten, *Gemeinen Schneeball* und *Faulbaum* aufweist. Etwas höher wirkt der sonnenbeschienene Hang ausgetrocknet, und die Vegetation wird fast steppenartig, mit selteneren Pflanzen wie *Knolliges Rispengras, Böhmers Lieschgras, Ähriger Ehrenpreis, Zwerg-Luzerne, Sichel-Schneckenklee, Geflecktes Ferkelkraut, Sprossendes Nelkenköpfchen* und *Finger-Steinbrech*. An weniger ausgesetzten Stellen folgen *Schwalbenwurz, Steinsame, Kassubische Wicke, Einblütige Platterbse* und große Bewachsungen von *Blutrotem Storchschnabel*, dazwischen *Knolliges Mädesüß* und *Nickendes Leimkraut*; in Spalten verbergen sich *Gemeine Weißwurz* und verschiedene *Farne*. Geht man weiter an den Løvehoveder vorbei, kommen an salzwasserbespritzten Hängen *Spargelerbse* und etwas weiter niedriges Gebüsch von *Elsbeere*, die im übrigen auf Bornholm ihre nördliche Grenze hat und in Dänemark ein seltenes Gehölz ist. Etwas weiter passiert man eine Bewachsung von *Winter-Schachtelhalm* und bei *Sænehavnen* Gruppen von eingeschlepptem *Schmalblättrigem Meersenf*.

Die Trophäen der Küste von Rø

Bei den *Helligdomsklippen* beginnt sich die *Kleinblättrige Linde* geltend zu machen, und an den unzugänglichen Spitzen ist die seltene *Mehlbeere* zu entdecken, die durch ihre ganzen Blätter leicht von der häufigen *bornholmischen Vogelbeere* zu unterscheiden ist, die gelappte Blätter hat. Beide Arten kommen in Dänemark nur an der bornholmischen Klippenküste vor, während die gewöhnliche *Eberesche* überall auf der Insel ebenso wie im übrigen Land verbreitet ist.

Ein Mikroklima

Die Kluft bei *Stevelen* zeichnet sich durch ihre große Bewachsung von *Ausdauerndem Silberblatt* aus, dem einzigen in Dänemark, und in der Nähe von *Salene* und *Gudhjem* sind große Gebiete während des Sommers von der *Zackenschote* gelbgefärbt.

Die Salzwiesen des nordöstlichen Landes

Für die Strecke von *Randkløve* bis *Svaneke* sind die zuvor erwähnten und interessanten *Salzwiesen* charakteristisch. Wie an anderen dänischen Küsten gibt es hier mehrere Arten von *Simse, Sumpfried* und *Riedgras* zusammen mit *Salzbinse, Dreizack, Strandaster, Blutweiderich* und *Tausendgüldenkraut*, doch die besondere Sehenswürdigkeit der Wiesen sind die roten Stellen, wo die östliche Art *Mehlprimel* das dominierende Element darstellt, gefolgt von dem violett blühenden, »kannibalischen« *Fettkraut* mit den gelblichen, fettigen Blattrosetten.

In den kleinen, von Algen schlierigen Wasserlöchern der Wiese wachsen *Strauß-Gilbweiderich* und *Salzbunge*, und wenn die rote *Schlüsselblume* verblaßt, entfalten sich die Blüten der *Spargelerbse* und färben die äußeren Partien der Salzwiese gelb.

Ein schwedischer Gast

Zwischen den äußersten Klippen bei *Svaneke* stehen spitze Büschel von *Meerstrand-Binse*, weiter landeinwärts in den Felsspalten des Heidegebiets kommt *Schwarzstieliger Streifenfarn* vor, und ein Stück südlich von der Stadt sieht man im Kies des Strandes eine kräftige Bewachsung von *Schnittlauch*, einer östlichen Art, die die Charakterpflanze von Öland und Gotland ist, hier aber ihr einziges dänisches Vorkommen hat. Die Strecke südwärts nach Nexø ist schön, doch fast eine Wiederholung des Beschriebenen, und kurz vor dem alten Frederiks-Steinbruch hört der Granit auf.

Die Blumenbänke von Balka

Die Küste von *Nexø* nach *Snogebæk* präsentiert wiederum eine eigentümliche bornholmische Küstenform mit ganz flachen, schichtgeteilten Klippen, bestehend aus Sandstein, Quarzit und grünem Schiefer, und die zahlreichen Risse geben den Pflanzen gute Möglichkeiten. Durch örtliche Strecken mit Geröllen und Anhäufungen von verfaultem Schlamm werden diese Möglichkeiten vergrößert. Hier findet man in der Regel Mengen von *Färberwaid*, die für Bornholm spezielle, prächtige gelbblühende Kreuzblume mit den blaubereiften Blättern und den hängenden Schoten, verbreitet auch an den Küsten von Öland und Gotland, die seit dem Altertum zur Blaufärbung verwendet wird.

Der giftige und recht seltene *Gefleckte Schierling* bevorzugt die Tanghaufen und kann zahlreich auftreten; er darf nicht verwechselt werden mit *Wiesen-Kerbel*, dem *Hujnnakjais* der Bornholmer - und der Schonen - der auf der Insel sehr verbreitet ist.

Die vom Brackwasser geprägte Vegetation

Bei *Balka* und im Gebiet von *Dueodde* bis *Boderne* erlebt man die bornholmische *Dünenküste*, deren Vorstrand schmaler ist als an der Westküste Jütlands, doch sind die Dünen ebenso hoch. Die Pflanzenarten des äußersten Vorstrandes sind etwa dieselben wie in Jütland; es fehlen jedoch die salz- und kalkhungrigsten Typen, teils eine direkte Folge des fast brackigen Wassers (0,8%), teils eine indirekte, denn der geringere Salzgehalt bedeutet wiederum weniger Schnecken und Muscheln und daher fast keine Schalenfragmente im Sand. Die *Strand-Platterbse* ist hier häufiger als an anderen Orten, der

Lange Strandwälle von aufgehäuften Geröllen verraten die alte Küstenlinie der Steinzeit. Hier dominiert der Weiße Meerkohl. Am Fuße der Felswände der Spaltentäler, wo der Boden vom herabrieselnden Wasser feucht ist, breiten sich (rechts) Kraftfarne und andere seltene Farne wie Streifenfarn und Dryopteris Phegopteris aus. An mehreren Stellen nickt einem die wilde Tulpe mit ihren schönen gelben Blüten zu.

Strand-Ampfer dagegen seltener. An der Grenze zwischen Vorstrand und Düne beobachtet man häufig große Bewachsungen von *Filzigem Pestwurz*, einer Pflanze, die in Dänemark nur aus den Ostseegebieten bekannt ist. Im übrigen ist es wohl der einzige Pestwurz, die auf Bornholm wild vorkommt, denn der erwähnte *Japanische Pestwurz* - um *Skovly* an der *Blykobbeå* - wurde bekanntlich 1921 eingeführt, und alles spricht dafür, daß die drei bekannten Vorkommen von *Roter Pestwurz* sämtlich von Gartenabfällen stammen. Der *Gemeine Strandhafer* begleitet in der bornholmischen Düne den *Baltischen Strandhafer*, und solange die Pflanzendecke offen ist, sind sie nahezu alleinbestimmend. Nach und nach müssen sie den Platz jedoch teilen mit *Sand-Segge, Rot-Schwingel, Dünen-Schwingel* und *Baltischer Binse*, bis schließlich *Kriech-Weide, Krähenbeere* und *Heidekraut* die Pflanzendecke völlig schließen und das Gelände in Dünenheide verwandeln. Wie anderenorts erwähnt, ist die Dünenheide nun fast überall mit Nadelwald bepflanzt.

Die Strandhänge des Südlandes

Steilküste kommt nur auf den Strecken Boderne-Rønne und Hasle-Jons Kapel vor.

An den sandigen Hängen westlich von *Boderne* begegnet man *Französischer Segge* und der speziell bornholmischen *roten* Form von *Wundklee* und auf der *Læså-Aue* in der Nähe dem eigentümlichen Farn *Natternzunge*.

Die Steilküsten an der Mündung des *Risebæk* sind kalkreich, und es ist daher natürlich, daß man hier im Grasteppich *Bibernelle, Hügelerdbeere, Stein-Kölme, Sprossendes Nelkenköpfchen, Doldige Spurre* und *Frühlings-Fingerkraut* findet, außerdem an feuchten Stellen am Fuß der Steilküste *Graugrüne Binse* zusammen mit *Großem Flohkraut* und *Erdbeer-Klee*.

Bei *Madsegrav* in der Nähe von Arnager, einer etwas sandigeren Gegend, findet man wiederum *Filzigen Pestwurz* und *Doldige Spurre*, doch außerdem *Färber-Hundskamille, Dreiteiligen Ehrenpreis, Zwerg-Luzerne, Sand-Lieschgras* sowie, unter etwas feuchteren Bedingungen, gleichzeitig *Wiesen-Goldstern* und *Krähenfuß*. *Der Pflanzenwuchs von Arnager* selbst ist kulturgeprägt und ruderatartig*) und umfaßt *Eselsdistel, Stachel-Distel, Wermut, Scharfkraut, Bilsenkraut, Klebriges Kreuzkraut, Hundszunge* u.a.m., während unter dem Kalkhang selber wieder große Mengen von *Färberwaid* auftreten.

*) *Ruderatpflanzen* werden solche Pflanzen genannt, die gern auf Abfallplätzen und an ähnlichen Orten wachsen, wo der Boden stark salpeterhaltig ist.

Die Steilufer der Steinzeit

Von *Hasle* und nordwärts bis *Jons Kapel* liegt die Küstenstraße auf gehobenem Meeresboden aus der Steinzeit, und die vegetationsreichen Hänge sind die Steilufer der damaligen Küste. Hier ist es feuchter als an den Steilküsten Südbornholms, und hohe Bewachsungen von *Sandrohr, Echtem Wasserdost* und *Echtem Mädesüß* dominieren, doch außer dem *Großen Flohkraut* enthält diese Gegend keine Seltenheiten. Doch gerade hier wurde erst im August 1967 eine schöne Gruppe von *Sumpf-Gänsedistel* gefunden, eine Art, die bis dahin auf Bornholm nicht beobachtet wurde und die erst vor ganz kurzer Zeit auf die Insel eingewandert sein muß. Mit ihrer enormen Höhe paßt sie im übrigen gut in das Vegetationsbild dieser Hänge.

Die im Geröll verborgene Seltenheit

Zwischen der Straße und dem Meer erstreckt sich eine ausgeprägte *Geröllküste*, wo durch den Wellenschlag an die Widerstandsfähigkeit der Pflanzen große Anforderungen gestellt werden. Hier findet man wieder *Filzigen Pestwurz*, der sich um den Platz streitet mit *Melde, Weißem Meerkohl, Echter Zaunwinde* und *Bittersüßem Nachtschatten*; oft treten eigentümliche rötliche Formen von *Ruprecht-Storchschnabel* und *Johanniskraut* auf. Gruppen von kräftigem *Engelwurz* sind weithin sichtbar, während die bornholmische Seltenheit, das *Spießblättrige Helmkraut*, sich zwischen den Steinen versteckt und schwer zu finden ist.

An Stellen mit flachem Wasser bei *Helligpeder* und *Teglkås* - und nur hier auf der ganzen Insel - wächst *Schilfrohr* bis ins Meer hinaus.

Auch an anderen Stellen rings um die Insel findet man Geröllküste, und jedesmal kann man dem *Färberwaid* wiedererkennend zunicken, der ein Liebling dieser Pflanzengesellschaft und mehr als jedes andere Vorkommen wohl ein bornholmisches Wahrzeichen der Wildpflanzen ist.

TIERLEBEN

Die besonderen Phänomene des Brackwassers

Bornholms Lage weit draußen in der salzarmen Ostsee hat zur Folge, daß sich das Leben der Pflanzen wie der Tiere an den Küsten von dem des übrigen Landes bedeutend unterscheidet. Ein Salzgehalt von 0,8% schließt eine große Zahl von Meeresalgen aus, die an Küsten mit 1-3% Salz allgemein verbreitet sind, und andere Arten sind in ihrem Aussehen so stark von der geringen Salzmenge beeinflußt, daß sie sich schwer identifizieren lassen. Hinzu kommt noch der interessante Umstand, daß einige Pflanzenarten des Süßwassers ein Dasein im Meer versuchen, was jedoch nur in ruhigem Wasser möglich ist; so gibt es im *Hafen von Rønne* große Bewachsungen von blühendem *Froschkraut* und *Kamm-Laichkraut*. Wie im folgenden beschrieben, machen sich für die Fauna ganz analoge Umstände geltend. Bei

Im Südhafen von Rønne werden Seehechte für die jüdischen Sabbat-Tische in Kopenhagen gefangen, oft jedoch von einer Größe, die jeden Sportfischer erschrecken läßt. Und die Meerforelle hat nicht umsonst den Namen »Bornholmerlachs« bekommen. Sie war Gesindekost auf den Bauernhöfen, und die Knechte mußten sich am Ziehtag schließlich ausbedingen, daß sie höchstens zweimal in der Woche serviert wurde.

den niederen Tieren fehlen Krabben, Einsiedlerkrebse, Seepocken, Seesterne, Seerosen und Gelbe Haarquallen sowie sämtliche dänische Meeresschnecken völlig; nicht einmal die sonst tausendfach vorhandene Strandschnecke kommt vor, und die ganz wenigen existierenden Muschelarten, *Miesmuschel, Herzmuschel* und *Sandmuschel*, sind alle beträchtlich unter normaler Größe, und nur die Miesmuschel ist allgemein verbreitet. Auch *Garnelen* und *Ohrenquallen* sind diminutiv und nicht sonderlich zahlreich.

Ebenso auffällig ist es, daß zahlreiche dänische Salzwasserfische in der Nähe von Bornholm niemals gesehen wurden und andere Arten überaus selten sind. Zu den letzteren gehören u.a. *Seestichling, Seenadel, Steinpicker, Seehase, Köhler, Leng* und *Makrele*. Verbreitet sind dagegen *Hering, Sprotte, Lachs, Meerforelle, Dorsch, Scholle, Flunder, Steinbutt* (bornholmisch: *Botte*), *Seeskorpion, Aalmutter, Aal, Sandaal (Tobbis)* und beide Arten von *Stichling (Pijnstagg)*. Mehrere von ihnen treten in kleineren Formen auf als im übrigen Dänemark; es muß also betont werden, daß ein *»geräucherter Bornholmer«* ein ausgewachsener Hering ist. Am auffälligsten ist jedoch, daß zahlreiche Süßwasserfische hinaus ins Meer gewandert sind und hier nicht nur ihren Rogen ablegen, sondern daß sich dieser auch entwickeln kann. Hierzu gehört der *Hecht* - von den Molen des *Hafens von Rønne* werden große Hechte gefangen - sowie *Barsch, Plötze* und *Aland*; letzterer muß jedoch ins süße Wasser, um zu laichen, und es ist nachgewiesen, daß er dafür die *Læså* benutzt. In diesem Zusammenhang kann hinzugefügt werden, daß an den bornholmischen Küsten statt der fehlenden eigentlichen Meeresschnecken auf den Steinen eine Süßwasserschnecke, *Neritina*, die Rolle einer Strandschnecke spielt und im übrigen mit dieser auch leicht verwechselt werden kann.

Ebenfalls wurde konstatiert, daß sich *Wasserkälber* vom süßen Element zwischen die Tangbüschel der Küste verirren können.

Entstehung der Insel-Fauna

Das Tierleben ist in der Regel auf einer Insel ärmer als auf dem Festland, und in dieser Hinsicht bildet Bornholm keine Ausnahme. Nur kann es vielleicht verwundern, wie die bornholmische Fauna, nachdem die enormen Gletschermassen der Eiszeit alles Leben auf der Insel ausgelöscht hatten, überhaupt wiederauferstanden ist. Für fliegende Tiere - Vögel, Fledermäuse und die meisten Insekten - war das kein Problem, wenn nur die Flugkraft der Art groß genug war; bei allen anderen Tieren aber gibt es mehrere Erklärungen.

Als das Eis wegschmolz, war Bornholm lange Zeit, vielleicht mehrere Jahrtausende, Teil eines südlichen Festlandes und also mit dem heutigen Deutschland und Polen verbunden; von dort hat die erste und vermutlich bedeutendste Einwanderung stattgefunden. Viele Umstände in der Fauna der Insel deuten daraufhin.

Während es jetzt nur noch einmal in Jahrzehnten vorkommt, daß das Meer zwischen Bornholm und den benachbarten Festländern zufriert, so war dies früher viel häufiger der Fall; über das feste Eis konnten robuste Tierarten den Weg zur Insel finden.

Eisschollen, schwimmende Holzstämme und in späterer Zeit auch bearbeitetes Treibholz haben zweifellos neuen Arten auf die Insel verholfen.

Einzelne kräftige Individuen größerer Säugetiere haben die Entfernung möglicherweise durchschwimmen können.

Verschiedene Tierarten wurden durch den Menschen eingeschleppt, ohne daß er selbst etwas davon ahnte, und wieder andere wurden zu irgendeinem diskutablen Zweck eingeführt.

Arm an Säugetieren

In der Tundrazeit, als die Insel von einer Polarvegetation bedeckt war, wanderte das Rentier ein, wahrscheinlich gefolgt von dem in kalten Gegenden verbreiteten Lemming. Zu Beginn der Kiefernwaldzeit kam der Elch, der nach und nach das Rentier verdrängte, in der Eichenwaldzeit wurde jedoch der Edelhirsch zum Konkurrenten. Von diesen drei Hirscharten wurden in bornholmischen Moorschichten schöne Geweihe gefunden. Viel später, in historischer Zeit, hatte die Insel einen kräftigen Bestand an Edelhirschen, die sogar Albinos zum Tiergarten Jægersborg bei Kopenhagen lieferten. Die letzten Edelhirsche wurden vermutlich um 1770 geschossen. Das *Reh* wurde ca. 100 Jahre später eingeführt und ist nun überall in den Wäldern der Insel verbreitet. Von Dänemarks vier Hirscharten fehlen auf Bornholm also der Edelhirsch und der Damhirsch, während der *Sikahirsch* gelegentlich verwildert anzutreffen ist.

Insektenfresser

Der Maulwurf fehlt auf Bornholm völlig, während *Igel, Spitzmaus* und *Zwergspitzmaus* sowie 7 Arten *Fledermäuse*, insgesamt 9 von den 17 *Insektenfressern* Dänemarks allgemein verbreitet sind.

Raubtiere

Von den 8 Arten *Raubtieren* des Landes gibt es nur den *Fuchs*. Knochen von Baummardern wurden in einem bornholmischen Køkkenmødding gefunden, jetzt fehlt er jedoch ebenso wie Hausmarder, Iltis, Hermelin, Wiesel, Otter und Dachs. Seltsamerweise sind Überreste von Bär, Luchs, Wolf und Wildkatze im bornholmischen Moortorf nicht nachgewiesen.

Nagetiere

Von Dänemarks gegenwärtig lebenden 16 *Nagetieren* wurden auf Bornholm 7 beobachtet. Das *rotbraune Eichhörnchen* wurde 1886 eingeführt und ist sehr häufig, ebenso *Hase, braune Ratte, Hausmaus, Waldmaus, Gelbhalsmaus* und *Feldmaus*. Die Wasserratte scheint zu fehlen, und dasselbe betrifft eine Reihe im übrigen Land bekannter, jedoch seltener Mäusearten. Mehrere Schädel von Bibern wurden in Moorschichten aus der Kiefernwaldzeit gefunden.

Von den gegenwärtigen dänischen Säugetieren sind also 19 auf Bornholm nachgewiesen.

Ständig neue Vogelarten

Wie viele Arten von Vögeln sich in den letzten Menschenaltern auf der Insel vermehrt haben, läßt sich kaum feststellen. Ein Teil von ihnen wurde übersehen, andere wurden zwar beobachtet, jedoch nicht registriert, und wieder andere haben nur einmal gebrütet und sind in Vergessenheit geraten. Einige wurden erst vor ganz wenigen Jahren Brutvögel auf Bornholm und kommen jetzt zahlreich vor; dies betrifft z.B. die *Türkentaube*, deren Nest erstmalig im Jahre 1960 nachgewiesen wurde und die in den Städten längst zur Plage geworden ist. Weiterhin hat die *Beutelmeise* seit 1965 auf Bornholm gebrütet, und ausgeflogene Junge des *Schwarzspechtes* wurden in den letzten Jahren mehrfach beobachtet; dasselbe gilt für die *Wasseramsel*, im übrigen ein Stammgast im Winter. Es kommen also ständig neue Vogelarten auf die Insel.

Charaktervögel der Insel

Einzelne Vogelarten prägen die Natur der Insel auf ganz spezielle Weise. Zu diesen *Charaktervögeln* gehört die *Saatkrähe*, deren Brutkolonien auf Bornholm zahlreicher sind als irgendwo anders in Dänemark. Vielleicht sind es die sogenannten Galeriewälder an den Wasserläufen und die vielen kleinen Eschenwäldchen, die diese schönen schwarzen, jedoch nicht sonderlich populären Vögel anziehen. Obgleich sie einerseits Nutzen tun, indem sie schädliche Larven vom Feld entfernen, richten sie jedoch ohne Zweifel gleichzeitig ebenso großen Schaden an, indem sie Keime und Saatgut fres-

Die brütende Waldschnepfe (unten) ist so gut getarnt, daß es eher gelingt, den Paarungsflug des Männchens über die Wiese in der Dämmerung des Frühlingsabends zu erleben (links). Die Eiderente (oben) zieht die Ertholme als Brutplatz vor, während das Männchen Ferien zur See macht. Der Neuankömmling Schwarzspecht (rechts) hätte beinahe seinen totalen Schutz aufgrund des rabiaten Vernichtungswerks eines offenbar geisteskranken Individiums an Sommerhäusern der Nexø-Gegend auf Spiel gesetzt.

sen - dafür sind junge Saatkrähen zur Frühjahrszeit auf dem Tisch des Landmanns eine beliebte Speise.

»Insel der Sprosser«

Der *Sprosser* (bornholmisch *Fjælstaun*, der Vogel mit der versteckten Wohnung) kommt auf Bornholm wohl deshalb so häufig vor, weil die Nessel- und Brombeerbewachsungen der feuchten Gebüsche für einen in Bodennähe nistenden Vogel besonders gut geeignet sind. Sein Gesang gehört zur Abendstimmung auf Bornholm, und die Insel wird zu Recht die »Insel der Sprosser« genannt.

Vogelgesang im Dialekt

Die *Goldammer (Gulvælmini)* kommt auf Bornholm kaum häufiger als im übrigen Dänemark vor, sie macht jedoch gelegentlich durch einen vom »Dänischen« deutlich abweichenden Gesang auf sich aufmerksam. Die »dialektsingenden« bornholmischen Goldammern schließen die sechs gleichlautenden, recht klanglosen Anfangstöne mit einem ansteigenden höheren Ton ab, gefolgt von einem tieferen Ton, der sich wie eine Art Punkt anhört; dies ist im übrigen Dänemark, wo der vorletzte hohe Ton wegfällt und der erwähnte Punkt gleichsam zu zeitig kommt, nie zu hören. Seltsamerweise scheint es diesem Vogel wie einem Menschen zu gehen, dessen waschechter Bornholmer Dialekt im Verschwinden ist: man findet nicht mehr so leicht eine Goldammer, die noch echt »bornholmisch« singt.

Die Jagdtrophäe der Gebüsche

Der beliebte Jagdvogel *Waldschnepfe* ist auf Bornholm sehr verbreitet, und die gebüschreichen Spaltentäler, zusammen mit feuchten Waldpartien, müssen auch für Schnepfen ungewöhnlich anziehend sein. In der Abenddämmerung oder kurz vor Sonnenaufgang verfolgt am Waldrand das Männchen in hitziger Jagd das Weibchen. Der langschnäbelige Vogel und das eigentümliche Paarungsgeräusch des Männchens: ortt - ortt - ortt - pisp, sind kaum zu verwechseln. Jedoch ist eine brütende Waldschnepfe fast unsichtbar, denn ihr schwarz und braun geflecktes Federkleid stimmt vollkommen mit der Umgebung überein.

Familienleben der Eiderente

Die *Eiderente* (bornholmisch *Åbo*) ist, vor allem im Norden, ungeheuer zahlreich, und während des Sommers schwimmen die Weibchen mit ihrer Kückenschar zwischen Klippen und Schären herum; oft sind es so viele Familien, daß sie durcheinander geraten. Die schönen weiß-bunten Männchen haben das Familienleben zu diesem Zeitpunkt längst aufgegeben und liegen nun weit draußen im Meer zusammen mit anderen Männchen und übersommernden Jungvögeln. Im zeitigen Frühjahr sieht man die Eiderentenpaare sich auf den Wellen nahe der Küste wiegen, und später sitzt das Weibchen fest auf dem Nest zwischen den Grasbüscheln des Strandgesträuchs. Die meisten Jungen kommen jedoch auf den *Ertholmen* zur Welt und paddeln sich, von der Mutter geführt, die 18-20 km hinüber zum »Festland«.

DAS »VOGELPARADIES« VON GRÆSHOLMEN

Die eigentliche Vogelinsel der Ertholme, deren Klippen und Vegetation ganz genau der Küste von Nordbornholm entsprechen, *Græsholmen*, wurde erst im Jahre 1924 ornithologisch entdeckt, als ein junger Student hier die Existenz von zwei für Dänemark neuen Vogelarten feststellte. In Felsspalten und unter großen Steinen wurden ein Dutzend Eier des pinguinähnlichen *Tordalks* gefunden, und da dieser Vogel jeweils nur ein Ei legt und sich nicht wenige Individuen tauchend im Meer befanden, kann es sich um gut 20-30 Brutpaare gehandelt haben. Die zweite neue Vogelart, die *Heringsmöwe*, erinnert mit ihren schwarzen Flügeln an die *Mantelmöwe*, läßt sich von ihr jedoch leicht durch ihre etwas geringere Größe und die gelben Beine unterscheiden. Die Anzahl der raubgierigen Heringsmöwen war schon damals recht bedeutend, und Kolonien von Nestern lagen offen im Gras; die blauflügelige, ebenso große und

In kaum einem dänischen Landesteil gibt es so viele Saatkrähen. In der blätterlosen Zeit zeigt es sich, daß fast jedes Wäldchen auf der Insel eine Saatkrähenkolonie beherbergt. Die kaum flügge gewordenen Jungen sind sogleich bei Jägern und Leckermäulern begehrt. Der Buchfink (links) ist ebenso wie die Goldammer bemüht, seine bornholmische Gesangsvarietät zu demonstrieren.

genauso raubgierige *Silbermöwe* gab es damals in nicht annähernd so großer Zahl. Weit zahlreicher als diese beiden Möwenarten war die bedeutend kleinere *Sturmmöwe*; vielleicht sind es sogar mehrere tausend Paare gewesen. Außerdem wurden einzelne kleine Kolonien sowohl von der *Flußseeschwalbe* als auch von der *Küstenseeschwalbe* gefunden, und, von dornigem Gebüsch geschützt, ein Dutzend Nester des *Mittelsägers*, jedes mit 10-15 Eiern. Schließlich brüteten damals hier die *Eiderenten* in einer Anzahl von ca. 200 Paaren auf der Insel verstreut.

Während es früher üblich war, Möweneier und Eiderdaunen auf Græsholmen zu sammeln, wurde die Insel seit 1924 als ornithologisches Kleinod betrachtet und deshalb vom Staat sehr bald zum Vogelschutzgebiet erklärt; jetzt ist sie ohne eine ganz besondere Genehmigung nicht zu betreten. Seit dieser Zeit hat sich das Vogelleben gewaltig entwickelt, und dies sowohl zum Guten wie zum Schlechten.

Als etwas Positives ist zu erwähnen, daß der mit dem Tordalk verwandte Vogel, die *Trottellumme*, 1929 auf Græsholmen seßhaft wurde - wieder eine für Dänemark neue Vogelart, die jedoch zweifellos von der riesigen Trottellummenkolonie auf Stora Karlsö bei Gotland ausgewandert ist.

Weniger gut ist es dagegen gewesen, daß die beiden großen gefräßigen Bewohner, die Heringsmöwe und die Silbermöwe, vollkommen überhandgenommen haben und - nach einer Zählung im Jahre 1967, wo eine Gesamtzahl von 7.500 Paaren festgestellt wurde - die Sturmmöwe, beide Seeschwalbenarten und den Mittelsäger vollständig von der Insel vertrieben haben. Zu diesem Zeitpunkt gab es 500 Eiderentenpaare, also ein starker Rückgang, denn in den ersten Jahren der Insel als Vogelschutzgebiet gab es über tausend. Die Eiderenten sind jedoch in großer Zahl hinüber auf die beiden Hauptinseln gewechselt, wo im Jahre 1967 350 Nester gezählt wurden, während sich früher eine Eiderente nur ausnahmsweise hier niederließ. Lediglich Tordalk und Trottellumme können sich mit ihren beschützten Nestern noch immer auf Græsholmen behaupten, und bei der Zählung 1967 wurden jeweils 150 und 900 Eier notiert; da sie jedoch schwer zu finden sind, wurde die Zahl der brütenden Paare aufs Doppelte geschätzt.

Bei einer Zählung im Jahre 1979 hatte sich das Bild weiterhin verändert. Während sich die Silbermöwen immer stärker vermehren, waren nur noch ca. 25 Paare Heringsmöwen auf Græsholmen übrig, und das reicht kaum aus, um einen Bestand aufrechtzuerhalten. An Trottellummen gab es ca. 1000 und an Tordalken ca. 100, während auf der gesamten kleinen Inselgruppe 2700 brütende Eiderentenpaare gezählt wurden.

Das sonstige Vogelleben

Außer den zuvor genannten Charaktervögeln gibt es auf Bornholm praktisch alle Vögel, die im übrigen Land allgemein bekannt sind. Jedoch fehlen u.a. Kleiber, Sumpfmeise und Haubenmeise, Steinkauz, Säbelschnäbler, Uferschnepfe, Haubentaucher, Brandseeschwalbe und Zwergseeschwalbe. Im übrigen brütet auf Bornholm kaum noch eine Seeschwalbenart, der Grund dafür ist vermutlich, daß die großen Raubmöwen in den bornholmischen Fahrwassern so zahlreich geworden sind. Der *Weißstorch* hat in diesem Jahrhundert auf der Insel nicht gebrütet, wird jedoch hin und wieder auf dem Vogelzug gesehen.

Seltenere Brutvögel

Zu den weniger verbreiteten Vögeln können auch *Stieglitz, Braunkehlchen, Trauerschnäpper* und *Neuntöter* gezählt werden, ebenso die *Waldohreule*, im übrigen die einzige Eule, die auf Bornholm zu Hause ist; nächtliches Eulengeschrei hört man auf Bornholm kaum. Weiterhin der *Flußregenpfeifer*, der in Kiesgruben und Granitbrüchen anzutreffen ist, sowie der *Fischreiher*, der sich in kleineren Kolonien in den Waldbäumen aufhält.

Als Kuriosum sei hinzugefügt, daß im Jahre 1951 ein einzelnes Reiherpaar in einem Nest, das auf einem Grashöcker in Baste Mose gebaut war, Junge ausgebrütet hat.

Von der Vogelschutzinsel Græsholmen sieht man hier Silbermöwe und Trottellumme, Heringsmöwe und, unten, Mittelsäger und Tordalk. Die Bornholmer nennen den Tordalk »Sjøpoppelgøja« und die Trottellumme »Rinjvia« und beide zusammen »Mula«. Rechts: In unzugänglichen Felsspalten an der Hammer-Küste oder im Ekkodal in Almindingen baut manchmal der seltene Wanderfalke sein Nest.

Seltene Brutvögel

Unter den seltenen Brutvögeln sind zu nennen: *Grauammer, Schwanzmeise, Beutelmeise, Kernbeißer, Rohrweihe, Baumfalke* und *Wanderfalke.* Letztere bauen ihr Nest auf Felssimsen, da sie aber nicht mit dem Volk der Brieftauben befreundet sind, bekommen sie selten Ruhe und sind jetzt vielleicht ganz verschwunden. Weiterhin *Austernfischer, Rotschenkel, Sandregenpfeifer, Krickente, Reiherente, Löffelente* und *Graugans.* Seltsamerweise hat sich der *Höckerschwan* nicht auf Bornholm verbreitet, wie es im übrigen Norden der Fall ist, und daher muß er zu dieser Gruppe gezählt werden.

Strichvögel

Einige Vogelarten haben ein einzelnes Mal auf Bornholm gebrütet. So baute 1935 eine *Ringdrossel* ein Nest in der Efeubewachsung bei Jons Kapel, wahrscheinlich, weil sie die Vegetation des Ortes mit ihrem gewohnten Aufenthaltsort hoch oben im Norden in der Nähe der Waldgrenze verwechselt hatte.

Ein Schwarm von gerade flügge gewordenen Jungen eines *Pirols* wurde 1940 im Wald bei Onsbæk ein kurzes Stück südlich von Rønne gesehen, und im selben Jahr brütete wahrscheinlich in einer Kaolingrube in Knudsker ein Paar *Eisvögel.* Der Eisvogel wurde übrigens jedes Jahr in der Zeit des Vogelflugs beobachtet. Vieles spricht dafür, daß der *Wiedehopf* 1948 in der Nähe von Hundsemyre südlich von Nexø gebrütet hat, denn man glaubte, die ausgeflogenen Jungen gesehen zu haben. Da der Wiedehopf sein Hauptverbreitungsgebiet in Osteuropa hat, ist diese Beobachtung nicht unwahrscheinlich. Im übrigen hat er bis zur Mitte des vorigen Jahrhunderts in ganz Dänemark gebrütet.

Am überraschendsten war jedoch, daß im Jahre 1948 ein südeuropäischer Kolonievogel, der farbenprächtige *Bienenfresser,* zwei Nistlöcher in einer Kiesgrube einige Kilometer nördlich von Hasle grub und daß beide Elternpaare Junge flügge bekamen. Doch für zwei der Jungen war ein Wetterum-

Wanderfalke auf seinem Ausguckposten auf den Klippen bei Hammeren. Andere seltene Brutgäste sind der Bienenfresser und der Wiedehopf (oben) sowie die Beutelmeise, deren eigentümliches Nest im großen Moor Hundsemyre bei Nexø unten rechts gezeigt wird. In der Mitte: Junge der Waldohreule, der einzigen Eulenart der Insel, in Schreck-Haltung.

schlag zu viel, und sie gehören nun zu den größten ornithologischen Sehenswürdigkeiten von Bornholms Museum. Soweit man weiß, hat der Bienenfresser nie zuvor in Dänemark gebrütet, und wie erwartet, blieb es bei diesem einzigen Mal. Er wurde jedoch später, in den Jahren 1961 und 1962, mit Nest nördlich des Limfjords und 1967 bei Uldum zwischen Horsens und Vejle gefunden.

Ausgesetzte Vögel

Der Begriff »ausgesetzte Vögel« ist auch auf Bornholm bekannt, und der *Fasan* ist überall verbreitet. Das *Auerhuhn* versuchte man erstmals 1891 auszusetzen, und der große Vogel schlug erstaunlich gut an, als aber die Jagd auf ihn einsetzte, ging der Bestand bald zugrunde. Spätere Versuche in den Jahren 1928, 1952 und 1953 mißglückten jedoch völlig, und schwedische Untersuchungen deuten ebenfalls darauf hin, daß das Klima Bornholms nicht mehr den Anforderungen des Auerhuhns entspricht. Versuche, *Birkhuhn* und *Moorschneehuhn* auszusetzen, beide im Jahre 1910 unternommen, waren wohl im voraus zum Scheitern verurteilt.

Rastplatz der Kraniche

Der Vogelzug über Bornholm macht sich zur Frühjahrs- und Herbstzeit durch ein Gewimmel von kleinen Vögeln in Gebüsch und Wald, auf Feld und am Strand bemerkbar. Eine Besonderheit der Insel sind die häufigen *Kranich*-Züge. Vor allem im Herbst lassen sich ansehnliche Schwärme dieser großen, majestätischen Vögel auf den Stoppelfeldern nieder, um Nahrung aufzunehmen.

Kriechtiere

Es gibt auf der Insel 5 von Dänemarks 6 verschiedenen Arten von Kriechtieren. Die *Zauneidechse (Hunjnaøla)* kommt auf Hängen und Klippen nahe der Küste häufig, seltener im Landesinneren vor, während die *Waldeidechse* sich in feuchten Heide- und Waldgebieten aufhält, ausnahmsweise zwischen Geröllen nahe der Küste. Die *Kreuzotter* ist nicht so zahlreich, wie das

Kraniche auf dem Zug, im übrigen Dänemark ein seltener Anblick, machen häufig auf den Stoppelfeldern der Insel Rast und suchen Körner. Der zahlreich vertretene und tonangebende Laubfrosch (oben links) hat an jeder Zehenspitze eine Haftscheibe und ist der einzige dänische Frosch, der klettern kann. Der Seefrosch - hier mit aufgeblähten Schallblasen - ist eine von Osten eingewanderte Spezialität. Bei der Grünen Kröte (rechts) ist das Weibchen gegen die Gewohnheit im Tierreich kräftiger gefärbt als das Männchen.

Gerücht vermeldet, und selbst ein Naturliebhaber kann einen ganzen Sommer wandern, ohne einem einzigen Individuum zu begegnen. Die *Natter* (bornh. *Orm*) ist weniger häufig als anderswo, während die *Blindschleiche* (bornh. *Ormslå*) unter Steinen in den meisten Wäldern zu finden ist. Die Glattnatter ist nicht nachgewiesen.

Lurche

Die Lurche auf Bornholm weichen von der Lurchwelt des übrigen Dänemark etwas ab.

Der osteuropäische Seefrosch

Der erwachsene *Teichfrosch* (bornh. *Pugga*) ist auf Bornholm größer als normal und gehört einer osteuropäischen Rasse an, populär Seefrosch genannt. Sein Quaken ähnelt zum Verwechseln dem des gewöhnlichen Teichfroschs, wird jedoch von »menschlichen« Lachtönen abgeschlossen. Die Rasse hat außerdem eine ungleichmäßigere Haut, verhältnismäßig längere Sprungbeine und eine in der Regel mehr schwarzmarmorierte Bauchseite. Vieles spricht dafür, daß der Seefrosch zu einer Zeit auf die Insel eingewandert ist, als sie im Südosten mit dem Festland verbunden war, während im übrigen Dänemark Teichfrösche vordrangen, die der in Westeuropa verbreiteten kleineren Rasse angehören.

Der einzige Repräsentant der braunen Frösche

Der lebhafte braune *Springfrosch*, der im größten Teil Dänemarks als selten gilt, ist auf der Insel verbreitet, und seine Eihäufchen füllen in den ersten Frühjahrsmonaten die Wasserlöcher im Wald und im Gebüsch. Dagegen deutet alles darauf hin, daß die beiden anderen braunen Froscharten, der Grasfrosch und der spitzschnäuzige Frosch, völlig fehlen.

Der kleine Spektakelmacher des bornholmischen Frühjahrs

Der kleine grünspanfarbene *Laubfrosch* (bornh. *Lævskræj*), nicht größer als eine Walnuß, kommt auf Bornholm häufiger vor als im übrigen Dänemark. Während des Sommers sitzt er in Büschen und Bäumen verborgen, oft monatelang an seinem festen Standort, und in dieser Zeit hört und sieht man nicht viel von ihm. Im Mai dagegen, wenn sich die Laubfrösche aufgrund des Geschlechtstriebs zu Hunderten in den flachen, mit Froschkraut geschmückten kleinen Teichen sammeln, die so typisch für die bornholmischen «Løkkjar« (Weiden) sind, machen die Männchen einen infernalischen Lärm. Es ist, als ob die Luft davon zittert und als ob die Frösche versuchen, die Sprosser der Nachbarschaft zu übertönen. Dieses Frühjahrsphänomen gehört ganz unbedingt zum Abendgeräusch Bornholms, und man kann Bornholm mit der gleichen Berechtigung die Insel der Laubfrösche wie die der Sprosser oder der wilden Kirschbäume nennen.

Eine Kröte auf Abwegen

Alle drei dänischen Krötenarten sind auf Bornholm vertreten. Die *Erdkröte* (bornh. *Skrobtusa*) lebt zumeist in den Wäldern, während sich die *Grüne Kröte* in der Nähe von Bauernhöfen aufhält und ihre Laichschnüre in mit Wasserlinsen gefüllten Teichen ablegt, und schließlich kann die *Kreuzkröte* ausnahmsweise im Landesinneren, z.B. bei Ølene, vorkommen, sie ist jedoch normalerweise mit dem Meer verbunden und namentlich mit der Klippenküste, in deren Wasserlöchern sie im Frühjahr laicht.

Der Frosch, der verschwand

Bei den Schwanzlurchen kommt der *Kammolch* (bornh. *Kongesalamander*) kaum so häufig wie der *Teichmolch* vor. Von Dänemarks 13 Lurcharten sind 8 auf Bornholm beobachtet worden. Außer den genannten beiden braunen Fröschen fehlt der Bergmolch, der vor wenigen Jahren in Südjütland nachgewiesen wurde, sowie die Knoblauchkröte und die richtige Unke. Letztere ist auf Bornholm einmal gewesen, jedoch um 1940 verschwunden.

Fische

An echten *Süßwasserfischen* sind auf Bornholm *Karausche* und *Giebel* (bornh. *Karpa*), *Schlei*, *Rotauge*, *Hecht*, *Barsch*, *Aal*, *Bachforelle*, *Dreistacheliger* und *Neunstacheliger Stichling* (bornh. *Pijnnstagg*) und das *Bach-*

neunauge (bornh. *Niøje*) bekannt. Von *anadromen Fischen*, solchen also, die vom Meer in die Flüsse aufsteigen, um zu laichen, gibt es *Aland* und *Meerforelle*, während der *Lachs* von den wasserarmen Flußläufen nicht angelockt wird. Möglicherweise sind die in Hundsemyre beobachteten *Ukeleie* als anadrome Fische und nicht als eine Art zu betrachten, die im Moor stationär ist.

Schließlich gibt es an *eingeführten Fischarten* den aus alter Zeit stammenden *Karpfen*, der nun in vielen Teichen und Seen verbreitet ist, den *Goldfisch*, der mit der *Karausche* bastardiert, und das *Moderlieschen*, das in die bornholmische Fauna geriet, als in einen Teich in Åker ein Aquarium ausgeleert wurde.

Wirbellose Tiere

Die Anzahl der Arten von Wirbeltieren ist annähernd zu übersehen. Dagegen stellen die wirbellosen Tiere eine so umfangreiche Gruppe dar, daß man nur die wichtigsten hier nennen kann.

Bissige Egel

Von den *Würmern* ist der *Medizinische Blutegel* mit den braunen Längsstreifen eins der Charaktertiere Bornholms. Während er im übrigen Land selten vorkommt, wimmelt es in den bornholmischen Wald- und Heidemooren von ihm, und es ist nicht ratsam, darin mit nackten Füßen zu waten. Der Medizinische Blutegel ist der einzige dänische Egel, der in die menschliche Haut Löcher beißen kann, und da er gleichzeitig einen Stoff ins Blut spritzt, der die Gerinnung verhindert, kann es eine höchst unangenehme Geschichte werden.

Der kleinere und grünliche *Entenegel* greift Schwimmvögel an; er ist auch häufiger als in anderen Gegenden Dänemarks und an ähnlichen Plätzen wie der Medizinische Blutegel anzutreffen. Außerdem gibt es die in Dänemark sonst üblichen Egel-Arten.

Schnecken und Muscheln

Bei den *Weichtieren* fehlt kaum eine der verbreiteten dänischen Arten. Die *Weinbergschnecke* wurde 1850 eingeführt und kommt nun an mehreren Stellen vor; dasselbe gilt für die mitteleuropäische *Rote Wegschnecke*, die vor einem Dutzend Jahren auf die Insel kam. In Mooren und Seen sind sowohl *Tellerschnecken* als auch *Schlammschnecken* häufig, in den Wasserläufen die *Mützenschnecke Ancylus*. Die große *Teichmuschel* ist recht verbreitet, während die Malermuschel fehlt.

Der Flußkrebs

An größeren *Krebstieren* kommt nur der eingeführte *Flußkrebs* vor, der jetzt an mehreren Stellen zu finden ist.

Eine Vogelspinne

An *Spinnen* ist nur die kleine *Vogelspinne Atypus* in Højlyngen beobachtet worden. Die *Zecke* (bornh. *Rågefnat*), verbreitet in Gebüsch und Heide, kann durch Stiche beim Vieh eine bisweilen tödliche Blutkrankheit, die Piroplasmose, übertragen.

Ein rätselhaftes Insekt

Die große Untergruppe innerhalb der wirbellosen Tiere, die *Insekten*, ist zahlreicher als alle anderen. Das meistgenannte Insekt auf Bornholm ist zweifellos die *Feldgrille*, ein heuschreckenähnliches Tier, das auf Steppen in Mitteleuropa und Asien zu Hause ist, also in Gegenden mit warmen Sommern und langen, strengen Wintern. Es ist glänzend schwarz und größer und kräftiger als die gewöhnliche Hausgrille. Das erste Exemplar, und nur dieses eine, wurde 1897 in Kanondalen beim Südhafen von Rønne gefunden, und erst 1943 wurde wieder ein einziges Individuum gefangen, diesmal in der Nähe des Strandes bei Villa Nova nördlich von Rønne. Dann wurde es um die Feldgrille abermals still, bis sie im Jahre 1946 plötzlich an mehreren sandigen Stellen zwischen Rønne und Dueodde verbreitet auftauchte. Der Bestand hielt sich eine Reihe von Jahren, scheint nun aber völlig zugrunde

Die Feldgrille ist Bornholms interessantestes, jedoch auch geheimnisvollstes Tier. Die seltene Insektenlarve, der Ameisenlöwe, und ihre Trichterfalle (in der Mitte) ist im trockenen Sand in der Übergangsgegend zwischen Düne und Wald zu suchen. Der große Schillerfalter (links), der ansonsten nur auf Lolland-Falster bekannt ist, und der Trauermantel, einer der größten Schmetterlinge Dänemarks, können in manchen Jahren in den Wäldchen der Insel recht häufig sein.

gegangen zu sein. Die Feldgrille »singt« wie die Laubheuschrecken, indem sie die Deckflügel aneinander reibt, jedoch durchdringender und im Unterschied zu den Heuschrecken im Vorsommer und nur an besonders warmen Tagen. Bornholm ist die einzige Gegend im Norden, wo sie gesehen und gehört wurde, seit dem Jahre 1957 jedoch nicht mehr. Vielleicht handelt es sich um ein *Relikt*, d.h. einen letzten Überrest eines Bestandes, der in Dänemark verbreitet war, als hier Festlandsklima herrschte. Ebenso wahrscheinlich ist es aber, daß das Tier auf die Insel eingeschleppt sein kann, beim letzten Mal mit den großen Mengen von Futter, das die russischen Invasionstruppen 1945 für ihre vielen Zugpferde mitbrachten.

Wenn die »Relikttheorie« richtig ist, müßte die Feldgrille vermutlich noch immer auf Bornholm sein, nur in so geringer Zahl, daß niemand sie bemerkt. Ist dagegen die »Einschleppungstheorie« die richtige, dann ist anzunehmen, daß das Tier wieder ausgestorben ist, denn Bornholm kann nicht in jedem Jahr seinen klimatischen Anforderungen entsprechen.

Der »Maulwurf« der Insektenwelt

Eine interessante Verwandte der Feldgrille ist die 7 cm lange *Maulwurfsgrille*, die am Fuß der Grünsanddünen etwa unterhalb des Flughafens von Rønne zu finden ist. In herabgestürzter Erde, zum Teil mit Gras überwachsen, verrät ein Spatenstich jenes Gangsystem, in dem die Maulwurfsgrille herumläuft und Regenwürmer frißt oder an Pflanzenwurzeln nagt. Das Tier ähnelt einem kleinen Krebs, ist jedoch ein Insekt und hat kräftige Grabbeine und offensichtlich minimale Flügel; in der Paarungszeit stellt sich jedoch heraus, daß es fliegen kann. Im übrigen ist die Maulwurfsgrille in Dänemark nicht allgemein verbreitet.

Der versteckte Räuber

Ein weiteres bornholmisches Charaktertier ist der *Ameisenlöwe*, ein Insekt, das den Köcherfliegen verwandt ist, jedoch trotz seines etwas unsicheren und langsamen Flugs fast an eine Libelle erinnert. Indessen ist nicht das erwachsene Tier, sondern die Larve, der eigentliche Ameisenlöwe, von besonderem Interesse, denn er lauert auf dem Boden einer trichterförmigen Vertiefung, die er im trockenen Sand gegraben hat. Eine vorbeilaufende Ameise rutscht leicht an den Seiten des Trichters hinunter und wird von der am Boden versteckten Larve sogleich ergriffen und von ihren Saugzangen ausgesaugt. Diese Trichter sind im Übergangsgebiet zwischen Düne und Wald zu suchen und kommen zwischen Rønne und Hasle, bei Boderne und in der Gegend von Dueodde häufig vor.

Die großen Libellenzüge

Aufgrund seiner östlichen Lage erlebt Bornholm bisweilen Züge von *Libellen.* Es ist eine bekannte Tatsache, daß sich die *Königslibelle* in Osteuropa, ungewiß aus welchem Grunde, oft plötzlich zu Schwärmen von mehreren Millionen Individuen sammelt und sich dann auf die Wanderung begibt, scheinbar ohne Ziel und Zweck. In den Jahren 1934 und 1949, beide Male im Mai, zog eine Millionenzahl dieser Libellenart über Bornholm. Woher der Zug 1934 kam und wohin er ging, wurde niemals aufgeklärt. Dagegen stellte sich heraus, daß der Zug des Jahres 1949 zu einem größeren Schwarm gehörte, der aus den Masurischen Sümpfen in Polen kam und, via Christiansø, an der Nordküste Bornholms etwa bei Allinge landete und von dort der West- und Südküste bis Dueodde folgte. Nach 24 Stunden Ruhe machten sich die Scharen wieder auf die Reise übers Meer und wurden am Tage darauf in unzähligen Mengen an der Südspitze von Öland gesehen. Nach einem weiteren Ruhetag verschwand der allmählich erschöpfte Millionenschwarm spurlos in östlicher Richtung und ist über der großen Wasserfläche der Ostsee vermutlich zugrunde gegangen. Soweit lokale Untersuchungen zeigten, waren bornholmische Libellen an diesem Zug nicht beteiligt. Die Königslibelle ist im übrigen in ganz Dänemark verbreitet.

Fliegender Bienenräuber mit Beute.

Bienen und Wärme

Von den zahlreichen *Grabwespen* der Insel ist der seltene *Bienenräuber* zu nennen, der zur Ernährung seiner Nachkommenschaft seine Gänge mit gelähmten Bienen füllt. Er tritt stets in Kolonien auf. In einer Reihe von Jahren gab es einen großen Bestand auf dem alten Parkplatz beim Flughafen von Rønne, der jedoch wieder verschwunden ist, denn das Tier verlangt Wärme und steht auch in dem Rufe, daß es kommt und geht.

Ein entomologisches Eldorado

Bis vor einem Dutzend Jahren war bei den *Schmetterlingen* der *Trauermantel* recht verbreitet und gehörte zu den Sehenswürdigkeiten der Insel; jetzt ist er selten. Der weißgefleckte *Admiral* kommt häufig vor, und in einzelnen Jahren wurden auch mehrere *Totenköpfe* beobachtet. Für Entomologen ist Bornholm ein beliebter Exkursionsort, und jedes Jahr werden neue Arten gefunden, oft sind sie sogar für ganz Dänemark neu.

SPEZIELLE BORNHOLMISCHE TIERGESELLSCHAFTEN

Ebenso wie es auf Bornholm spezielle Pflanzengesellschaften gibt, läßt sich auch auf Tiergesellschaften verweisen, die im übrigen Dänemark unbekannt sind. Es gibt beispielsweise die sogenannten *rock-pools*, kleinere Vertiefungen in Küstenklippen, die in Regenperioden Süßwasser enthalten, jedoch bei anlandigen Stürmen mit Seewasser gefüllt werden, das sich durch nachfolgende Verdampfung in recht starke Salzlösungen verwandelt. Organismen, die derart wechselnden Bedingungen ausgesetzt sind, müssen besonders widerstandsfähig sein und ein großes Anpassungsvermögen besitzen; interessant ist es zu beobachten, wie sich hier Schnecken, Insekten und Fische aus Salz- und Süßwasser begegnen.

Bemerkenswert ist auch die *Kaltwasserfauna* der Insel, die jener Tierwelt entspricht, die man von den kalten Quellen der jütischen Flußläufe kennt. Im - teilweise unterirdischen - Quellengebiet von *Løsebæk* in der Nähe von Allinge gibt es einen kleinen schwarzen Plattwurm, *Planaria alpina*, der alle klimatischen Veränderungen seit der kalten Tundrazeit überstanden zu haben scheint.

Die sogenannte *hydropetrische Fauna*, eine besondere Spezialität Bornholms, lebt in den weichen Moosschichten, die sich auf Felsen mit ständig herabrieselndem Wasser natürlich bilden. An derart feuchten und doch luftigen Plätzen halten sich besonders angepaßte Formen von Mücken- und Köcherfliegenlarven auf.

VORGESCHICHTE

Die versunkene Halbinsel

Nach der Eiszeit, im Laufe der letzten 14.000 Jahre, hat Bornholm seine äußere Gestalt mehrfach gewechselt. Nicht nur der Pflanzenwuchs hat sich verändert, sondern auch die Größe der Insel selbst, die unmittelbar nach dem Abschmelzen des Eismantels etwa der heutigen entsprach und in der Festlandzeit gewaltige Dimensionen erreichte. Vor 10.000 bis 7.000 Jahren erstreckte sich eine breite Landzunge auf die norddeutsch-polnische Küste zu. Diese große Insel war dicht mit Kiefernwald bewachsen, der die nacheiszeitlichen Tundragewächse und Birkenwälder ablöste. Bei ruhigem Wetter können die Fischer südlich von Bornholm durch das klare Wasser noch die Baumstümpfe sehen, und es kommt vor, daß ihnen Stämme von der versunkenen Halbinsel ins Netz geraten. Doch der Kiefernwald, der mit Birken durchsetzt war, mußte widerum nach und nach dem vor etwa 7.000 Jahren vordringenden Laubwald weichen. Zur gleichen Zeit stieg auch das Wasser allmählich an, und die bisherige Ostsee - ein regulärer Binnensee - wurde von einem Salzwassermeer abgelöst, das die gegenwärtige Küstenlinie überstieg. Vor allem auf Nordbornholm zeichnet sich der Küstenhang deutlich ab, aber auch in dem flacheren Südbornholm wird durch Wälle aus Stein und Kies ein Stück landeinwärts gekennzeichnet, wie weit das Meer gereicht hat. Vor 7.000 bis 5.000 Jahren bestand der Wald, der sich dicht und reich ausdehnte, vor allem aus Eiche und Ulme. Efeu, der in mildem Klima gedeiht, kam häufig vor. Vor 5.000 Jahren wurde die Ulme von der Esche abgelöst, und es gab mehrere Eingriffe durch die Menschen. Das Klima wies nun relativ warme Sommer und kalte Winter auf. Efeu blieb seltener.

Die ersten Jäger und Fischer

Die Wohnplätze der ersten Bornholmer, verstreute, offene Unterkünfte, befanden sich dort, wo Möglichkeiten für Jagd und Fischerei bestanden. Einige lagen am offenen Meer in der Nähe von *Melsted* und *Grisby, Hammeren* und *Svanekes südlicher Außenmark,* andere in der Nähe westbornholmischer Flüsse wie *Bagå* und *Blykobbeå,* deren Fischreichtum vermutlich anziehend war. An Werkzeugen sind nur Gegenstände aus Feuerstein und anderem Gestein erhalten, in einigen der Moore aber, vor allem in *Vallensgårds Mose* unmittelbar südlich von Almindingen, damals ein offener See, hat man Knochenspitzen mit Widerhaken gefunden, die als Fischspeere dienten. Sie wurden beim Fischen verloren und verschwanden im Wasser. Alle diese Gegenstände weisen deutlich auf Jäger und Fischer hin, und obgleich Funde gemacht wurden, die aus der Zeit unmittelbar nach der Eiszeit zu stammen scheinen, ist die überwiegende Mehrzahl aus jener Zeit, als Bornholm bedeutend größer war: aus der Zeit der Kiefern- und Eichenwälder. Und doch kennt man nur einen geringen Teil - wie viel mehr Wohnplätze mag es während der Festlandzeit gegeben haben. Vielleicht werden die Archäologen eines Tages anfangen in Froschmannsausrüstung an der ursprünglichen Küste südlich von Bornholm entlangzuspazieren und weitere Fundstellen entdecken.

Das Wild, das eine so große Anziehungskraft ausübte, ist durch Knochenfunde in tiefen Moorschichten bekannt: Auerochs, Edelhirsch, Elch, Wildschwein und viele andere Tiere. Dazu kamen Fische, und es muß erhebliche Beigaben an pflanzlicher Nahrung gegeben haben: eßbare Wurzeln, Früchte und dergleichen mehr. Verkohlte Haselnußschalen z.B. wurden in Mengen gefunden. Vieles deutet darauf hin, daß diese Jäger und Fischer umherstreiften, daß sie Sommer- und Winterwohnplätze hatten, die den Erfordernissen und Möglichkeiten der Jahreszeit entsprachen. Im Sommer hat man sich wohl mit Zelten oder Holzhütten begnügt, im Winter war ein stärkerer Schutz erforderlich. Die Feuersteinwerkzeuge weisen jedoch nicht auf Zimmermannsarbeit hin, doch konnten die schlanken Splitter auf jeden Fall als Messer verwendet werden. Kleine Spitzen wurden als Pfeile benutzt. Funde in Schonen zeigen, daß sie für Widerhaken verwendet wurden, andere dienten wohl als Schneiden. Diese Miniaturgeräte sind häufig elegant geformt und an den Seiten leicht geglättet. Schaber für Häute, Stichel zum Abschneiden von Knochenstücken für eine spätere Bearbeitung und kleine Äxte sind charakteristisch für die *ältere Steinzeit.* Die Formen wandeln sich im Laufe der Jahrhunderte, eine grundsätzliche Änderung tritt jedoch erst mit der Kultur der *jüngeren Steinzeit* ein.

Die Nomadenbauern der jüngeren Steinzeit

Jene tiefgreifende Veränderung im menschlichen Dasein, die sich vor 5.000 Jahren herausstellt, ist allmählich eingetreten. Den bornholmischen Funden sind noch zu wenige Anzeichen zu entnehmen, doch an anderen Orten des Landes sind die Zeugnisse dafür überraschend: dünne Kohleschichten nach Waldbränden, die mit Recht als Spuren von *Brandwirtschaft* gedeutet werden, jener primitiven, aber effektiven Form der Urwaldrodung, wodurch man fruchtbare Erde mit Holzasche gewann und ausnutzen konnte. Die bornholmischen Moorschichten, u.a. in Græssøen in Almindingen, zeigen

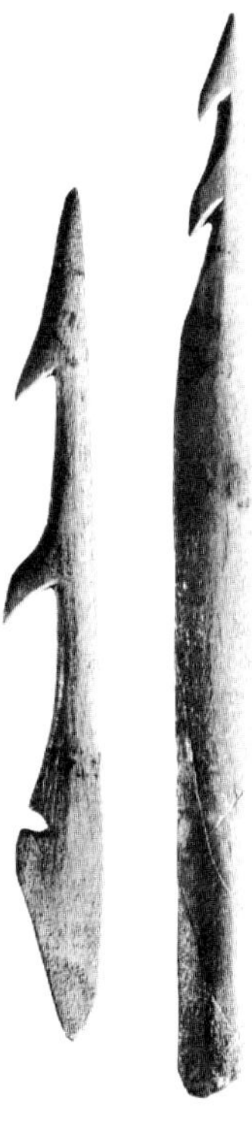

Bei Hestekleven, gleich südlich von Svaneke, befindet sich noch eine frühe Steinzeitlandschaft: der offene Fleck am Strand, auf dem einige der ersten Bewohner der Insel ihre Lehmhütten errichtet haben. Die Jagd nach Nahrung hat die Küstenbewohner jedoch weit umhergetrieben. Von ihrem Fischspeer haben sie diese Knochenspitzen mit Widerhaken (links) im großen Vallensgårdsmose im Grunde des Ekkodals verloren.

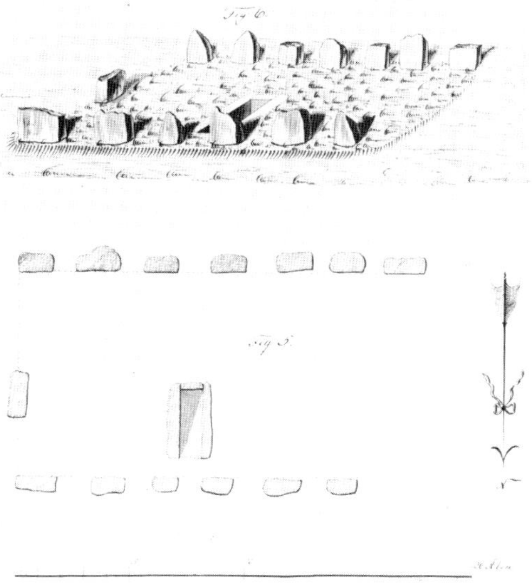

Bornholmische Langsteingräber sind nur von alten Zeichnungen bekannt. Die wichtigsten Altertumsfunde aus der jüngeren Steinzeit verbinden sich mit den Ganggräbern, den geräumigen Grabkammern der vornehmsten Geschlechter. Das größte Ganggrab der Insel, Lundestenen, liegt in einem kleinen Hain mitten in den Feldern von Tornegård in Nylars, nicht weit von dem Ganggrab bei Arnager, das weniger sehenswert, dafür aber bedeutend leichter zu erreichen ist.

jedoch charakteristische Veränderungen. Die Esche hat die Ulme abgelöst und erscheint neben der Eiche als der wichtigste Waldbaum; hier und da hat es aber auch offene Gebiete gegeben, und die ersten Heidegegenden tauchen auf. Man hat Pollen von Getreide und von einer Pflanze festgestellt, die stets zur niedrigen Bewachsung an Äckern und Weiden gehört: Wegerich. Diese Pflanze ist für die Kulturlandschaft so typisch, daß sie das Anzeichen einer Landschaft ist, die von Bauern ausgenutzt wurde. Die Jäger und Fischer, die verstreut über große Entfernungen lebten und nur begrenzte Möglichkeiten hatten, um sich durch Jagen, Fischen und Sammeln zu ernähren, werden von Ackerbauern abgelöst, die dichter angesiedelt waren und Brandwirtschaft betrieben, was für Äcker und Weiden gute Bedingungen ergab. Um höchste Erträge zu erzielen haben diese ersten Bauern vermutlich nach einigen Jahren den Ort gewechselt.

Für die archäologischen Funde ist das Vorkommen der Zimmeraxt charakteristisch, der schlanken, schmalen Feuersteinaxt, die geschliffen und effektiv ist. Mit diesem scharfen Axtblatt, das an einem langen, geschwungenen Schaft befestigt war, ließ sich in weniger als einer halben Stunde ein 20-30 cm dicker Baum durchschlagen.

Großsteingräber

In dieser Zeit, da eine Stabilisierung des Daseins einsetzte, tauchen besondere Formen von Tongefäßen auf, u.a. ein gewölbter Becher von Simblegård in Klemensker, und nicht viel später werden *Steingräber* oder *Dolmen* angelegt. Zwei sind bekannt, sie wurden jedoch leider schon vor langer Zeit zerstört, und es gibt nur Zeichnungen von ihnen, die zu Beginn des vorigen Jahrhunderts ausgeführt wurden und längliche Hügel mit viereckigen Steinkammern zeigen. Aus etwas späterer Zeit stammt das *Ganggrab:* eine längliche, viereckige Kammer aus hohen, schweren Steinen mit einem lan-

gen, aus Steinen errichteten Eingang an der einen Längsseite und über dem Ganzen ein Hügel.

Von den insgesamt neun Ganggräbern der Insel befinden sich die typischsten auf Südbornholm. In der Nähe von *Vasegård* an der Læså liegen im selben großen Hügel sowohl ein Ganggrab als auch ein großes Dolmen. Besonders imponierend ist das Ganggrab *Lundestenen* in Nylars. Bei einer Ausgrabung im Jahre 1939 fand man hier u.a. ein Tongefäß mit schönen Ornamenten und zahlreiche kunstvoll geschnitzte Bernsteinperlen mit der Form von Keulen, Äxten und Doppeläxten. Interessante Aufschlüsse gab ein zweites Ganggrab, *Sellehøj,* unmittelbar östlich der Paradisbakker. Hier lagen nicht nur in der Kammer neben den Bestatteten Bernsteinperlen und Tongefäße, sondern man fand auch vor dem langen, aus Steinen errichteten Eingang zahlreiche Scherben von 150-200 Tongefäßen. Höchstwahrscheinlich wurden diese Tongefäße ausgeräumt, um Platz für neue Bestattungen zu geben; es ist auch denkbar, daß einige der Gefäße mit Opfern für die Toten an den Eingang des Ganggrabs gestellt wurden.

Die anderen sehenswerten Ganggräber befinden sich bei *Arnager* (am 8-km-Stein südöstlich von Rønne), in *Jættedal,* Åker, bei *Stensebygård* in Bodilsker und in *Hallebrøndshøj* südöstlich von Svaneke.

Die Ganggräber sind aus schweren Steinblöcken errichtet, die vermutlich auf Holzstämmer von ihrem Fundort zum Begräbnisplatz geschoben wurden. Das Material ist Granit, bei der einen Kammer von Stenseby in Bodilsker wurde jedoch Sandstein verwendet. Einige der Blöcke haben so regelmäßige Flächen, daß man sie gespalten haben muß; dies ist sicher in der Weise geschehen, daß man in gerader Linie Löcher schlug, Holzpflöcke in

Die imponierende Grabkammer des Lundestens und, rechts, das Ganggrab bei Arnager nach der Aufdeckung einer flachen Schale mit Strichornamenten im Jahre 1938. Ein guter Freund der Bornholmer, der archäologisch interessierte Frederik VII., erntete internationale Anerkennung für seine Theorie (Zeichnung), wie die Decksteine der Ganggräber angebracht worden sind. Zuoberst: Das Tongefäß von dem Boden des Meeres bei Christiansø.

sie trieb und mit Wasser begoß; das Holz dehnte sich dadurch so sehr aus, daß der Steinblock gesprengt wurde.

Der Seeverkehr

Spuren einer festen Besiedlung gibt es aus der jüngeren Steinzeit u.a. auf *Rispebjerg* in Pedersker. Da in den dortigen Moränenschichten nur kleine, runde Feuersteinknollen, mit denen sich die Jäger und Fischer zufrieden gaben, zu finden waren, bestand für die Ackerbauern keine Möglichkeit, sich das Material für die Zimmeraxt von der Insel selbst zu beschaffen. Daher haben sie Feuersteinblöcke oder vielleicht fertige, geschliffene Äxte von Schonen und Seeland einführen müssen. Es ist zumindest charakteristisch, daß auf diesen Wohnplätzen Mengen von geschliffenen Feuersteinstücken und anderen Bruchstücken des eingeführten feinen Feuersteins vorliegen. Ein Zeugnis der Schiffahrt ist auch ein Tongefäß aus der jüngeren Steinzeit, das draußen im Meer bei Christiansø aufgefischt wurde. Es handelt sich um ein schweres Hängegefäß mit dünnem Hals und mit durchbohrten Knöpfen kurz über dem runden Boden, an denen man die Tragschnüre befestigen konnte. Der Inhalt ist vermutlich ein Getränk gewesen, das den Mann aufmuntern sollte, wenn er in seinem Einbaum oder Lederboot über die Meeresfläche paddelte. Dies war eine gefährliche Reise, und hierbei ist zumindest ein Teil der Ladung über Bord gegangen.

Fremde Bevölkerungsgruppen

Gleichzeitig mit den Ackerbauern, die ihre Toten in Großsteingräbern bestatteten, ließen sich andere Bevölkerungsgruppen auf Bornholm nieder. Auf *Hammerknuden,* wo sich heute Salomons Kapel befindet, sind die Bedingungen zum Anlegen sehr günstig, und außerdem entspringt hier an einem gleichmäßig abfallenden Sandhang eine Quelle. Dort wohnten bereits in der älteren Steinzeit Menschen. Später, in der jüngeren Steinzeit, kamen u.a. Fischer hierher, die *Grubenkeramik* herstellten, so genannt nach der besonderen Verzierung von Tongefäßen. Weiter südlich wurden hier und da Gräber und einzelne Wohnplätze der *Bootaxtleute* gefunden. Der wertvollste Fund wurde bei *Store Munkegård* in Åker gemacht; er enthält präzise geschliffene Hohlmeißel und Hohläxte aus Feuerstein und die eigenartigen, elegant geformten Streitäxte aus Grünstein mit Schaftstielen, die in ihrer Form an ein Kajak erinnern. Charakteristische Tongefäße dieser Leute wurden an der Mündung der *Kobbeå* südlich von Gudhjem gefunden, und ein Stück südlich von *Snogebæk* kann man in Sandgebiet noch Steinkisten von einem regulären Bestattungsplatz sehen. Diese Kulturgruppe gehört nach entsprechenden Funden zu Schonen und ist von dorther gekommen.

Der Schwanengesang des Feuersteinhandwerkers

Vom Ende der Steinzeit wurden Gräber unter Hügeln entdeckt, die in *Steinkisten* angelegt waren. In *Ormehøj* bei Skovsholm, Ibsker, fand man nicht weniger als drei Steinkisten; bei der einen lag ein Feuersteindolch, in der zweiten verschiedene Gegenstände aus Bronze, die deutlich machen, daß der Übergang von der jüngsten Steinzeit zur Bronzezeit fließend und unmerklich erfolgt ist. Der schönste Fund, jetzt in Bornholms Museum, umfaßt ein paar Feuersteindolche, einen Feuersteinschaber, eine kleine Axt und einen Feuersteinsplitter von *Blæsbjerghøjen* in Østermarie. Sie wurden teils in einer Steinkiste, teils unter einem Steinhaufen gefunden. Vor allem die Dolche verraten eine hervorragende Technik und weisen auf Vorbilder in Bronze hin.

Die Herrengräber der Bronzezeitmenschen

Aus der *Bronzezeit* stammen die meisten der schön gelegenen Hügel, von denen die bornholmischen Höhenzüge gekrönt werden, vor allem in den fruchtbaren Landstrichen im Norden und Süden, wie den *Brændesgårdshøjderne* nördlich von Svaneke. Diese kuppigen Hügel sind aus großen Mengen von Erde, Steinen und Grassoden zusammengesetzt, und es ist daher anzunehmen, daß jener Teil der Bevölkerung, der so großartige Denkmäler hat errichten können, wohlhabend gewesen sein muß. Vermutlich waren es Bauern, einige vielleicht Häuptlinge. In der Mitte des Grabhügels wurde zuunterst der erste Tote bestattet, Später Verstorbene wurden schräg dazu oder darüber in eine Kiste aus Stein oder Holz gelegt. Jedesmal wurde neue Erde auf den Hügel geworfen, der nach jeder Bestattung ein Stückchen höher wurde. In diesem Grab lag der Tote angekleidet und mit einer Ausstattung versehen. Einige hatten eine Art Ledertasche mit Toilettengeräten bei sich wie Ahle, Kneifzange, Rasiermesser und Messer. Der Mann bekam das lange Bronzeschwert, Axt, Dolch und ähnliches mit. Die Frau trug Schmuck aus Bronze oder Gold, eine elegant geformte Brosche, spiralenförmige Armringe u.ä.

Sandgräber und heiliges Pflügen

Neben diesen standesgemäßen Begräbnissen im fruchtbaren Boden der Randzonen Bornholms kennt man *Gräber auf flachem Feld,* die in den Sandboden gegraben wurden. Die meisten dieser Gräber - auf Südbornholm sind sie von den Strandmarken bei *Store Loftsgård* und *Jomfrugård* bekannt - haben eine schlichtere Ausstattung, zumeist sind es Dolche, Messer, Kleinigkeiten und weniger Schmuck; gelegentlich sieht man aber auch prächtige Besitztümer wie Halskragen mit Spiralenornamenten, dem vitalen Motiv der Bronzezeit. Dennoch wird dadurch ein Eindruck von den standesmäßigen oder zumindest ökonomischen Unterschieden vermittelt, wie sie sich in den stolzen Grabmälern der Bauern und den einfachen Bestattungsplätzen der Küstengebiete darstellen.

An beiden Stellen aber und besonders deutlich im Sandgebiet sind Spuren vom Pflügen mit der einfachen *Arte* zu erkennen, einem Holzpflug, dessen

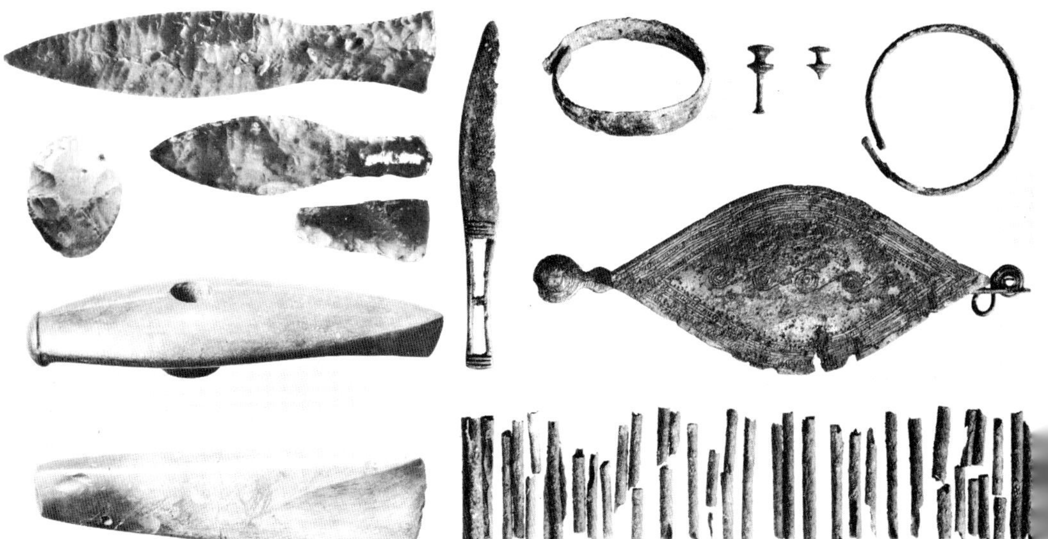

Die schönen Feuersteindolche, die Axt und der Feuersteinschaber von Blæsbjerg und, unten, Hohlaxt und bootförmige Streitaxt von Store Munkegård. Die Bootaxt zeigt, wie die primitive Feuersteintechnik in den weicheren Grünstein, an dem Bornholm wesentlich reicher war, nahezu bis zur Vollkommenheit entwickelt wurde. Rechts: Bronze-Ausstattung einer Frau vom Begräbnisplatz Store Loftsgård in der Gemeinde Pedersker. Die Gegenstände, u.a. eine spitz-ovale Fibel, stammen aus der älteren Bronzezeit.

Spitze in den Boden geführt wurde und eine Furche aufbrach, ohne die Erde umzuwenden. So ist unter dem Grabhügel, der direkt auf dem Acker angelegt wurde, zu erkennen, daß der Pflug kreuz und quer geführt wurde - sonst hätte er die Oberfläche nicht richtig aufbrechen können.

Die Gräber des Sandgebiets wurden in unberührtem Gelände angelegt, doch offenbar hat es ein Bedürfnis gegeben, die Verstorbenen durch das Pflügen zu beschützen. Derselbe Gedanke ist aus späteren Zeiten bekannt: unterirdische unfreundliche Wesen konnten die Pflugfurchen nicht bezwingen; aber auch in den uralten indischen Weda-Gedichten gehörte das Pflügen zum Ritual der Bestattung. Auf dem Sandgelände wurde der Begräbnisplatz ein einziges Mal mit konzentrischen Furchen gepflügt und war somit für die Bestattung gut vorbereitet.

Die Urnengräber

Die Gräber der jüngeren Bronzezeit waren *Brandgräber,* und die gereinigten Gebeine wurden in eine Urne oder einen Beutel gelegt. Diese Sitte bürgerte sich bereits in der älteren Bronzezeit ein und wurde etwa bis zum Beginn unserer Zeitrechnung beibehalten. Gegen Ende der Bronzezeit kommt es vor, daß auch Reste des Scheiterhaufens entweder in einer Urne und ihrer Umgebung oder in einer Grube vergraben wurden. An Grabbeigaben werden nur die einfachsten hinzugelegt: Nadeln, Gürtelbeschläge usw. Diese Gräber sind allgemein verbreitet, und sie sind in einem Hügelhang, in kleinen Gräbern aus Stein, den sogenannten *Røsern,* oder unter flachem Feld angelegt. Zu diesem Zeitpunkt wird mit der Anlage des großen Gräberfeldes bei *Store Frigård* in Østermarie begonnen, wie aus den Beigaben ersichtlich ist, die den Toten mitgegeben wurden. Aus der Form der Gräber selbst läßt sich kein weiterer Eindruck vom kulturellen Niveau gewinnen, doch zeigen einige *Depotfunde,* vor allem der große Fund von *Grisby,* unmittelbar südlich von Svaneke, der Ringe, Broschen, Sicheln, Äxte u.a.m. umfaßt, das Geschick und das große Angebot des Bronzegießers. Ein Barren und ein Gußrest deuten darauf hin, daß er selber seine Besitztümer in einer gefährlichen Sitaution versteckt hat und sie dann nicht wieder bergen konnte.

Die steinernen Schiffe der Toten

Vom Ende der Bronzezeit und dem Beginn der Eisenzeit stammt noch eine eigentümliche, wenngleich seltene Bestattungssitte: die *Schiffssetzungen,* die man vor allem auf *Enebjerg* in Vestermarie Plantage und in *Egeby,* ein Stück südlich von der Bockmühle, sehen kann. Soweit ersichtlich, wurden in diesen länglichen Steinsetzungen die Reste des Scheiterhaufens zusammen mit Tongefäßscherben von Begräbniszeremonien beigesetzt. Darüber wurde das Steinschiff angelegt, indem zuerst mit etwas größeren Steinen der Umriß angegeben und danach der eigentliche Innenraum mit einem dichten Pflaster von kleineren Steinen ausgefüllt wurde. Diese Schiffe - die zwischen 7,5 und 31 m lang sind - stellen das erste Zeugnis einer Form von Gräbern dar, wie sie 400 Jahre später wieder vorkommt, bei *Slusegård* an der Mündung der Øleå: das *Bootsgrab.* Daß es bereits in früher Zeit den Gedanken gegeben hat, der Tote würde mit einem solchen Fahrzeug ins Jenseits gebracht werden, ist möglich, doch natürlich nicht zu beweisen. Bemerkenswert ist aber, daß in einem Urnengrab aus etwa derselben Zeit Knochen von zwei Vogelschwingen gefunden wurden. Hier läßt sich die Vorstellung von einer Luftreise in die andere Welt ahnen.

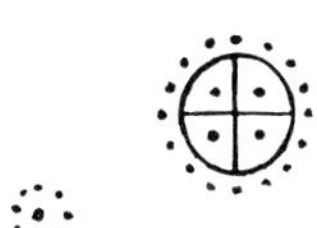

Die Helleristninger

Eine andere Gruppe von eigentümlichen Erinnerungen aus der Bronzezeit sind die *Helleristninger,* Zeichen, die mit einem Stein an südwärtige Klippenflächen eingeschlagen wurden. Sie lassen sich seitlich bestimmen, da ihre Motive Ähnlichkeit mit Bildern auf Bronzegegenständen haben. In einem

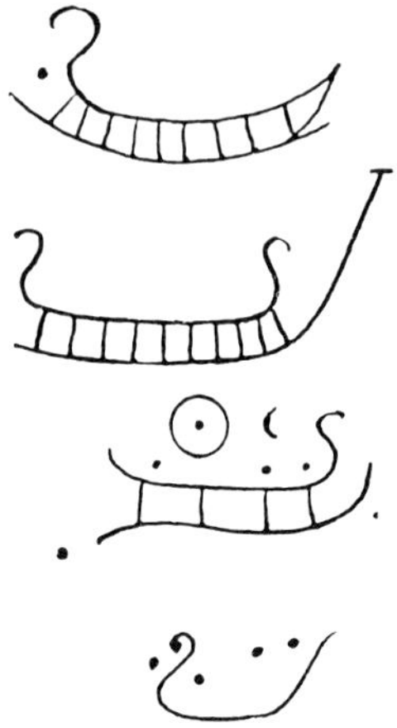

einzigen Fall *(Storløkkebakken)* ist es auch möglich, daß ein Urnenfund in der Erde über einer Helleristning eine Datierung angibt, die vor der jüngeren Bronzezeit liegt. Leider wurden im vorigen Jahrhundert einige sehr wichtige Vorkommen gesprengt, so unter anderm eine merkwürdige Szene mit fünf Langbooten mit hohen Steven und einer menschenähnlichen Gestalt mit dem Kopf eines Tieres, vielleicht ein Mann, der in eine Tierhaut gekleidet war.

Helleristning-Szenen von großer Wirkung sind jedoch immer noch zu sehen, so auf *Madsebakke* zwischen Allinge und Sandvig, bei *Brogård* und auf *Storløkkebakken* südwestlich von Allinge. Am größten und imposantesten ist mit Abstand Madsebakke mit zahlreichen Schiffsbildern, einem seltsamen Radkreuz mit Schalengruben, Fußsohlenfiguren, die wie genaue Abdrücke wirken, u.dgl.m. Auch die anderen weisen die eigentümlichen Schiffsbilder auf, die entweder aus einer einzigen langen Linie bestehen, die sich an den Enden nach oben biegt, oder aus zwei gekrümmten Linien, die mit Querstrichen verbunden sind und sich an beiden Enden nach oben biegen; offenbar handelt es sich um Kiel und Relingsplanke. Möglicherweise sind es Schiffe mit langen Schnäbeln, die jenen gleichen, die heutzutage z.B. vom Victoriasee in Afrika bekannt sind. Diese Schnäbel fangen die Wellen ab und sind von Vorteil, wenn das Boot auf einen Sandstrand aufläuft. Das Boot - Segel waren erst den Wikingern bekannt - war in damaliger Zeit als Fahrzeug unentbehrlich. Wäre Bornholm ohne Verbindungen übers Meer gewesen, so hätte es eine anders geschlossene kulturelle Entwicklung gezeigt als jene, die sich während des Altertums entfaltete.

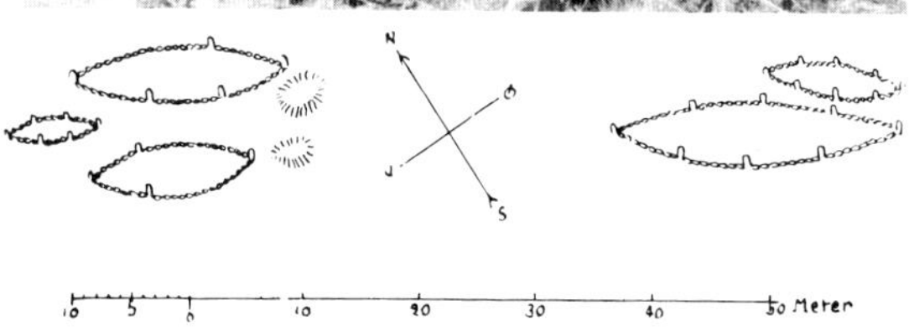

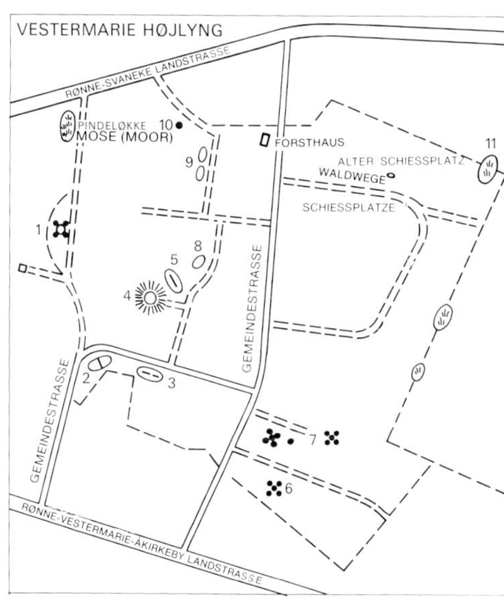

Bornholms 17 Schiffssetzungen befinden sich vor allem bei Egeby (Zeichnung unten) und in Vestermarie Plantage, wo es von Überresten aus dem Altertum wimmelt: 1) Enesbjerg (große »Røse«). 2) Schiffssetzung. 3) Abgedeckte Schiffssetzung (Foto). 4) Galgenhügel. 5) Schiffssetzung und mehrere »Røser«. 6) Brunshøj mit »Røsern«. 7) Gebiet mit vielen »Røsern«. 8) und 9) Feldspatgräben. 10) Bobbasten (großer Findling). 11) Ørningemose (Spaltental). Zuoberst: Helleristninger bei Allinge.

Eine der eigentümlichen Steinsetzungen der Insel befindet sich in den Strandklippen bei Stammershalle und besteht aus einem Bautastein über einem »Brandplet«, umgeben von einer sternförmigen Steinlegung. Rechts sieht man Teile eines Versuchs, den eigenartigen Bestattungsbrauch von Mandhøj zu rekonstruieren. Im »Totenhaus«, der Reisigpyramide, hat sich der Tote nach der Verbrennung für die lange Reise ins nächste Dasein ausruhen können. Zuletzt wurde auch das Holzhaus verbrannt und mit einem niedrigen Hügel zugeworfen.

Die Bauernburgen der Eisenzeit

Die *Eisenzeit* beginnt um 400 v.u.Z. und geht in die Wikingerzeit über (800-1050 u.Z.), die halbwegs ein historischer Zeitraum ist. In diesen 1200 Jahren war die Eisenzeit von entscheidender Bedeutung für das Kulturmuster bis in die Gegenwart.

Wie aus der Verbreitung der Funde hervorgeht, waren wesentliche Teile der Insel besiedelt, und nur felsenreiche und unfruchtbare Gebiete lagen öde. Wenn feindliche Überfälle drohten, verzogen sich die Leute landeinwärts, wo es zum Teil Wald gab. Große, mit Wällen befestigte Höhenzüge waren als kurzfristiges Versteck und als Schutz nützlich. Es ist charakteristisch, daß nur eine dieser *Bauernburgen - Gamleborg* in den Paradisbakker - eine natürliche Wasserzisterne besaß. Die Ringburg auf *Rispebjerg* in Poulsker ist nur ein halbkreisförmiger Wall, *Storeborg* in Rø ein notdürftig abgeschirmter Felsenblock; vermutlich hat man eher mit raschen Kämpfen als mit einer langandauernden Belagerung gerechnet. Auf diesen Fluchtburgen konnten die Bewohner der Insel ihre Werte, u.a. die Haustiere, vor den Feinden in Sicherheit bringen, und man hat vermutlich schon damals Signalfeuer gehabt, denn Überfälle ließen sich am leichtesten bei Nacht durchführen.

Die Bautasteine

Ansonsten hat die Bevölkerung der Eisenzeit an sichtbaren Spuren nur einige charakteristische Grabanlagen, *Bautasteine,* schwere Steine über *Brandgräbern,* und eine merkwürdige strahlenförmige Steinsetzung in *Stammershalle* hinterlassen, die von einem kleinen Steinkreis mit einem Bautastein in der Mitte ausgeht. Auch dieser Bautastein ist über einem Brandgrab gesetzt. Einige wenige niedrige Steinhügel *(Røser)* oder Erdhügel stammen aus einer älteren Periode der Eisenzeit *(Mandhøj* in Ibsker, *Bø-*

gebjerg in Østerlars und *Slusegård* in Pedersker). Ansonsten sind die vielen Tausende von Gräbern aus der Eisenzeit zumeist Brandgräber, unter flachem Feld gegraben und lassen sich an der Oberfläche nicht mehr erkennen. Auch wenn sie einmal mit einem Stein oder mit einem Holzpfosten gekennzeichnet waren, so sind davon nur selten Spuren übrig.

Das Totenhaus auf Mandhøj

Spuren eines eigentümlichen Bestattungsbrauchs aus der *römischen Eisenzeit* wurden unter einigen der niedrigen Grabhügel auf *Mandhøj* in Ibsker gefunden. Zuunterst in der Mitte lagen Reste des Leichenbrandes sowie einige kleine Stücke. Außen herum hatte man einen Kreis aus Steinen gelegt und danach ein zeltähnliches Haus aus Holz errichtet, das einige Zeit gestanden hat, bevor es angezündet und alles mit Erde bedeckt wurde. Mit diesem Verfahren - das sicher weiter verbreitet gewesen ist - hat man den Toten beschützen wollen. Vermutlich hat man den Verstorbenen nach der Bestattung Opfer dargebracht, vor allem in der Zeit unmittelbar nach dem Todesfall, denn man glaubte wohl, daß die Toten noch existierten, nur auf eine andere Weise.

»Brandpletter« und Bootsgräber

Auf dem Gräberfeld von *Slusegård,* das aus der Mitte der Eisenzeit stammt, hat man Steinsetzungen mit einem Eingang gefunden, die einem Hausgrundriß ähneln. In einem Tongefäß oder einer Grube lagen verbrannte Knochen von Schafen. Auch sie scheinen auf eine Art Kultplatz hinzudeuten. Weiterhin fand man hier stellenweise über weite Strecken Reste der eigentlichen Leichenscheiterhaufen. Zersplitterte Knochen und Bruchstücke von Grabbeigaben zeigen, daß man die Toten hier draußen verbrannt hat. Nach dem Erlöschen des Feuers wurden Knochen und Reste der Ausstattung eingesammelt und zusammen mit der Holzkohle in eine Grube in der Nähe getan. Diese einfache und sehr verbreitete Bestattungsform aus der Eisenzeit Bornholms wird *Brandplet* (Brandfleck) genannt, könnte jedoch besser *Brandgrube* heißen. Etwas über den Resten des Leichenbrandes sieht man häufig einen großen Stein.

Etwa zu Beginn unserer Zeitrechnung wurde auch die Bestattung unverbrannter Leichen üblich. Diese Bestattungsart ist deshalb von besonderer Bedeutung, weil durch sie Dinge erhalten blieben, die sonst vom Feuer vernichtet wurden. So hat man in den tiefangelegten Skelettgräbern Abdrücke von Schachteln aus Rinde, gedrechselte Holzgefäße, Kleidung und, vor allen Dingen, Teile von Booten gefunden. Die letztgenannten sind - wenn man die Steinschiffe nicht mitzählt - die bislang ältesten Bootsgräber, die man kennt. Obgleich einige Boote als Bruchstücke mit dem Kiel nach oben ins Grab gelegt wurden, gibt es andere, die vollständig mit der Leiche in der Mitte und mit dem Kiel nach unten sorgsam versenkt und an der Reling mit Steinen abgestützt wurden.

Das Kulturbild der Grabfunde

Die Funde aus den Gräbern zeigen gutes Handwerk. Häufig handelt es sich um übliche Gebrauchsgegenstände wie Tongefäße und Messer, manchmal um Waffen und Schmuck. Wenn man die Ausstattungen miteinander vergleicht, erkennt man die Unterschiede an Reichtum und damit wohl auch sozialem Ansehen. Die reichsten *Männergräber* enthalten Schwerter (gegen Ende dieser Periode zweischneidig und einschneidig), Speerspitzen (im mittleren Zeitabschnitt kommen gefährliche Typen mit Widerhaken neben lanzettförmigen Blättern vor), Schildbuckel zum Schutz der Hand, die das Holzschild hielt. Seltener sind Pfeilspitzen und Äxte, die vermutlich sowohl zur Jagd als auch zur handwerklichen Arbeit verwendet wurden. Für diese Waffen brauchte man eine Menge Eisen, und da es den Anschein hat, daß

die meisten Ausstattungsgegenstände auf Bornholm hergestellt worden sind, wo Raseneisenerz nicht vorhanden ist, muß es einen bedeutenden Import von Metall gegeben haben, schätzungsweise einige Tonnen pro Jahr.

Reiche *Frauengräber* seit und mit Beginn unserer Zeitrechnung enhalten Perlen aus Glas, einige mit buntem Mosaik, oder silberne Halsreifen, einige außerdem ein Haarband. Die Kleidung wurde mit Broschen aus Bronze oder Silber zusammengehalten, von denen zwei das Kleid über den Schultern zusammenfaßten. Der Wechsel der Moden zeichnet sich in der Form der Schmuckstücke ab. Hübsch sind die Formen der *Römerzeit* (etwa 0-400 u.Z.). Einige der jüngsten Formen sind mit vergoldetem geglättetem Silberblech verziert und haben Einlagen von Halbedelsteinen oder Glas. Der Zeitraum von etwa 400 bis 800 wird durch eine interessante Stilkunst mit Ornamenten in Tierform gekennzeichnet. Die Tiere können sich drehen und winden, denn ihre Körper haben die Form eines Bandes. Charakteristisch sind die eleganten ovalen Broschen mit auf den Seiten gezeichneten Doppeltieren und naturalistische Broschen in Tierform. Vor allem letztere haben für die eigentümliche Kunst der Vikingerzeit offenbar eine Rolle gespielt.

Zur Ausstattung der Frauen gehörte - wie bei den Männern - das Messer. Die Vornehmsten - sowohl Männer als auch Frauen, offenbar waren sie gleichgestellt - schmückten sich mit goldenen Ringen. Voraussetzung für ausländisches Kunsthandwerk wie Glasbecher, Bronzegefäße, Siebe und Kellen aus Bronze, Münzen aus Silber oder Gold, war ein lebhafter Handel, der nach einigen Jahrhunderten Stillstand im Jahrhundert vor unserer Zeitrechnung beginnt.

Die bornholmische Landschaft wird von unzähligen Hügeln aus der Vorzeit mit oft monumentalem Baumwuchs geprägt, hier Baunehøj in Pedersker. Rechts: Die Ostmauer der Burgruine Gamleborg in den Paradisbakker, eine sogenannte »Bygdeborg« (»Siedlungsburg«), der Zufluchtsort der gesamten Umgebung bei feindlichen Überfällen. Die verbrannten Gebeine der Toten wurden in einer Art Haus-Urne (oben) gelegt. Seltsamerweise befindet sich ihre Öffnung oben, wie bei einem Vogelbauer. Vielleicht war man der Meinung, die Seele des Verstorbenen hätte Flügel.

Das Slusegårdboot

Die Boote, die eine solche Verbindung herstellten, waren in den Gräbern von *Slusegård* zu finden. Das Besondere an der Konstruktion dieser Boote ist, daß die Borde (eins oder zwei) nicht genagelt, sondern zusammengenäht sind. Sie hatten keinen Kiel, sondern ihr Unterteil bestand aus einem dünnen ausgehöhlten Baumstamm, den man sicher hat spannen können, so daß er so breit wie möglich wurde. Dieses leichte Boot, das zusammengenäht war und schmale Spanten besaß, war elastisch. Dadurch konnte es sich auf dem Meer gehaupten, im Gegensatz zu einem Boot, das aus einem ausgehöhlten Baumstamm besteht und daher schwer und bei Seegang unbeweglich ist und sich leicht mit Wasser füllt. Es wurde gerudert, manchmal wohl eine harte Arbeit, und die Fahrt über die Ostsee hatte durchaus ihre Risiken. Doch die Bornholmer müssen schon damals geschickte Leute gewesen sein, wenn sie Fischfang betrieben und große Fahrten unternommen haben.

Das Eisenzeithaus

Vor allem durch Ausgrabungen in Ibsker, auf *Sorte Muld* und *Dalshøj,* weiß man über die Wohnung der Eisenzeit gut Bescheid. Die Wände waren aus Holz oder Lehm und wurden von senkrechten Pfosten gehalten, die aus gespaltenen Baumstämmen bestanden. Dazwischen verlief ein dichtes Geflecht aus waagerechten Weidenruten. Auf dieses Flechtwerk wurde von beiden Seiten Lehm geklatscht, und als einige dieser Häuser in Flammen aufgingen, wurde der Lehm gebrannt und hinterließ einen deutlichen Abdruck von der inneren Holzkonstruktion. Das Satteldach war vermutlich sehr leicht. Dennoch konnte es nicht von den Wandpfosten allein getragen werden, sondern es gab zwei Reihen von inneren Pfosten, zuoberst mit Querbalken verbunden, über denen zwei Längsfirste angebracht waren, auf denen das Hauptgewicht des Daches ruhte.

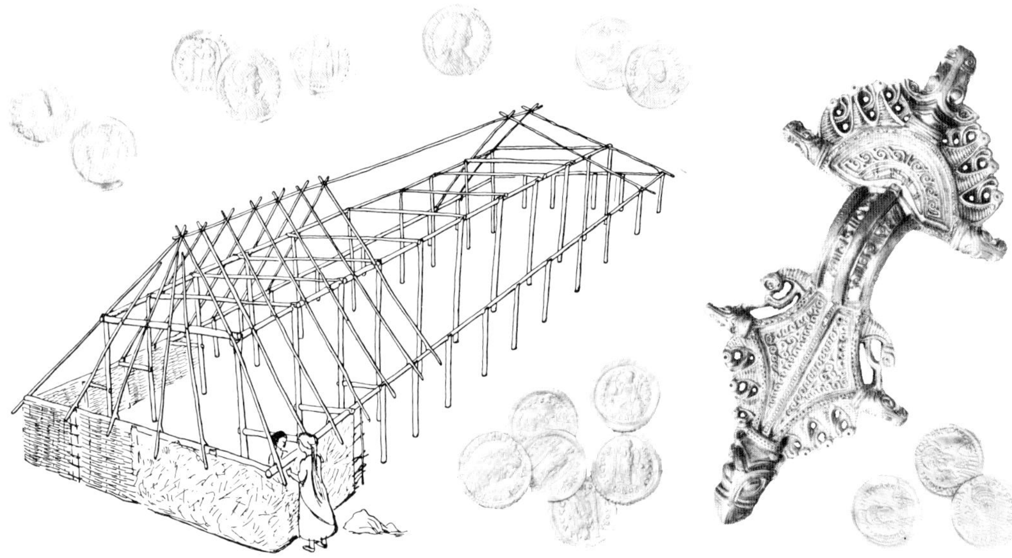

Anhand von Pfostenlöchern hat man die wichtigen Hausfunde aus der Zeit der Völkerwanderung rekonstruieren können (Zeichnung). Dalshøj enthielt auch einen Schatz, den ein Großbauer vergessen hatte, darunter 17 Goldmünzen und eine vergoldete Silberbrosche. Zu den spezielleren Goldfunden Bornholms aus der Zeit der Völkerwanderung gehören die sogenannten »Guldgubber«, Gold-Greise (oben), kleine Amulette mit männlichen und weiblichen Figuren, die häufig einen Stab tragen - vielleicht Unholde.

Als Thronfolgerin nahm Königin Margrethe, eine eifrige Amateurarchäologin, bei mehreren Gelegenheiten an den großangelegten Ausgrabungsarbeiten des Nationalmuseums in den Strandhügeln bei Slusegård teil. Rechts: Die südliche Toröffnung von Gamleborg in Almindingen. Die Reste einer Feldsteinmauer mit Mörtel verraten, daß die hochgelegene Fluchtburg erst zu Beginn des Mittelalters ausgedient hatte.

Der Grundriß der Häuser war in der Regel rechteckig. Sie hatten einen Eingang an der Seite und boten Menschen wie Haustieren Platz. Der offene Herd befand sich auf dem Fußboden, und wenn die Tür geschlossen war, zog der Rauch durch ein Loch im Dach ab. Im entgegengesetzten Ende des Hauses waren Verschläge für die Tiere eingerichtet, und wenn es kalt war, haben die Menschen die Wärme der Tiere geradezu ausgenutzt.

Zu einem späteren Zeitpunkt dieser Periode kommen zwei *zusammengebaute Häuser* vor, eine Bauart, die man auch auf Öland und südlich der Ostsee kennt.

Eingehegte Felder und zahlreiche Haustiere

Außerhalb der Höfe, die wohl vereinzelt gelegen haben wie in unseren Tagen, befanden sich Äcker und Weiden. Man hat in den abgebrannten Höfen verkohltes Getreide gefunden (das vermutlich auf Bodenbrettern lag), zumeist Gerste, aber auch Roggen, Weizen und Hafer und eine Menge Unkrautsamen, die man hin und wieder in das Essen mischte, damit es ausreichte; man kochte Grütze und buk Brot. Zahlreiche Knochen von Haustieren - von Pferden, Ochsen, Schweinen, Schafen, Hühnern und Hunden - zeigen, daß es Helfer im Alltag gegeben hat. Diese Knochen waren bis aufs Mark gespalten und sind ein Beweis dafür, daß Fleisch für die Ernährung eine große Rolle spielte. Dagegen fehlen Spuren von jagdbaren Tieren, abgesehjen von einem Fuchs, den man vermutlich gefangen hielt; seine Zähne zeigen, daß er einige Jahre lang zivilisierte Nahrung zu sich genommen hat. Fischknochen lassen erkennen, daß Fischerei oder zumindest ihre Resultate im bäuerlichen Milieu geschätzt waren.

In einer Grube auf *Sorte Muld* wurde Schädel und Fußknochen eines Pferdes entdeckt. Vermutlich handelt es sich um ein kultisches Zeugnis. Es ist ziemlich sicher, daß die Knochen ursprünglich direkt mit der Haut des

Schmuck von Bøgebjerg, jüngere römische Eisenzeit.

Pferdes verbunden gewesen sind und das Ganze an einer Stange oder ähnlichem aufgehängt war. Weiterhin ist an den Knochen aus dieser Grube auffällig, daß sie nicht wie alle übrigen Knochenfunde des Wohnplatzes von Hunden abgenagt waren.

Während die ursprünglichen Äcker um die Höfe *Sorte Muld* und *Dalshøj* unter den Pflug gekommen sind, blieben in waldbewachsenen Gebieten eine Anzahl kleiner Felder aus der frühen Eisenzeit (und sicher der späten Bronzezeit) erhalten. Sie sind von niedrigen Wällen aus Erde und zusammengeworfenen Steinen umgeben und bilden mehr oder weniger regelmäßige Vierecke. Deutlich sieht man sie in *Fynegårdsskoven* und in *Blemmelyng* unmittelbar östlich von Rønne und bei *Bøgebjerg* in Østerlars. Sie lohnen einen Besuch, denn innerhalb dieser deutlichen Einteilungen ist eine primitive Art von Landwirtschaft wahrzunehmen, in der sich bereits zu damaliger Zeit ein privates Eigentumsrecht andeutet.

Zeugnisse aus der Wikingerzeit

Aus der *Wikingerzeit* sind mehrere bemerkenswerte Denkmäler erhalten. *Gamleborg* in Almindingen ist Bornholms größte *Fluchtburg,* angelegt in der Wikingerzeit mit einem großen Wall und zwei Eingängen (im Norden und Süden). Im älteren Mittelalter, vermutlich zur gleichen Zeit wie der Kirchenbau, wurde eine Steinmauer mit Mörtel errichtet. In Verbindung mit ihr legte man auch einen neuen Eingang im Südwesten an, während der ursprüngliche im Süden zugemauert wurde. Diese Festungsanlage wurde jedoch nicht fertiggestellt, sondern offenbar von der nahegelegenen *Lilleborg* abgelöst.

Bestattungssitten

Auf *Bøgebjerg* in Østerlars befinden sich eine Reihe von schweren *Steinkisten,* die in der Wikingerzeit der Bestattung gedient haben. Neben der einen sieht man einige große *Bautasteine.* Die Toten wurden unverbrannt in die Kiste gelegt, die vermutlich über die Erdoberfläche aufgeragt hat. Der stimmungsvolle Charakter des Ortes bewahrt den Eindruck der ursprünglichen Landschaft.

Ansonsten war die Leichenverbrennung noch bis zum Ende des Altertums üblich, dann aber veränderte das Christentum die Bestattungssitten und forderte die Bestattung unverbrannter Leichen ohne Beigaben. Damit verschwindet ein Material, das bis jetzt für den Archäologen von großer Bedeutung gewesen ist.

Runensteine

Die Bautasteine, die zumindest auf Bøgebjerg Gräber bezeichnet haben, wurden von regelrechten Grabsteinen mit Runeninschriften abgelöst. Diese *Runensteine* überliefern die Namen und die Sprache jener Zeit, ein Altdänisch, das die Verbindung zu Schonen und dem westlichen Dänemark verrät. Namen wie Thorfast, Troels, Bove, Thorsten, Gudmund, Sven, Sasser, Gudke, Bøse, Asvalde, Alver, Skoge, Thykil, Økil, Sibbe, Tue, Asgot, Gunild, Øde, Ødger, Thorlak, Ølak, Kæld sind ein bunter Querschnitt der Männer- und Frauennamen, die auf den Runensteinen zu lesen sind. Ihre Lektüre läßt das Verwandte wie das Ferne in der Zeit auf einmal empfinden.

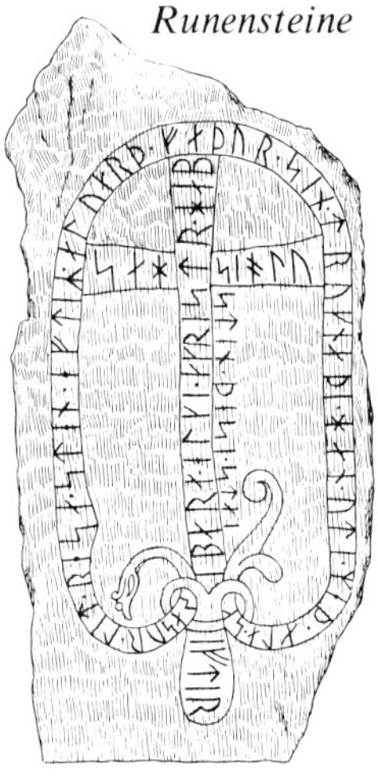

Die Inschriften selber sind wortkarg. Zumeist sind es Worte des Gedenkens und christliche Wünsche: der Seele möge durchs Fegefeuer geholfen werden. Es gibt aber auch Zeugnisse für die gesellschaftliche Stellung der Verstorbenen. Thorsten wird ein wohlgeborener *Thegn* (sicher ein hervorragender Gefolgsmann) genannt. Vom Risiko der Schiffahrt zeugt der eine der beiden schönen Runensteine in der *Nylars-Rundkirche:* »Sasser ließ den Stein errichten für Alvard (Halvard); er ertrank draußen mit der gesamten Schiffsmannschaft«. Von den Bedingungen des Krieges wird auf dem zwei-

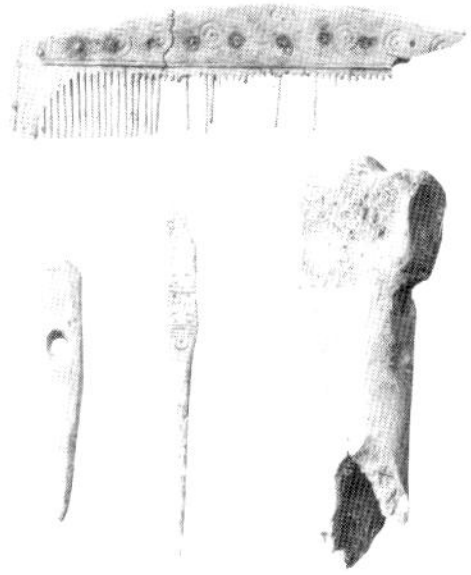

Knochenkamm von Sorte Muld, schwere Nadel und Ahle sowie Rest eines Schlittschuhs aus Knochen.

ten, niedrigen und breiten Stein von Nylars erzählt: »Kåbe-Sven errichtete diesen Stein für seinen Sohn Bøse, einen (wohlgeborenen) Krieger, der im Kampf bei Udlænge (vermutlich eine Insel an der Südostspitze von Blekinge) erschlagen wurde«.

Der merkwürdigste der insgesamt etwa 40 bornholmischen Runensteine ist jedoch der 2,8 m hohe Stein (1100-1150), der in der Mauer der alten *Vestermarie-Kirche* gefunden wurde und die Inschrift trägt: »Asvalde, ein wohlgeborener Krieger, errichtete diesen Stein für seinen Bruder Alver. Træbene-Sønne schlug (die Inschrift). Skoge ließ den Unschuldigen im Stich«, oder: »Asvalde, ein wohlgeborener Krieger, errichtete diesen Stein für Alver, seinen Bruder; der gute Krieger, schändlich getötet, Skoge aber ließ den Unschuldigen im Stich«. Diese eigenartige Inschrift war Anlaß für mehrere Deutungen. Aus ihren dunklen, jedoch phantasieerregenden Worten über einen Krieger des Altertums tönt ein letzter Schlachtenlärm aus Bornholms ersten dramatischen Jahrhunderten.

ARCHÄOLOGISCHER WEGWEISER

Bornholms Museum in Rønne mit wichtigen archäologischen und historischen Sammlungen. Aus der älteren Steinzeit Elchgeweihbeil, Knochenspitze und Feuersteingeräte, aus der jüngeren Steinzeit Depots von Feuersteinbeilen, Funde aus Ganggräbern, ein ungewöhnlich schöner Dolchzeitfund von *Blæsbjerghøjen* in Østermarie mit hervorragenden Kopien des Feuersteinhandwerkers von den ersten Metallwaffen, Waffen, Schmuck und Tongefäße aus der Bronze- und Eisenzeit, Modell eines Eisenzeithauses von dem Wohnplatz *Sorte Muld* in Ibsker.

Tillehøje, schöne Hügelgruppe aus der älteren Bronzezeit im Wald umittelbar südlich der *Blykobbeå* und der Abzweigung nach *Skovly* von der Landstraße Rønne-Hasle. 1824 untersuchte Prinz Christian (VIII.) den einen Hügel. Eine Sage aus alter Zeit erzählt von einer schwarzen Katze, die in einem der Hügel wohnte. Das war ein

Die bornholmischen Runensteine stammen aus einer Zeit, als diese Sitte im übrigen Dänemark fast aus dem Gebrauch gekommen war. Sie tragen daher häufig christliche Inschriften, der eine der sogenannten Seemannssteine in der Rundkirche Nylars zugleich ein Kreuz (Zeichnung), das älteste erhaltene christliche Zeichen auf Bornholm. Der ahnsehnlichste, der über 3 m hohe Brogårdssten, trägt nur eine Erinnerungsrune. Die prächtigsten Helleristninger sind auf Madsebakke zwischen Allinge und Sandvig zu finden.

Troll, der sich verwandelt hatte und die Leute auf dem Nachbarhof besuchte, er wurde jedoch überlistet und kehrte zurück.

Brogårdstenen, der stattlichste der bornholmischen Runensteine, gefunden 1868 als Deckstein in einer Brücke über der Bagå, jetzt südöstlich von Hasle im Dreieck zwischen der Straße Rønne-Hasle und der Straße von Klemensker aufgestellt. Die Inschrift (etwa aus dem Jahre 1100) lautet: »Svenger ließ diesen Stein errichten für seinen Vater Toste und für seinen Bruder Alvlak und für seine Mutter und für seine Schwestern«.

Madsebakke, Felsen mit sogenannten »Helleristninger« (Felsenzeichnungen) zwischen Sandvig und Allinge. Dorthin führt ein Weg (Abzweigschild) von der Küstenstraße. Die größte Helleristning-Sammlung der Insel, u.a. mit zwölf deutlichen Schiffsdarstellungen, Radkreuzen, umgeben und ausgefüllt mit schalenförmigen Gruben, mehreren Fußzeichen u. dgl. m.

Brogård-Helleristningerne, etwas nördlich von der Landstraße Allinge-Hasle, nordwestlich von Brogård. Die fünf Schiffsdarstellungen, nebeneinander in einen niedrigen Felsen gehauen, haben hohe, gebogene Steven.

Storeløkkebakken, etwas südlich von Allinge und unmittelbar östlich der Landstraße von Allinge nach Rønne: drei Schiffsdarstellungen, die eine besonders ausgezeichnet durch hohe gewundene Steven, Fußzeichen u. dgl. m.

Stammershalle, offenes Felsengelände nördlich vom Hotel Elverhøjskroen. Hier sieht man u.a. zwei Steinkreise um Steinkisten (ältere Eisenzeit), sternförmige Steinsetzung um Bautasteine (hierunter Brandgrab aus derselben Zeit), ein »Røse« (steinerner Grabhügel) aus der Bronzezeit (ausgegraben) und drei schräge Bautasteine unmittelbar am Rand des Felsens.

Gudhjem Plantage: Südlich vom *Bokul* und der Küstenstraße am kleinen idyllischen Waldsee *Gråmyr* liegt eine Gruppe niedriger Hügel, die Funde aus der älteren Eisenzeit enthielten.

Hestestenene (Pferdesteine) am Küstenweg von Gudhjem nach Salene mit einer weiten Aussicht über die Bucht. Es sind vier ansehnliche Bautasteine, vermutlich zur Erinnerung an Tote, die von der Reise nicht heimkehrten.

Bøgebjerg, Hügelzug mit Hünengräbern in unberührtem Gelände ostnordöstlich von *Risenholm* in Østerlars. Kurz vor dem 18-km-Stein an der Landstraße Rønne-Østerlars biegt man in südlicher Richtung auf die Straße nach Åløse ab. Ein paar km weiter folgt man einem kleinen Weg gegenüber Risenholm zu einem dreieckigen Parkplatz. Von dort geht man zu Fuß über die kleine Koppel in östlicher Richtung nach Bøgebjerg. Hier sind eine Reihe von schweren Steinkisten aus der Wikingerzeit erhalten, ein Erdhügel aus der älteren Eisenzeit, eine Steinsetzung und einige Bautasteine.

Hellig Kvinde (Heilige Frau) zwischen Bølshavn und Listed gleich an der Küstenstraße, der größte von zwei Bautasteinen auf einem niedrigen Steinhügel (Røse) und in ihrer Nähe eine kleine Schiffssetzung aus niedrigen, aufrechten Steinen, im Volksmund »die Kinder der Heiligen Frau« genannt. Wenn in alter Zeit hier Reisende vorüber kamen, grüßten sie diese Gruppe ehrerbietig.

Louisenlund, Bornholms größte Sammlung von Bautasteinen, 70 Steine, darunter einige bis 2,5 m hoch; die Steine sind in einem Wäldchen verstreut, von einer Steineinfriedung umgeben. An der Landstraße Østermarie-Svaneke, gleich hinter dem 25-km-Stein von Rønne, befindet sich ein Abzweigschild. Ein weiteres Schild zeigt etwas südlich von der Landstraße direkt zum Ort. Im Jahre 1851 schenkte

Die Bautasteine, hier Hellig Kvinde (Heilige Frau), sind ebenso wie die »Røser« besondere bornholmische Denkmäler, doch nur die »Røser« sind eigentliche Gräber.

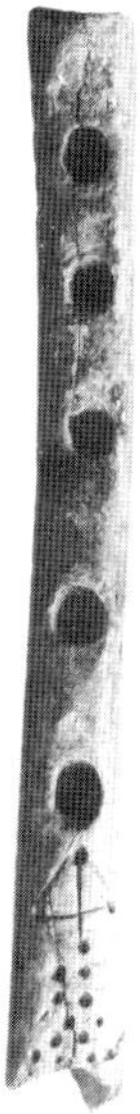

Die Flöte des Altertums war aus einem Schafsknochen geschnitzt. Diese, 15 cm lang, erklang einmal auf einem Salzwiesengelände an einer Quelle auf Hammeren, die die Menschen zu allen Zeiten aufgesucht haben.

Frederik VII. das Wäldchen *Louise Danner* - nach der es benannt ist - der Ballettänzerin und Putzmacherin, mit der er illegitim liiert war.

Gyldenså-Stein auf dem *Kirchhof von Svaneke* (an der Kirchhofmauer etwas rechts vom Haupteingang), ein Runenstein, gefunden in einer Brücke über die Gyldenså in der Nähe von Bølshavn. An jener Stelle, wo dieser Stein vermutlich ursprünglich gestanden hat (etwas südöstlich vom Fischerdorf), steht eine Art Gedenkstein. Die Inschrift lautet: »Bove ließ (den Stein) errichten für seinen guten Vater Økil. Christ helfe der Seele.«

Brohuse-Stein in der Baumgruppe an der *Gyldenså* wo diese die Landstraße Østermarie-Ibsker schneidet (westlich von der Straße). Die Runeninschrift erzählt, daß »Bove den Stein für Thykil hauen ließ«.

Frennemark etwas südlich von Svaneke; auf der Strandmark östlich der Landstraße Svaneke-Nexø, südlich vom Sportplatz, stehen drei eigentümliche Bautasteine, der eine mit seinen fast 3 m der höchste der Insel.

Hallebrøndshøj-Ganggrab bei *Frennegård*. Die Kammer wurde 1884 ausgegraben und enthielt u.a. ca. 200 Bernsteinperlen, vier beschliffene Feuersteinbeile, zwei Tongefäße und einen Schieferhängeschmuck. In den Decksteinen sind schalenförmige Vertiefungen.

Sellehøj-Ganggrab liegt auf einem Feld westlich von *Rågeskovgård* (östlich der Helleds- oder Helvedesbakker - Höllenhügel - dem östlichen Teil der Paradisbakker - Paradieshügel) und ist nur nach der Ernte zugänglich. Bei der Ausgrabung fand man Bernsteinperlen und Scherben in der Kammer und zahlreiche Tongefäße gleich vor dem Eingang.

Gamleborg (Alte Burg) am südwestlichen Ende der *Paradisbakker*, eine 187 m lange und 80 m breite Fluchtburg auf einem 21 m hohen Felsenstück, befestigt mit einem Wall und umgeben von tiefen Tälern, dem ehemaligen Borg- oder Borresø. Der Wall, der im Osten, wo man eine Partie mit schweren aufgehäuften Steinen abgedeckt sieht, am höchsten ist, hat im Westen einen doppelten Eingang. Angelegt in der älteren Eisenzeit und benutzt zur Wikingerzeit. Innerhalb der Wälle wurden Haufen von Strandsteinen gefunden, die vermutlich bei der Verteidigung gebraucht wurden.

Gryet, östlich der Straße von Gamleborg zur Bodils-Kirche, eine eigentümliche Sammlung von Bautasteinen, insgesamt 56, in einem üppigen Wäldchen. Auch auf dem nahegelegenen *Slamrebjerg*, mit weiter Aussicht über die Südostspitze Bornholms, stehen mehrere Bautasteine.

Hjortebakkerne (Hirschhügel), unmittelbar westlich von *Skovgård* an der Landstraße Nexø-Åkirkeby (Schild an der Straße), enthalten zum einen ca. 20 große Bautasteine, zum anderen einen eigentümlichen Ring aus Bautasteinen (vermutlich über einem Grab).

Egeby, östlich der Landstraße Pedersker-Østermarie, etwas südlich der Landstraße Nexø-Åkirkeby, ist ein kleines Naturschutzgebiet mit niedrigen Schiffssetzungen und Røser. Das Gebiet liegt etwas südlich von *Egebygård* und ist schwer erreichbar. In der Nähe befindet sich eine der drei erhaltenen *Bockmühlen* Bornholms.

Stensebygård, zwei Ganggräber auf bebautem Feld zu beiden Seiten der Landstraße, die in westlicher Richtung von *Store Kannikegård* nach *Pilemølle* führt. Das eine Ganggrab, *Bønnestenene* (Bohnensteine) genannt, hat Decksteine aus Sandstein. Bei Ausgrabungen wurden u.a. zahlreiche Perlen und Tongefäße gefunden.

Fandens Keglebane (Kegelbahn des Teufels), ein großer Stein mit Felszeichnungen (Helleristninger) und 17 schalenförmigen Vertiefungen in der Plantage südlich von Nexø. Man sieht ihn östlich von der Landstraße, die am Friedhof vorüberführt, etwas nördlich der Abzweigung von Sdr. Landevej.

Ringborgen (Ringburg) auf *Rispebjerg* gegenüber von Borregård in Pedersker, eine 78x47 m große Fluchtburg, begrenzt von einem 15 m hohen Hang zur Øleå und, zum ebenen Gelände, befestigt mit einem gewinkelten bis 3 m hohen Wall mit einem metertiefen Außengraben.

Hünengräber aus der Bronzezeit sind reihenweise in der Landschaft südlich von Sdr. Landevej zwischen *Baunegård-Pilegård* (südlich der Peders-Kirche) und *Tjørneby* (südöstlich der Povls-Kirche) zu sehen. Zwei von ihnen, *Alhøj*, ganz in der Nähe von Tornegård, und nordöstlich davon *Falhøj*, haben die Sagen von *Bonavedde* hervorgebracht. Bonavedde war der Sohn einer Meerjungfrau und des Besitzers von Tornegård und führte einen erfolgreichen Kampf gegen die heidnischen Trolle, die sich in diesen Hügeln aufhielten.

Vasegårdhøjen, ein langer Hügel mit einem Ganggrab und einem Großsteingrab. Im Ganggrab wurden Funde aus der Stein- und Bronzezeit gemacht (Nachbegräbnisse). Der Hügel liegt an der *Læså* etwas nördlich von Vasegård an der Landstraße von Åkirkeby in Richtung Südwesten.

Arnager-Ganggrab, etwas südlich von Sdr. Landevej (am 8-km-Stein), östlich von Arnager. Das kleine Ganggrab, das ausgegraben und restauriert wurde, enthielt u.a. Knochen von Menschen, zwei Tongefäße und 25 Bernsteinperlen. Auf der anderen Seite von Sdr. Landevej, bei *Store Myregård*, befindet sich ein runder Burgplatz mit einem Duchmesser von 38 m, und etwas weiter östlich, bei *Lille Strandbygård*, gibt es einen Stein mit interessanten Felszeichnungen, bei *Store Strandbygård* den geschützten *Troldhøj*.

Das *Lundesten-Ganggrab* befindet sich in einem kleinen Wäldchen auf bebautem Feld südlich von *Tornegård* in Nylars und ist nur nach der Ernte zugänglich. Tornegård liegt an dem Weg, der vom 10-km-Stein des Sdr. Landevej zur Landstraße Rønne-Åkirkeby führt, zwischen der Nylars-Kirche und Lobbæk. Man kann das Ganggrab jedoch auch von der Landstraße unmittelbar südlich der Nylars-

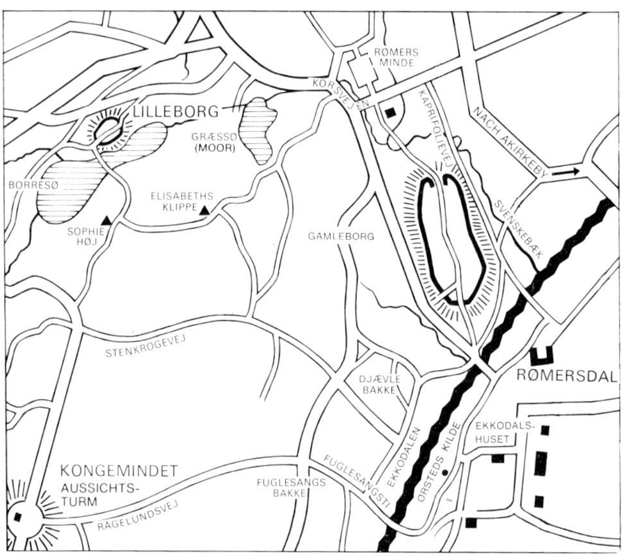

Die Karte zeigt die Lage von Lilleborg und Gamleborg in Almindingen. Rechts: Dramatische Zeichnung des Malers und Illustrators Lorenz Frølich (1820-1908): Der Tod des bornholmischen Jomswikingers Bue Digre in der Hjørungavaag-Schlacht. Sein Bruder und Kampfgefährte Sigurd Kåbe soll der Vater jenes Kåbe-Svens sein, der den einen der beiden Seemanns-Runensteine in der Rundkirche Nylars hat hauen lassen.

Kirche nach Arnager erreichen, indem man einem Feldweg und danach einem Feldrain folgt, von dem aus ein schmaler Pfad durch das bebaute Feld zu diesem Platz führt. Die große Kammer enthielt u.a. ein Tongefäß mit Ornamentik und zahlreiche Bernsteinperlen.

Bjergebakken in Vestermarie, etwas nördlich von *Skovgård* an der Landstraße Rønne-Svaneke, hat im Westen 17 Bautasteine und mehrere Røser, im Osten in der Richtung des großen Steinbruchs 6 umgestürzte und einen einzeln stehenden Bautastein. In der Nähe, am 7-km-Stein der Straße Rønne-Årsballe, liegt ein Feldstein mit zahlreichen Feldszeichnungen.

Gamleborg (Alte Burg) in *Almindingen*, die größte Fluchtburg auf Bornholm, ist auf mehreren Pfaden zugänglich, am leichtesten jedoch auf dem kleinen Gehweg, der unmittelbar westlich des Forsthauses *Rømersdal* in nördlicher Richtung über die Niederung des Ekkodals führt. Der langgestreckte Burgplatz, 264x110 m, liegt auf einem 22 m hohen Felsenplateau und war zur Wikingerzeit mit einer Verschanzung, einem Erdwall, umgeben, der sich nach Norden zu, wo die Landschaft eben ist, besonders groß und imponierend ausnimmt. Im frühen Mittelalter wurde der Wall durch eine Ringmauer verstärkt, die jedoch nur an der West- und Südseite vollendet wurde. Wo der Burgplatz im Norden und Süden endet, befinden sich zwei Toröffnungen, und innerhalb des wallbeschützten Gebietes gibt es zwei Wasserreservoire, Zisternen, die Menschen und Tieren Erfrischung gespendet haben, wenn sie hier Zuflucht vor feindlichen Strandräubern suchten, jedoch vermutlich immer nur für kurze Zeit. Mögliche Gebäude, in solchem Fall aus Holz, sind spurlos verschwunden.

Ørnestenen, nördlich von Sdr. Landevej auf der Strecke zwischen *Onsbæk* und dem *Flugplatz Rønne*, ein Bautastein. In der Nähe, etwas tiefer im Wald, befindet sich ein Stein mit Felszeichnungen.

GESCHICHTE

900-1100. Die Wikinger werden Christen

Bornholms Eintritt in die Geschichte vollzieht sich kurz und bündig, als kurz vor dem Jahre 900 der englische Entdeckungsreisende *Wulfstan* aus der Ostsee nach Hause berichtet: »Wir hatten Burgunda-Land backbord, und dieses hat seinen eigenen König.«

Was für einen König? Welche der Funde und Fluchtburgen aus der Wikingerzeit haben ihm gehört? Wie lange hat dieses selbständige Königtum auf Bornholm existiert? Darüber weiß man nichts. In den folgenden 200 Jahren tritt Bornholm in den Hintergrund - ein historisches Entwicklungsland trotz seines archäologischen Reichtums - bis der Historiker *Adam von Bremen* um 1075 mitteilt, »*Hulmus* sei nun für jene Heiden, die nach Rußland segeln, Dänemarks bekanntester Hafen«. Im Laufe dieser Zeit war Dänemark zu einem Reich geeinigt worden, und auf diese Art müssen also auch die Bornholmer Dänen geworden sein.

Die bornholmischen Jomswikinger

Einige von ihnen waren bereits berühmt und hatten einen Ruf, der in merkwürdiger Weise der Nachwelt auf Island überliefert worden ist. In der *Jomsvikingesaga* wird von den Söhnen des bornholmischen Jarls *Veset, Bue Digre* und *Sigurd Kåbe,* seinem Neffen *Vagn Aagesen* und Bue Digres Sohn *Svend* und ihrer Teilnahme an der Schlacht gegen Hakon Jarl in Hjørungavaag berichtet. Als der Kämpe Bue Digre durch einen Hieb Kinn und Unterkiefer verlor, welche aufs Deck fielen, während die Zähne ihm aus dem Mund sprangen, sprach er: »Wenig wird es die dänischen Jungfrauen auf Bornholm nun nach meinen Küssen gelüsten«, ergriff seine Goldkisten und schwang sich über Bord. Als letzter blieb Aagesen übrig und räumte allein ein norwegisches Schiff aus, bevor er überwältigt wurde.

Die Gefangenen sollten einer nach dem anderen geköpft werden. Nach den ersten zehn kam die Reihe an einen jungen Mann, der langes Haar besaß, gelb wie Seide; er sagte: »Meine schönste Zeit ist nun vorüber, und wenig lockt mich das Leben, da solche Männer nun tot sind.« Ein norwegischer Gefolgsmann wickelte sich seine Haare um die Hände und wollte seinen Nacken unter das Beil halten; doch als der Wiking das Zischen hörte, zog er mit einem Ruck seinen Kopf zurück, und das Beil schnitt statt dessen dem Gefolgsmann beide Hände ab.

Da ging Erik, der Sohn Hakon Jarls, auf den Wiking zu und fragte nach seinem Namen. »Svend ist mein Name«, sagte der, »und mein Vater war Bue Digre, Sohn des Veset von Bornholm, und ich bin Däne von Herkunft.« »Wie alt bist du?« fragte Erik. »Falls ich diesen Winter überlebe«, antwortete jener, »dann werde ich 18 Jahre alt.« »Du sollst den Winter überleben«, sagte Erik und nahm ihn in Frieden unter seinen Männern auf.

Der nächste war Vagn Aagesen, groß und stolz und äußerst schneidig, der erklärte, das Sterben mache ihm nichts aus, ihn ärgere nur, daß er sein Versprechen vom Trinkgelage vor dem Kampf nicht habe erfüllen können, nämlich Thorkel Leira zu töten und mit seiner Tochter Ingeborg ins Bett zu gehen. Thorkel Leira war einer der norwegischen Großen, die anwesend waren. Er sprang vor, um Vagn zu töten, der aber erhielt von einem der anderen Wikinger einen Stoß, so daß der mörderische Hieb statt dessen seine Fesseln löste, und Vagn Aagesen tötete Thorkel Leira.

Auch diese spaßhafte Tat gefiel den Norwegern so gut, daß sie Vagn Frieden anboten; er wollte ihn jedoch nur annehmen, wenn auch die restlichen Jomswikinger freigegeben würden, deshalb mußte Hakon Jarl sie alle 60 gehen lassen, und so retteten die Bornholmer ihren Kameraden das Leben.

Und Ingeborg?

Natürlich begab sich Vagn über Vigen zu ihrer Wohnung und ging noch am selben Abend mit ihr ins Bett.

Blut-Egil

Ein anderer bornholmischer Jarl, erwähnt in der *Knytlingesaga,* war *Egil Regnarsen.* Er zog sich den Zorn des dänischen Königs *Knud des Heiligen* zu, indem er weiterhin jeden Sommer Wikingzüge unternahm, obwohl der König dieses unchristliche Verhalten verurteilte. Und obwohl der König die Mittel seines Hauptmanns einschränkte, hielt sich dieser viele Männer und einen großen Saal, in dem sie jeden Abend bis Mitternacht tranken. Die Mittel für sein fürstliches Leben verschaffte er sich dann durch weitere Wikingzüge an den Küsten der Ostsee.

Auf einem dieser Züge gegen die Wenden labte sich Egil Regnarsen am Bilgenwasser des Schiffes, das mittlerweile aus ebenso viel Blut wie Wasser bestand. Seitdem wurde er *Blut-Egil* genannt. Dies deutete eine Verbindung zum Heidentum an. Egil verteidigte sich zwar: Er habe so einen furchtbaren Durst bekommen, und während des Kampfes seien alle Wasserfässer zerschlagen worden - doch man gab ihm Bescheid, er sollte seine Sünde den Priestern beichten. Diese Beichte zögerte er endlos hinaus. Als ein reiches norwegisches Schiff in der Ostsee verschwunden war und Beweise für einen Brand gefunden wurden, fand der König schließlich einen Anlaß, Egil der Seeräuberei anzuklagen und ihn nach Recht und Gesetz am höchsten Baum aufhängen zu lassen, der auf Bornholm aufzutreiben war.

Ende des Heidentums

Mit dem starrköpfigen Jarl verschwand auch Bornholms Selbständigkeit auf immer, und bald sollte der Einzug des Christentums das Ende einer tausendjährigen Kultur mit sich bringen, die uns nur in Andeutungen oder Umschreibungen überliefert ist: Sagen, Ortsnamen wie Gudhjem u.a., Bautasteine, Grabfunde, heilige Quellen u.dgl.m. Keine schriftliche Darstellung kann Klarheit über die ganze eigenartige Religion und Lebenshaltung geben, die das Bornholm des Heidentums geprägt hat. Die Sagen aber, wie unhistorisch sie auch sind, haben ihren Ursprung mit Sicherheit in einer Zeit heftiger Kämpfe um die Einführung des Christentums auf Bornholm.

Das Verdienst der Christianisierung wird Bischof *Egin* aus Dalby in Schonen zugeschrieben, einem buchgelehrten und frommen Mann, dessen gesamtes Streben, *Adam von Bremen* zufolge, darauf abzielte, die Heiden zu bekehren, darunter die Barbaren auf Bornholm. Egin zog selber zu diesen Stämmen, und als er vor ihnen predigte, brachen die Leute in Tränen aus und legten eine solche Reue an den Tag, daß sie augenblicklich ihre Götzenbilder zerschlugen und darum wetteiferten, die Taufe zu empfangen. Ihre Schätze und all ihren Besitz legten sie dem Bischof zu Füßen, der aber die Annahme verweigerte. Statt dessen lehrte er die Bornholmer, ihre Reichtümer dafür zu verwenden, Kirchen zu bauen, Notleidende zu unterstützen und die zahlreichen Gefangenen freizukaufen, die in dieser Gegend als Sklaven dienten.

Auch dieser Bericht erscheint, verglichen mit dem Eindruck, den die Sagas von den bornholmischen Wikingern geben, nicht sonderlich historisch. Alles spricht dafür, daß das Christentum auf der Insel längst Fuß gefaßt hatte, als Egin sie um 1060 besuchte. Der Bischof hat sich eher, still und berechnend, mit Nachdruck für den weltlichen Einfluß der Kirche eingesetzt, der Bornholm, als die Insel des Erzbischofs, dann während des gesamten Mittelalters prägen sollte. Die fruchtbare, günstig gelegene und reiche Insel wurde zum Spielball zwischen Fürsten, Kirchenherren und Staaten. Die Bornholmer selbst wurden nie gefragt, und die Insel hat jahrhundertelang, ja bis in die Gegenwart hinein, unter den Launen und der Machtgier der wechselnden Herren geseufzt. Der Wikingergeist aus den Sagas wurde beschnitten, doch nie ganz gebrochen - wie es das Jahr 1658 bezeugt.

1100-1321. Erzbischöfe gegen Könige

Die Nachfolger des frommen Bischofs Egin, die Erzbischöfe von Lund, hatten andere und irdischere Ideale, als Barbaren zu bekehren und Notleidenden zu helfen. Sie errichteten die prachtvollen Steinkirchen - 15 auf Bornholm - mit Hilfe der Opferbereitschaft und der Unterwerfung der Bevölkerung. Gleichzeitig bauten sie selbst einen Staat im Staate auf, der mehrere Jahrhunderte lang die Königsmacht direkt bedrohte. In den unvermeidlichen Konflikten wurde Bornholm rasch ein wichtiges Steinchen.

Lilleborg und Hammershus

Päpstliche Archive berichten, daß 1259 die Burg des Königs auf Bornholm gestürmt und zerstört und die 200 Mann Besatzung niedergemacht wurden. Dies tat »der wohlgeborene Herr« *Jaromir,* Fürst über Rügen, während eines Feldzugs, den er später nach Kopenhagen fortsetzte, um auch diese Stadt einzunehmen. Der Erzbischof in Lund, *Jakob Erlandsen,* stand dahinter, und der Papst setzte ihn aus diesem Anlaß ab. Jene Burg muß *Lilleborg* gewesen sein, die damit ihre kurze Karriere als »Bornholms Burg« beendete und seitdem eine ehrwürdige Ruine im Großwald der Insel, Almindingen, ist. Sie muß etwa gleichzeitig mit den Kirchen, um 1200, als Ersatz für die nahegelegene, vielleicht in der Wikingerzeit ausgebesserte Fluchtburg *Gamleborg* gebaut worden sein, die vermutlich nicht mehr den Anforderungen der Zeit entsprochen hatte. Doch etwa zur selben Zeit, da Lilleborg unterging, hatte der Erzbischof eine noch stärkere und größere Burg an der Nordspitze der Insel errichten lassen, *Hammershus*, deren Schicksal vier Jahrhunderte lang gleichbedeutend mit der Geschichte Bornholms sein sollte.

Die Streitigkeiten zwischen Königen und Erzbischöfen tobten weiter, und Hammershus war in den Händen bald der einen, bald der anderen Partei. Trotz wechselnden Kriegsglücks hatten die Bischöfe die Insel ständig im Griff, und durch den Vergleich mit *Erik Klipping* 1267 erhielt das Erzbistum drei der Amtsbezirke Bornholms, während der König den vierten, den Amtsbezirk Rønne, zur Deckung seiner Kriegskosten an den Wendenfürsten *Vitslav* verpfändete, der ihm während der Kämpfe geholfen hatte. Im Jahr darauf wurde das Pfand einem dänischen Großherrn verkauft, und als sich *Erik Menved* im Jahre 1303 gezwungen sah, dem Erzbistum in Lund den Amtsbezirk Rønne zuzusichern, konnte er es von den Erben dieses Großherrn nicht einlösen. Während der wiederaufflammenden Kämpfe zwischen Königs- und Bischofsmacht erhob sich der König einige Male zum Herrn über Hammershus und Bornholm. Im Jahre 1326 mußte jedoch der frischgebackene König *Valdemar III.*, das Mündel des Grafen Gerts des Kahlen, Hammershus an den Erzbischof *Karl den Roten* übergeben und ihm im Jahr darauf einen schonischen Amtsbezirk überlassen, um dem Erzbistum die Umkosten bei der Einlösung des Amtsbezirks Rønne zu ersetzen. Mit 1.000 Mark »neuen schonischen Geldes« kaufte dann der Erzbischof den Amtsbezirk Rønne, mußte aber versprechen, auf Verlangen die gesamte Insel dem

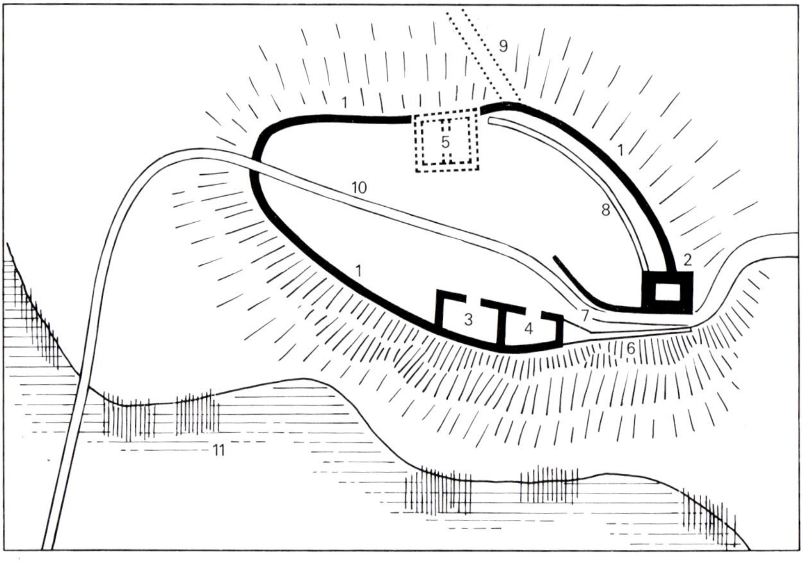

Grundriß von Lilleborg: 1) Außenmauer. 2) Hauptturm. 3) und 4) Gebäude, in denen Brandschichten mit Münzen und Hausgerät aus der Mitte des 13. Jahrhunderts gefunden wurden. 5) Schwache Überreste von Gebäuden. 6) Ablaufrinne. 7) Haupteingang (Torturm?). 8) Überreste der ursprünglichen Außenmauer und 9) von Stütz- und Deckpfeilern. 10) Gehweg zum 11) Borresø, der seinerzeit die Burg umschloß. Unter den Bodenfunden war auch das Siegel des Kanonikus von Lund, Magister Bove (links).

König zurückzugeben. Indessen blieb ganz Bornholm fast zwei Jahrhunderte lang, bis 1522, in der Macht der Kirchenfürsten.

So wie man heutzutage um Baugrundstücke handelt, so leicht also handelte man damals über die Köpfe der Bornholmer hinweg um ihre Amtsbezirke. Die Bornholmer selbst hatten genug damit zu tun, Hammershus zu einer der stärksten Festungen Nordeuropas auszubauen und ansonsten die unersättlichen Forderungen der streitenden Parteien nach Geld und Mannschaft zu erfüllen. Der Preis für den Amtsbezirk Rønne sagt einiges darüber aus, wie die Insel zu diesem Zeitpunkt ausgebeutet wurde. An der staatlichen Oberhoheit der Dänen und der kirchlichen Oberhoheit Lunds gab es jedoch nie einen Zweifel. Die Verpfändungen und »Abtretungen« bestanden in dem Recht, Steuern einzutreiben.

Der erste Treuebrief

Als einer der leichtsinnigeren Erzbischöfe 1319 sich mit schwedischen und deutschen Kreisen zu verbünden versuchte, und der mächtigste Mann des Reiches, Marschall *Ludvig Albrektsen,* aus diesem Anlaß Hammershus eingenommen und den Bischof dort verjagt hatte, wurde im Namen der Bornholmer - zum erstenmal in der Geschichte - ein offener Brief verschickt, in dem alle Einwohner des Landes »mit zum Himmel erhobenen Händen und bei unserem Glauben schwören und geloben, daß wir unserem Herrn König mit allen Mitteln fest zur Seite stehen und ihm getreulich dienen wollen, bis ihm alle Schäden und alle Ausgaben voll ersetzt worden sind, die er und seine Leute für unsere Befreiung und den Rückkauf des Landes von der Lunder Kirche gelitten und geleistet haben«. Der Marschall, der übrigens nach dem Tod des Königs die Burg selber behielt, hatte deutlich die Absicht,

---

DIE BURG DES KÖNIGS

Lilleborg - das älteste erhaltene Baudenkmal Bornholms aus dem Mittelalter - liegt auf einem ovalen, 16 m hohen Felsenstück oberhalb des Waldsees *Borresø*, dessen ältere Teile, *Pølsekedlen* (Wurstkessel) und *Knappedam* (Knappenteich) heute fast ausgetrocknet sind. Die Burg wurde als Stützpunkt für den Besitz des Königs am Amtsbezirk Rønne errichtet, als die übrigen drei Amtsbezirke der Insel im Jahre 1149 dem Erzbistum Lund übertragen worden waren. Während der großen Kirchenfehde zwischen *Jakob Erlandsen* und *Kristoffer I.* machte der Verbündete des Bischofs, Fürst *Jaromir* von Rügen, im Frühjahr 1259 die Burg dem Erdboden gleich, und seitdem ist sie eine Ruine. Der Burgplatz mißt 75x40 m. Das Hauptgebäude der Burg an der südlichen Festungsmauer zum See ist 26 m lang und 8 m breit und in zwei Abteilungen geteilt; es war ein schönes Gebäude mit Granitbögen über den Fenstern und Säulen aus poliertem Zementstein. Gefundene Glasreste deuten darauf hin, daß hier zum erstenmal in Dänemark für die Scheiben Fensterglas verwendet wurde.

DER GRUNDLOSE BORRESØ

Eine der vielen Sagen über Lilleborg berichtet, daß ein Pfarrer den Bewohnern der Burg predigte, doch sie verachteten sein Wort. Zornig ging er davon, und die Burg verschwand mit allem Leben im See. Nur ein Tisch, auf dem der Pfarrer seine Bibel hatte liegen lassen, hielt sich über Wasser. Dies ist eine deutliche Symbolik für den Untergang der weltlichen Königsmacht zugunsten der Geistlichkeit, die in den Besitz der gesamten Insel kam.

Die Sage berichtet weiter, daß der Burgsee grundlos war. Als ein paar verwegene Kerle einmal mit einer Pflugschar am Ende von 24 zusammengebundenen Ernteseilen die Tiefe messen wollten, bemerkten sie keinen Grund; doch anstelle der Pflugschar zogen sie eine Pferdestirn herauf, auf der geschrieben stand, falls sie noch einmal versuchen sollten, die Tiefe des Borresøs zu messen, würden sie selber kopfüber im See verschwinden.

Der Bornholmer Hans Rømer (1776-1836) rettete als »Holzförster« Almindingen vor dem Untergang. Zum Schutz gegen frei herumlaufendes Rindvieh baute er nahezu allein eine 9,5 km lange und 1 m hohe Steinmauer um den Wald und begann eine intensive Neubepflanzung. Die Steine beschaffte er sich, indem er die Ruinen von Lilleborg freilegte, die hier an einem Nebeltag fotografiert sind.

sich die Bezahlung seiner Kriegskosten durch die Befreiten zu sichern, was das schöne Dokument etwas verunziert. Auch später sollten den Bornholmern derartige Treuebekundungen diktiert werden, die dennoch nicht ganz falsch waren, denn tatsächlich hielten die Bornholmer an ihrem Zugehörigkeitsverhältnis zu Dänemark fest.

1321-1525. Unter dem Erzbischof

Nach dem unruhigen 13. Jahrhundert war Bornholm in den nächsten zweihundert Jahren eine ruhige, sichere dänische Insel, war jedoch dem Erzbischofssitz in Lund direkt unterstellt. Trotz dieser unsanften Herrschaft sind dies nicht so schlechte Jahre gewesen. Die *Hansestädte* dehnten ihren Einfluß im gesamten Ostseeraum aus und führten neue Regeln für Handel und Seefahrt ein. Die bornholmischen Küstenstädte begannen heranzuwachsen, *Rønne, Nexø* und *Åkirkeby* wurden im 14. Jahrhundert Städte, *Hasle* und *Svaneke* folgten. Andere kleine Küstenorte entstanden und verschwanden, z.B. *Frennehavn* bei Svaneke und *Kragkås* auf Hammerknuden, jeder mit seiner kleinen Kapelle, wie z.B. die St.-Annen-Kapelle von *Gudhjem.* Die Hansestädte errichteten in den Städten eigene Gilden und in den kleinen Kapellen eigene Altäre. Die Heringsfischerei florierte, und die Insel kam wieder zu sich.

Dies blieb natürlich nicht unbemerkt. Die Seeräuberflotten der Ostsee raubten Schiffe aus, machten regelmäßig Landgang und plünderten und brandschatzten bald den einen, bald den anderen Teil der Insel. Auch die Landpest, der *Schwarze Tod,* schlug Bornholm mit ihrer Todeshand. Doch die großen Kriegskatastrophen blieben aus, und Bornholmer wie fremde Gildenbrüder kämpften sich getreulich durch die Fügungen einer bösen Zeit und jene Hindernisse, die dadurch für Vorwärtsstreben und Emporkommen entstanden.

Nach innen wurde die Insel u.a. gestärkt durch die Errichtung der *»Freimannsinstitution«,* die von den Knappen des Erzbischofs ausging. Daraus wurde eine Art »schwarzer Adel«, eine Aristokratie, die die Verbindung zu Ackerbau, Seefahrt und Handel aufrechterhielt, deren Selbständigkeit und Schaffensdrang jedoch zunahm.

Die lübischen Fehden

Auf Bornholm ließen sich die östlichen - die pommerschen - Hansestädte nieder: *Danzig, Kolberg* und *Gripsvold (Greifswald).* In der westlichen Ostsee wuchs *Lübeck* heran und errang die Vorherrschaft, und der Druck, der von dort zu spüren war, wurde ständig größer. Bornholm lag mitten in den »lübischen Strömen«, wie es die Kaufleute nannten, doch die mächtigen Lübecker begnügten sich nicht damit, die Insel als Zwischenstation zu benutzen oder ihre Läden dort zu errichten und um eigene und die Produkte der Insel zu feilschen. Zu den Schädigungen und Übergriffen der Bischofsmacht auf Personen und Eigentum kamen nun die Belästigungen der Lübecker, und als im 16. Jahrhundert Kriegsstürme über die Ostsee jagten, sollte es Bornholm bald wieder schlimm ergehen.

Die Reichtümer der Insel verlockten zur Plünderung, und 1509 erzwang eine lübische Kriegsflotte von den Bornholmern eine riesige Kriegskontribution. Im Jahr darauf kamen die Lübecker wieder, setzten Kriegsvolk an Land und wüteten mit Schwert und Feuer. *Nexø* und *Åkirkeby* gingen in Flammen auf, und die Bevölkerung, die sich vergeblich mit der Waffe in der Hand zu wehren versucht hatte, mußte sich eine neue, drückend schwere Kriegskontribution gefallen lassen. Als die Lübecker ihr einträgliches Spiel

DIE BURG DES BISCHOFS

Hammershus - nach dem schwedischen Visby heute der größte Ruinenkomplex nördlich der Alpen - wurde vermutlich um 1255 vom Erzbischof von Lund, *Jakob Erlandsen,* zu bauen begonnen. Nach römischem Vorbild wurde zuerst der schwere, viereckige *Manteltårn* (Mantelturm) errichtet, und kurz danach folgte die ovale Mauer, die vom Manteltårn ausgeht und den inneren Burghof umschließt. Die Burg des Erzbischofs war aus Feldsteinen errichtet und läßt sich daher von den später gemauerten Partien unterscheiden. Der große Hauptturm der Burg, der knapp 17 m hohe Manteltårn, hat ursprünglich nur aus jenen drei Geschossen bestanden, von denen heute Feldsteinmauern zu sehen sind, wurde jedoch dreimal um je ein Geschoß aus Backsteinen erhöht. Außerhalb der inneren Burg begann der Erzbischof ein großartiges System von Vorburgen zu entwickeln, die der Feind eine nach der anderen das dritte Jahr versuchten, wurden sie, während ihres Plünderns, von König *Hans'* neugeschaffener dänischer Ostseeflotte vertrieben.

1522 kehrten sie zurück, brannten Hammershus nieder und brandschatzten das Umland des Schlosses. Gerade zu diesem Zeitpunkt hatte *Christian II.* die Bischofsmacht endgültig besiegt und die Insel an sich genommen, doch im Jahr darauf irrte er ratlos und landflüchtig umher, und die Lübecker, nicht faul, fischten in diesen aufgerührten Gewässern. Obwohl die Bornholmer gerade eine enorme Kriegskontribution an eine schwedische Flotte hatten entrichten müssen, preßten nun die Lübecker eine entsprechende Beute an Silber, Ochsen, Schafen und Tonnen Bier aus dem unglücklichen Land, nahmen außerdem noch die gesamte Insel in ihre Obhut und setzten einen Verwalter ein. Der konnte jedoch nicht verhindern, daß im selben Jahr eine Flotte aus Danzig vor Nexø Anker warf und sich ein »ehrliches und gutwilliges Geschenk« vom Wohlstand der Insel erpreßte.

Diese ständigen gewaltigen Kriegskontributionen verraten, wie reich Bornholm durch seine Fischerei, Schiffahrt, Handel und Landwirtschaft geworden war.

1525-1575. Die Zeit der Lübecker

Lübeck hatte *Frederik I.* zum dänischen Königsthron verholfen, und dafür mußte er bezahlen, indem er die Insel, zum großen Kummer der Bornholmer, 1525 für 50 Jahre der Stadt Lübeck zur Nutzung überließ. Freilich bewahrte sich der König die Oberhoheit und die geistliche Jurisdiktion, doch der lübische Rat, mit einem Vogt als Lehnsmann auf Hammershus, hatte das Recht auf Steuern und jene Pflichtleistungen, die außerhalb des geistlichen Bereichs lagen. Dafür sollten die Lübecker die Insel gegen Däne-

---

Gouverneur Adolph Fuchs. Nach zeitgenössischem Kupferstich.

einnehmen mußte, ehe er bis zur inneren Burg vordrang. Auf einem 74 m hohen, fast unbesteigbaren Felsenstück, an drei Seiten von tiefen Tälern begrenzt und an der vierten steil zum Meer abfallend, ist die Burg, bis zur Zeit der Kanonen, uneinnehmbar gewesen, außer - wie es ein paarmal geschehen ist - durch langandauernde Belagerung und Aushungern der Besatzung.

Die gemauerten Partien des Schlosses, die heute die dominierenden sind, wurden 1525-1575 von den Lübeckern gebaut. Dies betrifft die drei obersten Geschosse des Manteltårn, die Kirche, das viergeschossige Magazingebäude, die zahlreichen Türme in der Außenmauer und den obersten Teil der Brücke. Der große Schloßhof bildet ein schiefes Rechteck, umschlossen von einer 470 m langen Hauptringmauer, die 1,5 m dick und über 9 m hoch ist. Der Abstand zwischen den äußeren Ringmauern beträgt ca. 235 m von Süd nach Nord und ca. 135 m von West nach Ost, und die östliche Vorburg erstreckt sich ca. 80 m weiter nach Osten.

Nach der Zeit der Lübecker begann das riesige Schloß zu verfallen. Im Jahre 1645 konnte es der Belagerung nur anderthalb Tage widerstehen, und 1658, als es der schwedische Oberst *Printzensköld* in Besitz nahm, war es als Wohnung wie als Festung gleich schlecht geeignet. Es blieb jedoch noch einige Jahrzehnte lang Sitz der Verwaltung der Insel und wurde gleichzeitig als Staatsgefängnis für prominente Strafgefangene benutzt, die soweit wie möglich aus dem Wege sollten. Der ehemalige Reichshofmeister *Corfitz Ulfeldt* und *Leonora Christine*, Tochter Christians IV., waren von Juli 1660 bis Dezember 1661 jeder in seinem Stockwerk des Manteltårns eingesperrt; dieser Aufenthalt und ein vergeblicher Versuch, ihrem Quälgeist, dem rohen und zügellosen Gouverneur *Adolph Fuchs*, zu entfliehen, wurde in Leonora Christines Erinnerungen »Jammersminde« verewigt, einem der bekanntesten und beliebtesten Werke der dänischen Nationalliteratur.

marks Feinde verteidigen - solange sie es nicht gerade selber waren. Als erstes vertrieben sie rücksichtslos die Kaufleute der anderen Hansestädte aus ihrem Jagdrevier.

Das Gemetzel bei Ugleenge

Der erste lübische Vogt, *Berent Knop,* war hart und willkürlich, und während der *Grafenfehde* - Dänemarks letztem Bürgerkrieg, 1534-36, so benannt nach dem Grafen Christoffer von Oldenburg - erhoben sich die Bornholmer auf Anregung *Christians III.* in einem verzweifelten Aufstand gegen ihren Peiniger; doch der versprochene Beistand blieb aus, und im Juli 1535 fügten die lübischen Landsknechte den wenig waffengeübten Bornholmern bei *Ugleenge,* knapp 1,5 km südlich der Å-Kirche, eine blutige Niederlage zu. Die Besiegten wurden hart an Leben und Besitz gestraft, doch wurden die Klagen über Berent Knops Ausbeutung und Unwesen so bitter, daß Christian III. 1543 endlich bewirkte, daß ihn der Rat zu Lübeck mit einem etwas freundlicher gesonnenen Mann auswechselte.

Der große Feldherr des Siebenjährigen Krieges

Auch weiterhin mußte die Bevölkerung der Insel Machthaber erdulden, die unnötig harte und brutale Steuerforderungen erhoben oder sich unbefugte Rechte anmaßten, und sowohl von lübischer als auch von dänischer Seite versuchten Kommissionen und Rechtsbehörden zu vermitteln. Auch *Schweder Kettingk,* der 1556 zum Verwalter Bornholms ernannt wurde, stand bei den folgenden Generationen im Ruf der Tyrannei, doch der *Nordische Siebenjährige Krieg* (1563-1570) fegte rasch alle Zwistigkeiten beiseite, und Kettingk wurde an der Spitze der Bornholmer und Lübecker zum tüchtigen und entschlußkräftigen Verteidiger der Insel.

Die uralte Küstenverteidigung wurde ausgebaut, und viele jener Schanzen

Hammershus, gezeichnet in den 30er Jahren des 18. Jahrhunderts.

Nachdem die Verwaltung der Insel nach Rønne übergesiedelt war, wurde das Schloß jedoch bis in die 40er Jahre des 18. Jahrhunderts noch von einem Vizekommandanten bewohnt. 1743 leitete der Staat den Abriß der alten Burg ein, und nach kurzer Zeit endete sie als ein riesiger Steinbruch, aus dem sich jeder Mauersteine holte. Erst 1822 wurden die Ruinen unter den Schutz des Nationalmuseums gestellt. Von 1885 bis 1928 erfolgte eine umfassende Restaurierung, und in den letzten Jahren haben wiederum bedeutende Ausgrabungs- und Ausbesserungsarbeiten stattgefunden.

GÅSERENDEN - DIE GÄNSERINNE

Seit alter Zeit glaubten die Bornholmer an einen unterirdischen Gang, der von *Tørre* - oder *Sorte - Ovn* unterhalb von Hammershus quer durch Nordbornholm zu einer der zahlreichen Grotten mit Gängen in den Strandklippen bei Rø führte. Zwei Knechte

Grundriß von Hammershus

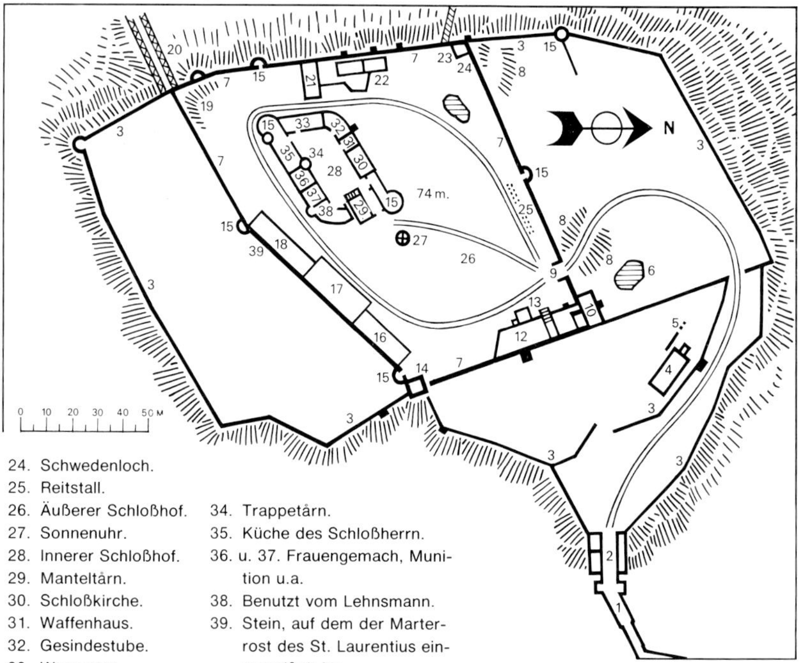

1. Schloßbrücke.
2. Torgebäude, Wasserloch »Hundepiben«
3. Äußere Ringmauer.
4. Tinghaus.
5. Wallanlage (vermutlich aus der Wikingerzeit).
6. Kleiner Teich.
7. Hauptringmauer.
8. Erdschanzen.
9. Festungstor.
10. Butterkeller.
11. Gewölbe.
12. Magazingebäude.
13. Wachstube.
14. Blommetårn.
15. Rondells.
16. Pferdestall.
17. Scheune.
18. Kuhstall.
19. Batterien.
20. Laufgraben (»Geheimgang«).
21. Brauhaus und Bäckerei.
22. Wohnung des Vizekommandanten.
23. Hundetårn.
24. Schwedenloch.
25. Reitstall.
26. Äußerer Schloßhof.
27. Sonnenuhr.
28. Innerer Schloßhof.
29. Manteltårn.
30. Schloßkirche.
31. Waffenhaus.
32. Gesindestube.
33. Wassertor.
34. Trappetårn.
35. Küche des Schloßherrn.
36. u. 37. Frauengemach, Munition u.a.
38. Benutzt vom Lehnsmann.
39. Stein, auf dem der Marterrost des St. Laurentius eingemeißelt ist.

Der Kernkomplex von Hammershus mit dem Manteltårn im Vordergrund. Der lübische Überbau ist deutlich zu sehen. Rechts: Malkværnskansen.

sollen einmal eine Wette abgeschlossen haben, wer zuerst vom Schloß bis zur Heiligen Quelle am Strand von Rø gelangen könnte; der eine sollte unter, der andere über der Erde gehen. Als letzterer in Rø ankam, saß sein Kamerad schon da - jedoch ohne Leben; der Teufel oder der Böse selber, der nach der Sage unter Hammershus in einer entsetzlich großen Höhle wohnte, hatte ihn durchschlüpfen lassen, um die Existenz des Ganges zu beweisen, hatte ihn aber danach getötet.

Ein andermal ließ man eine Gans in den Ofen bei Hammershus schlüpfen, und auch sie kam bis nach Rø, doch vor der Mündung des Ganges knüpfte sie der Teufel auf und verwandelte sie in Stein. In der 24 m tiefen, jedoch nur 2 m breiten *Gåserende* zwischen *Lyseklippen* und *Våde Ovn* hängt noch eine Tropfsteinfigur, die Ähnlichkeit mit einer Gans hat.

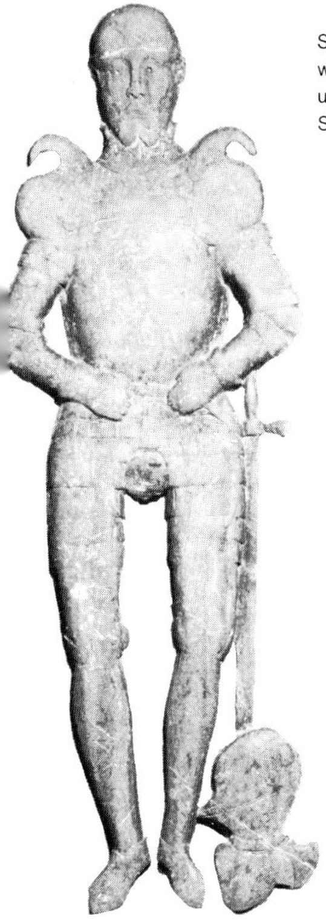

Schweder Kettingk endete, wie er angefangen hatte - als anonymer lübischer Kaufmann. Doch wie so viele war er von Bornholm sehr beeindruckt und ließ sich mit seinen beiden Gattinnen in der Å-Kirche beisetzen und auf jenem schönen Grabstein verewigen, der heute zu den Attraktionen der Kirche gehört. Rechts: Die Seeschlacht von Rønne am 30. Mai 1563, mit der ein siebenjähriger Krieg gegen Schweden begann.

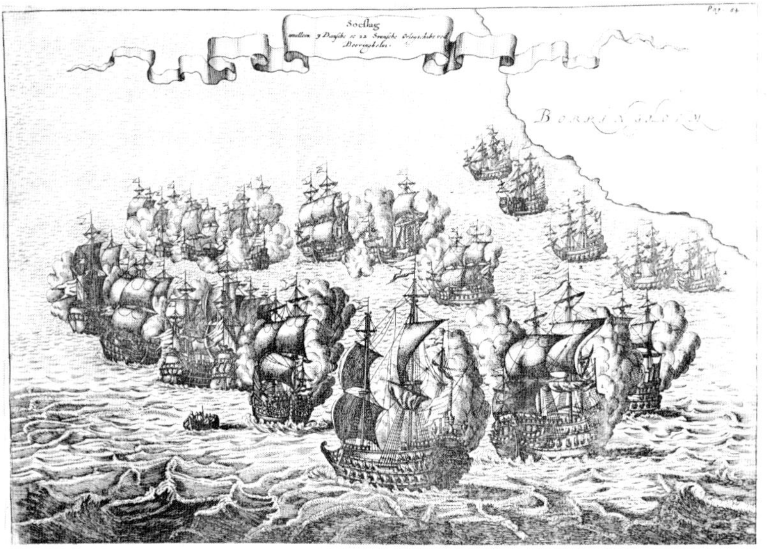

und Signalfeuer, die man heute an den bornholmischen Stränden findet, stammen aus jener Zeit. Es mußte verhindert werden, daß der Feind an Land kam und einen Brückenkopf bildete. Daher war die Kommunikation von äußerster Wichtigkeit, denn alle Strände der Insel mit Mannschaft und Geschützen zu besetzen war unmöglich. Die Ansässigen hielten Ausschau nach den schwedischen Flotten, die sieben Jahre lang die Insel unaufhörlich umschwärmten; reitende Patrouillen verfolgten ihre Bewegungen, und ein System von Signalfeuern flammte auf, wenn ein Landgang drohte, während die Kirchenglocken geläutet wurden. Diejenigen, die am nächsten wohnten, mußten den ersten Stoß auffangen, und währenddessen eilte das Landheer, das in Kriegszeiten im Landesinneren in Bereitschaft lag, herbei, um die wirkliche Verteidigung aufzunehmen. Die Schweden rannten sich bei ihren häufigen Landeversuchen nur die Köpfe ein, dagegen gelang es den Bornholmern bisweilen, ein schwedisches Schiff, das dem Land zu nahe gekommen war, von ihren Booten aus zu überfallen und auszunehmen, die durch Geschütze am Strand gedeckt waren.

All dies brachte Schweder Kettingk und die Bornholmer zusammen; er rühmte ihre Verteidigungsbereitschaft und ihre Treue gegenüber *Frederik II.*, und sie priesen »die Mühe, die Reisen und Lebensgefahren, die er ausgestanden hatte, um das Land zu beschirmen, welches ohne Gott und ihn verloren gewesen wäre«.

Die Selbsthilfe der Bürger von Rønne

Die Lübecker hatten sich verpflichtet, auf *Hammershus* nicht zu bauen, doch sie sprachen diesem Versprechen Hohn. Die großen, gemauerten Teile des Schlosses, die heute die markantesten Partien sind, wurden von den Lübeckern errichtet. Dieser Wortbruch geriet jedoch weder dem dänischen

König noch der Inselbevölkerung zum Schaden. Die Macht der Lübecker war längst brüchig geworden, als die Bürgerschaft von *Rønne* im Winter 1573 die Geduld verlor und die Übergriffe der lübischen Krämer nicht mehr ertrug und sie ohne Federlesens aus der Stadt jagte, und ehe es zu Repressalien kommen konnte, hatten sich die Ratsherren in Lübeck um anderes zu kümmern.

Zu schwach, um die Pfandvereinbarung zu verlängern, mußten sie nach langen, jedoch nachbarlich-freundschaftlichen Verhandlungen mit Frederik II. Hammershus und Bornholm räumen, obendrein noch ohne besondere Entschädigung.

1575-1658. Dänisches Lehen

Die bedrückende Fremdherrschaft der Lübecker, dieses mächtige Relikt des Mittelalters, kam 1575 zu Fall, und damit begann für Bornholm eine neue Zeit. Die Insel kam zum ersten Mal unter normale dänische Verwaltung. Ein dänischer Adliger erhielt die Insel als Lehen und zog als königlicher Schloßvogt auf *Hammershus* ein; von dort trieb er die der Krone zukommenden Steuern ein und sollte die Verteidigung der Insel leiten. Es war Aufgabe des Lehnsmanns, das riesige Schloß instandzuhalten; die Lehnsordnung stellte jedoch eine Art Verpachtung dar, und was er dabei sparen konnte, war sein eigener Verdienst. Das Schloß verfiel mehr und mehr, und während der langen Friedensperiode wurde auch nicht für die Küstenverteidigung gesorgt, obwohl der aktive *Christian IV.* die besondere bornholmische *Miliz,* die 1624 eingeführt wurde, nach und nach organisierte und ausbaute.

Die Lehnsmänner hatten auch kein Interesse daran, für die Insel auf längere Sicht zu wirken, z.B. durch Belebung des Erwerbslebens in einer Zeit, da die Wege des Welthandels von Holland aus über den Atlantik führten. Alles in allem war es jedoch eine gute und friedliche Zeit, mit einem gewissen allgemeinen Wohlstand trotz der schwierigen Handelsbedingungen. Christian IV. hatte einiges Interesse für die Insel und besuchte sie mehrmals. Er war der Meinung, sechs Städte seien für eine Bevölkerung von ca. 10.000 zu viel, und hätte *Hasle* beinahe zum Bauerndorf degradiert, wäre dies nicht durch »Fürbitte glücklich abgewehrt worden«.

Der Landesverrat der Milizoffiziere

Der Krieg zwischen Dänemark und Schweden 1643-45, der *Torstenssonkrieg,* stellte die bornholmische Miliz auf eine harte Probe, die sie nicht bestand. Der schicksalschwangere Tag war der 9. Juni 1645. Die Bürger von *Nexø* hatten die Kühnheit gehabt, eine schwedische Galiot aufzubringen, die unglücklicherweise dem Reichsadmiral *Wrangel* persönlich gehörte, und der begann mit 29 Schiffen den Angriff auf die offene Stadt. Der Küstenalarm trat in Funktion, und die Bürgerkompanien von Nexø und Åkirkeby schlugen die Angreifer zurück, während die Flotte weiter nach Norden segelte, und bei *Malkværnskansen* gelang trotz erbitterten Widerstandes die Landung. Die Besatzung war aufgrund von Versäumnissen zahlenmäßig allzu schwach, und unter ihren Verlusten war auch der junge Bürger von Svaneke *Albret Wolffsen,* der allein den erzwungenen Rückzug gedeckt hatte. Nexø wurde nun einer wilden Plünderung preisgegeben, und obwohl die Miliz indessen angelangt war und mit frischem Mut dem Feind begegnen und ihn aus dem Land vertreiben wollte, zwangen die Offiziere ihre Mannschaft auf Rispebjerg in Povlsker ein Nachtlager aufzuschlagen und führten ihre Truppe erst am nächsten Tag in die zerstörte Stadt, die der Feind inzwischen verlassen hatte.

Anstatt, wie es der lübische Verwalter Schweder Kettingk getan hatte, das Kommando zu übernehmen, blieb der wankelmütige Lehnsmann *Holger*

Rosenkrantz im Schloß Hammershus sitzen, während Wrangel von seiner Flotte aus die bornholmischen Offiziere durch Drohungen bewegte, die Waffen niederzulegen und einen Vergleich einzugehen, und gegen ein Lösegeld versprach, die Insel in Frieden zu lassen. Die Mannschaft der Miliz wurde nach Hause geschickt und so die Insel durch den Landesverrat der Offiziere wehrlos gemacht. Dem schwedischen Admiral war es nun eine leichte Sache, sie einzunehmen und Hammershus zu belagern, das sich nach einer Beschießung von anderthalb Tagen ergab. Verfallen, weitläufig und veraltet, taugte es nicht mehr als Festung.

Ein schwedischer Statthalter, *John Burdon,* übernahm die Regierung Bornholms, das die Schweden als erobertes Land ansahen. Bei den Friedensverhandlungen in Brömsebro im selben Jahr wünschte Schweden die Insel zu behalten, doch Christian IV. hielt trotz der Vorschläge des Reichsrates, Bornholm abzutreten, starr und trotzig an diesem dänischen Landesteil fest. John Burdon verließ die Insel jedoch erst nach rücksichtsloser Plünderung. Die Bornholmer atmeten wieder auf, der gerechte Zorn des alten Königs wegen der kläglichen Übergabe der Insel an den Feind hatte jedoch zur Folge, daß Holger Rosenkrantz als Lehnsmann abgesetzt wurde und vier der ihm untergebenen Milizoffiziere zum Tode verurteilt wurden, sie wurden jedoch begnadigt und nur des Landes verwiesen.

Der Aufstand gegen Schweden 1658

Der neue Schwedenkrieg im Jahre 1657, die *Karl-Gustav-Kriege,* ließ Bornholm unberührt, doch durch den Frieden zu Roskilde am 26. Februar 1658 mußte Dänemark alle Gebiete seines Reiches, die östlich vom Øresund lagen, an Schweden abtreten. Dabei ging auch Bornholm verloren, den Bornholmern kam dies jedoch erst am 20. April zu Ohren, denn solange hatte das Eis jegliche Kommunikation über die Ostsee unmöglich gemacht. Zu diesem Zeitpunkt war hinsichtlich der Übernahme und der schwedischen Verwaltung längst alles geordnet. Die Schwedisierung war gut vorbereitet, und der neuernannte Landeshauptmann, Oberst *Johan Printzensköld,* war mit ausführlichen Instruktionen versehen. Schon am 25. April wurde in den bornholmischen Kirchen, deren Glocken damit das große Schicksalsjahr der Insel einläuteten, für das schwedische Königspaar gebetet, und am 29. April landete Printzensköld mit 120 Mann schwedischen Truppen in Sandvig und rückte in Hammershus ein, das ein halber Ruinenhaufen war.

Der schwedische Lehnsmann und Schloßhauptmann nahm einen notleidenden und verarmten Landesteil in Besitz. Wenige Jahre zuvor hatte eine *Pest* mehr als zwei Fünftel der Bevölkerung der Insel dahingerafft. Die Überlebenden wurden nun sofort von einem allgemeinen Ausfuhrverbot für Getreide und Vieh, die einzige Einnahmemöglichkeit der Insel, betroffen. Als der Schock über die Besetzung allmählich nachließ, verschafften sich die zahlreichen Standes- und lokalen Interessen vor Printzensköld Geltung. So wünschten die Pastoren, die von der Gemeinde schikaniert wurden, bessere Verhältnisse, und die Städte *Rønne* und *Nexø* führten jeweils Argumente dafür ins Feld, daß sie besonders günstige Möglichkeiten für Hafenanlagen hätten.

Doch der schwedische König war im Krieg und forderte Geld, Mannschaften und Versorgungslieferungen für seine Armeen, die auf mehreren europäischen Schlachtfeldern kämpften. Die Kriegssteuern wurden auf das Dreifache dessen geschraubt, was je ein dänischer König in Kriegsjahren eingetrieben hatte, noch stärker aber flammte der Unwille der Bornholmer auf, als wiederholt junge Leute zum schwedischen Kriegsdienst in der Fremde eingezogen wurden. Dies war für die Bornholmer ein klarer Verstoß gegen jene uralten Regeln, daß sie ausschließlich ihre eigene Insel zu verteidigen hatten, und Schweden hatte versprochen, sich an diese Sitten zu halten. Printzensköld versuchte die strengen Forderungen seines Königs abzuwehren oder zumindest zu mildern; dies aber war den Bornholmern unbekannt, für sie war er für ein Regime verantwortlich, das sie als unerträgliche Tyrannei empfanden. Als daher verlautbarte, daß *Karl X. Gustav* am 7. August sein Heer gegen Kopenhagen gestellt und damit den vor kurzem geschlossenen Frieden gebrochen hatte, bildete sich auf Nord- und Westbornholm eine Verschwörung mit dem Ziel, das fremde Joch abzuschütteln.

Wer nichts wagt...

Die Verschwörung war in der Stille tätig. Printzensköld, dessen Stellung schon zuvor nicht beneidenswert gewesen war, hatte erst ab Mitte November das Gefühl, vor den Bewohnern der Insel so unsicher zu sein wie vor einem offenkundigen Feind. Hammershus war nahezu unbewohnbar, seine Soldaten erkrankten und waren nicht in der Lage, die Strände zu bewachen, und ein Brief nach dem anderen, in dem er in Schweden um Verstärkung und Instruktionen bat, blieb unbeantwortet. Karl Gustav hatte nur den Fall Kopenhagens und die dänische Krone in Gedanken, und die kleinen Schwierigkeiten auf Bornholm zählten für ihn nicht. Obgleich Printzensköld rapportierte, er könne sich nicht länger ohne Eskorte unter den Bornholmern bewegen und ihr Verhalten sei bedrohlich und sie weigerten sich, die Steuern zu bezahlen, glaubte kein Schwede und er selber wohl auch kaum, daß sie ohne Hilfe von außen ernsthaft etwas anrichten könnten.

Vom dänischen König im eingeschlossenen Kopenhagen kamen Briefe, in denen die Bornholmer zum Aufstand aufgefordert und ihnen dafür zukünf-

Das Grundstück Storegade 30 in Rønne stammt etwa aus dem Jahre 1750. An dieser Stelle befand sich der Bürgermeisterhof der Stadt, wo Printzensköld überrumpelt wurde. Rechts im Bild ist die Staatsschule und die Ecke der Søborgsstræde zu erkennen, woher »Illustreret Tidende« - das erste dänische illustrierte Wochenblatt (1859-1924) - ihre Zeichnung eines Fachwerkhauses nehmen konnte, das schon lange vor 1658 an der Storegade gestanden hatte. Unten sieht man die Printzensköld-Steine vor der Staatsschule. Hier wurde er mit einem silbernen Knopf getötet, denn man meinte, daß Blei ihn nicht treffen würde.

Oberst Printzensköld; zeitgenössisches Gemälde.

tige Privilegien versprochen wurden. Doch diese Versprechen wurden in einer verzweifelt hoffnungslosen Lage gegeben. Außerhalb der Hauptstadt war jeder Fußbreit dänischen Bodens in schwedischen Händen, und das belagerte Kopenhagen konnte jeden Augenblick gestürmt und überrannt werden. Zwar drang im Oktober eine holländische Hilfsflotte bis Kopenhagen vor, und dies konnte vielleicht zu so viel Optimismus berechtigt haben, daß die Verschwörung auf Bornholm wirklich effektiv und handlungsfähig wurde, trotzdem ist es noch immer unbegreiflich, daß die Verschworenen es wagten zuzuschlagen. Vielleicht aber war der Grund dafür vor allem die schmachvolle Niederlage vom Jahre 1645.

Einer der Anführer, *Jens Pedersen Kofoed,* war der Sohn eines der landesverwiesenen Offiziere. Ein zweiter Anführer, *Peder Olsen,* hatte selbst unter Anklage gestanden, war jedoch aufgrund von »Einfalt« freigesprochen worden. Gerade er war bestimmt nicht einfältig. Peder Olsen, Bürgermeister in Hasle und Anwärter auf das höchste Amt der Insel, den Landesrichterstuhl, war zweifellos derjenige, der die Verbindung nach Kopenhagen hielt, das Hirn der Verschwörung. Ihr erster Anführer scheint jedoch der Gemeindepfarrer von Hasle-Rutsker, *Povl Ancher,* gewesen zu sein, der mit seiner Position und seinen Kontakten zur ganzen Insel beim sorgfältigen Aufbau der Untergrundbewegung einen wichtigen und wirksamen Beitrag geleistet hat.

Voran gingen die Bürger von Hasle und Rønne, doch alle Bornholmer sympathisierten, mit Ausnahme des offenbar unvermeidlichen »Quislings«, eines Bürgers von Hasle, der unter Aufsicht gehalten wurde.

BORNHOLMS BEFREIER

Als es wirklich losging, spielte die aktive und dynamische Rolle indessen *Jens Pedersen Kofoed,* ein junger Mann aus der Aristokratie der Insel, dem »Freimanns«geschlecht Kofoed, mit einem unbändigen Naturell, das ihn weit in der Welt hatte herumkommen lassen. Während sein Vater und Onkel 1645 recht traurige Figuren machten, saß er in Jerez de la Frontera in Südspanien. Als er heimkehrte, war sein Vater nicht mehr Bürgermeister von Rønne, sondern starb bald darauf in der Verbannung in Lübeck. Jens Kofoed heiratete die Bürgermeistertochter in Hasle und half von dort aus dem Bruder bei der Bewirtschaftung des großen Handelshofes in Rønne, wahrscheinlich der heutige Amtmannshof, und der zahlreichen Wirtschaftshöfe, die der Vater hinterlassen hatte. Bei einem nächtlichen Streit in den Straßen Rønnes geschah es ihm, daß er seinen Widersacher erstach, und dieser Totschlag brachte seine gesamte Lebensbahn durcheinander. Um sich Frieden vom König zu erwirken, begab er sich mit zwei gerüsteten Pferden in den Kriegsdienst nach Schonen, doch während der Winterruhe 1657 machte er Weihnachtsurlaub zu Hause in Hasle, und als er zu seinem Regiment zurückkehren wollte, hatte der strenge Winter Bornholm eingeschlossen, und damit war er in den Fesseln des Meereises - und im April war er dann plötzlich schwedischer Untertan.

Printzenskölds Ermordung

Zum Winter hin spitzte sich die Situation zu. Printzensköld drohte, die Steuern gewaltsam einzutreiben, und es gab Anzeichen dafür, daß er endlich Ersatz aus Schonen erwarten konnte, da er - mehr als einen Aufstand im Inneren - eine dänisch-holländische Landung befürchtete. Doch nun waren in den beiden Städten, die Herd des Aufstands waren, und in den angrenzenden Nørre- und Vester-Amtsbezirken, die Signale gestellt: sobald die Sturmglocken der Gemeindekirchen läuteten, sollten sich Bürger und Bauern bewaffnet bei der Ruts-Kirche versammeln und von dort zur Festung Hammershus ziehen.

Die Stunde für den Ausbruch des Aufstands schlug am 8. Dezember

1658, als Printzensköld zur Mittagszeit von Hammershus über Hasle nach Rønne ritt, um hier eine segelklare Schute auszuwählen, die die endlich in Ystad wartende schwedische Reitertruppe abholen sollte. Für die Verschwörer kam es darauf an, Printzensköld in ihre Gewalt zu bekommen, wo er nun einmal außerhalb der Festung war, und danach Hammershus einzunehmen, bevor die schwedische Reiterei auf der Insel anlangte. Und diese mutigen Männer hatten das Glück zur Seite. Nach einer schnellen Rücksprache mit Povl Ancher ritten Jens Kofoed und drei andere hinter Printzensköld her nach Rönne. Unterwegs trafen sie im *Skule-Wald* nördlich vom *Blykobbegård* mehrere andere Verschwörer, die sich ihnen nach einer kurzen Beratung anschlossen.

Gegen vier Uhr, in der früh hereinbrechenden Dämmerung, ritt Printzensköld in die Storegade von Rønne ein und begab sich in den Hof von Bürgermeister Peder Lavridsen Møller (heute Eigentum der Tageszeitung »Bornholmeren«). Er hatte kaum Platz genommen, als die Verschwörer ins Zimmer drangen und ihm zu Leibe rückten. Trotz kräftiger Gegenwehr mußte er sich der Übermacht ergeben und wurde als Gefangener auf die Straße geführt. Auf dem Weg zur Arrestzelle des Rathauses - an jener Stelle vor der Staatsschule, die heute noch durch ein paar Feldsteine im Asphalt gekennzeichnet ist, fiel der schicksalsentscheidende Schuß, der den Schwedenoberst tot zur Erde streckte. Der Schütze war ein junger Bürger von Rønne, *Villum Clausen Kelov,* und sein Schwager, Jens Kofoed, und ein weiterer Anführer des Coups traten umgehend hinzu und gaben dem getöteten Feind je einen Schuß, um zu zeigen, daß sie unverbrüchlich zu dem Täter hielten. Ob Printzensköld hatte entfliehen wollen, ist ungewiß, doch haben die Anführer kaum die Absicht gehabt, auf einen unbewaffneten

Jens Kofoed, der Freiheitsheld von Bornholm, gemalt 1683. Gegen seinen Willen von seinen dänischen Kriegskameraden in Schonen (rechts) abgeschnitten, »tummelte der unbändige Reitersoldat seine jungen Kräfte« als Teilnehmer im Coup gegen den schwedischen Hauptmann auf Hammershus. Der Mord an Oberst Printzensköld war jedoch kaum beabsichtigt. Sein Epitaph - und sein Degen - hängen in der Norra Sandsjö-Kirche, Småland, ca. 1 km nördlich vom Gut Printznäs.

Gefangenen zu schießen, und schon gar nicht auf Printzensköld, der aller Wahrscheinlichkeit nach hatte als Geisel dienen sollen, um die Übergabe von Hammershus zu erzwingen.

Andererseits aber stellte der Mord die Situation klar: jetzt gab es keinen Weg zurück. Alle anderen Schweden in Rønne wurden in Gewahrsam genommen, und die Leiche des Obersten wurde zum Rathaus gebracht, wo später ein standesgemäßes Begräbnis angeordnet wurde.

List und Drohungen

Am selben Abend läuteten an der Westküste der Insel die Kirchenglocken, und im Laufe der Nacht zogen alle waffenfähigen Männer des Nord- und Westlandes nach Hammershus und umringten das Schloß. Hier zeigte sich bei Morgengrauen, wie gern die Verschwörer Printzensköld lebendig in ihrer Gewalt gehabt hätten; doch sie halfen sich, indem sie einem anderen die Kleidung des Getöteten anzogen und ihn auf seinem Pferd vors Schloß reiten ließen. Währenddessen wurde Printzenskölds Gattin die Botschaft geschickt, wenn sie nicht unverzüglich die Festung übergeben würde, dann würde man ihr den Kopf ihres Mannes schicken.

Gegen Abend rückten die Bornholmer dann als Herren in das wiedergewonnene Hammershus ein, und es kam zu einer derart heftigen Plünderung, daß Offiziere der Bürgerwehr von Rønne als Wachen vor die Tür des Schloßherrn gestellt werden mußten, um zu verhindern, daß Witwe und Kinder Printzenskölds Schaden an Gesundheit und Leben litten. Schnell wurde die gesamte Insel von schwedischen Soldaten gesäubert, von denen einige getötet wurden, als sie sich zur Wehr setzten, der Rest wurde gefangengenommen. Auch als am 27. Dezember die schwedischen Reiter in einer Galion aus Ystad in der Bucht von Sandvig endlich Anker warfen, gelang es, jeweils zwei-drei von ihnen an Land zu locken und im Ratskeller von Rønne zu internieren.

Peder Olsens Schläue und Geistesgegenwart

Bereits am 21. Dezember waren die Abgesandten der Verschwörer, angeführt vom Hasle-Bürgermeister *Peder Olsen,* wohlbehalten durch die Flottenabsperrung gelangt und wurden in dem von Karl Gustav hart bedrängten Kopenhagen mit Jubel empfangen. Ein Flugblatt über den Aufstand wurde sofort gedruckt, und die kühne Tat stärkte die Widerstandskraft hinter den schwachen Wällen der Hauptstadt - und ebenso war Bornholm in den zwei Monaten, ehe der Sturmlauf des Schwedenkönigs scheiterte und das Land vom drohenden Untergang erlöst wurde, für die notleidende Stadt die fette Vorratskammer; so kehrte im Januar die holländische Hilfsflotte reich beladen nach Kopenhagen zurück, ein Schiffer aus Rønne war ihr Lotse.

Während *Jens Kofoed* als Kommandant auf der Insel Ruhe und Ordnung wiederherstellte, führte Peder Olsen eine ebenso wichtige und erfolgreiche Mission in Kopenhagen aus. Hier war nun der Adel der Sündenbock, und König und Bürger hatten zusammengefunden, der Absolutismus war in Sicht. Die Delegation warf das Dokument, das sie dem König mitgebracht hatte, weg und fertigte einen Schenkungsbrief an, in dem ihm und seinen Erben das Land Bornholm zum ewigen Erbe und Besitz feierlich übertragen wurde. Damit wurde der *Absolutismus* vorausgenommen und der König so stark gebunden, daß es ihm unmöglich war, Bornholm zurück an Schweden gehen zu lassen. Als Peder Olsen an der Spitze der elf Abgesandten zu *Frederik III.* vorgelassen wurde, sagte der König ihnen Privilegien zu, und einige von ihnen erhielten königliche Geschenke: Peder Olsen das wohlverdiente Amt des Landesrichters, Jens Kofoed — »Bornholms Befreier« - Amnestie für seine alte Mordanklage, Villum Clausen den Rabækkegård als steuerfreien Besitz auf Lebenszeit, usw. Bis zum Jahresende wurde den Bornholmern auch der Wunsch erfüllt, daß ein dänischer Oberst zum Kommandanten der Insel ernannt wurde, und auch Instruktionen über Steuerzahlungen und die Überführung von Versorgungslieferungen von der Insel wurden ihnen nicht erspart.

Die eigentliche Quittung für ihren Schenkungsbrief bekamen die Bornholmer jedoch erst im Mai 1659, als Frederik III. in einem Brief versprach, die Insel nie wieder an eine fremde Macht abzutreten. Dieses Versprechen kostete ihn beim Frieden 1660 nicht allein große Anstrengungen, sondern er mußte den Schweden auch schonischen Boden im Wert von 5 Tonnen Gold für ihren Verzicht auf Bornholm geben.

Für die Insel begannen nun 300 Jahre verhältnismäßig friedlichen Lebens, und nur einmal, während des Wiener Kongresses 1815, mußte an das alte Versprechen erinnert werden, Bornholm niemals zu verkaufen.

1659-1800. Die Insel erwacht

Bis 1740 ließ der absolutistische König Bornholm zivil wie militärisch von einem Gouverneur verwalten, danach erhielt die Insel einen Amtmann, und der Kommandant sollte allein als Chef der Miliz für ihre Verteidigung sorgen. Während des *Schonischen Krieges* (1675-1679) unternahmen die Schweden einzelne Landungsversuche, sie wurden jedoch abgewehrt, und verloren zahlreiche Schiffe bei einem Sturm und über 1.000 Mann bei einem Schiffsuntergang vor der Südküste der Insel. Auch einige kleinere Angriffe während des *Großen Nordischen Krieges* im 18. Jahrhundert schlugen fehl. Auf der anderen Seite wurde es allmählich klar, daß Schonen verloren war und blieb, und die Revanchegedanken verblaßten. *Christian V.* hatte versucht, auf Christiansø und in der Nähe von Rønne starke Flottenstützpunkte zu schaffen; doch der Hafen von Christiansø war zu klein für eine wirkliche Kampfflotte, wirkte aber als Aussichtsposten und Kapernest effektiv genug, und die Festungs- und Hafenanlagen, die 1688 im großen Stil bei Rønne begonnen wurden und auch einen Stadtplan für Rønnes Entwicklung umfaßten, wurden niemals ganz fertig und verfielen schnell. Nur das *Kastell* im Süden der Stadt und die Wälle darum sind noch von »unserer Festung Rønne« übrig.

Steuerkriege

Das königliche Versprechen des Jahres 1658 von gewissen Privilegien war in so vagen Wendungen gehalten, daß die Bornholmer im Laufe der Jahre Grund zu einigem Mißfallen an der Art und Weise fanden, wie dieses Versprechen eingelöst wurde. Die Möglichkeit, Kriegsdienst nur auf der Insel zu tun, war ihnen nicht genug, sie verlangten auch eine steuermäßige Sonderstellung. Die ewigen Extrasteuern verursachten bittere Klagen und Zahlungsverweigerungen, und 1770 wäre es fast zum bewaffneten Eingreifen der Staatsmacht gekommen, dem Juristen *Peder Kofoed Anker,* den der König auf seine Geburtsinsel geschickt hatte, gelang es jedoch, einen Vergleich zustande zu bringen, der den Bornholmern gewisse Steuererleichterungen einräumte, die sie bis zum Erlaß der Steuergesetze von 1903 behielten.

Friede und Wohlstand

Trotz der Steuerplünderung herrschte ein stetiger Wohlstand und breitete sich nun weiterhin aus. Sowie die Insel von Plünderungen verschont blieb, hat sie sich selbst hochbringen können. Die Bevölkerung ernährte sich noch immer ausschließlich von *Landwirtschaft* und *Fischerei.* Obgleich nach und nach in den unbebauten Gegenden neuer Boden unter den Pflug genommen wurde, gab es keinen Platz für Geburtenüberschuß. Die Jungen gingen zur See oder nach Kopenhagen, und nur wenige konnten auf der Insel bleiben

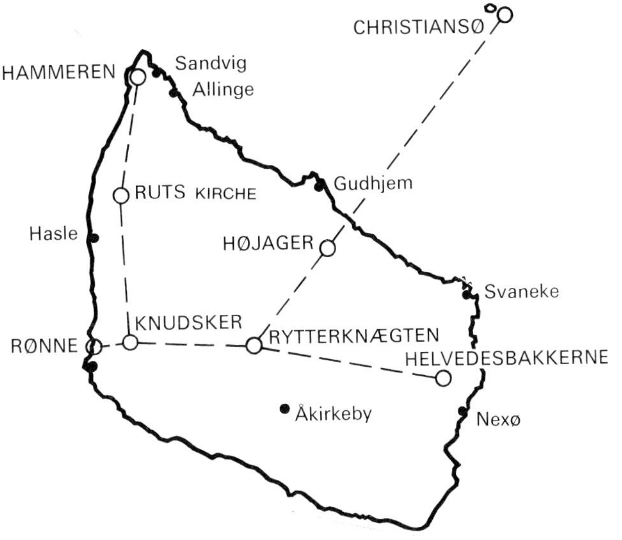

Das Kastell - »Rønne Tårn« (Rønne Turm) - steht nun unter Denkmalsschutz Klasse A, während »Det lidet Taarn« (Der kleine Turm), der vermutlich beim Bootshafen Nørrekås gestanden hat, spurlos verschwunden ist. Rechts: Das optische Telegrafennetz von 1811. Die Station »Helvedesbakkerne« ist noch immer zu erkennen, obwohl das System sicher gleich nach dem Ende des Kaperkrieges eingestellt wurde. Bis um 1860 der Telegraf und um 1880 das Telefon eingeführt wurden, mußte man mit Briefen auskommen.

oder heimkehren. Versuche, eine *Industrie* zu errichten, blieben fast immer stecken. Dagegen kam das Handwerk etwas in Gang, vor allem *Uhrenherstellung* und *Keramik.*

1801-1814. Der Engländerkrieg

Das neue Jahrhundert wurde am 2. April 1801 mit der Schlacht auf der Kopenhagener Reede (wo Admiral Nelson »das Fernglas an das blinde Auge setzte«) eingeschossen, und in der folgenden langwierigen Fehde beschossen die Engländer hin und wieder die bornholmischen Küstenstädte. Der Schaden war jedoch unbedeutend; in Svaneke wurde eine Kuh von englischen Kanonenkugeln getötet. Die Küstenbatterien waren instand gesetzt und antworteten und nahmen vor allem an den Scharmützeln zwischen den bornholmischen Kaperern und den englischen Marinesoldaten lebhaften Anteil. Die Küstenstädte waren durch optische Telegrafenlinien verbunden, so daß Meldungen mit der Geschwindigkeit des Lichtes plus jener Zeit verbreitet werden konnten, die die Ordonnanz brauchte, um vom Ausguckposten zum Hafen zu reiten. Auch zur Insel Christiansø gab es eine optische Telegrafenverbindung: große Stative, die für jeden Buchstaben unterschiedlich eingestellt wurden und mit dem Fernglas beobachtet werden konnten. Christiansø war neben Rønne die Hauptbasis für jene unternehmungslustige und dreiste *Kaperei,* die die bornholmischen Seeleute siebeneinhalb Jahre lang in ihren eigenen Fahrwassern trieben. Zu einem Zeitpunkt, als der kleine Inselhafen mit 30-40 Kaperbooten und aufgebrachten Schiffen gespickt war, geriet die Festung unter ein kräftiges Bombardement einer Eskader unter Admiral *Saumarez,* der sich jedoch schließlich verziehen mußte.

BORNHOLMS TORDENSKJOLD

Unter den Kaperern, die den Engländern das größte Kopfzerbrechen machten, war *Caspar Henrik Wolffsen,* geboren in Rønne 1781. Seine Kaperzüge führten ihn bis

nach Schottland und zu den Shetlandinseln, und sein Name wurde in der dänischen Flotte schnell bekannt. Bereits 1809 wurde sein keckes Treiben vom König mit dem Ritterkreuz belohnt, und seitdem hieß er auf Bornholm nur noch Ritter Wolffsen. Er bekam auch den Zunamen Bornholms Tordenskjold - obendrein von einem Norweger - nach dem sagenumwobenen norwegischen Seehelden Peter Wessel, geadelt Tordenskjold, aus den Kriegen mit dem Schwedenkönig Karl XII.

Er hatte mehrere schwere Kämpfe mit englischen Kriegsschiffen, und einmal geriet er vor der norwegischen Küste mit einem französischen Lugger ins Gefecht. Sie hielten sich gegenseitig für Engländer und kämpften unter englischer Flagge, und bis das Mißverständnis entdeckt wurde, hatte der Lugger tüchtig Prügel bezogen. Im Øresund nahm Wolffsen, nur mit geringer Unterstützung einer Küstenbatterie, den Kampf mit sieben englischen Barkassen und zwei Kanonenbooten auf; der Mannschaft hatte er zuvor freigestellt, an Land zu gehen und sich herauszuhalten, was niemand tat. Während des ungleichen Kampfes gingen die Kartuschen zum Laden der Kanonen aus, doch schnell entschlossen wie immer, beauftragte Wolffsen acht Mann damit, Flaggen und Segeltuch zu zerschneiden und daraus Kartuschen zu machen, und die Schießerei konnte fortgesetzt werden. Nach dreistündigem Kampf wichen die Engländer zurück, und Wolffsen konnte den Hafen aufsuchen, ohne einen einzigen Mann verloren zu haben. Als ihn einmal ein englisches Kanonenboot jagte, gab es für ihn keinen Ausweg. In aller Eile ließ er das Deck seines Schiffes mit einer Schicht Pulver bestreuen und mit Brettern abdecken, dann trieb er seine Leute in den Laderaum und stellte sich selber sprungbereit mit brennender Lunte in eine der Luken. Als die Engländer das Schiff enterten, ließ Wolffsen so viele wie möglich an Bord kommen, bevor er schnell die Lunte ins Pulver steckte und Bretter und Engländer in die Luft sprengte. Darauf nahm er das Kriegsschiff und führte es in den Hafen von Rønne.

Alter Stich von Christiansø, gesehen von Nordwesten. Oben: Kaperkapitän Caspar H. Wolffsen; nach einem Pastellgemälde aus seinem 27. oder 28. Jahr. Das Geschlecht war um 1600 von Schottland nach Svaneke eingewandert und hatte frühzeitig einen Helden in dem jungen Albret Wolffsen, der sich 1645 kühn an der Verteidigung von Malkværnskansen nördlich von Nexø gegen eine schwedische Übermacht von 500 Musketieren beteiligte.

Einmal hatte er im Winter seinen Schoner und zwei beschlagnahmte Schiffe auf der Reede von Rønne vor Anker liegen, als ein plötzlicher Sturm alle drei Schiffe auf Grund jagte. Wolffsen selber befand sich an Land, er brachte jedoch sämtliche 58 gestrandeten Seeleute, die mit Sturzseen und Vereisung kämpften, allein an Land, indem er jeweils drei in eine leichte Jolle lud, während die Schiffe zu Wracks geschlagen wurden.

GESELLSCHAFTSLÖWE UND BÜHNENHELD

Nach den goldenen Kapertagen verlegte sich Wolffsen auf Fischerei und Branntweinschmuggel. Doch aus einem gewieften Schmuggler kann ein erfahrener Zöllner werden, und während ein Bruder von ihm im schwedischen Zollgefängnis starb, endete er selbst als Zollinspektor von Bornholm. Er war ein munterer und lebenslustiger Mann, ein großer Gesellschaftslöwe und wirkte bei der Errichtung des Theaters von Rønne 1823 mit, wo er 77 mal sowohl als Komiker wie auch als Kavalier auftrat. Als ein zusammengelaufener Haufe die Kommandantenwohnung bedrohte, war er derjenige, der die Straße säuberte. Mit derselben Freude, mit der er bei Wettritten und Wettfahrten Kopf und Kragen riskierte, nahm er an jedem Vergnügen teil, so auch, als Kronprinz *Frederik (VII.)* Bornholm besuchte und auf den Einfall kam, sich bei Hammershus auf einem steilen Hang auf den Bauch zu legen und sich hinunterrollen zu lassen. Den übrigen Herren des Gefolges bekam die ungewohnte Talfahrt weniger gut, und im Jahr darauf hielt der Tod unter den Beamten der Insel einträgliche Ernte. Wollfsen vermochte das viele Prisen- und Schmugglergeld natürlich nicht zusammenzuhalten, und bei seinem Tode 1836 waren seine Verhältnisse überaus bescheiden.

1815-1940. Entwicklung

Als der Engländer-Krieg vorüber war und die Auswirkungen des Staatsbankrotts nachließen, begann für Bornholm eine glückliche Zeit. Das Erwerbsleben kam in Gang, die große technische Entwicklung beschleunigte sich, und damit wurde die geographische Isolierung immer mehr durchbrochen. Die erste reguläre *Dampfschiffahrt* kam in Betrieb, jedoch nur im Sommer und mit Postraddampfern, und die ersten *Touristen* schrieben über die romantischen Panoramen und pittoresken Fischerdörfer mit schönen, natürlichen Menschentypen interessante Berichte. Mit einem älteren Raddampfer nahm eine bornholmische Gesellschaft im Jahre 1858 selbst den Schiffsverkehr nach Kopenhagen und Ystad auf, und 1866 wurde diese Gesellschaft zu einer Aktiengesellschaft reorganisiert und ließ ein neues, modernes Schiff bauen, 39 m lang und mit 60 Pferdestärken. Ab 1877 lief eine neue Gesellschaft die ostbornholmischen Häfen und Hasle an. Jetzt kam der Touristenstrom richtig in Gang, und gegen Ende des Jahrhunderts brach aus *Deutschland* eine regelrechte Touristeninvasion herein. Industrie, sowohl *Stein-* als auch *Tonindustrie,* entstand, und *Maschinenfabriken* wurden errichtet. 1901 wurde eine *Eisenbahn* von Rønne nach Nexø mit der Zweiglinie Åkirkeby-Almindingen gebaut, so daß die Bornholmer ihre Ausflüge in den Wald ohne Charabanc machen konnten. *Hotels* wurden gebaut, vor allem in der Nähe von Sandvig, und eins - das jetzt abgebrannt ist - direkt in Almindingen, in der Nähe eines Tierschauplatzes und anderer Ausflugsattraktionen. Diese Entwicklung des Tourismus ging bis zum Jahre 1914. Dann brachte der Krieg den Hotelbau, der erst nach dem 2. Weltkrieg wieder aufgenommen wurde, zum Stillstand, und Pensionen, Jugendherbergen und Lagerplätze übernahmen die Rolle.

Leutnant Anker, Bühnenheld der Kopenhagener Theater, der im Krieg 1864 die Bewunderung der Deutschen errang.

DER HELD VON DYBBØL

In den beiden schleswigschen Kriegen hatte Bornholms Miliz keine Aufgaben zu erfüllen, denn die Preußen besaßen damals keine Kriegsflotte. Viele Bornholmer nahmen jedoch als Freiwillige an den Kämpfen teil, unter ihnen der Held von Dybbøl, Leutnant *J. P. A. Anker* (1837-1876). Er war ursprünglich Landwirt, danach Hausbesitzer in Rønne, doch als er sich freiwillig zu den Fahnen meldete, war er mitten in einer Bühnenkarriere in Kopenhagen. Als Artilleriekommandeur der Schanze Nr. 2 auf Dybbøl errang er Ruhm für seinen Mut und die Tüchtigkeit, mit der er die gezogenen Kanonen der Schanze in Anwendung brachte. Nach hartnäckiger Verteidigung wurde er beim Sturm vom 18. April 1864 gefangengenommen. Die Deutschen bewunderten ihn derart, daß sich sein Bild auf dem deutschen Siegesdenkmal von Dybbøl befindet, und deutsche Offiziere schickten ihm eine Adresse. Der König ernannte ihn zum Ritter, dankbare Landsleute schenkten ihm einen Ehrensäbel, und der Reichsrat erkannte ihm eine lebenslängliche jährliche Pension zu.

Die Angelegenheit der »Außenmark«

Besonders große Bedeutung erhielt die Verteilung des unbebauten Landes, der sogenannten »*Außenmark*«. Von alters her hatten die Bornholmer diese Ödlandweiden - Højlyngen und die Strandmarken - als Allgemeinbesitz betrachtet. Hier holten sie Heidetorf und Reisig und ließen die Tiere grasen, und als die Bevölkerung mit der Zeit wuchs, wurden Teile dieser Flächen eingehegt und von Bauern, die in der Nähe wohnten, unter den Pflug genommen. Dies wurde zu Beginn des 18. Jahrhunderts von der Regierung verboten; man behauptete, die »Außenmark« gehöre dem König, und von den bereits urbar gemachten Flächen wurden Abgaben verlangt. Indessen haben die Bornholmer stets einen unbeugsamen Willen gezeigt, wenn sie auf etwas bestanden, was sie für ihr Recht ansahen, und es kam zu langwierigen und erbitterten Streitigkeiten. Dabei muß man auch berücksichtigen, daß die bornholmische Bauernbevölkerung niemals Leibeigenschaft und Grundhörigkeit einer Gutsbesitzerherrschaft unterworfen war, ganz im Gegenteil bekleideten viele der unabhängigen *Freibauern,* aufgrund der besonderen bornholmischen Militärordnung, Offiziersposten. Sie klagten daher unverdrossen, bis sie schließlich 1832 eine Ordnung erreichten, der zufolge der Staat und die Gemeinden die »Außenmark« unter sich teilten. Der Anteil

»Mit unermeßlicher Freude« und in der Hoffnung, daß sich »Allerhöchstderselbe auf der seit alter Zeit dem Königshaus ergebenen Insel wohl befinden möge«, feierten die Bornholmer 1856 ein Wiedersehen mit Frederik VII. und weihten ihm zu Ehren den Aussichtsturm Kongemindet auf dem Rytterknægt in Almindingen ein (Zeichnung). 1899 war der Wald so hoch gewachsen, daß der Turm mit einem Eisengestell (rechts) erhöht werden mußte. Links: Die alten Zäune der Strandmarken können geradezu dekorativ sein.

der Gemeinden wurde jedoch von der Besitzgröße der Höfe abhängig aufgeteilt, und dies rief den Protest der Häusler hervor, die nun auf ihrem Recht auf Anteil an der »Außenmark« beharrten. Erst 1862 gab ihnen das Reichsgericht prinzipiell recht, und 1866 konnte gesetzlich eine Kommission eingesetzt und der 150 Jahre alte Streit von Gemeinde zu Gemeinde durch Vergleich oder Urteil aus der Welt geschafft werden. Seitdem haben sich diese Gebiete aus herrenloser Ödmark in üppige Wälder, darunter der große Staatswald *Almindingen,* und ausgedehnte Gemeindeplantagen sowie Musteräcker eifrig rodender Bauern verwandelt.

Die Flucht nach Amerika

Die Lebensweise war noch immer einfach und ärmlich, vor allem in den Fischerdörfern und in den kleinen Landwirtschaften in der Heide; doch es ging ständig bergauf. Trotz der schlechten Lebensbedingungen zogen viele Schweden, später auch Polen zu, die noch schlechtere Bedingungen verließen. Dafür reisten die jüngeren Bornholmer nun in großer Zahl in die USA; an vielen Orten wanderten ganze Familien aus, und es gibt kaum ein bornholmisches Heim, das nicht Onkel und Tanten oder andere Angehörige in den USA hat und noch immer in Verbindung mit ihnen steht.

Die Isolierung durch den Krieg

Während des *1. Weltkrieges* 1914-1918, als Dänemark seine Neutralität wahrte, wurde Bornholm wiederum zum einsamen Vorposten; doch war die Isolierung nur ökonomisch und erwerbsmäßig zu spüren. Da die Schiffahrt eingeschränkt war, wurde es erforderlich, daß sich die Insel auf der Grundlage ihrer eigenen Produkte versorgte, und die Zufuhr wurde nach lokalen Regeln geordnet. Daher wurden der Amtmann und andere Behörden der Insel mit besonderen Befugnissen ausgestattet. Vom Krieg selbst merkte Bornholm nicht viel. Bei Nexø kam ein Seemineur beim Entschärfen einer Mine ums Leben, die südlich der Stadt an Land getrieben war, und die Explosion richtete einige Schäden an Häusern an.

1940-1946. Zweimal besetzt

In den 30er Jahren ließen sich *deutsche Flüchtlinge* auf Bornholm nieder und warnten vor dem *2. Weltkrieg,* in dem die Insel wiederum zum einsamen Vorposten in einem von feindlichen Mächten umstrittenen Meer werden sollte. Die neu errichtete *Fluglinie* zwischen Kopenhagen und Rønne ließ sich einigermaßen aufrechterhalten, doch die lebenswichtige Schiffsverbindung wurde durch Minengefahr und Ölmangel behindert, und bald mußte der Verkehr mit den großen schnellen Motorschiffen ganz aufgegeben und an ihrer Stelle alte Dampfer eingesetzt werden. Die konnten nur am Tage fahren, und die Schwierigkeiten wurden durch die harten Eiswinter noch größer. Sie zwangen auch zur Wiederaufnahme des *Kohlenbergbaus* bei Hasle. Ebenso wie im 1. Weltkrieg wurden besondere administrative Maßnahmen erforderlich, und die Kompetenz des Amtmanns wurde gegenüber der anderen dänischen Amtmänner ausgedehnt. Diesmal aber sollte Bornholm auch wieder seine eigene Geschichte bekommen, die sich von der des übrigen Landes unterschied.

Versorgungs- und Versuchsstützpunkt

Am 10. April 1940, einen Tag nach dem Schicksalstag des übrigen Dänemarks, legten auf Bornholm drei deutsche Schiffe der ersten Besatzungsmacht an, vermutlich ca. 1200 Mann. Es war ausschließlich Infanterie, vom Juli 1940 an bis zum Ende der Besetzung im Mai 1945 ließen die Deutschen die Insel jedoch von Marinetruppen bewachen. Das Gros, normalerweise ca. 400 Mann, war in einem ansehnlichen Barackenlager garnisoniert, das auf dem alten Exerzier- und Sportplatz *Galløkken* bei Rønne errichtet wurde. Bornholm diente nicht nur als Flottenstützpunkt, sondern war auch ein gesuchtes Ziel deutscher Soldaten, die unaufhörlich in riesigen Mengen in den

Häfen, vor allem in Rønne und Nexø, verschifft wurden und deren Einkäufe die Versorgung der Bevölkerung stark in Mitleidenschaft zogen. Außerdem wurde Bornholm von der Wehrmacht für zahlreiche technische und befestigungsmäßige Experimente benutzt. Bereits im Herbst 1940 wurde mit dem Bau einer großen Befestigungsanlage bei *Dueodde* begonnen, doch schon im Frühjahr 1941 erlahmte die Arbeit, und es blieben nur ein paar Betonfundamente übrig. Zwei Horchstationen zur Erprobung von Unterseebooten, jeweils an der Westküste und an der Ostküste, hatten zur Folge, daß bei entsprechendem Wetter in bedeutenden Gebieten Schiffahrt und Fischerei verboten waren.

DIE WICHTIGSTE MELDUNG DES KRIEGES AUS DÄNEMARK

Im Sommer 1943 waren sich der dänische und englische Nachrichtendienst darüber klar, daß im Ostseeraum etwas Ungewöhnliches im Gang war. Bei Aufklärungsflügen waren bei *Peenemünde* neuangelegte Abschußrampen und Werkstätten entdeckt worden, und sie hingen vermutlich mit der neuen Geheimwaffe zusammen, auf die die nazistische Propagandamaschinerie bereits Anleihen machte, um die Moral an der Heimatfront zu heben. An der deutschen Ostseeküste wurden auch Probeabschüsse konstatiert, jedoch hatte man sich über die Art der Waffe und ihre mögliche Anwendung noch keine genauen Angaben verschaffen können.

Bei einem Probeschießen von Peemünde über die Ostsee landete indessen Mitte August eine Rakete vom später so bekannten Typ V 1 versehentlich auf Südbornholm. Bevor das deutsche Militär die Einschlagstelle abgesperrt hatte, gelang es Kapitänleutnant *Chr. Hasager Christiansen,* der Stationsoffizier der Kriegsmarine auf Bornholm war, und dem Polizeikommissar von Rønne, *Johs. Hansen,* die Rakete zu fotografieren, zu zeichnen, auszumessen und zu beschreiben. Kaum war diese kühne und zielbewußte Handlung ausgeführt, als die deutsche Kontrolle kam; doch auf die Frage, ob fotografiert worden sei, antwortete Hasager Christiansen mit einem festen und klaren Nein.

Die Nachrichtenabteilung der Marine schickte das Material sofort via Stockholm nach London, und sicherheitshalber erfolgte der Versand zweimal, einmal über Malmö und einmal über Helsingør. Während die Sendung über Malmö, ohne Wissen der Deutschen, glatt durchging, schlug es in Helsingør fehl. Der übliche Kurier, der Steuermann einer Fähre, hatte unglücklicherweise gerade einen freien Tag, und als sein Stellvertreter ohne eigene Schuld von den Deutschen visitiert wurde, wurde bei ihm die kompromittierende Sendung gefunden.

Das Unglück in Helsingør hatte zur Folge, daß zwei Besatzungsmitglieder der Fähre verhaftet wurden, und auch Hasager Christiansen wurde umgehend verhaftet. In notwendiger Konsequenz mußten die Offiziere des Nachrichtendienstes das Land verlassen und sich in Stockholm etablieren, da aber seit langem Stellvertreter ernannt waren, blieb der Apparat intakt.

Als Einzelbeobachtung war die Meldung über die Fliegerbombe auf Bornholm die wichtigste Meldung, die während des Krieges aus Dänemark nach London gelangte. Das schnell entschlossene Auftreten des bornholmischen Kapitänleutnants brachte dem dänischen Nachrichtendienst großen Kredit ein und wurde von Churchills Kriegskabinett gewürdigt. Auf diesem Wege wurde die Regierung in London davon unterrichtet, worauf die deutschen Experimente hinausliefen, und konnte ein Jahr, bevor Hitlers Vergeltungswaffen auf Südengland herabzuregnen begannen, die notwendigen Gegenmaßnahmen treffen.

Hasager Christiansen wurde während der Verhöre elektronisch gefoltert und mußte ins Krankenhaus eingeliefert werden, und hier gelang einer Sabotagegruppe seine Befreiung. Er wurde nach Schweden überführt und war dort bis Ende des Krieges mit einer nunmehr in Malmö errichteten dänischen Marinestation verbunden.

Jens Kofoeds vermutliches Vaterhaus in Rønne, jetzt Amtshof mit Amtmannswohnung. Rechts: Der russische General Jakuschov zu Besuch bei Amtmann P.C. von Stemann. Oben: Zum 25. Jahrestag der Enthüllung von Hitlers »Geheimwaffe«, der V-1-Rakete, traf sich Johs. Hansen mit englischen Journalisten. Einer von ihnen erwies sich als alter »Verbindungsmann« in der englischen Botschaft in Stockholm.

Der unentbehrliche Fluchtweg

Wie im übrigen Land, so verschärften sich auch auf Bornholm nach dem 29. August 1943 die Gegensätze zwischen Bevölkerung und Wehrmacht, und zu Beginn des Jahres 1944 kam *Gestapo* auf die Insel, vor allem, um Liniendampfer, den Telegrafen und das Reichstelefon zu kontrollieren. Die bornholmische Widerstandsbewegung war stark und gut organisiert, doch da sich die Insel als der ideale Transitplatz für Personen- und Waffentransporte zwischen Dänemark und Schweden erwiesen hatte, wurden Sabotagehandlungen und Attentate weitgehend vermieden, und insgesamt war die Freiheitsbewegung daran interessiert, daß nach außen hin auf der Insel Ruhe zu herrschen schien, und schlug daher auch gegenüber den Deutschen einen ruhigen Ton an. Verschiedene Personen, die von der Gestapo verfolgt wurden, entkamen nach Schweden; sie sprangen entweder vom Linienschiff, wenn es den Falsterbokanal passierte, oder wurden von Bornholm oder dem noch weniger beobachteten Christiansø aus mit Fischerbooten transportiert. Über dieselben Zwischenstationen fanden mehrere Tonnen Waffen und Munition den Weg von Schweden zu den illegalen Streitkräften in Dänemark.

Dänemark befreit, Bornholm bombardiert

Im Frühjahr 1945 wurden die Besatzungstruppen auf ca. 2.000 Mann verstärkt, und gleichzeitig strömten Flüchtlinge aus Ostdeutschland auf die Insel, teils Zivilisten, teils Soldaten der geschlagenen deutschen Armeen. Schulen, Hotels und öffentliche Gebäude wurden beschlagnahmt und mit Kranken und Verletzten belegt. Der neue deutsche Kommandant, *von Kamptz,* bereitete sich mit allen Mitteln auf die Verteidigung der Insel vor, und um sich darin nicht behindern zu lassen, schickte er nach und nach die zivilen Flüchtlinge weg, dagegen waren am Tage der Kapitulation etwa 20.000 geflüchtete Soldaten auf der Insel.

Die Botschaft von der Befreiung wurde am 4.-5. Mai auf Bornholm mit demselben Jubel begrüßt wie im übrigen Dänemark, aber in dem Augenblick gerade, da alles überstanden sein sollte, brach unerwartet eine Katastrophe herein. Die Deutschen hatten sich auf die Übergabe an die englische Kriegsmacht eingerichtet, von der jedoch kein Repräsentant erschien. Von Kamptz weigerte sich, vor den Russen zu kapitulieren und ließ statt dessen die neuerrichteten Flakstellungen bei Nexø auf russische Aufklärungsmaschinen schießen, die am Vormittag des 7. Mai die Insel überflogen. Gegen 13 Uhr kehrten die Maschinen zurück, diesmal von etwa zwanzig Bombern begleitet, die ihre Ladung über Rønne und Nexø abwarfen. Der Angriff kam für die Bevölkerung der beiden Städte, die noch dabei waren, den Frieden zu feiern, vollkommen überraschend. An keinem der Orte konnten die Luftschutzsirenen ertönen, und in Nexø kam ein Däne ums Leben und in Rønne neun, darunter Kapitän Holm, seine Frau und zwei Kinder, die gerade am Mittagstisch saßen, als ein Volltreffer ihr Haus zerstörte. Am Tag zuvor war Kapitän Holm mit dem 66-Boot »Østersøen« in den Hafen von Rønne eingelaufen, das zusammen mit dem ostbornholmischen Linienschiff »Carl« kurz vor dem Zusammenbruch nach Schweden entkommen war, und war als Held der Stadt empfangen worden.

Am gleichen Tag griffen die russischen Flugzeuge später einige deutsche Schiffe an, die gerade den Hafen von Rønne verließen. Nach dem Angriff warfen die Maschinen Flugblätter ab, in denen die Deutschen aufgefordert wurden, bis zum nächsten Vormittag 10 Uhr zu kapitulieren. Trotz der Mitteilung von Deutschlands endgültiger Kapitulation bestand von Kamptz noch immer darauf, sich nur den Engländern und niemandem sonst zu ergeben, und da er sich von seinem sinnlosen Standpunkt nicht abbringen ließ, wurde am frühen Morgen des 8. Mai die vollständige Evakuierung der

Unzugänglich für Vernunft verläßt der deutsche Kommandant, Kapitän zur See von Kamptz, den Amtshof in Rønne - und rief damit den Krieg mit all seinem Grauen auf die Insel herab. Rønne und Nexø verwandelten sich am nächsten Tag in weniger als einer Stunde aus lächelnden, freundlichen Provinzstädtchen in rauchende Ruinenhaufen. Rechts: Das Viertel hinter dem Amtshof nach dem russischen Bombardement.

Städte Rønne und Nexø angeordnet. Eine Viertelstunde vor Ablauf des russischen Ultimatums regneten Spreng- und Brandbomben auf die beiden menschenleeren Städte herab. Als die Einwohner vier Tage später in die einigermaßen aufgeräumten Städte zurückkehren durften, war kaum ein Haus unbeschädigt, und sehr viele von ihnen sahen ihr Heim als einen Haufen Ruinen wieder.

Die Extra-Besatzung

In der Zwischenzeit hatte General *Wuthmann,* der sich als Flüchtling auf der Insel aufhielt, dem desperaten von Kamptz das Kommando abgenommen und vor dem russischen Vortrupp kapituliert, der am Nachmittag des 9. Mai im Hafen von Rønne an Land ging. Nach gut einer Woche war die Insel von Deutschen total gesäubert. Trotzdem strömten weiterhin russische Truppen und Material auf die Insel. Die Befürchtung, daß Bornholm in der Auseinandersetzung nach dem Krieg zum großpolitischen Diskussionsthema werden könnte, erwies sich jedoch als unbegründet. Im März 1946 teilten die Russen plötzlich mit, daß sie Bornholm verlassen wollten, und am 5. April verließen General *Jakuschow* und sein Stab Rønne, und die Bevölkerung jubelte ihm zu, weil sie zum einen das korrekte Auftreten der Roten Armee in der vergangenen Zeit anerkannte, zum anderen aus Freude darüber, nun wieder ganz ihr eigener Herr zu sein.

Wiederaufbau und Weiterentwicklung

Der Wiederaufbau der zerbombten Städte wurde durch Preis- und Lohnerhöhungen und Mangel an Arbeitskräften und Materialien verzögert. Der schlimmsten Not wurde jedoch durch die 300 vollkommen fertigen Holzhäuser abgeholfen, die als Geschenk aus Schweden kamen; und die dänische Sammlung, die 7-8 Mill. Kronen erbrachte, bedeutete nicht allein eine wesentliche materielle Hilfe, sondern ließ auch das bittere Einsamkeitsgefühl der Bornholmer verschwinden: während sie bombardiert wurden, hatte das übrige Dänemark die Befreiung ohne Mißklang gefeiert.

Der erste - unerwartete - Vergeltungsangriff der Russen gegen die deutsche Flak kostete dänisches Leben, doch bevor ihre Bombenflugzeuge Welle für Welle zurückkehrten, waren die bedrohten Städte total evakuiert. Links: Evakuierte Kinder in der Ny-Kirche. Rechts: Im Hafen von Nexø wurde ein halbes hundert Schiffe und Fischereifahrzeuge beschädigt oder versenkt, hier das Linienschiff »Østbornholm«.

Die schwedischen Holzhäuser in Rønne und Nexø fügen sich heute so hübsch in das für Bornholm charakteristische saubere Stadtbild ein, daß wohl nur die wenigsten an ihren düsteren Hintergrund denken.

Auch im weiteren Sinn war die Zeit nach dem Krieg vom zielbewußten Aufbau und von der Reorganisierung der kleinen Inselgesellschaft geprägt. Der Touristenstrom und der Verkehr haben einen bisher nicht bekannten Aufschwung genommen, und die Bautätigkeit für Unterricht, Verkehr und öffentliche Fürsorge ist enorm gewachsen. Die modernen Autofähren machten es erforderlich, daß die Häfen erheblich erweitert wurden, die Hauptstraßen der Insel bekommen mehr und mehr den Charakter von Autobahnen, und Hotels schießen empor. Obwohl Bornholm seinen Geburtenüberschuß noch immer nicht behalten kann, da die meisten jungen Leute die Insel verlassen und die Rationalisierung der Landwirtschaft viele Hände überflüssig gemacht hat, ist es gelungen, die Bevölkerungszahl zu halten. Obwohl die Bornholmer im Erwerbsleben gegenüber den Forderungen der Zeit und nicht zuletzt der Zukunft sehr aufmerksam sind, setzen sie doch ungern den Charme und die Eigenart der Felseninsel aufs Spiel.

RELIGIÖSE STRÖMUNGEN

Noch vor hundert Jahren war in den 22 bornholmischen Kirchspielen die Kirche der einzige Versammlungsort. Heute gibt es über hundert Kirchen und Missionshäuser, außerdem etwa ein Dutzend Versammlungshäuser, wo häufig auch religiöse Versammlungen und Zusammenkünfte abgehalten werden. Eine Bewegung erreicht Bornholm in der Regel später als das übrige Dänemark, und sie trifft in der Regel anfangs auf einen gewissen Widerstand; die Bornholmer wollen erst sehen, was man ihnen bietet, bevor sie sich hingeben.

Die »Agerbechianer«

Vermutlich aufgrund der isolierten Lage der Insel gewann der *Pietismus* (von *pietas:* Frömmigkeit) niemals wirklich Zutritt auf Bornholm, doch »ein wenig Pietisterei« gab es trotzdem »im Norden des Landes«, wie P. N. Skovgaards »Beskrivelse over Bornholm« (Beschreibung von Bornholm), 1804, berichtet. Diese »Pietisterei« hatte seltsamerweise ihren Ursprung auf

Christiansø, denn von dort kam im Jahre 1732 der junge Fähnrich *Henrik Langhorn* nach Bornholm, wo er mit großem Eifer wirkte. Sein Verwandter, Pastor Trojel in Pedersker, schloß sich ihm an, ebenso der Gemeinde-Pfarrer in Olsker 1723-59, Hans Mahler, und vor allem *Andreas Agerbech,* der im Jahre 1739 Gemeindepfarrer in Povlsker wurde und 1741-56 Gemeindepfarrer in Klemensker war. Unter dem immer größer werdenden Widerstand der orthodoxen Pastoren arbeiteten sie zielbewußt daran, die Bornholmer sowohl in Hinblick auf das Christentum als auch auf ihre Kenntnisse zu erwecken.

Bereits durch Agerbechs Verkündigung wurden »recht viele in Povlsker und in den Nachbargemeinden erweckt und gläubig«, und zusammen mit den 22 reifsten von diesen, die als »Vorleser« für die Jugend wirkten, daneben zwei Armenpflegern und zwei Gehilfen, erreichte Agerbech, einem Bericht an den Bischof zufolge, daß »niemand mehr stahl, bettelte oder hurte«. Auch in Klemensker gab es durch ihn eine Erweckung, und trotz erheblichen Widerstandes hielt er in mehreren Gemeinden Gottesdienste ab. Unter Frederik V., der einen diametralen Gegensatz zu seinem zutiefst pietistischen Vater, Christian VI., darstellte, wurde Agerbech jedoch gezwungen, sein Amt mit dem Pastor auf Christiansø zu tauschen. Dieser Degradierung folgte im Jahr darauf der Abschied, und er wirkte bis zu seinem Tode im Jahre 1770 in dürftigen Verhältnissen als Arzt in Svaneke.

Agerbechs Nachfolger in Klemensker, Thomas From, war ein sowohl schwacher als auch schwächlicher Mann, sein Gehilfe und Schwiegersohn, der Pastor *Jørgen Koefoed* - von Simblegård in Klemensker - wirkte in der pietistischen Erweckungs- und Aufklärungsarbeit jedoch mit großem Eifer. Dabei arbeitete er häufig mit dem Küster von Vestermarie, *Hans Bidstrup,* zusammen, der die Insel ringsum bereiste und predigte, obgleich sein Gemeindepfarrer sehr dagegen war. Auch der Propst griff in dieser Angelegenheit ein und bezeichnet diesen »Agerbechianer« in seiner Beschwerde an den Bischof als »ein seltsames Tier und einen halben Unmenschen« und erreichte schließlich seine Entlassung; dagegen gelang es ihm nicht im Jahre 1771 Jørgen Koefoeds Ernennung zum Gemeindepfarrer zu hintertreiben. Gemeinsam mit ein paar anderen pietistischen Pastoren versuchte Jørgen Koefoed die Arbeit fortzusetzen, doch der Widerstand hielt an, und so war er um das Jahr 1800 der einzige Pastor auf der Insel, der die »Erweckten« außerhalb der Kirche sammelte. 1808 nahm er seinen Abschied und starb fünf Jahre später in Rønne.

»Wüstenwind über fruchtbaren Äckern«

In der ersten Hälfte des 19. Jahrhunderts wurde das geistige Leben auf Bornholm vom *Rationalismus* (von *ratio:* Vernunft) geprägt, dem zufolge die Aufgabe der Pastoren darin bestand, die Pfarrkinder durch verstandesmäßige Aufklärung zu Tugend und nützlichem Tun anzuhalten. »Der Rationalismus wirkte zumeist wie ein Wüstenwind über fruchtbaren Äckern«, heißt es in Karl M. Koefoeds »Bornholms Kirkehistorie« (Kirchengeschichte von Bornholm), 1932, »vieles von jenem christlichen Leben, was die Pastoren Agerbech und Jørgen Koefoed geweckt hatten, verdorrte in jener Zeit; und dies konnten ein paar Tugend- und Kenntniskräuter nicht ersetzen«. Die Nachwirkungen der pietistischen Erweckung verschwanden jedoch nicht völlig und waren vor allem bei ganz einfachen Menschen zu spüren. In Nexø pflegte die Spinnerin *Karna Westh* die Pastoren um eine genauere Erklärung zu bitten, wenn sie in ihren Predigten etwas nicht verstanden hatte, und die Pastoren mußten ihr diese Nachpredigt halten, ob es ihnen paßte oder nicht. Die Witwe *Johanne Kjøller* in Povlsker soll der »Erweckung« genauso treu geblieben sein, und der Schmied von Bodilsker, *Lars Ipsen,* wegen seiner imponierenden Kenntnisse aller Arten von Pflanzen der »*Blumenschmied*« genannt, war in Bibel und Gesangbuch gleich gut bewandert und wirkte, indem er mit den Leuten über den Inhalt jener Predigten sprach, die er in der Kirche nahezu auswendig gelernt hatte.

DER PASTOR VON TEJN

Während eines heftigen Herbststurms im Jahre 1814 waren 31 Boote von Bornholm auf Heringsfang, und nur ein einziges kam mit der Mannschaft heil an Land. In der Nähe von Rø ging ein Boot aus Tejn unter, und zwei der Fischer ertranken, während der dritte, *Jep Jensen,* eine Weile in der Brandung zappelte, bis ihn Strömung und Wellen in die Tiefe zogen. Gerade als er glaubte, daß es aus mit ihm sei, erblickte er im Wasser einen kleinen Jungen, der zu ihm sagte: »Kämpfe für dein Leben!« Mit aller Kraft arbeitete er sich zur Oberfläche empor, verlor aber dann das Bewußtsein.

Als Jep wieder zu Sinnen kam, fand er sich an Land gespült auf einem Haufen Tang. Doch er war so »forgozjader« (ermattet), daß er sich nicht zu erheben vermochte. Als er ein Weilchen so gelegen hatte, kam der Junge, den er im Wasser gesehen hatte, zu ihm hin, nahm ihn bei den Schultern und half ihm auf die Beine. »Du bist klein, aber du bist stark!« rief Jep verwundert aus. Der Junge gab keine Antwort, sondern zog ihn hoch und führte ihn zum nächsten Haus. Hier brach Jep zusammen. Er hatte jedoch noch die Kraft, an die Tür zu klopfen, bis Leute kamen und ihm ins Haus halfen.

Wie seine Kameraden, so hatte auch Jep Jensen zuvor nur seine Arbeit verrichtet und sich die Zeit ansonsten im Wirtshaus vertrieben, wo es mit Branntweintrinken, Fluchen und Kartenspielen oft wild zuging. Jetzt aber wurde er ein ganz anderer Mensch. Er war der Meinung, das Jesuskind selber müsse ihm geholfen haben, und er konnte nicht anders, als seine bisherige Lebensführung zu »forhâna« (bereuen). Oft saß er nun zu Hause und las in seiner Bibel und sang Kirchenlieder zum Lob des

Bei den Gemeinderatswahlen in Rønne werden sowohl alte als auch neue Methoden angewandt, um die Leute zur Stimmabgabe zu bewegen. So wird eine alte Primglocke aus dem Jahre 1750 genau wie damals durch die Straßen der Stadt getragen. Auf der Freilichtbühne bei Galløkken laden jeden Sommer eine Reihe von Rønnes Gemeinden zu den sogenannten »Allianzgottesdiensten« ein. An diesen Abenden versammeln sich 300 bis 500 Zuhörer, einmal sind es 1200 gewesen.

Erlösers, oder er ging aus und ermahnte gottlose Menschen, sie sollten sich bekehren, und wenn ihm jemand mit Spott begegnete, so ertrug er es leicht. Er half auch Kranken und Notleidenden, und als ihm der Pastor erlaubt hatte, im Notfall kranke Kinder im Hause zu taufen, wurde er mit der Zeit von den meisten *Der Pastor von Tejn* genannt.

Bischof Mynsters Meinung von der Bornholmern

In Åker hielt der Lumpensammler *Strøberg*, genannt *»Lâzasvenskijn«* (der Lumpenschwede), kleine religiöse Versammlungen ab, in Rønne wirkte *»hellia Beck«* (der heilige Beck), der Tischlergeselle *Jens Beck*, der durch *Grundtvigs* Predigten in Vartov erweckt worden war - und so sproß es in einer ansonsten unfruchtbaren Zeit ringsum im Kleinen. In seinen Aufzeichnungen von einer Visitation im Jahre 1841 schreibt Bischof *J. P. Mynster*, daß »die Bornholmer ein aufgeweckter und kluger Menschenschlag sind, kaum aber gemütlich, und es hat ihnen in keiner Hinsicht zum Vorteil gereicht, daß sie nur wenig Regierung gehabt haben.

Die meisten Pastoren leben indessen mit ihren Gemeinden in gutem Einvernehmen, und die Verständigeren fangen an, ein verbessertes Schulwesen durchzusetzen. Wie es sich mit dem Fortschritt der Kenntnisse insgesamt verhält, läßt sich schwer sagen, denn es finden sich sowohl von der erwachsenen Jugend als auch von den Schulkindern nur jene ein, die Lust dazu haben, in der Regel also die tüchtigeren, und zwei Drittel oder mehr bleiben für gewöhnlich fort. Der Kirchgang wird fast überall gelobt, und die Zuhörer sind sehr aufmerksam. Krasser Aberglaube ist verbreitet, dagegen neigen die Bewohner nicht zur Schwärmerei«.

Der große Erwecker Trandberg

Noch ehe das Grundgesetz vom 5. Juni 1849 die Religionsfreiheit in Dänemark garantierte, hatten die Baptisten ihre Mission auf Bornholm begonnen. Das forderte einen Teil der Pastoren zum Widerstand heraus, doch bald folgten auch die Mormonen, und 1854-55 wirkte *Jens Larsen* innermissionarisch auf der Insel. Doch erst, als im Jahre 1860 der junge Pastor *Peter Christian Trandberg* auf seine Heimatinsel zurückkehrte, brach das geistige Sturmwetter tatsächlich los. Mit ihm kam der größte Erweckungsprediger, den Bornholm gekannt hat. Obgleich sein gesamtes Verhalten und die Art, wie er seine Mitarbeiter auswählte, von Unsicherheit und Schwankungen geprägt war, was ihm und seiner Wirksamkeit großen Schaden zufügte, bezeichnet dieses Wirken den größten Wendepunkt in der neueren Kirchengeschichte Bornholms. Man teilt sie ganz einfach in die Zeit *vor, während* und *nach Trandberg* ein.

Trandberg, der 1832 auf Brunsgård in Nylars geboren wurde, und 1896 als Pastor in Amerika starb, wurde 1858 Kandidat. Obwohl er vom Kampf *Søren Kierkegaards* gegen die Staatskirche tief ergriffen war, wurde er Hilfsprediger in Tjele-Vinge östlich von Viborg und warf sich »mit der heiligen, brennenden Leidenschaft des Glaubens und des Herzens in eine überaus anstrengende Arbeit für die große Sache des Gottesreiches«. Nach zwei Jahren fleißiger Predigertätigkeit, die in heftigen Bußpredigten und zahllosen Hausbesuchen bestand, fühlte sich Trandberg von Gott zu seiner Geburtsinsel zurückgerufen und wurde stellvertretender Gemeindepfarrer in Åker, wo er vor überfüllter Kirche mit flammender Beredsamkeit und oft zu Tränen erschüttert gegen die Weltlichkeit der Zeit, gegen Kartenspiel und Tanz wetterte, heftige Angriffe gegen die Volkskirche und ihre Pastoren richtete und zu Buße und Bekehrung mahnte. Als er sich mit seinem Gemeindepfarrer entzweite, wechselte er zur freikirchlichen Arbeit über und übte sie nicht nur in den Kirchen, sondern auch in den Schulen und ringsum

Trandberg - ein Wendepunkt in der Kirchengeschichte der Insel.

auf den Höfen aus. Im Laufe des Winters kam es in der Gemeinde Åker zu einer großen Erweckung, und als Trandberg Vikar in Olsker-Allinge wurde, machten die Leute aus dem Südland oft den weiten Weg nach dem Norden, um seine Verkündigung zu hören, die überall ihre deutlichen Spuren hinterließ, aber auch großen Widerstand hervorrief. Spottlieder wurden verfaßt, und die Angriffe gegen ihn wurden immer stärker, und als schließlich Bischof *H. L. Martensen* zur Visitation kam, um sich »das ganze trandbergsche Treiben« genauer anzusehen, hatte dies zur Folge, daß ihm die Kirchen der Insel verschlossen wurden und Trandberg in Scheunen und Wäldern predigen mußte.

Am Johannistag 1863 wurde bei einer Zusammenkunft in Almindingen unter Trandbergs Leitung eine Gemeinde mit tausend Mitgliedern gegründet. Diese freie Gemeinde hatte zu *N. P. Grunnets* evangelisch-lutherischer Freikirche in Kopenhagen Verbindung. Aber als Trandberg einen heruntergekommenen schwedischen Theologiestudenten, *G. E. Rosander,* als Gehilfen annahm und ihm trotz seiner befleckten Vergangenheit das Predigen in der Gemeinde erlaubte und es statt dessen Grunnet am Ende geradezu verbot, kann es zwischen Grunnet und Trandberg zum offenen Bruch.

Die Bekehrung des Schmiedes von Nexø

Ein anderer Gehilfe war *Christian Møller* (1834-1907), ein junger Schmied aus Nexø. Er sollte in Bornholms neuerer Kirchengeschichte der nächste große Name werden. Als sein erstes Kind mit einem körperlichen Gebrechen auf die Welt kam, wurde er von Trandbergs Verkündigung ernsthaft ergriffen, schwor seinem Hang zu Kartenspiel und Jagd ab und schloß sich Trandbergs Predigerschule an, wo er sich bald als einer von jenen neun Schülern erwies, die für das Predigeramt am besten ausgerüstet waren. 1863 verließ er zusammen mit Trandberg die Volkskirche und wurde Leiter der freien Gemeinde in Olsker-Allinge.

Die ständigen Erweckungsreden seines Lehrmeisters und sein Lärmen gegen Kartenspiel und Tanz in einer geschlossenen Gemeine, deren Mitglieder alle längst erweckt waren und zumindest nicht mehr Karten spielten oder tanzten, stimmten Møller mit der Zeit bedenklich. Nach einem geistigen Durchbruch und einem anschließenden Besuch bei dem schwedischen Erweckungsprediger *Carl Olof Rosenius* sprach Møller jetzt von »Gottes absolut bedingungsloser Gnade«. 1866 kam es zu einem Bruch mit Trandberg, der in der Zwischenzeit mit *Vilhelm Birkedal* in Ryslinge in Verbindung gekommen war und von diesem stark in grundtvigscher Richtung beeinflußt wurde. 1868 löste Trandberg die alte - Grunnetsche - freie Gemeinde auf und bildete eine neue freie Gemeinde nach grundtvigschen Prinzipien.

Auf die Dauer erschienen ihm die Grundtvigianer jedoch zu weltlich, und 1872 kehrte er als Freigemeindepfarrer zur Volkskirche zurück und gestaltete seine Gemeinde in eine grundtvigsche freie Gemeinde um. Vielerlei Enttäuschungen hatten zur Folge, daß er nach einigen Jahren Predigertätigkeit in Jütland Dänemark verließ. Jedoch zeugt ein großer Gedenkstein mit seiner Büste in Ekkodalen seit 1898 von der Dankbarkeit der Heimatinsel für seine große Erweckungstat.

Die »Møllerianer«

Als Trandberg seine erste freie Gemeinde auflöste, blieben nur etwa 600 ihrer Mitglieder bei ihm, während sich die übrigen, etwa 1000, Christian Møller anschlossen. Auf den Rat von Rosenius führte Møller seine Gemeinde zur Volkskirche zurück. Aber der Zusammenhalt unter den *Møllerianern* war so stark und unverbrüchlich, daß sie 1868 *Bornholms Forening til Evangeliets Fremme* (Bornholms Verein zur Förderung des Evangeliums) gründeten, später - als sich dieser Verein auf das übrige Dänemark ausdehnte - geändert in *Luthersk Missionsforening* (Lutherischer Missionsverein). Von den 13 Missionshäusern des Vereins wurde das erste bereits 1872 in Åkirkeby errichtet, seine Hochburg ist jedoch seit 1923 die Volkshochschule bei Hillerød.

Die Spaltung des Missionsvereins

Nach einem Besuch bei dem schwedischen Erweckungsprediger und Heilkünstler *F. A. Boltzius* sah Møller ein, daß seiner eigenen Verkündigung ein Appell an die Sünder fehlte, nach Heiligung zu streben. Doch diese neuen Töne in seiner Botschaft riefen bei den Mitgliedern der Gemeinde Unruhe hervor. Da sie auch unzufrieden damit waren, daß immer weniger schwedische Prediger eingesetzt wurden, kam es zur Bildung des *Evangelisk-luthersk Missionsforening* (Evangelisch-lutherischen Missionsvereins). Der Unterschied bestand jedoch nur darin, daß die Forderung nach Heiligung nicht so stark betont wurde wie in dem alten Verein. Dieser Bruch traf Møller sehr hart, aber die Kluft ist auch heute noch vorhanden. Der Evangelisch-lutherische Missionsverein, der mittlerweile über 14 Missionshäuser verfügt, steht der Kirche ferner als der Lutherische Missionsverein. Dagegen ist seine Verbindung zu den südschwedischen Missionsvereinen so eng, daß selbst seine bornholmischen Prediger während der Verkündigung ins Schwedische überwechseln.

Die »Auswärtigen« der Volkskirche

Der Lutherische Missionsverein (oft schlicht und einfach »Bornholmer« genannt) und der Evangelisch-lutherische Missionsverein sind die *bornholmischen* Elemente in der dänischen Volkskirche. Alle anderen kirchlichen Richtungen und Gemeinschaften, die es auf Bornholm gibt, sind »auswärtig« (»førte«), auch wenn sie im Laufe der Zeit noch so viel Heimatrecht im geistigen Leben der Insel gewonnen haben.

Die Grundtvigianer

Der bornholmische Pionier des *Grundtvigianismus* war der zuvor erwähnte *Jens Beck,* der mit seinem fröhlichen Christentum viele Menschen dem Rationalismus abgewann. Zusammen mit einem Kandidaten Grønbech hielt »hellia Beck« (»Der heilige Beck«) fleißig sogenannte Freundestreffen ab, und seine Bedeutung bestand nicht zuletzt darin, daß er als Steuereintreiber von Rønne Gelegenheit hatte, in die Häuser zu kommen und dort Zeugnis abzulegen. Der Gemeindepfarrer von Rønne-Knudsker 1863-1903, *F. V. Christensen,* der für seine milden Predigten und seine schöne Singstimme bekannt war, schätzte Beck sehr und wurde der erste grundtvigsche Pastor auf Bornholm. Er führte den Anhang zum Gesangbuch mit Grundtvigs Kirchenliedern ein, was bei vielen Mißfallen erregte. Aber mehrere Leute aus anderen Teilen der Insel traten in seine Kirchengemeinde ein, und mit der Zeit sammelte er eine große Gemeinde um sich. Den fruchtbarsten Boden fanden die grundtvigschen Pastoren ansonsten zumeist auf Ostbornholm, und hier, in Østermarie, war es auch, wo Lehrer *Julius Bon* 1870 eine Volkshochschule errichtete, die sich seit 1893 unmittelbar südlich von Almindingen in Nachbarschaft des Ekkodals befindet.

Bornholms Valgmenighed (Bornholms Freie Gemeinde) begann ihr Dasein im Jahre 1872 unter Trandberg, aber erst 1897 hatte Pastor F. V. Christensen die Möglichkeit für ihre eigentliche Gründung geschaffen. Trandbergs Kapelle »Bethania«, außerhalb von Åkirkeby, wurde zur Kirche geweiht, und im Mai 1900 weihte man die ansehnliche Heiliggeistkirche in Rønne ein, deren erster Pastor der Schwiegersohn von Pastor Christensen, *Marius Jensen,* gewesen ist. 1947 wurde »Siloam« in Nexø als Freigemeindekirche geweiht, und »Bethania« wurde daraufhin an die Innere Mission verkauft. Der Pastor ist jetzt in Nexø wohnhaft, wo die Gemeinde am aktivsten ist. Aber nicht nur in den beiden Freigemeindekirchen, sondern auch in den Gemeindekirchen von Østermarie und Åkirkeby werden regelmäßig Gottesdienste abgehalten.

Innere Mission

Die *Indre Mission* (Innere Mission) nahm während der gesamten Trandberg-Periode nur einen bescheidenen Platz im kirchlichen Leben von Bornholm ein, obgleich Schuldirektor *A. L. Hjorth* in Rønne in den 50er Jahren gutbesuchte Versammlungen in der Turnhalle der Realschule abhielt und später seine Missionstätigkeit auch auf eine Sonntagsschule und Zusammenkünfte für junge Mädchen, also Arbeit des Christlichen Vereins junger Mädchen (KFUK), ausdehnte. 1877 wurde *C. Hasle,* der Studienrat an der Lateinschule von Rønne war, residierender Kaplan in Rønne-Knudsker und damit der erste Prediger den Inneren Mission auf Bornholm. Doch erst 1890, als der 33jährige *Julius Friis Hansen* Gemeindepfarrer in Olsker-Allinge wurde, wurde die Innere Mission wirklich bekannt und gewann auf der Insel Verbreitung. Die sieben Jahre, die Julius Friis Hansen auf Bornholm verbrachte, hinterließen »so tiefe Spuren im kirchlichen Leben Bornholms, wie es keinem Pastor außer Trandberg möglich gewesen ist«. Im Laufe der Zeit haben sich viele Pastoren der Insel an der Arbeit der Inneren Mission beteiligt, die u.a. von 24 Missionshäusern und 26 Christlichen Vereinen junger Männer (KFUM) und junger Mädchen (KFUK) betrieben wird. Mehr als ein Viertel der bornholmischen Gemeinderatsmitglieder sind von der Inneren Mission gewählt.

Die Hochkirchlichen

Die hochkirchliche Richtung - jetzt *Kirkeligt Centrum* (Kirchliches Zentrum) - hat sich auf Bornholm niemals organisiert, sondern wurde teilweise von den Pröpsten vertreten, vor allem von *Meyn* und *Bostrup* in Rønne, *K. F. H. Sodemann* und *Emil Rohde* in Klemensker. Propst Sodemann hat veranlaßt, daß in den 80er und 90er Jahren mehrere der schönen alten kleinen Kirchen der Insel abgerissen und an ihrer Stelle monumentale Granitkirchen errichtet wurden.

GEMEINDEN AUSSERHALB DER VOLKSKIRCHE

Der *Adventismus* wurde 1892 von einem Norweger namens Larsen nach Bornholm gebracht. Er gewann ein Dutzend Anhänger, was aber für die Bildung einer Gemeinde zu wenig war. Erst 1914 schien das Zeugnis der Adventisten Gehör zu finden, und Missionar Resen hielt eine Reihe gutbesuchter Versammlungen im Abstinenzler-Hotel in Rønne ab. 1916 wurde eine kleine Gemeinde gegründet, deren Mitgliederzahl in ein paar Jahren auf etwa 80 anwuchs. Heute gibt es Kreise in Allinge und Svaneke, und die Insel hat vermutlich etwa 180 erwachsene Mitglieder. Vor wenigen Jahren errichteten die Adventisten eine kleine Kirche im Fischerdorf Tejn.

Mit etwa 800 Mitgliedern ist die *Baptistengemeinschaft* die älteste und größte Glaubensgemeinschaft außerhalb der Volkskirche auf der Insel. Als der 23jährige Uhrmachergeselle Søren Nielsen im Jahre 1845 zu Besuch in Kopenhagen war, wurde er durch die Lektüre eines baptistischen Traktats erweckt und kehrte zur Insel zurück, um vor seinen alten Freunden Zeugnis abzulegen. Er stieß anfangs auf erheblichen Widerstand, aber am 12. Mai 1847 ließen sich fünf erwachsene Bornholmer im Meer vor Sose taufen, und am Tag darauf wurde in Sose *Bornholms Baptistmenighed* (Bornholms Baptistengemeinde) gegründet, die Søren Nielsen zum Vorsteher wählte. In Arnager und Sose hatte er großen Zulauf, in Rønne aber reagierte man unwillig, und erst 1851 wurden wieder Baptisten getauft. Später wurde Lars Holm aus Rø Vorsteher, und er trabte Sonntag für Sonntag den 19 km langen Weg nach Rønne, um dort zu predigen. 1865, als P. Ryding aus Kopenhagen Vorsteher war, erhielt die Gemeinde in Rønne ein eigenes Haus und richtete hier ein Taufbecken ein. 1880 wurde die erste Kapelle mit 250 Sitzplätzen geweiht, 1888 die größere Kirche auf dem Lille Torv (Kleinen Markt) in Rønne. Die Gemeinde, die sehr rührig ist und auch in erheblichem Maße Pfadfinderarbeit leistet, besitzt nun Kapellen und Versammlungssäle in insgesamt 13 Ortschaften der Insel.

Frimissionen (Die Freimission), die vom Schwedischen Missions- und Heilsverein ausgegangen ist, verkündet, daß der Mensch die sündige Natur überwinden und heilig werden kann, daß sich Krankheit durch Gebet heilen läßt und Christi Wiederkehr nahe ist. Sie wurde von einem Missionar Andersen begründet, genannt »hvide Andersen« (der weiße Andersen), weil er schon im Alter von 35 Jahren vollkommen weißhaarig war. Obwohl er auf Widerstand stieß, gründete er 1892 die erste kleine Gemeinde, die sich 1896 ein eigenes Haus errichten konnte. Als es zu internen Streitigkeiten kam, wurde das Haus verkauft, aber 1905 wurde die Gemeinde von ein paar Predigern aus Kopenhagen reorganisiert und gewann mehrere neue Anhänger. Sie besitzt jetzt das Missionshaus »Hebron«, wo es ein Taufbecken gibt, und gehört mit ihren etwa 150 Mitgliedern dem Dänischen Missions-Verband an.

Frelsens Hær (Die Heilsarmee) begann ihre Arbeit im Herbst 1893, als einige Heilsarmeeoffiziere auf die Insel kamen, um Versammlungen abzuhalten und eine örtliche Abteilung aufzubauen. Dies fand bei den meisten Glaubensgemeinschaften Wohlwollen, wurde jedoch verschiedentlich von der Straßenjugend gestört. Die Heilsarmee hat in Rønne die alte Rektorwohnung der Staatsschule übernommen und sie als Versammlungsraum und Wohnung für die Leiter eingerichtet. Sie führt - obwohl sie weniger Anklang findet - auch jetzt noch ihre Arbeit aus, die in Besuchen, in Erweckungs- und sozialer Tätigkeit besteht. Sie hat Häuser und Räume in Hasle, Svaneke und Nexø und hält auch an anderen Orten der Insel Zusammenkünfte ab.

Jehovas Vidner, International Forening for Bibelstudium (Die Zeugen Jehovas, die Internationale Vereinigung zum Studium der Bibel) schickte 1908 einen Kolporteur nach Bornholm, der aber unverrrichteter Sache wieder abreisen mußte. Jedoch wirkte ein einzelner Bornholmer in der Stille weiter und gewann einige Anhänger. Heute besitzt die Bewegung ein Haus in Rønne und führt Hausbesuche durch; hin und wieder, zuletzt im Jahre 1967, hat sie ihre Kongresse nach Bornholm verlegt.

Den Katolsk-apostolske Kirke, Irvingianerne (Die Katholisch-apostolische Kirche, die Irvingianer) hat mehrfach Prediger nach Bornholm geschickt, gewann jedoch nicht viele Anhänger. Seit 1880 gibt es eine kleine Gemeinde mit einem Versammlungsraum in Rønne. Die etwa 130 erwachsenen Mitglieder stehen im gesellschaftlichen Bewußtsein der Volkskirche nahe und genießen ihre Sympathie.

Die *Methodisten* haben ihre erste selbständige bornholmische Gemeinde 1895 in Nexø gegründet und sich gleichzeitig eine Kirche gebaut. Im Jahre 1900 entstand auch in Rønne eine Gemeinde, deren stattliche Kirche im Jahre 1918 geweiht wurde. Die Methodisten - jene Kirchengemeinschaft, die mit ihrer Verkündigung von Bekehrung und Heiligung der Inneren Mission der Volkskirche am nächsten steht - zählen auf Bornholm etwa 400 Erwachsene und wirken mit ihren fünf Kirchen und Kapellen in Rønne, Allinge, Nexø, Pedersker und Åkirkeby.

Die *Mormonen* haben 1850 zwei Prediger auf die Insel geschickt, um eine Gemeinde zu gründen. Sie gewannen etwa 100 Anhänger und veranlaßten einen Teil von ihnen, nach Salt Lake City auszuwandern. Ansonsten hinterließen sie jedoch keine bleibenden Spuren. Häufig aber kommen junge amerikanische Mormonen-Missionare paarweise nach Bornholm, um ein Jahr lang Zeugnis abzulegen - und um Familiennamen in den Kirchenbüchern aufzuspüren.

Pinsebevægelsen (Die Pfingstbewegung) ist die neueste Kirchengemeinschaft auf Bornholm, und auch hier ist ihr Dasein recht bewegt gewesen. Sie machte sich zum ersten Mal im Jahre 1916 bemerkbar, als der Stellmacher Jens Folkersen in Rønne

Zungen zu reden anfing und bald, als seine Wohnung zu klein wurde, einen Versammlungsraum in seiner Werkstatt einrichten mußte. 1920 kamen *Anna Larssen Bjørner* und ihr Mann *Sigurd Bjørner* nach Bornholm, und mit dem Schweden H. Wuerster als Vorsteher wurde eine Gemeinde gegründet. Als dieser im Jahre 1929 die Insel verließ, kam es aus verschiedenen Gründen zum Streit unter den etwa 250 Mitgliedern der Gemeinde. Heute gibt es in Rønne zwei Gemeinden, die jede ihr Gebäude hat, die große »Elim«-Kirche aus dem Jahre 1952 und das bescheidenere »Evangeliehuset« (Evangelienhaus). Außerdem hat die Pfingstmission Gebäude in Hasle, Klemensker, Tejn und Nexø.

Die Katholiken

Die *Römisch-katholische Kirche* begann ihre Tätigkeit um die Jahrhundertwende, als man polnische Rübenarbeiter in ziemlich großer Zahl als billige Arbeitskräfte auf die Insel holte. Anfangs wurden sie von reisenden Pfarrern betreut, die einige Male im Jahr kamen. Im Jahre 1916 wurde jedoch ein holländischer Pfarrer in Rønne fest eingestellt. Später kamen vier Nonnen, die bei der Krankenpflege mitwirken und eine Mädchenschule in Rønne leiten sollten, sowie ein weiterer Pfarrer, der sich in Åkirkeby niederließ. Man baute, zum Teil mit holländischem Geld, schöne Kirchen in Rønne und Åkirkeby. Die Mädchenschule wurde 1932 aufgelöst und als Erholungsheim »Rafaelshjemmet« eingerichtet. Auch ein Kindergarten in Åkirkeby wurde aufgelöst. Man schätzt die Anzahl erwachsener Katholiken auf Bornholm auf etwa 150. Jedoch ist diese Zahlenangabe problematisch, denn viele Polen heiraten in dänische Familien ein und treten aus der katholischen Kirche aus.

KIRCHEN

Der »Dom« von Åkirkeby

Es ist anzunehmen, daß die *Å-Kirche (Å kirke)* in alter Zeit Bornholms Hauptkirche gewesen ist. Sie ist die größte und möglicherweise auch älteste Kirche der Insel; in Verbindung mit ihr wurde jahrhundertelang das bornholmische Landsting abgehalten, und als Zeugnis ihrer Position blieb das enge Zugehörigkeitsverhältnis zum Domkapitel in Lund so lange bestehen, bis Schonen 1658 für Dänemark verloren ging. Ebenso wie die anderen alten Kirchen der Insel gehörte sie zu einer Landgemeinde, denn die Stadt *Åkirkeby* ist relativ spät entstanden, obwohl es im Spätmittelalter die wichtigste Stadt der Insel war.

ROMANISCHER ETAPPENBAU

Die Kirche ist eine durch und durch romanische Anlage, obgleich sie keineswegs nach einem Gesamtplan oder in einem Arbeitsgang errichtet wurde. Am ältesten sind Chor und Apsis, überwiegend gebaut aus Grünsandstein in zwei Farben, einem hellen und einem dunklen, beide gewiß aus dem Umland der Stadt an der Grødby Å geholt. Architektonisch zeichnet sich dieser Teil der Kirche vor allem durch die schön gehauenen Rundbogenfriese der Gesimse und den sehr hohen und breiten Chorbogen aus, der zeitweise mit einer interimistischen Wand geschlossen gewesen sein muß, die es erlaubte, im Chor Gottesdienst abzuhalten, während das Schiff errichtet wurde. Die Ostecken und der unterste Teil der Längsmauer des Schiffes waren zusammen mit dem Chor und aus dem gleichen Material errichtet worden, bei der späteren Vollendung wurde als Hauptmaterial jedoch der graue bornholmische Silurkalkstein, der Zementstein, verwendet.

Aus der ersten Bauperiode stammen wahrscheinlich die beiden Türen des Schiffs, auf jeden Fall die schlanke, rundbogige Nordtür, deren fein profilierter Außenrahmen aus hellem Sandstein gemeißelt ist.

Während die Apsis immer gewölbt gewesen ist, wurde das schwere Rippengewölbe des Chores zu Beginn des 14. Jahrhunderts eingebaut. Das Schiff hat eine flache Decke, während der Bauarbeiten muß jedoch der Gedanke an ein Gewölbe aufgekommen sein. Aufgrund der Breite war es ausgeschlossen, das gesamte Schiff mit einem Gewölbe zu überspannen, statt dessen wurde die Kirche durch eine längsgerichtete Arkadenmauer in zwei schmalere Schiffe geteilt, die den Einbau von zwei parallelen Tonnengewölben ermöglichten, ganz so, wie sie von der alten Øster-Marie-Kirche bekannt sind. Die Arkadenmauer erstreckte sich jedoch nicht durch den gesamten Raum, sondern westlich der beiden Türen wurde eine Scheidemauer errichtet, und auf diese Weise im Westen ein schmaler Raum mit der Längsrichtung Nord-Süd geschaffen, vielleicht in Hinblick auf die Einrichtung einer besonderen Herrschaftsempore. Auch hier war sicher ein Tonnengewölbe beabsichtigt, es wurde jedoch genauso wenig wie die beiden anderen jemals verwirklicht. Nur die Arkadenmauern standen und gaben dem Kirchenraum ein einzigartiges besonderes Gepräge, bis sie im Jahre 1874 einer nach heutigen Begriffen äußerst rüden Restaurierung zum Opfer fielen.

Eine rundbogige Öffnung in der Westwand verbindet das Schiff mit dem in der Hauptsache aus Feldsteinen errichteten Turm. Etwa in der Mitte des Turmraums wurden Reste des Fundamentes der ursprünglichen Westmauer des Turms gefunden. Bedeutende Partien dieses schmaleren Turms sind in dem heutigen enthalten, u.a. Teile der beiden gemauerten Treppen, die an der Nord- und Südseite zu den oberen Geschossen führen. Da der Turm in seiner Gesamtheit ausgeprägt romanisch ist, muß die Erweiterung zu einem verhältnismäßig frühen Zeitpunkt stattgefunden haben. Gleichzeitig wurden die drei untersten Geschosse mit einem noch erhaltenen System von Tonnengewölben ausgestattet, die von Pfeilern getragen wurden. Die ursprüngliche Dachkonstruktion ist unbekannt, der Turm hat jedoch wahrscheinlich ein Pyra-

Bischof Mynster beschrieb im Jahre 1841 die Å-Kirche als »groß und ungeschlacht, hat in der Mitte 4 große, unförmige Pfeiler - dunkel und häßlich bemalt«. Dies drückte wohl die Auffassung der Zeit aus, denn 1874 wurde, zu unersetzlichem Schaden, die eigentümliche Mittelwand (Zeichnung) mit ihren Renaissance-Wandmalereien entfernt. Der Taufstein des Gotland-Meisters Sigraf aus dem 12. Jahrhundert wäre im 2. Weltkrieg beinahe nach Berlin entführt worden. Mit seiner Runeninschrift gehört er zu den wertvollsten Dänemarks.

midendach gehabt. Man hat versucht, das charakteristische Zwillingsdach den Lübeckern zuzuschreiben, die dem erhöhten Manteltårn auf Hammershus einen ähnlichen Abschluß gaben.

Nach der Erweiterung des Turmes folgte in der letzten Bauperiode die Vorhalle, an deren Giebelseite ein schönes Portal von zwei eigentümlichen Fenstern flankiert wird, deren Zwillingsbögen von kleinen Säulen mit elegant ausgeformten Sandsteinkapitellen getragen werden. Die Vorhalle, mit gleichzeitigem Kuppelgewölbe, darf wohl zu den allerältesten in ihrer Art gerechnet werden. Im allgemeinen sind Vorhallen aus romanischer Zeit eine äußerst seltene Erscheinung, die nur auf Bornholm eine größere Verbreitung gewonnen hat.

Zusammen mit den Arkadenmauern des Schiffs verschwand eine sehr interessante Wandmalerei aus dem Jahre 1551, ein großes biblisches Bildwerk, das sich sowohl über die Arkadenmauern wie über die Außenwände des Schiffs erstreckte. Zur Ausmalung gehörten außerdem eine Reihe von Wappenzeichen, die der Stadt Lübeck und einigen der lübischen Vögte zugehörten, welche im Zeitraum 1525-75 Bornholm regierten.

EIN KÜNSTLERISCHES UND SPRACHLICHES KULTURDENKMAL

Vom Inventar der Kirche ist der Taufstein das älteste und vornehmste Stück. Das gotländische Sandsteinbecken aus der zweiten Hälfte des 12. Jahrhunderts ist als Hauptwerk des Steinmetzmeisters *Sigraf* signiert und stellt gleichzeitig Bornholms eigentümlichstes Runendenkmal dar; der Name Sigrafs steht am Ende der langen Runeninschrift, die die biblischen Bilder in den 11 Arkadenfeldern des Beckens erklärt. Ansonsten hat der schonische Bildschnitzer *Jakob Kremberg* dem Inneren der Kirche durch eine Reihe ansehnlicher Schnitzereien im Hochrenaissance-Stil sein Gepräge gegeben. Zuerst die Altartafel, die im obersten Feld das Wappenzeichen des Domkapitels Lund, St. Laurentius mit dem Rost, und die Jahreszahl 1600 trägt; in

Bornholm ist nicht reich an Kircheninventar, doch in der hübschen kleinen Kirche von Hasle zeugt dieser vornehme spätgotische Flügelaltar, der älteste der Insel, noch von den Reichtümern der Heringsfischerei und der Macht der Hansestädte. Die Kanzel soll ursprünglich die Schloßkirche auf Hammershus geziert haben. In der Kirche liegt der Stadtrichter Niels Nielsen Gumløs begraben. Gemeinsam mit Jens Kofoed ergriff er 1658 symbolisch Partei für den Mörder des Schwedenobersten Printzensköld, indem er auf den Toten eine Extra-Kugel abgab.

den Hauptfeldern finden sich nach gutem alt-lutherischen Brauch Inschriften auf dänisch (die Abendmahlsworte) und lateinisch. 1608 folgte der mit den Kardinaltugenden geschmückte Altartisch und kurz darauf die ansehnliche Kanzel, deren Schalldeckel das dänische und das brandenburgische Wappen trägt (Christian IV. und Königin Anna Cathrine). Die Kanzel, deren Hauptfelder von neutestamentarischen Reliefs geschmückt werden, wurde zum ersten Mal im Jahre 1623 auf Veranlassung des Patrons der Kirche, des Kanonikus von Lund - und Hofpoeten - *Willich von Westhofven* bemalt; sein gemaltes Wappenschild ist in der Aufgangspartie sichtbar. Neben der Kanzel ist ein Stundenglas etwa aus der gleichen Zeit aufgehängt, hergestellt von *Jacob Hartmann* in Leipzig.

SCHWEDER KETTINGK

Außer den Wandmalereien - und vielleicht dem Turmdach - zeugt vom Interesse der Lübecker für die Kirche der große Grabstein *Schweder Kettingks,* der 1556-73 lübischer Vogt auf Bornholm war. Der Stein, der im Relief Kettingk und seine beiden Gattinnen zeigt, lag ursprünglich im Fußboden des Chors, wurde dann aber in die Vorhalle überführt. An gleicher Stelle hängt ein kleines gemaltes Epitaph mit dem Bild der Kreuzigung, das im Jahre 1652 ein Jens Hansen sich und seiner Familie gewidmet hat.

Im übrigen wird das Innere der Kirche von einer um 1960 durchgeführten Instandsetzung geprägt, die vielleicht nicht in allen Punkten dem vornehmen Denkmal volle Gerechtigkeit widerfahren ließ.

Die Glocken der Kirche, von denen die älteste 1584 vom Lübecker *Matthias Benningk* gegossen wurde, hängen nun im Turm, bis zum Jahre 1875 hatten sie ihren Platz jedoch in dem zu diesem Zeitpunkt abgerissenen Glockenhaus auf dem Kirchhof.

Die Stadtkirchen

Hasle Kirke

Die *Kirche von Hasle,* noch 1569 Hasle-Kapelle genannt, ist - wie die übrigen bornholmischen Stadtkirchen - verhältnismäßig späten Datums, denn die Gemeinde wurde im Spätmittelalter von der alten Gemeinde Rutsker abgetrennt, mit der sie noch heute in einem Pastorat vereinigt ist. Das bescheidene, weißgekalkte Langhausgebäude mit dreiseitigem Abschluß im Osten ist vermutlich irgendwann im 15. Jahrhundert errichtet worden.

VERÄNDERTES ÄUßERES

Die Mauern sind aus rohem und behauenem Feldstein auf einem unregelmäßigen, rechteckigen Sockel. Von den ursprünglichen architektonischen Details sind nur wenige erhalten. Die Nordtür ist zugemauert und durch ein großes Fenster ziemlich zerstört, die Südtür ist zwar in Gebrauch, jedoch in veränderter Form. Ein neuer Eingang wurde 1887 im Westgiebel durch ein Backsteinportal geschaffen. Die Vorhalle vor der Südtür war früher aus Fachwerk, wurde jedoch 1882 mit roten Backsteinen erneuert. Über dem Westgiebel befindet sich ein Dachreiter aus Fachwerk mit schindelgedeckter Spitze; seine gegenwärtige Form stammt in der Hauptsache aus dem Jahre 1758 - diese Jahreszahl ist am Mittelpfeiler der Spitze zu lesen, dem sogenannten Königspfosten - ältere Teile können jedoch darauf hindeuten, daß die Kirche immer eine Dachspitze besessen hat.

EINE SEHENSWÜRDIGKEIT LÜBISCHEN URSPRUNGS

Das hübsche Innere der Kirche wird von einem Holztonnengewölbe aus dem Jahre 1847 überdacht. Im Westen sind ein paar schlanke Säulen zu sehen, die den Dachreiter tragen und die zusammen mit einer 1847 umgebauten Empore und dem Orgelhaus (aus dem Jahre 1870) eine schöne Gesamtheit darstellen. Das wertvollste Inventarstück der Kirche ist jedoch die dreiflügelige Altartafel, eine norddeutsche, vermutlich lübische Bildschnitzerarbeit etwa aus dem Jahre 1510. Im Mittelfeld sieht man eine große Kruzifixgruppe, Maria und Johannes am Fuß des Kreuzes, und in die beweglichen Seitenflügel sind als hohes Relief vier Szenen aus der Leidensgeschichte geschnitzt: die Geißelung, die Verspottung, Jesus vor Pilatus und die Kreuztragung. Vor 1847 hatte die Altartafel noch weitere Flügel mit Gemälden, sie sind jedoch jetzt ebenso verschwunden wie die Gemälde auf der Rückseite der erhaltenen Flügel. Nach mehreren Restaurierungen ist kaum noch etwas von der ursprünglichen Ausschmückung in Gold und Farben erhalten; zuletzt hat im Jahre 1966 der Maler *Paul Høm* die Tafel instand gesetzt. Etwa aus der gleichen Zeit wie die Altartafel stammen die beiden schönen spätgotischen Altarleuchter, während man den Taufstein im allgemeinen für eine gotländische Arbeit aus frühgotischer Zeit hält, der damit vielleicht älter als die Kirche ist - man kann ihn jedoch aufgrund von Putz und Bemalung kaum genauer einschätzen. Die Kanzel ist ein recht ebenmäßiges Renaissanceschnitzwerk, dessen drei Fächer Reliefs von der Verkündigung, Jesu Geburt und Kreuzigung enthalten; ein viertes Fach ist bei einem Umbau verschwunden, auch die Farben sind sämtlich abgewischt. Aus der Renaissancezeit stammt auch der kleine Kronleuchter im Westen, obwohl er der Kirche erst 1772 geschenkt wurde; die zweite Krone ist neu.

Mittelalterlich und vielleicht etwa gleichaltrig mit der Kirche ist die eine Glocke, die eine Jahreszahl trägt, welche gewiß als 1463 zu lesen ist, sowie auf lateinisch die Worte: »Oh, König der Ehre, komm mit Gottes Frieden«. Die zweite Glocke wurde 1703 von *D. H. Grädener* und *Arendt tor Kuhl* gegossen.

MAREVADSTENEN

Auf dem alten Kirchhof, der nicht mehr benutzt wird, stehen mehrere schöne Grabmäler im Spätempire-Stil sowie ein in Klemensker gefundener Runenstein, *Marevadstenen,* der folgende Inschrift trägt: »Ølak ließ diesen Stein errichten für seinen Vater Sasser, einen wohlgeborenen Bauern. Gott und Sankt Mikkel mögen seiner Seele helfen«.

Allinge Kirke

Die *Kirche von Allinge* dient für Sandvig und Allinge zugleich; die Gemeinde wurde seinerzeit von der Gemeinde Olsker abgetrennt, deren Annex sie bis 1941 war. Die Kirche, noch 1569 Allinge-Kapelle genannt, bestand ursprünglich aus einem kleinen, spätgotischen Langhaus aus behauenem Granit, hat seitdem ihre Gestalt jedoch wesentlich verändert.

DIE ZAHLREICHEN UMBAUTEN

Bereits im Mittelalter scheint das Schiff nach Westen verlängert worden zu sein, und später, vermutlich in der Renaissancezeit, wurde ein Westturm angebaut; dieser bestand ursprünglich aus einem gemauerten Unterteil und einem von Brettern verkleideten Glockengeschoß aus Fachwerk, im Jahre 1865 wurde jedoch der gesamte obere Teil durch einen neuen aus Backstein ausgewechselt. Vor dem Südportal, das jetzt zugemauert ist, hat eine Vorhalle gestanden, die 1892 im Zusammenhang mit einem größeren Umbau der Kirche abgerissen wurde. Dabei wurde auch der östliche Teil des Langhauses abgerissen und statt dessen unter der Leitung des Architekten *Mathias Bidstrup* ein großes Querschiff und ein kleiner Chor errichtet. Die Kirche, die jetzt gelb gekalkt ist, hat überall Holzdecken, das Langhaus hat ein flaches Tonnengewölbe aus dem Jahre 1843.

ALTE REPORTAGEN IN TEXT UND BILD

Außer ein paar Messingleuchtern aus der Mitte des 17. Jahrhunderts steht auf dem Altar nur ein modernes Kruzifix, während die alte Renaissancealtartafel, etwa aus dem Jahre 1625, im Turmraum aufgehängt ist. Die Kanzel, mit geschnitzten Evangelistenfiguren, trägt das Monogramm Frederiks III. und muß daher etwa aus dem Jahre 1650 stammen, obwohl der von der Renaissance geprägte Stil für eine etwas frühere Datierung spricht. Ein spätgotisches Kruzifix, etwa aus dem Jahre 1520, hängt im Querschiff. In der Westempore, die an die Empore der Kirche von Hasle erinnert, ist eine Serie kleiner Gemälde eingefügt, die auf eine eigene lustige und primitive Weise ausdrücken, wie die Kirche - und außerdem die Ols-Kirche und wahrscheinlich die Pfarrer- und Küsterwohnung - im 18. Jahrhundert ausgesehen haben. Eine Orgel auf der Empore wurde 1960 durch eine neue im nördlichen Kreuzarm abgelöst. Wie in mehreren anderen bornholmischen Kirchen wurde im Jahre 1687 eine Gedenktafel anläßlich des Besuchs von Christian V. auf der Insel aufgestellt; die Tafel gibt eine ausführliche Reportage über den Verlauf des Besuchs. Eine weitere Tafel zählt Gemeinde für Gemeinde die Opfer der Pestepidemien 1618 und 1654 auf.

Die schlanke Spitze der Kirche von Svaneke hat als Wetterfahne den gekrönten Schwan der Stadt. Die Kirche von Allinge (in der Mitte) soll die älteste ihrer Glocken, die kleinere, aus der Salomons-Kapelle beim alten Hafen Kragkås auf Hammeren geholt haben. Eine der schönen Sandsteinmauern, die für die Stadt und ihre Umgebung typisch sind, trägt zum besonderen Gepräge der Kirche von Nexø (rechts) bei.

Im Turm hängen zwei Glocken, die eine spätmittelalterlich und vermutlich die ursprüngliche der Kirche, die zweite 1725 umgegossen. Im Turmraum werden heute die Grabsteine von *Blasius van Wickeden,* lübischem Hauptmann auf Hammershus 1543-47, und *Arxat Albrecht Boitin,* Sohn des folgenden Hauptmanns, *Herman Boitin,* aufbewahrt.

KONGEVEJ-STENEN

Ein Runenstein etwa aus den Jahren 1030-40, *Kongevejstenen,* der sich ursprünglich am Kongevej (Königsweg) in Klemensker befand, steht jetzt auf dem alten Kirchhof. Seine Inschrift lautet: »Brune und seine Brüder ließen (diesen Stein errichten) für ihren Vater Thorlak und ihren Bruder Esge«.

Svaneke Kirke

Die *Kirche von Svaneke,* 1569 Svaneke-Kapelle genannt, ist immer ein Annex der Ibs-Kirche gewesen. Das Bauwerk stammt aus dem Spätmittelalter und bestand ursprünglich nur aus einem Langhaus aus behauenem Feldstein. Später wurde ein Westturm hinzugefügt, und 1881 fand ein großer Umbau statt, bei dem das Langhaus u.a. nach Osten verlängert wurde, wo es nun von einer halbrunden Apsis abgeschlossen wird. Der Turm, vermutlich aus dem 16. Jahrhundert, hatte früher ein Satteldach über einem aus Fachwerk errichteten Glockengeschoß, erhielt jedoch im Jahre 1789 seine hohe, schindelgedeckte Spitze. Der Haupteingang befindet sich jetzt an der Nordseite des Turms, nachdem zwei Vorhallen aus Fachwerk, auf jeder Seite eine, 1837 abgerissen wurden.

NEUES INNERES

Auch das Interieur trägt deutlich die Spuren des Umbaus von 1881. Vom Hauptinventar ist nur die Kanzel aus dem Jahre 1683 älteren Datums, geschnitzt im Barockstil. Die Altartafel ist ein Gemälde von *Anton Dorph,* Christus und die Sünderin, aus dem Jahre 1882. Eine neue Orgel wurde 1955 geschenkt, und gleichzeitig wurde das Innere mit bunten Farben neu bemalt. In der Kirche und auf dem Kirchhof ist eine große Anzahl von Grabsteinen aus dem 17.-19. Jahrhundert erhalten.

Nexø Kirke

Die *Kirche von Nexø*, deren Schutzheiliger der Patron der Seefahrenden, St. Nikolaus, gewesen sein soll, wurde 1569 Nexø-Kapelle genannt und war bis 1921 der Bodils-Kirche unterstellt, von deren Gemeinde Nexø seinerzeit vermutlich getrennt wurde. Ebenso wie die Kirchen in Allinge und Svaneke scheint die Kirche ursprünglich aus einem spätgotischen Langhaus aus behauenem Feldstein bestanden zu haben, etwas später, wahrscheinlich in der Renaissancezeit, wurde ein Westturm hinzugefügt. 1760 wurde die Kirche mit einem großen Nordflügel erweitert, so daß der eigentliche Kirchenraum jetzt winkelig ist. Eine Vorhalle vor der Südtür stammt vielleicht aus dem späten Mittelalter, wurde jedoch 1777 stark umgebaut, die nördliche Vorhalle ist ein hübscher Fachwerkbau aus dem Jahre 1745. In der östlichen Verlängerung des Langhauses wurde wahrscheinlich um 1800 eine Sakristei u.dgl. eingerichtet. Der Turm, dessen Glockengeschoß aus Fachwerk ist, trägt eine kupferverkleidete Spitze, deren gegenwärtige Gestalt aus dem Jahre 1910 stammt; die erste Spitze wurde vermutlich um 1620 aufgesetzt.

NEXØ-SANDSTEIN

Das Innere der Kirche hat flache, verputzte Holztonnengewölbe, die im Nordflügel gleichzeitig mit der Kirche entstanden sind, während die Gewölbe des Langhauses im 19. Jahrhundert hinzukamen. Die Decke der nördlichen Vorhalle ist mit Akanthuslaub und zwei allegorischen Bildern in runden Medaillons geschmückt.

Die Altartafel ist ein Gemälde von *Anton Dorph*, Christus in Bethanien. Die frühere Altartafel war eine ansehnliche spätbarocke Schnitzarbeit aus dem Jahre 1735, die von der Kirche noch aufbewahrt wird. Der Taufstein, aus Nexø-Sandstein, stammt aus dem Jahre 1784. Die Kanzel ist eine recht einfache Renaissancearbeit aus der Zeit um 1600, jedoch vermutlich etwas verändert.

Der alte Kirchhof, der von einer hohen Trockenmauer aus Nexø-Sandstein umschlossen wird, ist eine Anlage von großer Schönheit, obwohl er nach einer Straßenerweiterung im Jahre 1967 etwas verkleinert ist. Er beherbergt eine bedeutende Anzahl schöner und interessanter Grabmäler von Bürgern der Stadt, vor allem aus der Zeit um 1800.

Rønne Kirke

Die *Kirche von Rønne* ist die älteste der bornholmischen Stadtkirchen - zu denen die Å-Kirche nicht gezählt wird. Während die übrigen aus dem späten Mittelalter stammen und noch im 16. Jahrhundert »Kapellen« genannt wurden, muß die Kirche in Rønne bereits im 13. Jahrhundert errichtet worden sein. Auch sie wurde eine Zeitlang Kapelle genannt, bekam jedoch noch im Mittelalter den Status einer Gemeindekirche mit eigenem Pfarrer. Die Kirche, die dem Beschützer der Seefahrenden, dem heiligen Bischof Nikolaus von Myra geweiht war, hat eine recht komplizierte Baugeschichte und ist in ihrer heutigen Gestalt das Ergebnis eines weitgehenden Umbaus in den Jahren 1915-18, wobei nur ein kleiner Teil des historischen Mauerwerks übrig blieb.

DIE VIELEN JAHRESZAHLEN

Anfangs hat das Bauwerk aus Schiff und Chor bestanden, einer aus Feldsteinen und Silurkalk gebauten spätromanischen Anlage, die um 1350 durch eine westliche Verlängerung aus Feldsteinen und Ziegeln in junggotischen Stilformen erweitert wurde; ein Fund von 61 Münzen, der im Jahre 1916 gemacht wurde, datiert diesen Teil der Kirche ziemlich sicher in die Jahre um 1360. Der ursprüngliche Chor wurde im Spätmittelalter durch einen neuen aus rohen Feldsteinen ersetzt, der nur wenig schmaler als das Schiff war und im Osten einen dreiseitigen Abschluß hatte, was der Kirche den Charakter eines gotischen Langhausgebäudes gab. Noch später, vielleicht erst nach der Reformation, wurde ein Westturm mit einem Glockengeschoß aus Fachwerk und einer achteckigen Spitze hinzugefügt. Zwei Vorhallen, beide aus Fachwerk, kamen im 17. Jahrhundert dazu, wurden jedoch abgerissen, als die Kirche 1797 mit einem großen Kreuzarm nach Norden erweitert wurde. Schließlich hatte der große Umbau der Jahre 1915-18 zur Folge, daß die südliche Hälfte der Kirche, der Turm eingeschlossen, abgerissen wurde. Anschließend wurden Chor und Schiff verbreitert und durch einen Kreuzarm nach Süden vergrößert, der dem nördlichen aus dem Jahre 1797 entspricht. Der Turm wurde in der neuen Längsachse in etwa derselben Gestalt wie früher wiederaufgebaut. Mittelalterliche Gebäudeteile gibt es also nur in der Nordseite, wo östlich des Kreuzarms ein kleines Stück von der Nordmauer des spätromanischen Schiffs erhalten ist. Auch die Nordmauer der junggotischen Westverlängerung des Kreuzarms ist erhalten, und die nördliche Hälfte des spätgotischen Chors gehört zum heutigen Polygon.

Die Kirche von Rønne und ihr ältestes Inventar, eine Glocke aus dem Jahre 1433.

Während die Kirche früher überall eine Holzdecke hatte, sind Chor und Schiff heute gewölbt. Die Gewölbe des Schiffs werden von zwei Reihen schlanker Granitsäulen getragen, die den Raum in ein breites Mittelschiff und zwei sehr schmale Seitenschiffe teilen.

Von einer Wandmalerei etwa aus dem Jahre 1570, die vielleicht rings um die ganze Kirche geführt hat, ist in dem übriggebliebenen Teil der spätromanischen Nordwand ein Bruchstück erhalten. Man sieht den Apostel Judas Thaddäus, von kräftigem Akanthusblattwerk umgeben, sowie einen kleinen Rest einer weiteren Figur, und man darf daher annehmen, daß die Ausschmückung eine ganze Reihe von Aposteln umfaßt hat.

EINE FAST VOLLSTÄNDIGE VERWANDLUNG

Gleichzeitig mit dem letzten Umbau der Kirche wurden auch große Teile des Inventars erneuert. Der Altar, der seit 1797 zusammen mit der Kanzel in der Mitte der Südwand gestanden hatte, wurde zurück in den Chor gebracht, und das Altarbild, eine Kopie von *Carl Bloch*'s »Kommet her zu mir« aus dem Jahre 1885 wurde in einen neuen Rahmen gesetzt. Während Kanzel und Gestühl erneuert wurden, benutzt die Kirche weiterhin ihr mittelalterliches Kalksteintaufbecken, das wie so viele andere Taufsteine auf Bornholm in einer gotländischen Werkstatt hergestellt wurde. Der schöne Altarkelch stammt von einem Silberschmied in Lübeck, etwa aus dem Jahre 1500. Auch zwei der drei Glocken der Kirche stammen aus dem Mittelalter; die älteste, vermutlich aus dem Jahre 1433, trägt den Namen St. Nikolaus.

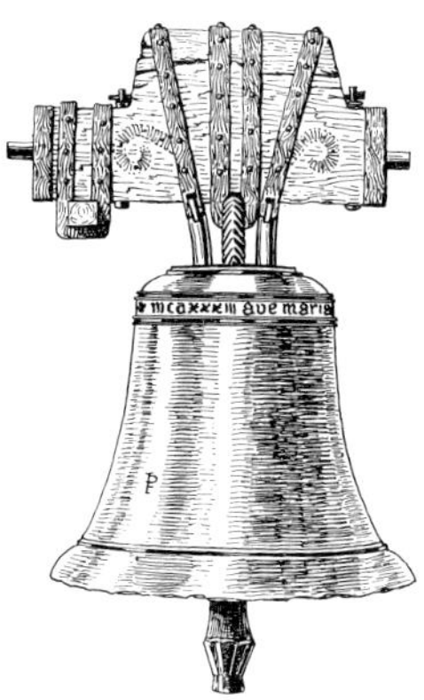

Vor der großen Veränderung war das Innere der Kirche durch viele große Emporen geprägt, die dem Raum eine besonders intime Stimmung gaben. Im nördlichen Kreuzarm ist ein Rest davon, die Vorderseite der Pax'schen Empore, erhalten, die der nach Pommern ausgewanderte *Mikkel Nielsen Pax* im Jahre 1721 heim in seine Geburtsstadt geschickt hatte. Die ovalen Bildfelder der Empore enthalten Szenen aus der Leidensgeschichte Jesu.

Am Westende der Kirche wurde 1961 eine neue große Orgel aufgestellt, gebaut von *Frobenius* in Zusammenarbeit mit dem Architekten *Marinus Andersen.* Die Glasmalereien der Fenster stammen aus dem Jahre 1954 und wurden von *Kræsten Iversen* ausgeführt.

Die Rundkirchen
Øster-Lars Kirke

Die *Øster-Lars-Kirche,* die größte und älteste der vier Rundkirchen Bornholms, ist nach St. Laurentius benannt, dem Schutzheiligen des Stiftes Lund, dem sie in katholischer Zeit geweiht war. Während von den anderen alten Kirchen der Insel nur noch wenige einigermaßen unberührt sind, stehen die Rundkirchen - »der kostbarste Schmuck, den Menschenhände Bornholm geschenkt haben» - fast ganz so da wie im Mittelalter. Weder durch Runensteine noch durch Münzfunde noch durch die Bauwerke selbst ist eine zuverlässige Datierung möglich, die Verteidigungsanlagen, die wohl im Hinblick auf die Piraten der Ostsee, vor allem die Wenden, errichtet wurden, lassen jedoch vermuten, daß sie nicht viel später als um das Jahr 1150 erbaut sein können. Die Øster-Lars-Kirche ist nicht nur wegen ihres massiven, ver-

Bornholms alte Kirchenburgen wirken schroff und unzugänglich, jene Leichtigkeit und Anmut, mit der die gewöhnlichen dänischen Dorfkirchen in einer fruchtbaren Gegend erfreuen, fehlt ihnen. Sie tragen byzantinische Züge, die wohl über Osteuropa hierher vermittelt wurden, sind jedoch auf dem bornholmischen Felsengrund gewachsen und von derselben Natur wie ihre Heimat: schwer, stark und doch trotz allem dänisch. Die mächtigste von ihnen ist die Øster-Lars-Kirche, die meilenweit über die Ostsee schaut.

schlossenen Äußeren unter dem schwarzen Kegeldach die ausgeprägteste Wehrkirche, sondern vor allem durch ihre eingebauten Verteidigungsanlagen.

EINE STARKE UND GROSSZÜGIGE KIRCHENBURG

In ihrer ursprünglichen Gestalt bestand die Kirche aus drei runden Gebäudeteilen: Schiff, Chor und Apsis, vornehmlich aus rohen und behauenen Feldsteinen. Für die feineren Details wurde jedoch bornholmischer Silurkalkstein verwendet, z.B. für die zwei schönen Portale, von denen besonders das nördliche reich ausgeschmückt und zweifellos von einem in Schonen geschulten Steinmetzen geschaffen ist.

Obwohl das Rundschiff einen großen Durchmesser hat, ist das ringförmige Tonnengewölbe nicht breiter als in den anderen Rundkirchen. Der Mittelpfeiler ist sehr schwer, dafür aber ausgehöhlt und innen mit einem kleinen kuppelartigen Rippengewölbe versehen. Dieser kleine Raum, seit alter Zeit »der Ofen« genannt, ist durch sechs rundbogige Arkaden mit dem übrigen Schiff verbunden. Vom Chor führt eine Treppe zum zweiten Geschoß der Rotunde, die wahrscheinlich nach einer kurzen Unterbrechung des Baus als eine etwas flachere Wiederholung des unteren Geschosses vollendet wurde, nur ein paar kleinere Öffnungen führen ins Innere des Mittelpfeilers.

Auch im dritten Geschoß ist der hohle Mittelpfeiler zu finden, es ist jedoch ebenso wenig gewölbt wie der Raum außen herum. Hier konzentriert sich das Interesse auf die Außenmauern, die deutlich das Gepräge einer ursprünglichen Verteidigungseinrichtung haben, denn ringsum führt im Mauerwerk ein ca. 1 m breiter Wach- oder Schutzgang. Dieser ist von Anfang an ohne Dach gewesen, und das Regenwasser mußte daher durch eine Reihe teilweise noch erhaltener Ablaufrinnen in der Außenwand abgeleitet werden, die den Charakter einer Brustwehr hatte, ca. 1 m hoch und wahrscheinlich mit Schießscharten und Zinnen versehen war.

Øster-Lars-Kirche, von Norden gesehen.

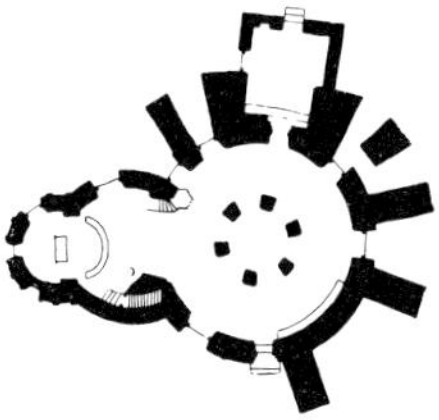

Grundriß der Øster-Lars-Kirche, 1:750.

Im Osten wurden Spuren einer Treppe gefunden, die vom Wachgang hinaus auf das flache Dach geführt hat, das den ursprünglich fast ebenso hohen Chor in der ältesten Zeit abgedeckt haben muß. Wie dessen obere Partien ansonsten gestaltet waren, ist ungewiß; man scheint ihn zu einem sehr frühen Zeitpunkt auf die gegenwärtige Höhe reduziert und mit einem Satteldach versehen zu haben.

Es ist auch nicht völlig klar, wann das Rundschiff sein riesiges schindelgedecktes Kegeldach erhalten hat, es war jedoch zumindest am Ende des 17. Jahrhunderts vorhanden. Daß der hohle Mittelpfeiler ursprünglich als ein zentraler Turm durch ein flaches - oder annähernd flaches - Dach hindurch gebaut war, ist nicht ganz ausgeschlossen.

Die Vorhalle vor der Südtür ist wohl eine spätgotische Hinzufügung, sie wurde jedoch 1870 stark umgebaut. Schwierig zu datieren und möglicherweise keineswegs aus derselben Zeit sind die sieben großen Strebepfeiler, die trotz ihrer Funktion den Charakter der Kirche als den massiver Stärke wirkungsvoll unterstreichen.

EINE BEMERKENSWERTE WANDMALEREI

Im Mittelalter war die Kirche reich an Wandmalereien. Erhalten ist eine Bilderserie aus der Mitte des 14. Jahrhunderts, die an der Außenseite des *»Ofens«* über den Arkadenbögen freigelegt wurde und eine Reihe von Szenen aus Jesu Leben sowie ein großes Bild des Jüngsten Gerichtes enthält, das mit seinen nicht weniger als 150 Figuren eins der ansehnlichsten Bilder der dänischen mittelalterlichen Kunst ist. Im übrigen wurde das Innere der Kirche 1955 bei einer Hauptrestaurierung unter Leitung des Architekten *Rolf Graae* stark verändert. Bei dieser Gelegenheit wurden Gestühl, Empore und Orgel erneuert und der »Ofen« als Taufkapelle eingerichtet. Der Taufstein selbst wurde »erneuert«, indem die Kirche ein romanisches Granittaufbecken aus der alten Kirche in Rø erwarb; da der originale Fuß fehlte, wurde das Becken auf einen gemauerten Sockel gestellt. Die Altartafel, im Renaissancestil etwa

Der »Ofen«, jetzt Taufkapelle der Øster-Lars-Kirche, trägt an der Außenseite eine der größten bildlichen Darstellungen, die aus dem 14. Jahrhundert an dänischen Wandmalereien bekannt ist. Die Serie, die Szenen aus dem Leben Jesu wiedergibt, beginnt im Osten, an der Nordseite des Chorbogens, und verläuft dann mit der Sonne rings um den Pfeiler. In Nylars wird die Kappe über dem Mittelpfeiler von einem romanischen Bilderfries (rechts) geschmückt, dem ältesten der Insel, der Adam und Eva von der Schöpfung bis zum Sündenfall darstellt.

des Jahres 1600, ist vom auf Bornholm üblichen Typ mit zweigeteiltem Hauptfeld, die handwerkliche Ausführung ist jedoch von wesentlich höherer Qualität als gewöhnlich. Die beiden modernen Gemälde, Christus mit Wein und Brot, stammen von dem Maler *Paul Høm,* der für die farbliche Erneuerung der Altartafel gesorgt hat. Die Kanzel, aus dem Jahre 1595, entspricht ziemlich genau der Kanzel in der Rø-Kirche und hat wie diese in den Hauptfeldern geschnitzte Evangelistensymbole.

An älteren Grabmälern ist ein Epitaph mit Familienporträt des Gemeindepfarrers *Jørgen Jensen Sode* erhalten, der im Jahre 1700 gestorben ist, sowie ein mittelalterlicher Grabstein mit lateinischer Inschrift, der dem 1370 gestorbenen Pfarrer *Henrik Greser* gehört.

DER RUNENSTEIN IM TÜRRAHMEN

Von den drei Runensteinen der Kirche befindet sich der eine im Gebäude selbst als Deckstein über der Nordtür. Man fand ihn erst im Jahre 1955, als bei der Restaurierung der Putz abgeklopft wurde; die Inschrift, deren Anfang fehlt, lautet: »... nils und Fuluge ließen diesen Stein errichten für Thormar, ihren Bruder«. In der Vorhalle steht ein Runenstein mit der Inschrift: »Bruder und Emund ließen diesen Stein errichten für ihren Vater Sigmund. Christ und Sankt Mikkel und Sankta Maria mögen seiner Seele helfen«. Vor der Vorhalle steht der dritte Stein, auf dem nur folgende Worte zu lesen sind: »Thykil (oder Thorkil) errichtete Stein... Sohn...«

LÜBISCHE GLOCKEN

Die Glocken der Kirche, die eine 1640, die andere 1684 von *Arent Kleimann* in Lübeck gegossen, hängen im Glockenhaus auf dem Kirchhof. Der obere Teil dieses Fachwerkgebäudes ist ein besonders schönes Stück Zimmerarbeit, vermutlich aus der Renaissancezeit, die Anspruchslosigkeit im Materialverbrauch, die für das jüngere bornholmische Fachwerk charakteristisch ist, läßt sich hier nicht erkennen.

Nylars Kirke

Die *Nylars-Kirche* soll im Jahre 1335 St. Nikolaus, dessen Namen zu Nylars danisiert wurde, geweiht worden sein. Bautechnisch ist die Kirche wohl die gelungenste der bornholmischen Rundkirchen, obwohl die Materialien die üblichen sind: behauene Feldsteine in den Mauerflächen und behauener Silurkalk in den architektonisch bedeutungsvolleren Details.

EIN BAUMEISTERKNIFF

Der ovale Chor erinnert sehr an den Grundriß der Øster-Lars-Kirche, er ist jedoch, im Gegensatz zum Chor der Øster-Lars-Kirche, immer nur eingeschossig gewesen. Dagegen wurde das Rundschiff in drei Geschossen errichtet, wovon die zwei unteren ringförmige Tonnengewölbe haben, die auf einem schweren, runden, im zweiten Geschoß sehr niedrigen Mittelpfeiler mit kräftig markierten Sockel- und Gesimsgliedern ruhen. Auch Chor und Apsis sind überwölbt; in der Halbkuppel der Apsis sind fünf Tonkrüge mit der Öffnung nach unten eingemauert. Ein wohlbekannter Versuch, die Akustik des Raumes zu verbessern.

Während die Nordtür durch ein großes modernes Fenster zerstört wurde, ist das kräftig geformte Südportal gut erhalten. Innen sieht man noch die Gleitlöcher für die längst verschwundenen Hebelstangen aus Holz, die man beim Bau der Kirche dort eingesetzt haben muß.

Im Schiff sind zwei interessante Fenster erhalten. Im Nordwesten ein kleines, schwach geschmiegtes Fenster, außen mit einem Rundbogen, innen jedoch senkrecht abgedeckt, sicher mit Rücksicht auf das Widerlager des Ringgewölbes. Ein ähnliches Fenster befindet sich im Schiff der Knuds-Kirche, wo es die Vermutung bestärkt, daß es dort nie ein Tonnengewölbe gegeben hat, bzw. daß es später verschwunden ist. Das zweite Fenster, im Nordosten, kann man eher als ein Guckloch bezeichnen, das zugleich der in der Mauer angelegten Treppe Licht gibt.

EIN »GEHEIMNISVOLLER« SCHACHT

Im Zwischengeschoß befindet sich direkt gegenüber der Südtür eine rundbogige Nische, in deren Grund ein viereckiger Schacht den Raum mit der eigentlichen Kirche verbindet. Der Zweck dieses Schachtes, dessen untere Öffnung jetzt zugemauert ist, ist umstritten. Man hat natürlich eine Verteidigungsfunktion vermutet, obwohl

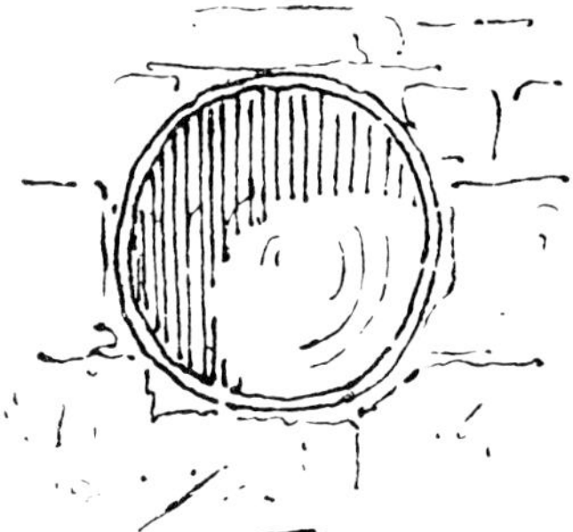

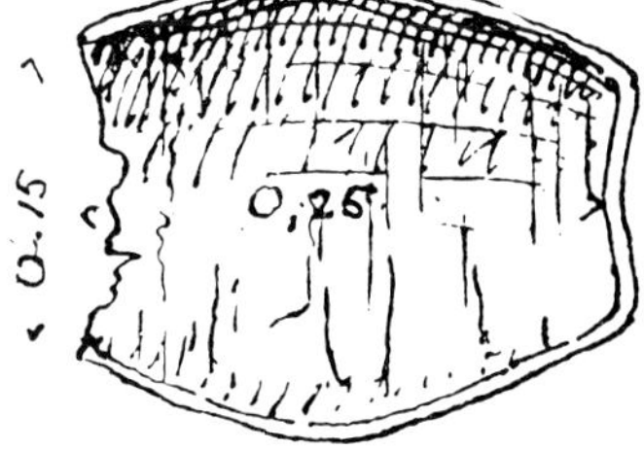

In der Nylars-Kirche werden die Sparren im Ostgiebel der Dachkonstruktion von einem senkrecht stehenden Balken, dem »König« gestützt, der über das Dach in Form des grobgeschnitzten Kopfes eines Mannes mit einem bleiernen Hut ragt. Wie man in der Gegend erzählt, soll es das »Selbstporträt« des Baumeisters sein, eine andere Überlieferung behauptet jedoch, es sei seine heimliche Beschwörung des Rachegottes Thor. Zuoberst im Chorgewölbe befinden sich fünf Tonkrüge mit der Öffnung nach unten (rechts), die den Schall verstärken sollten. Ähnliche Töpfe sind in der westlichen Chormauer an der Ostseite über dem Gewölbe der Å-Kirche eingemauert und sind auch von anderen dänischer Kirchen bekannt.

die Plazierung einer Pechnase o.ä. innerhalb der Tür ziemlich sinnlos erscheint. Glaubwürdiger ist vielleicht, daß der Schacht als Ergänzung für die enge Treppe gedacht war, z.B. zum Heraufziehen von Gütern, die im Zwischengeschoß aufbewahrt werden sollten. Auf der entgegengesetzten Seite des Raumes führt eine Luke hinaus ins Freie.

Das oberste Geschoß wird durch einen breiten Wachgang abgeschlossen, dessen Brüstungsmauer ursprünglich sehr niedrig war, ca. 90 cm. Bald darauf wurde jedoch eine Reihe von hohen Zinnen mit dazwischenliegenden Schießscharten hinzugefügt, die später wiederum mit Blendmauern geschlossen wurden. Ein System von Abflußrinnen auf dem Fußboden sollte das Regenwasser aus dem offenen Schützengang ableiten, der von Anfang an ohne Dach gewesen ist. Das große Kegeldach ist wie das bei den anderen Rundkirchen späteren Datums, obwohl einige Holzteile aus dem Mittelalter stammen könnten.

Hoch oben an der Südseite des Rundschiffs ist die Jahreszahl 1692 zu lesen, und an der Südmauer des Chors ist die Zahl 1741 eingemeißelt, beide zur Erinnerung an Reparaturen des Mauerwerks. Wie eine an die Wand gemalte Inschrift in der Kirche besagt, ist eine Verdickung der westlichen Mauern des Schiffs einer Instandsetzung im Jahre 1662 zu verdanken, nachdem zu Ostern des Vorjahrs ein großes Stück Mauerwerk heruntergefallen war.

DIE ÄLTESTEN BEKANNTEN WANDMALEREIEN DER INSEL

Die Vorhalle wurde 1879 nach der Zeichnung des Architekten *J. D. Herholdt* wieder aufgebaut. Drei Jahre später wurde das Innere der Kirche unter der Leitung von *Mathias Bidstrup* instand gesetzt, in diesem Zusammenhang wurde eine Serie spätromanischer Wandmalereien freigelegt, vermutlich aus der Zeit um 1250-1300 - und damit die ältesten erhaltenen der Insel. Die Bilder, die ebenso wie in der Ny-Kirche einen kapitellartigen Gürtel auf dem Ringgewölbe über dem Gesims des Mittelpfeilers darstellen, erzählen in sieben Szenen von der Schöpfung und vom Sündenfall, jedoch ist die letzte Szene verloren gegangen. Eine entsprechende Dekoration an der Außenwand war so schlecht erhalten, daß Professor *Jacob Kornerup,* der der Restaurierung vorstand, es vorzog sie wieder zu überkalken.

Bei der Restaurierung 1882 wurden die meisten Inventarteile der Kirche erneuert. Von den alten wurden der romanische Taufstein aus Gotlandkalk und das Taufgefäß, ein »Nürnberger Stück« aus der Mitte des 16. Jahrhunderts, behalten, das als Zeugnis vom Vordringen des Humanismus ein Bild des »Marcus Tullius Cicero consul« trägt. Ein großes Kruzifix aus der Renaissancezeit hängt jetzt in der Vorhalle. Eine von Architekt *Rolf Graae* geleitete Restaurierung in den Jahren 1971-72 hat Mathias Bidstrups Inventar respektiert, die neuen Farben stammen von dem Maler *Paul Høm.*

Im Glockenturm, der übliche bornholmische Typ, befinden sich zwei Glocken, die eine aus dem Jahre 1702, die andere 1882 umgegossen.

ZWEI WIKINGER-SCHICKSALE

Zwei guterhaltene Runensteine sind in der Vorhalle aufgestellt. Der eine für Alvard, der mit seiner gesamten Schiffsbesatzung ertrank, der zweite für Bøse, der im »Kampf bei Udlænge« fiel.

Ols Kirke

Die *Ols-Kirche* ist St. Olaf geweiht. Sie ist ebenso alt wie die anderen Rundkirchen, hat jedoch in besonderem Maße den Charakter eines Festungsturms, und dies nicht so sehr wegen ihrer Höhe - die der Øster-Lars-Kirche entspricht - sondern wegen des wesentlich kleineren Durchmessers ihres Rundschiffs; außerdem tragen die sehr bescheidenen Dimensionen von Chor und Apsis zu diesem Eindruck bei.

DIE UNTEREN GESCHOSSE

Die Kirche ist überwiegend aus Feldsteinen gebaut, im allgemeinen bearbeitet oder leicht in viereckige Form gebracht, an manchen Stellen jedoch sorgfältig behauen, wie z.B. in dem profilierten Sockel unter Apsis und Chor. Silurkalkstein wurde vornehmlich für die beiden Portale verwendet, die architektonisch mit schonischen Kirchentüren verwandt sind. An der Innenseite der Südtür sieht man noch die Gleitlöcher für die beiden Stakhölzer, mit denen der Eingang ursprünglich versperrt werden konnte.

Das Schiff hat das übliche ringförmige Tonnengewölbe, das hier von einem verhältnismäßig schlanken Mittelpfeiler getragen wird. Ein sehr niedriger und enger Chorbogen verbindet das Schiff mit dem kleinen tonnengewölbten Chor, in dessen Südwestecke eine Treppe zum Zwischen- und oberen Geschoß des Rundschiffs führt.

Das Zwischengeschoß hat ebenso wie der Kirchenraum ein Ringgewölbe, es scheint jedoch kaum das ursprüngliche zu sein, sondern hat vermutlich eine Holzdecke abgelöst. In Höhe des Widerlagers des Gewölbes sieht man noch einige der Rüstlöcher, in denen die Balkenschicht geruht hat, desgleichen sieht man auf dem Fußboden Spuren von Ablaufrinnen, die das eindringende Regenwasser abgeleitet haben. Möglicherweise sind diese Faktoren lediglich Ausdruck dafür, daß sich der Bau der Kirche alles in allem über geraume Zeit erstreckt hat.

DIE HÄNGE-GALERIEN DES VERTEIDIGUNGS-GESCHOSSES

Im dritten Geschoß, dem Verteidigungsgeschoß, sind insgesamt neun viereckige Öffnungen, die den Charakter von Schießscharten haben, gleichmäßig in der Mauer verteilt. Vermutlich haben die Verteidiger von der östlichsten Öffnung aus, dem Chor direkt gegenüber, eine hölzerne Galerie betreten können, die sich mit Hilfe von zwei noch sichtbaren Rüstlöchern, die ganz durch die Mauer hindurchgehen, aufziehen ließ. Diese Einrichtung ist sicher in Zusammenhang mit einem System von durchgehenden Balkenlöchern in Höhe der oberen Kante der Schießscharten zu sehen. Mit ihrer Hilfe war es möglich, rings um die gesamte Rotunde eine Verteidigungsgalerie zu errichten, deren Zugang die Plattform im Osten gewesen ist. Nicht nur diese Hängegalerie, sondern auch das ursprüngliche, fast flache Dach hat sich als Kampf-

Die Ols-Kirche erhielt ihr hohes, kegelförmiges Schindeldach kaum vor dem späten Mittelalter, Jahrhunderte, nachdem die Wendengefahr vorüber war. Mit etwas Phantasie kann sich der Zeichner vorstellen, wie der Turm ursprünglich von einer Brustwehr abgeschlossen gewesen ist, hinter der eine Kampfplattform leicht gegen die Abflußrinnen der Außenmauer abfiel. Bei besonderer Gefahr ließ sich außerdem ein hölzerner Wehrgang auslegen, der mit dazu beigetragen hat, daß die Kirche uneinnehmbar war.

plattform benutzen lassen. Spuren von diesem Dach sind in Form einer weiteren Reihe von Balkenlöchern über den Löchern für die Balken der Galerie zu sehen. In Verbindung mit den schwach abgeschrägten Löchern der Dachbalken sieht man außerdem eine Serie von Abflußlöchern, die das Dachwasser mit Hilfe von eingelegten Holzrinnen abgeleitet haben, die wie Tüllen aus der Fassade geragt haben können. Oberhalb des Daches befindet sich in der Mauer eine kleine Vertiefung, die vielleicht andeutet, daß diese mit einer Brustwehr um das flache Dach abgeschlossen war.

ST. OLAF AUF DEM GIEBEL

Das imponierende, fast 15 m hohe Schindeldach stammt vielleicht aus dem Mittelalter, wurde jedoch zu großen Teilen erneuert. Dasselbe trifft für die Vorhalle zu. Über ihrem Giebel steht eine Figur aus Eichenholz, St. Olaf, geschnitzt von dem Bildhauer *Skjold Lund* und während der letzten Restaurierung der Kirche in den Jahren 1950-52 angebracht.

Sowohl im Chor als auch im Schiff wurden Wandmalereien aus verschiedenen Zeiträumen gefunden. Während der Restaurierung 1950-52 wurde am Gewölbe des Schiffs eine spätgotische Dekoration freigelegt und instand gesetzt, die überwiegend aus zartem Rankenwerk besteht.

Das Interieur wurde bei dieser Restaurierung (Architekt *V. Hardie-Fischer*) stark verändert. Auf dem neuen Altartisch aus Granit wurde ein Keramik-Relief des Bildhauers *Gunnar Hansen,* »Die Frauen am Grabe«, aufgestellt. Der romanische Taufstein aus Kalkstein ist sicher der ursprüngliche der Kirche. Die kleine Kanzel ist eine Tischlerarbeit im Jung-Renaissancestil, etwa aus dem Jahre 1575, die im 18. Jahrhundert verändert und mit Gemälden von der Kreuzigung, Himmelfahrt und den vier Evangelisten ausgeschmückt wurde.

GRABSTEINE DES 16. JAHRHUNDERTS

In der Vorhalle sind mehrere alte Grabsteine gesammelt, der älteste, für *Trued Myre* aus Myregård, wahrscheinlich aus dem Jahre 1574; ein zweiter, aus dem Jahre 1584, ist für Cresten Clausens Sohn *Peder* auf Hallegård, und aus dem Jahre 1590 stammt ein Stein des Propstes *Ingvor Christensen.* Andere alte Grabsteine befinden sich auf dem Kirchhof, der in alter Zeit eine abgerundete Form gehabt hat, die im Südwesten noch zu erkennen ist, während das Bild im Norden und Osten durch neuere Erweiterungen verwischt wurde. Im südlichen Teil des Kirchhofs steht der Glockenturm mit seinem gemauerten Unterteil und seinem bretterverkleideten, hölzernen Glockengeschoß.

Ny Kirke

Die *Ny-Kirche* - oder Allerheiligen-Kirche, wie sie in einer Inschrift ihres schönen spätgotischen Altarkelchs genannt wird - ist die kleinste der vier Rundkirchen Bornholms und wohl auch die jüngste, obwohl sie nicht so jung sein kann, daß ihr Name Ny Kirke (= Neu-Kirche) berechtigt wäre. Sie sollte ebenso wie die drei anderen als Wehrkirche dienen, wurde jedoch niemals fertiggestellt, daher lassen sich die Verteidigungseinrichtungen hier nur indirekt nachweisen.

EIN GESCHOSS WENIGER

Die romanischen Teile der Kirche, das Rundschiff und der rechteckige Chor mit Apsis, sind aus rohen und behauenen Feldsteinen, die architektonischen Einzelheiten sind aus Kalkstein, so die beiden Portale, von denen das nördliche im Zusammenhang mit einer umfassenden Instandsetzung der gesamten Kirche, die von Architekt *Marinus Andersen* in den Jahren 1959-64 durchgeführt wurde, 1963 restauriert worden ist. Als Schwelle dient ein sehr großer, flacher Granitstein mit Spuren von schalenförmigen Vertiefungen aus der Bronzezeit.

Ursprüngliche Fenster sind nur in der Apsis erhalten. Der Chorbogen wurde in neuerer Zeit stark erweitert, wodurch die beiden Seitenaltarnischen zerstört wurden. Das ringförmige Tonnengewölbe wird von einem sehr schweren Mittelpfeiler aus Kalkstein getragen. Der Pfeiler führt auch durch das nächste Geschoß, das hier, im Gegensatz zum zweiten Geschoß der anderen Rundkirchen, ohne Gewölbe ist; ein

In der niedrigen Feldsteinmauer um die Ny-Kirche sieht man die typischen bornholmischen Kirchenpforten. Wie in anderen Kirchhofmauern der Insel sind Ringe eingesetzt, an denen die Kirchgänger ihre Pferde festbinden konnten, oft mit der Nummer des Hofes oder den Initialen des Besitzers gekennzeichnet. Ebenso wie in Nylars streckt auch hier ein »Bleimann« seinen Kopf über die Apsis hervor, und ein vier Meter hoher geschnitzter Balken (»Husbrand«) krönt das Kegeldach des Rundschiffs. Rechts ein Runenstein und der Grabstein eines Pastors aus dem Jahre 1648 in der Vorhalle der Ny-Kirche.

solches war wohl auch kaum vorgesehen, denn auf dem Fußboden sind eine Reihe von Abflußrinnen gemauert, die das Regenwasser haben ableiten sollen, das die unbekannte, jedoch gewiß unvollkommene Dachkonstruktionen nicht fernhalten konnte. Obgleich die Treppe in der Nordmauer des Rundschiffs hinauf bis zur Mauerkrone führt, hat die Kirche kaum mehr als zwei Geschosse gehabt, eher war auf der Mauerkrone ein jetzt weggebrochener Wach- oder Schutzgang angelegt.

Erst nachdem dieser Gang seine Bedeutung verloren hatte, erhielt die Kirche ihr großes, kegelförmiges Schindeldach, dessen »Königspfosten«, der gut vier Meter darüber hinaus ragt, eine Wetterfahne mit der Jahreszahl 1711 trägt.

RUNEN UND PRÄCHTIGE SCHNITZEREIEN

Während der letzten Restaurierung wurde im Kirchenraum, gleich an der Nordtür, ein Runenalphabet, das sogenannte *Futhark,* im Wandputz eingeritzt gefunden. Das Ringgewölbe des Schiffs wurde vermutlich zu Beginn des 14. Jahrhunderts mit Wandmalereien im junggotischen Stil ausgeschmückt, sie sind vielleicht recht primitiv ausgeführt, jedoch von großer dekorativer Wirkung. Am besten erhalten ist eine Bilderserie mit 13 Szenen aus der Leidensgeschichte, die rings um den Mittelpfeiler, oberhalb seines gesimsartigen Kapitells, verläuft. Von einer entsprechenden Ausschmückung auf der anderen Seite des Gewölbes, an der Außenmauer, ist nur ein kleineres Stück erhalten, u.a. eine Darstellung der Verkündigung. Aus der Renaissance- oder Barockzeit stammt eine Ausschmückung über dem Chorbogen, wo eine Borte aus Blattwerk von einer kleinen Christusfigur gekrönt wird.

Im übrigen ist das Innere von der letzten Hauptinstandsetzung geprägt. An altem Inventar gibt es den Taufstein, ein gotländisches Kalksteinbecken von einfacher Form, den zuvor erwähnten Altarkelch, die Altarleuchter - aus dem 16. Jahrhundert - einen Kronleuchter sowie an der Kanzel ein Stundenglas aus dem Jahre 1690. Die Kanzel selbst ist aus mehreren Renaissance-Schnitzereien zusammengefügt, u.a. vier Reliefs mit Szenen aus Jesu Kindheitsgeschichte, aus der Werkstatt des Flensburger Bildschnitzers *Hinrich Ringerinck* (etwa 1610). Die vorzüglichen Schnitzereien sind erst in neuerer Zeit in den Besitz der Kirche gelangt und wurden 1872 in einer Kanzel verwendet, deren Rahmenwerk während der letzten Restaurierung erneuert wurde. Auch die eine Glocke der Kirche stammt woanders her, sie wurde im Jahre 1639 für die Sallerup-Kirche in Schonen gegossen. Die zweite Glocke wurde 1725 umgegossen.

In der Vorhalle ist ein romanischer Grabstein aus Granit mit einem großen Kreuz auf der Vorderseite zusammen mit einem Grabstein des Gemeindepfarrers *Jens Nielsen* aufgestellt, der im Jahre 1648 gestorben ist, sowie ein Runenstein mit der Inschrift: »Lo... ließ diesen Stein errichten für seinen Sohn Sven, den sehr wohlgeborenen Jungen ... und für seinen Bruder. Der heilige Christ helfe den Seelen beider Brüder«.

DIE KLEINODIEN DER KIRCHHOFSMAUER

Mit den drei hübschen gezimmerten Portalen, die auf den Kirchhof führen, ist ein Charakteristikum der alten bornholmischen Kirchhöfe erhalten. Am ältesten - von allen der Inseln - ist das südliche Portal, das die Jahreszahl 1678 trägt; das westliche 1776, das östliche 1809. Der freistehende Glockenturm in der Nordwestecke des Kirchhofs entspricht dem auf Bornholm üblichen Typ, mit gemauertem Unterteil und Fachwerk-Glockengeschoß und ziegelgedecktem Satteldach.

Langkirchen *Ibs Kirke*

Der Name Ib ist eine dänische Wiedergabe - via Jep (Jeppe) - des biblischen Jacob, und in katholischer Zeit war die *Ibs-Kirche* dem Apostel Jacobus (dem Älteren) geweiht. Die Kirche ist eine der am besten erhaltenen romanischen Kirchen auf Bornholm.

EHER MAGAZIN ALS VERTEIDIGUNGSTURM

Die ursprüngliche Anlage besteht aus Chor mit Apsis, Schiff und dem monumental hervortretenden Westturm. Das Hauptmaterial ist roher und behauener Feldstein, außerdem wurde jedoch in ziemlich großem Umfang Silurkalkstein verwendet, vor allem für Fenster- und Türeinfassungen sowie den sorgfältig behauenen Doppelsockel,

Mit Ausnahme der Povls-Kirche haben alle bornholmischen Langkirchen aus romanischer Zeit einen Westturm gehabt, die Peders-Kirche jedoch erst später. Bemerkenswert sind vor allem sechs sehr schwere Türme, die alle breiter als das Schiff der Kirche sind. Von diesen festungsähnlichen Türmen, die in Schonen Verwandte haben, sind außer dem der Å-Kirche (Seite 125) nur drei ganz oder teilweise erhalten: Ibs (links), Bodils (rechts) und Knuds (Seite 145). Oben: Eingemauerte Runensteine in der Bodils-Kirche.

der mit seinem kräftigen Rundstab über einer schrägen Kante mit den Turmsockeln der Å-Kirche und der Øster-Marie-Kirche verwandt ist. Von den ursprünglichen Fenstern sind nur zwei zu sehen, eins in der Apsis und eins im Schiff, die Nordtür wurde im Jahre 1867 beim Anbau eines Querarms zerstört, während die Südtür erhalten blieb, obgleich stark verändert. Eine ohne Bedacht in der Apsis angebrachte Tür ist neueren Datums. Apsis und Chor sind gewölbt, der Chor hat das auf Bornholm so verbreitete Tonnengewölbe. Das Schiff hat eine Balkendecke und im Westen eine Zwillingsarkade zum Turm.

Dieser sehr interessante und gut erhaltene Gebäudeteil hat vier Geschosse, von denen die drei untersten gewölbt sind. In Übereinstimmung mit der Doppelarkade hat der Turmraum zwei parallele Tonnengewölbe, die in der Mitte von einer Zwillingsarkade mit der Längsrichtung Ost-West getragen werden. An der Südwand des Raums führt eine Treppe hinauf zum zweiten Geschoß, das eine Wiederholung des unteren Raumes ist, nur niedriger und gröber in der Ausführung. Die Gewölbe sind über einer Bretterverschalung gegossen, von der an der nie verputzten Unterseite des Tonnengewölbes deutliche Abdrücke erhalten sind. Eine Treppe in der Nordmauer führt ins dritte Geschoß, wo man dasselbe Gewölbe-System wiederfindet, der Raum ist jedoch wesentlich höher. Die einzige Öffnung ins Freie stellt eine Tür in der Südseite dar. Das vierte Geschoß, zu dem die Treppe an der Westmauer führt, hat den Charakter eines Dachraums. In den Wänden sieht man Spuren von insgesamt neun Luken unterschiedlicher Größe, von denen heute jedoch nur zwei offen sind. Trotz seines Festungscharakters und seiner Solidität war der Turm wohl eher als Magazin zur Aufbewahrung von Waren aller Art gedacht.

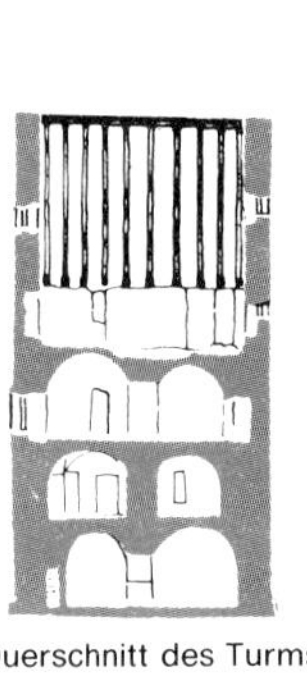

Querschnitt des Turms der Ibs-Kirche, des besterhaltenen der romanischen Westtürme der Insel.

Die recht große Vorhalle vor der Südtür stammt möglicherweise aus dem späten Mittelalter, wurde jedoch in neuerer Zeit mit einem völlig un-bornholmischen Blendtreppengiebel »restauriert«.

DAS INVENTAR

Die Altartafel ist ein Gemälde von *C. W. Eckersberg*, Christus im Garten Gethsemane, aus dem Jahre 1846. Eine spätgotische Eichenholzfigur, Maria mit dem Jesuskind, etwa aus dem Jahre 1500, die nun an der Westwand des Schiffes hängt, stammt vermutlich von einer mittelalterlichen Altartafel. Dagegen ist ein Kruzifix im Nordflügel eher aus der Zeit um 1600; das Kreuz selbst wurde in viel späterer Zeit erneuert. Aus romanischer Zeit stammt der Taufstein, eine gotländische Kalksteinarbeit; er gehört zu einem recht verbreiteten Typ, der durch die Ähnlichkeit des Beckens mit einem Blütenkelch charakterisiert wird. Die Kanzel ist eine ziemlich einfache Tischlerarbeit, dem Anschein nach etwa aus dem Jahr 1600, jedoch bestimmt neueren Datums. Die vier Evangelistenfiguren aus Keramik wurden 1964 von *Paul Høm* geschaffen.

Die beiden Glocken, aus den Jahren 1773 und 1822, hängen in dem ansehnlichen Glockenturm, der sich in der südlichen Kirchhofmauer befindet, wo er ursprünglich als Tordurchgang gedient hat. Der untere Teil, nach bornholmischer Art ein schwerer Feldsteinbau, besteht hier aus zwei Geschossen. Von den beiden Toröffnungen ist die südliche jetzt verblendet. Das Glockengeschoß ist aus Eichenfachwerk mit geweißten Feldern. Er läßt sich ebenso wenig wie die übrigen Glockentürme der Insel mit einiger Sicherheit datieren; in seiner Gesamtheit ist er jedoch kaum später als im 16. Jahrhundert entstanden, dagegen scheint man das Fachwerk im Jahre 1724 erneuert zu haben.

Ein paar alte Grabsteine aus dem Jahre 1568 und dem Beginn des 17. Jahrhunderts sind in der Vorhalle aufgestellt. Auf dem Kirchhof sind mehrere charakteristische bornholmische Grabsteine erhalten, in der Hauptsache aus Nexø-Sandstein, aus der Zeit um 1800.

Bodils Kirke

Die *Bodils-Kirche* ist - wie auf Bornholm üblich - nach ihrer Schutzheiligen, der englischen St. Botulf benannt, deren fremd klingender Name mit der Zeit sicher mißverstanden und zu dem für Dänen äußerst mundgerechten Mädchennamen Bodil umgedeutet wurde. Die romanische Kirche, die 1903 beinahe das Schicksal der Øster-Marie-Kirche erlitten hätte, dem Abriß jedoch teilweise entging, besteht aus Schiff und Chor mit Apsis sowie einem breiten Westturm, der kaum wesentlich älter ist (etwa aus dem Jahre 1200). Dagegen stammt die Vorhalle vor der Südtür vermutlich aus dem Spätmittelalter, und der große Ausbau an der Nordseite wurde 1911 hinzugefügt, als man die Pläne einer völlig neuen und größeren Kirche endlich aufgegeben hatte.

EIN REDUZIERTER RIESENTURM

Die romanischen Mauern bestehen aus behauenen Feldsteinen und Silurkalkstein sowie gleichzeitig Nexø-Sandstein, was man ansonsten selten sieht. Ursprüngliche Fenster sind so gut wie unverändert in der Apsis und in der Nordseite des Chores erhalten. Das Bruchstück einer Glasmalerei - ein schön ausgeführter männlicher Kopf, etwa aus dem Jahre 1300 - das 1897 in der Kirche gefunden wurde, scheint aus dem Apsis-Fenster zu stammen; es wird jetzt in Bornholms Museum aufbewahrt. Erhalten sind auch beide Portale des Schiffs, von denen besonders das südliche eine vorzügliche Steinmetzarbeit ist. Chor und Schiff haben flache Decken; der schlanke Chorbogen wird von zwei rundbogigen Seitenaltarnischen flankiert. Der breite Westturm entspricht in seinem Aufbau zum Teil dem Turm der Ibs-Kirche. Auch dieser Turmraum hat zwei parallele Tonnengewölbe, die durch eine Zwillingsarkade mit dem Schiff verbunden sind. Eine Untersuchung, die unmittelbar westlich des Turmes vorgenommen wurde, hat weiterhin gezeigt, daß der Grundriß ursprünglich quadratisch gedacht war - ebenso wie beim Turm der Ibs-Kirche - denn es wurde ein schweres Feldsteinfundament gefunden, das 3 m weiter reicht als der heutige Turm. In den übrigen Geschossen unterscheidet sich der Turm vom Turm der Ibs-Kirche:

das zweite Geschoß hat ein einziges großes Tonnengewölbe, während das dritte und vierte Geschoß keine Gewölbe haben.

Eine umfassende, von *Mathias Bidstrup* geleitete Instandsetzung der Kirche wurde im Jahre 1911 mit der Errichtung des nördlichen Ausbaus begonnen und 1913 mit einer durchgreifenden Restaurierung des Turms abgeschlossen, der u.a. seinen heutigen gezackten Treppengiebel erhielt, vermutlich nach dem Vorbild der Vorhalle.

Auf dem Altar steht ein Kruzifix aus neuer Zeit. Eine Altartafel aus dem Jahre 1856 mit einem Gemälde von *Jørgen Roed,* Jesus und die Jünger in Emmaus, hängt jetzt im Schiff. Die Altarleuchter sind vom Typ spätmittelalterlich und stammen vermutlich aus dem 16. Jahrhundert. Die Kirche besitzt zwei Taufsteine, zum einen eine gotländische Kalksteintaufe mit »Kelchblattbecken«, wie in der Ibs-Kirche, zum anderen einen neuen Granittaufstein. Die Kanzel ist eine provinzielle, jedoch vorzügliche Schnitzarbeit im Renaissancestil, wahrscheinlich aus dem Jahre 1598; in den vier Arkadenfeldern befinden sich Reliefs der Evangelisten und ihrer Zeichen, über und unter ihnen sind Cherubsköpfe mit großen ausgebreiteten Flügeln. In den Seitenaltarnischen wurden in neuer Zeit zwei Marmorstatuen von Christus und Moses aufgestellt.

In der Vorhalle hängt eine »Pesttafel«, die die »Ernte des Herrn auf Bornholm in zwei Pesten« (nämlich 1618 und 1654, vgl. die Kirchen von Allinge u.a.) angibt. Die beiden Glocken, aus den Jahren 1612 und 1841, hängen im Glockenturm südlich der Kirche. Der Turm, der übliche bornholmische Typ, befindet sich in der Kirchhofmauer und hat ursprünglich als Torgebäude gedient.

DENKMAL EINER GATTIN IN RUNEN

In der Südseite des Kirchenturms ist ein romanischer Grabstein aus Granit mit einem Kreuz-Relief eingemauert. Vier Runensteine sind jetzt in der Vorhalle aufgestellt. Der eine, der 1867 bei einem Hof in Langedeby gefunden wurde, ist nur ein Fragment mit einigen wenigen Runen, ein Bruchstück desselben Steines befindet sich jedoch in Bornholms Museum. Zwei Runensteine wurden im Kirchturm eingemauert gefunden; auf dem einen ist zu lesen: »... Thorkil und Alvkil errichteten diesen Stein für ihren Vater Økil...«, und auf dem zweiten: »... ließen den Stein hauen für ihren Bruder Thorfast *auk*(?) Gudke«. Schließlich wurde 1911 unter der Nordmauer des Schiffs ein Stein mit folgender Inschrift gefunden: »Esbern ließ den Stein errichten für seine Frau Botirda. Gott erhebe ihren Geist ewiglich«.

Povls Kirke

Die *Povls-Kirche,* dem Apostelfürsten Paulus geweiht, ist ein möglicherweise relativ später romanischer Bau, bestehend aus Apsis, Chor und Schiff, eine Vorhalle im Süden und eine Sakristei an der Nordseite des Chores wurden später hinzugefügt. Schließlich wurde die Kirche im Jahre 1871 um 5,5 m nach Westen verlängert.

REICH AN EINZELHEITEN

Soweit ersichtlich, ist die romanische, kurze und breite Anlage ausschließlich aus Silurkalkstein gebaut und bietet - außer daß der Turm fehlt - mehrere eigentümliche architektonische Einzelheiten. So sind die drei gut erhaltenen Fenster der Apsis ungewöhnlich, in deren Schmiege sich ein rechteckiger Einschnitt befindet, der ursprünglich durch die Laibung selbst hindurchführte, die folglich Kreuzform gehabt haben muß.

Bemerkenswert sind auch die beiden jeweils recht unterschiedlichen Portale, von denen besonders das nördliche von hoher Qualität ist; mit seiner reichen Profilierung, u.a. einem scharfrückigen »gewundenen« Stab, tendiert es stilistisch zur Gotik. Das traditioneller geformte Südportal hat in seinem halbrunden Tympanon, d.h. Türdeckstein, eine eingemeißelte französische Lilie. Sein Rahmen ist mit verschiedenen, recht primitiven Einrichtungen dekoriert, z.B. ist in einen der Quader des Ostrahmens eine kleine männliche Figur gemeißelt. Ein anderes naiv ausgeführtes Relief, das den Schutzheiligen der Kirche darstellt, findet sich am höchsten Punkt des schlanken

Die Povls-Kirche mit dem ungewöhnlich wohlproportionierten Glockenturm ist nicht nur Bornholms einzige turmlose und jüngste romanische Kirche, sie ist auch das am konsequentesten durchgeführte mittelalterliche Bauwerk der Insel. Beide Portale der Kirche sind schöne, reich profilierte Meisterstücke aus Stein, die aus der Zeit um die Mitte des 13. Jahrhunderts stammen müssen und so helfen, die Kirche zu datieren.

Chorbogens eingemauert. Die Figur ist mit einem Glorienschein geziert, an dessen Kante mit Runen »Paulus« geschrieben ist, und in der Hand hält sie ein Buch, das die Signatur des Steinmetzen trägt, ebenfalls mit Runen: »Tue hat es gemacht«. Der Chorbogen wird von zwei Seitenaltarnischen flankiert, von denen die südliche in späterer Zeit zum Chor hin durchbrochen wurde.

Die Apsis hat ihre ursprüngliche Halbkuppel, während Chor und Schiff eine flache Holzdecke tragen. Die Sakristei ist ein hübscher kleiner Fachwerkbau, vermutlich aus dem 18. Jahrhundert. Die Vorhalle wurde 1881 erheblich umgebaut.

NEUGEFUNDENE WANDFRIESE IN GRELLER UMGEBUNG

Im Schiff wurde 1957 eine umfangreiche Wandmalerei freigelegt, die an der Nord- und Ostwand in etwa 20 Szenen die Leidensgeschichte schildert, während man an der Südwand einen Apostelfries entdeckte. Die Bilder scheinen nach der Reformation, etwa in den Jahren 1550-60 entstanden zu sein. Ihr Zustand war nicht überall gleich gut, deshalb wurde ein Teil von ihnen wieder übertüncht, während einzelne Bildfelder der Nordwand im Jahre 1969 eine konservierende Behandlung erhielten.

Das Inventar wurde in grellen Farben neu gestrichen, was für die Wirkung der Wandmalereien im Raum nicht gerade günstig ist. Die Altartafel, im Louis-Seize-Stil, stammt vom Ende des 18. Jahrhunderts, wurde jedoch 1920 umgebaut, als ein neues Gemälde eingesetzt wurde: Christus und Petrus auf dem See, von *Axel Hou*. Auch der Altarkelch ist eine Louis-Seize-Arbeit aus dem Jahre 1781. Die schweren Altarleuchter sind dem Typ nach spätmittelalterlich. Die romanische Taufe ist eine gotländische Arbeit aus Kalkstein; das Becken ist wie in der Ibs-Kirche u.a. mit »Kelchblättern« dekoriert. Die im Renaissance-Stil geschnitzte Kanzel, etwa aus dem Jahre 1600, erinnert an die Kanzel der Nexø-Kirche, nur wurde der Schalldeckel, mit geschnitzter à-la-grecque-Borte, um 1800 hinzugefügt. Das Gestühl wurde im Jahre 1920 erneuert, die Orgel im Jahre 1974.

In der Nordseite des Chorbogens wurde um 1780 ein Sandsteinepitaph mit einem

Porträtrelief und einer langen zeittypischen Inschrift angebracht: für »den fleißigsten und tüchtigsten Hausvater, den zärtlichsten Ehemann, den besten Vater, den frömmsten und gottesfürchtigsten Christen«, den Gemeindepfarrer *Jørgen Kofoed.* Die Bildhauerarbeit ist signiert von *Mickel L. Kiøller,* Schöpfer auch eines im Schiff angebrachten Epitaphs für *Anna Margaretha Carstensen,* gestorben 1781. Wahrscheinlich hat ebenfalls derselbe Kiøller eine am Haupteingang des Kirchhofs aufgestellte Sandsteintafel ausgeführt, auf der berichtet wird, daß die Kirchhofsmauer in den Jahren 1774-76 erneuert wurde.

Der Glockenturm, mit zwei Glocken aus den Jahren 1828 und 1831, befindet sich in der östlichen Kirchhofsmauer, wo er ursprünglich als Eingangsportal gedient hat.

Peders Kirke

Die *Peders-Kirche* ist eine zum größten Teil romanische Anlage, bestehend aus Schiff, Chor und Apsis, im 16. Jahrhundert wurde an der Westseite ein niedriger Turm und an der Südseite eine - im Jahre 1864 erneuerte - Vorhalle hinzugefügt. Die romanischen Teile, die einen pyramidenförmigen Sockel haben, sind so gut wie ausschließlich aus Silurkalkstein errichtet, der auf Südbornholm relativ leicht zugänglich war.

ÜBERRESTE DES MITTELALTERS

Alle drei ursprünglichen Apsisfenster sind zugemauert, statt dessen wurde an der Südseite ein völlig neues Fenster gebrochen. Auch im Chor und im Schiff sind einzelne Fenster in zugemauertem oder geblendetem Zustand erhalten. Gut erhalten ist das schlanke Südportal, dessen halbrundes Tympanon, wie auf Bornholm üblich, von kleinen Konsolen getragen wird. Dagegen ist die Nordtür durch ein neueres Fenster fast ganz zerstört. Die Kirche hat ursprünglich einen dritten Eingang gehabt, denn an der Südseite des Chores ist eine kleine zugemauerte Tür für den Pfarrer zu erkennen, die darauf hindeuten könnte, daß Chor und Apsis gebaut und benutzt wurden, bevor das Schiff vollendet war. Der breite Chorbogen war anfangs durch eine gemauerte Chorschranke geschlossen, die zu jeder Seite Türen hatte; diese schlugen gegen zwei Mauervorsprünge, die noch zu beiden Seiten des Bogens erhalten sind. Der Chorbogen wird von gut erhaltenen rundbogigen Seitenaltarnischen flankiert, und im Westen führt eine niedrige rundbogige Arkade in den Turm. Die Altartafel ist ein Gemälde des Konservators *C. Chr. Andersen* aus dem Jahre 1876: Christus und das kananäische Weib. Erhaltene Reste zeigen, daß die frühere Altartafel eine Renaissance-Arbeit vom auf Bornholm verbreiteten Typ mit zweigeteiltem Hauptfeld gewesen ist. Die Altarleuchter sind dem Typ nach spätgotisch. Die romanische Taufe aus gotländischem Kalkstein hat wie so viele ein »Kelchblattbecken«. Die Kanzel wurde 1845 erneuert. Die Glocken des Westturms wurden 1574 von *Matthias Benningk* in Lübeck und 1701 von *D. H. Grädener* und *Arendt tor Kuhl* gegossen. Ein Grabstein, etwa aus dem Jahre 1650, für *Jørgen Kofoed* zu Eskegård und seine Gattin ist in der Vorhalle aufgestellt, befand sich jedoch ursprünglich wohl im Fußboden der Kirche.

BONAVEDDES BECHER

Mit der Kirche ist die Sage von *Bonavedde* verbunden, der eines Nachts die »Unterirdischen« tanzen sah und zu einem Becher eingeladen wurde. Da er dem Inhalt des Bechers mißtraute, warf er ihn über die Schulter und traf sein Pferd, dem dadurch Haut und Haar abgesengt wurden. Darauf schenkte er den Becher der Kirche. Der sogenannte »Bonavedde-Becher«, der 1880 während einer Restaurierung spurlos verschwunden ist, war jedoch kein Trinkgefäß, sondern ein spätmittelalterliches Ziborium zur Aufbewahrung des geweihten Abendmahlbrotes. Es war aus vergoldetem Kupfer und hatte auf jeder der sechs Seiten des Behälters eine kleine gegossene Heiligenfigur. Noch im Jahre 1879 stand es in einer Nische der Apsis.

Knuds Kirke

Auf einer jetzt verschwundenen mittelalterlichen Altartafel der *Knuds-Kirche* stellte ein Bild den heiligen König Knud dar, woraus man schließen darf, daß dieser - und nicht Herzog St. Knud - der Schutzheilige der Kirche gewesen ist. Die kleine, schlanke Kirche ist zum größten Teil eine romanische Anlage, bestehend aus Chor mit Apsis, Schiff und Westturm; vor der Südtür wurde später eine Vorhalle errichtet. Die ursprünglichen Teile sind in der Hauptsache aus rohen und behauenen Feldsteinen, für die architektonischen Details wie den pyramidenförmigen Sockel, die Ecken und die beiden profilierten, rundbogigen Türen wurde jedoch Kalkstein verwendet.

BESONDERE EINZELHEITEN

Eine Besonderheit der Kirche ist das sehr kräftige Gesims des Chores, das sicher das ursprüngliche schwere Dach aus flachen Kalksteinplatten hatte stützen sollen, von dem unter dem heutigen Ziegeldach Reste gefunden wurden. Dieses massive Steindach, das auch von der Øster-Marie-Kirche bekannt ist, ruhte ohne Sparrenkonstruktion direkt auf dem gemauerten Tonnengewölbe des Chores.

Das einzige erhaltene ursprüngliche Fenster, etwa in der Mitte der Südseite, ist innen waagerecht abgedeckt, man hat daher vermutet, daß es sich ähnlich wie ein entsprechendes Fenster in der Nylars-Kirche unmittelbar unter dem Widerlager eines verschwundenen Tonnengewölbes befunden hat. Untersuchungen im Zusammenhang mit der letzten Restaurierung haben jedoch keine Spuren eines Tonnengewölbes im Schiff ergeben. Dagegen kann ein Vorsprung im Westen der Nordmauer als Rest eines Gesimses entsprechend dem des Chores gedeutet werden, woraus sich jedoch nichts Sicheres über die Gestaltung des Daches schließen läßt, sondern lediglich, daß die Mauern des Schiffes zu irgendeinem Zeitpunkt erhöht worden sind.

Der ursprüngliche, sehr schmale Turm war mit der Kirche durch eine noch erhaltene Doppelarkade verbunden. Er wurde jedoch nach relativ kurzer Zeit auf ungewöhnliche Weise erweitert, indem an der Ostseite der Zwillingsarkade eine neue Turmarkade errichtet wurde, ein breiter Rundbogen, der die neue Ostmauer des Turmes trägt. Schließlich wurde der Turm mit Ausnahme der zum Schiff gewandten Partien, in den Jahren 1878-79 mit neuen Materialien umgebaut.

Im übrigen Dänemark sind die Landgemeindekirchen, ebenso wie die Gemeinden, nach ihrem Dorf benannt. Auf Bornholm haben die Kirchen ihre katholischen Namen behalten, und hier ist die Gemeinde nach der Kirche benannt, indem die Endung -kirke durch -ker ersetzt wurde, z.B. Peders Kirke (links), aber Gemeinde Pedersker, Knuds Kirke (rechts), aber Gemeinde Knudsker. In der Nähe der Peders-Kirche - deren niedriger Turm gerade über das Schiff schauen kann - stehen die Bautasteine Store Stine (Große Stine), Krogede Didrik (Krummer Didrik) und Strage Mads (Ranker Mads).

VIEL URSPRÜNGLICHES INVENTAR

Auf dem alten Altartisch aus Kalkstein steht eine Renaissance-Tafel aus dem Jahre 1596, die auf übliche bornholmische Weise in zwei Hauptfelder aufgeteilt ist, deren ursprüngliche Gemälde 1978 freigelegt wurden. Die beiden Altarleuchter stammen aus dem späten Mittelalter, aus dem Anfang des 16. Jahrhunderts, während ein gesticktes Meßgewand, etwa aus den Jahren 1480-90, im Nationalmuseum in Kopenhagen aufbewahrt wird. Die kleine romanische Granittaufe ist sicher die ursprüngliche der Kirche; bis 1906 stand sie nach bornholmischem Brauch im Turmraum. Aus der ältesten Zeit der Kirche stammt auch die interessante geschnitzte Eichentür, die sich nun in der inneren nördlichen Türöffnung des Schiffes befindet. Die Kanzel, eine äußerst phantasievolle, obgleich etwas naiv ausgeführte Schnitzarbeit von Ende des 16. Jahrhunderts, steht auf den Resten eines mittelalterlichen Seitenaltartisches, ihr Aufgang führt durch die südliche Seitenaltarnische; eine festliche alte Bemalung wurde 1978 freigelegt. Die 1976 begonnene Restaurierung der Kirche wird von Architekt *Rolf Graae* geleitet.

Von den beiden Glocken stammt die eine aus dem späten Mittelalter, aus dem Jahre 1460, die zweite aus dem Jahre 1702.

Vester-Marie Kirke

Die *Vester-Marie-Kirche* ist in ihrer gegenwärtigen Gestalt, geweiht 1885, nach der Zeichnung des Architekten *Mathias Bidstrup* gebaut. Sie ist ein typisches Beispiel jener Kirchenarchitektur, die eine Folge der großen »Erweckungen« war und deren wesentlicher Zweck darin bestand, den vielen Menschen Platz zu schaffen. Weil sie nicht groß genug erschien und baufällig war, wurde die romanische, der Jungfrau Maria geweihte Kirche in den Jahren 1880-83 total abgerissen. In die neue Kirche wurden die alte gotländische Kalksteintaufe und einzelne andere Inventarteile, u.a. die beiden Glocken aus den Jahren 1550 und 1638 übernommen. Die alte Altartafel aus dem Jahre 1597 und die Kanzel, etwa aus der gleichen Zeit, werden in Bornholms Museum aufbewahrt.

EINE RUNENSTEIN-SAMMLUNG

Nicht weniger als sechs Runensteine, teils beim Abriß der alten Kirche gefunden, teils andernorts her geholt, sind nun auf dem Kirchhof aufgestellt. Ihre Inschriften sind schwer zu deuten, auf einem ist sie wegen der Verwitterung ganz unleserlich.

Auf einem Stein, im Jahre 1819 auf dem 31. Freibauernhof der Gemeinde gefunden, steht, daß »NN, Bruder (und) X diesen Steinhaufen für Y ... und für ihren Bruder Eskil errichteten. Gott h(elfe ihren Seelen)«.

Ein Stein, gefunden im Jahre 1847 auf dem 17. Freibauernhof, berichtet, daß »Thorsten und Sven (den Stein) errichteten für ihren Vater Alvin und für ihren Bruder Thorlak. Gott und die Muttergottes mögen ihrem Geist helfen«.

Ein Stein, der bis 1875 als Brücke über einem Bach in Højlyngen diente, trägt die Inschrift: »Gilling errichtete (diesen Stein für NN) seinen (Bruder). Gott helfe seiner Seele«.

Bruchstücke eines Steines, gefunden beim Abriß der Kirche, lassen ahnen, daß »Sven (?) ... und Tole und Vifrid, die unter die(sem Stein) liegen (... NN machte) den Stein«. Schließlich fand man beim Abriß der Kirche einen Stein, von dem gesagt wird, daß ihn Asvalde für den Bruder Alver errichtete, doch ist die Deutung der Schrift umstritten.

Klemens Kirke

Nach dem Abriß der mittelalterlichen, dem Schifferheiligen St. Clemens geweihten *Klemens-Kirche* wurde in den Jahren 1881-82 nach der Zeichnung des Architekten *L. H. Knudsen* das gegenwärtige Gebäude errichtet, das am 3. Dezember 1882 geweiht wurde. Die sehr große Kirche, die 1000 Menschen aufnehmen kann, ist aus behauenem Granit gebaut und besteht aus Chor mit Apsis, Schiff und Westturm, zumeist in romanisierten Stilformen.

Die Schöne Apsis der Ruts-Kirche (rechts) mit den hübschen Zwillingsbögen ist mit der Apsis der Øster-Lars-Kirche verwandt. Die säulengeteilte Nische unter dem Zirkelfenster hat dagegen ihre nächsten Parallelen im Vorhallengiebel der Å-Kirche. Links: Interieur - mit einer alten bornholmischen Standuhr - aus der Klemens-Kirche, die 1882 völlig erneuert wurde.

EINE ARBOE-UHR

Vom Inventar der alten Kirche befindet sich ein Teil in Bornholms Museum. In der neuen Kirche werden weiterhin zwei ansehnliche spätgotische Altarleuchter verwendet, ein Kronleuchter aus der Renaissancezeit, eine Standuhr aus dem Jahre 1795, signiert von *I. P. Arboe,* einem der Meister der berühmten bornholmischen Uhrmacherei, und eine spätmittelalterliche Glocke mit einem lateinischen »Ave Maria«.

EIN MOSAIK VON RUNEN

In der Nähe der Kirche sind einige Runensteine gesammelt, überwiegend Bruchstücke. Auf einem der Steine, *Lundhøjstenen,* ist zu lesen: »Gunild ließ diesen Stein errichten für Ødbjørn, ihren Ehegemahl; Christ helfe Ødbjørns und Gunilds Seelen zu Licht und Paradies«. Ein anderer Stein, *Kuregårdstenen,* hat folgende Inschrift: »Svend und Kæld errichteten den Stein für ihren Vater Julger (?)«.

Von dem Dutzend Bruchstücken ließen sich vier zusammenfügen, und darauf ist zu lesen: »NN errichtete diesen Stein für seinen Bruder Sven. Gott und die Gottesmutter (mögen) seiner Seele (helfen) ... kil ritzte diese Runen und (d.h. zusammen mit) Svenne«.

Auf den übrigen Fragmenten sind nur einzelne Worte oder Runen zu entziffern. Sie sind jetzt in der nördlichen Kirchhofsmauer eingemauert.

Ruts Kirke

Die *Ruts-Kirche* ist eine der wenigen bornholmischen Landkirchen, die nicht nach ihrem Schutzheiligen benannt ist, obwohl sie in älterer Zeit begreiflicherweise mit der Ruth des Alten Testamentes in Verbindung gesetzt wurde. Die Kirche war jedoch St. Michael, dem Beschützer der Seelen, geweiht, der namentlich im älteren Mittelalter in der Schar der Heiligen einen hervorragenden Platz einnahm. Von der Kirche, die sehr hoch, etwa 130 m über dem Meeresspiegel liegt, hat man eine weite Aussicht über Land und Meer. Diese strategisch günstige Lage kann die Ursache dafür sein, daß die Kirchhofsmauer, wie es scheint, ursprünglich eine verteidigungsmäßige Bedeutung gehabt hat. An der Westseite beim Glockenturm sind noch Reste eines ansehnlichen Walles zu erkennen, überwiegend aus Grassoden, der an der Außenseite durch eine sehr schwere Mauer verstärkt war, von der nur ein kleiner Rest übrig ist.

DIE EINZIGE KIRCHE MIT KALKTUFF-DETAILS

Etwas reduziert ist auch das romanische Kirchengebäude, das im vorigen Jahrhundert unter Umbauten gelitten hat. Die ursprüngliche Anlage bestand aus Schiff und Chor mit Apsis, nach kurzer Zeit wurden jedoch im Westen ein Turm und im Süden eine Vorhalle dazugebaut, beide in rein romanischen Formen. Die Materialien sind wie gewöhnlich eine Mischung aus Feldsteinen und Silurkalkstein, außerdem ist jedoch in großem Umfang - wie sonst nirgends in den bornholmischen Kirchen - *Kalktuff* verwendet, namentlich für die feineren Details, an denen die Kirche verhältnismäßig reich ist. Dies betrifft die hübsche Fassadenausschmückung der Apsis, sowohl die von Lisenen und Bogenfriesen gegliederte Mauerfläche als auch das Zirkelfenster des Ostfachs, das sich über einer kleinen Ziernische mit säulengetragenem Zwillingsbogen befindet. Eine solche Plazierung ist auch von einem Fenster des abgerissenen Turmes bekannt und findet sich - in veredelter Form - in der Vorhalle der Å-Kirche wieder.

Der romanische Turm, der als einziger auf Bornholm ein Westportal besaß und im übrigen zahlreiche interessante architektonische Details enthielt, wurde 1886 für so baufällig befunden, daß er abgerissen und aus Steinbruchgranit neu errichtet wurde; zur gleichen Zeit wurde die Kirche um gut 3 m nach Westen verlängert. Die Arbeit wurde von Architekt *Mathias Bidstrup* geleitet. Bei derselben Gelegenheit wurde die romanische Vorhalle entfernt, die nun überflüssig war, da der Haupteingang in den neuen Turm verlegt wurde. Bereits im Jahre 1877 war die Kirche im Norden durch einen großen Ausbau erweitert worden.

EINE 700 JAHRE ALTE WANDMALEREI

Während das Schiff weiterhin eine flache Balkendecke hat, wurde dem Chor im Spätmittelalter ein Kreuzgewölbe eingebaut, das in der Renaissancezeit, etwa 1560-70, mit einer Wandmalerei ausgeschmückt wurde. Diese besteht aus Medaillons mit den vier Evangelisten, eingefaßt in elegantes Akanthusblattwerk. An mehreren anderen Stellen der Kirche wurden Wandmalereien gefunden, die aus verschiedenen Perioden stammen. Von größter Bedeutung ist eine sehr fragmentarisch erhaltene Frauengestalt, wahrscheinlich die Jungfrau Maria, die sich in der nördlichen Seitenaltarnische befindet; vermutlich ist das Bild um 1250 zu datieren. Vom alten Hauptinventar ist nur die romanische Granittaufe in Gebrauch. Die Altartafel, wie auf Bornholm üblich eine Renaissance-Arbeit mit zwei Gemäldefeldern, befindet sich jetzt in Bornholms Museum. Auf dem Altar stehen dafür ein Kruzifix sowie zwei alte, der Form nach zu urteilen spätmittelalterliche Altarleuchter. Im Chor hängt ein schöner kleiner Kronleuchter im Renaissancestil vom Ende des 16. Jahrhunderts. Nach Errichtung des neuen Westturms wurden die Glocken des alten Glockenturms auf dem Kirchhof - vielleicht des ältesten erhaltenen dieser eigentümlichen Bauwerke - hierher überführt. Die eine wurde 1580 von *Matthias Benningk* in Lübeck, die zweite 1631 von *Felix Fuchs* in Kopenhagen gegossen. Die Kirche wurde 1975 von Architekt *Rolf Graae* in Zusammenarbeit mit dem Maler *Paul Høm* restauriert.

In der Mauer am Glockenturm befinden sich mehrere ältere Grabsteine, u.a. des Gemeindepfarrers *Mikkel Olsen*, gestorben 1632. 1877 wurde im alten Westturm ein Bruchstück eines Runensteins mit einzelnen lesbaren Worten gefunden. Das Fragment liegt auf dem Kirchhof.

Rø Kirke

Die mittelalterliche, St. Andreas geweihte *Rø-Kirche* war eine interessante romanische Anlage, bestehend aus Chor mit Apsis, Schiff und breitem Westturm vom schonischen Typ, alles in einem einzigen Arbeitsgang errichtet. Aus späterer Zeit stammte nur eine gotische Vorhalle vor der Südtür.

Aufgrund von Baufälligkeit, die vielleicht jedoch nicht so schlimm war, wie zuerst angenommen, wurde die gesamte Kirche im Jahre 1887 abgerissen und eine neue, die heutige, unter Leitung von Baumeister *Mathias Bidstrup* errichtet. Diese Kirche, die am 18. November 1888 geweiht wurde, ist nach dem Vorbild der alten gebaut, jedoch größer und unter Verwendung von gleichartigen Steinbruchquadern. Verschiedene Einzelheiten aus dem alten Kirchengebäude, so das gesamte Südportal, wurden im Turmraum der neuen Kirche aufgestellt.

TEILWEISE WIEDERVERWENDUNG

Kurz vor dem Abriß der alten Kirche war ihr Altarschmuck erneuert worden. Ein Gemälde, Christus und die Sünderin, von *C. Chr. Andersen* im Jahre 1878 gemalt, hatte die alte Renaissance-Altartafel aus dem Anfang des 17. Jahrhunderts abgelöst. Beides wurde in die neue Kirche überführt und das Gemälde als Altarschmuck beibehalten, während die alte Tafel im Schiff neben dem Chorbogen aufgehängt wurde.

Auf dem Altar stehen zwei Leuchter aus der Zeit um 1600. Auch der Taufstein war in den 70er Jahren des 19. Jahrhunderts ausgewechselt worden. Der neue, aus Zement, ist noch immer in Gebrauch, während die alte romanische Granittaufe, von der nur das Becken erhalten war, 1956 an die Øster-Lars-Kirche abgegeben wurde. Die Kanzel ist eine Tischlerarbeit etwa aus dem Jahre 1600 - sie soll früher die Jahreszahl 1601 getragen haben; sie wurde in derselben Werkstatt angefertigt wie die Kanzel der Øster-Lars-Kirche und hat wie diese vier rhombische Felder mit den Evangelistensymbolen.

Die große Glocke wurde 1725 von *J. H. Armowitz* in Lübeck gegossen, während die kleine, ihrer Inschrift nach, von einem finnischen Schiff, »Ebba Brahe« aus Jacobsstad, stammt; sie wurde 1780 in Stockholm gegossen.

Ein Grabstein mit undeutlicher Inschrift aus dem Jahre 1349 ist jetzt im Turmraum aufgestellt, und innerhalb der Kirchentür steht ein Bruchstück eines Runensteins mit den Worten »... seinen Vater und seine Mutter«.

Die Kirche wurde 1972-73 von Architekt *Rolf Graae* instandgesetzt.

Die Kirche von Rø ist typisch für jene Granitkolosse, die in den letzten zwei Jahrzehnten des vorigen Jahrhunderts mehrere der schönen alten, kleinen Kirchen der Insel abgelöst haben.

Øster-Marie Kirke

Die *Øster-Marie-Kirche* war, wie der Name vermuten läßt, im Mittelalter der Jungfrau Maria geweiht, und um die beiden Marien-Kirchen Bornholms leichter unterscheiden zu können, wurden sie sehr zeitig mit einem »Øster« (Ost) und einem »Vester« (West) versehen.

DIE RUINE

Die alte Kirche, die jetzt als Ruine auf dem Kirchhof steht, war in architekturgeschichtlicher Hinsicht eine der interessantesten romanischen Kirchenbauten Bornholms. Sie bestand aus Chor mit Apsis, Schiff und breitem Westturm vom schonischen Typ, alles aus derselben Zeit; dazu zwei Vorhallen, eine spätromanische im Süden und eine neuere im Norden. Bemerkenswert war nicht zuletzt die ursprüngliche Dachkonstruktion des Chores, denn über dem noch erhaltenen Tonnengewölbe hat ein Dach aus flachen Steinplatten gelegen, wie man es auch beim Chor der Knuds-Kirche bemerken konnte. Am Giebel über dem Chorbogen sieht man Abdrücke von zwei parallelen Tonnengewölben, die von einer Arkadenmauer in der gesamten Länge der Kirche getragen wurden, wie es auch in der Å-Kirche geplant war.

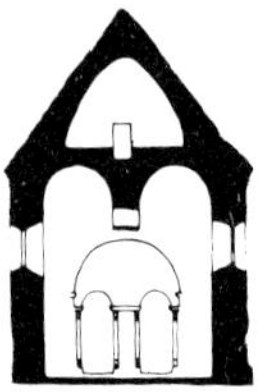

Der schwere Westturm, dessen drei unterste Geschosse Tonnengewölbe hatten, wurde im Jahre 1885 wegen Baufälligkeit zum Abriß verurteilt, und dann geschah, was bei so vielen anderen bornholmischen Kirchen geschehen ist: der eifrige Propst *Sodemann* in Klemensker nutzte die Gelegenheit, um eine neue und größere Kirche zu bauen, und nur dem Umstand, daß während der Abrißarbeiten des alten Gebäudes so viele eigentümliche Züge zu Tage traten, ist es zu verdanken, daß die Arbeit auf halbem Wege eingestellt wurde.

DIE NEUE KIRCHE

Die neue Kirche, die im Norden des Kirchhofs plaziert ist, wo bis dahin ein Glockenturm vom auf Bornholm üblichen Typ gestanden hatte, wurde aus Steinbruchgranit nach der Zeichnung des Architekten *Andreas Clemmensen* errichtet und am 18. Oktober 1891 geweiht. Von der alten Kirche wurde die spätromanische Taufe aus

In Øster-Marie steht die Ruine der alten Kirche neben der neuen. Der vollständige Abriß wurde u.a. durch die Entdeckung der eigentümlichen Dachkonstruktion verhindert. Auch der Wetterhahn mit dem lübischen Adler ist erhalten. Das »Familienbild« des Freiheitshelden Jens Kofoed gehört zu einem Epitaph, das jetzt in der neuen Kirche hängt.

gotländischem Kalkstein übernommen. Die Kanzel ist neu, enthält jedoch vier geschnitzte Renaissancefelder aus dem Jahre 1593. Eine Kanzel im Empirestil aus dem Jahre 1820 wird zusammen mit einer Altartafel vom Ende des 16. Jahrhunderts in Bornholms Museum aufbewahrt.

In der Kirche befindet sich ein Epitaph des Kapitäns *Jens Pedersen Kofoed*, »Bornholms Befreier« von der schwedischen Herrschaft im Jahre 1658. Es enthält u.a. ein großes Gemälde des Freiheitshelden mit seinen beiden Gattinnen und 24 Kindern.

EIN FAMILIENBEGRÄBNIS AUS RUNENSTEINEN

Mehrere alte Grabsteine liegen in und bei der Kirchenruine, außerdem sind hier vier Runensteine aufgestellt. Der eine, der aus drei Stücken besteht, trägt die Inschrift: »Barne und Sibbe und Tue errichteten diesen Stein für ihren Vater Kæld. Christ helfe seiner Seele«. In genauem Zusammenhang damit ist auf einem zweiten Stein zu lesen: »Barne und Tue und Asgot ließen den Stein errichten für ihren Bruder Sibbe. Christ helfe der Seele«. Auf einem dritten, der auf dem Kirchhof ausgegraben wurde, steht: »Øde und Sven und Ødger errichteten den Stein für Gunulv ... und für die Mutter Gunild«. Dagegen hat man die Inschrift eines Steines, der in der alten Kirche eingemauert gefunden wurde, nicht mit Sicherheit deuten können.

Gudhjem Kirke

Die *Kirche von Gudhjem* war seit alter Zeit der Øster-Lars-Kirche unterstellt und trug ähnlich wie die anderen Kirchen an der Küste die Bezeichnung einer Kapelle. Ihre Schutzheilige war St. Anna, und in ihrer frühesten Gestalt ist sie sicherlich eine spätromanische Anlage gewesen, bestehend aus Chor und Schiff. Im Spätmittelalter wurde sie zu einem rechteckigen Langhaus umgebaut, und noch später wurde im Norden eine Vorhalle hinzugefügt. Nachdem es einen Streit darüber gegeben hatte, ob das Kirchengebäude erhalten bleiben oder abgebrochen werden sollte, wurde es im Jahre 1895 bis 1 m über der Erde (!) abgerissen und steht nun als pittoreske Ruine auf dem alten Kirchhof. An seiner Stelle wurde nach Zeichnung von *Mathias Bidstrup* eine neue Kirche westlich des Kirchhofs errichtet. Sie besteht aus Schiff mit polygonaler Apsis sowie Westturm mit Spitze, alles aus Steinbruchgranit und mit Schieferdach; die Weihe fand am 3. September 1893 statt.

MUSEUMSGEGENSTÄNDE

1954 wurde in der Kirche eine spätgotische Flügelaltartafel mit verschiedenen Heiligenfiguren und einem Relief, Jungfrau Marias Totenlager, aufgestellt. Die Tafel, die aus der alten St. Annen-Kapelle stammt, wurde nach deren Abriß in Bornholms Museum aufbewahrt. Sie ist nun von Maler *Paul Høm* mit Gold und Farben restauriert. Der Altarkelch ist ebenfalls spätmittelalterlich, und eine lateinische Inschrift gibt an, daß er der Kirche zu Ehren St. Annas geschenkt wurde. Auf dem schönen Meßgewand findet sich ein großes goldgesticktes Kruzifix aus dem Jahre 1770. Taufstein und Kanzel sind neu. Die alte Kanzel aus dem Jahre 1575 wird zusammen mit anderem Inventar in Bornholms Museum aufbewahrt. Die eine Glocke wurde 1725 von *J. H. Armowitz* in Lübeck gegossen, die zweite stammt aus dem Jahre 1935.

In der Ruine der alten Kirche sind einzelne ältere Grabsteine erhalten, außerdem eine Tafel zur Erinnerung an die Strandung zweier finnischer Schiffe bei Gudhjem am 22. Mai 1840.

Christiansø Kirke

Unmittelbar nach dem Bau der Festung Christiansø wurde 1685 in einem Raum des Storetårn ein Kirchensaal eingerichtet. 1821 wurde die Kirche in das gegenwärtige Gebäude verlegt, das während des Engländer-Krieges nach Zeichnung von Ingenieurkapitän Suensson als Waffenschmiede errichtet worden war. Das kleine weißgekalkte Feldsteingebäude wurde 1852 und 1928 umgebaut und erweitert, so wurde im Westen eine besondere Eingangspartie hinzugefügt, und auf dem Kirchenplatz wurde ein Glockenturm vom üblichen bornholmischen Typ errichtet.

ZUSAMMEN-
GETRAGENES
INVENTAR

Innen hat die Kirche ein verputztes Holztonnengewölbe. Auf dem Altar wurde 1928 ein Gemälde von *Povl Olrik* aufgestellt: Christus zeigt sich nach der Auferstehung vor den Jüngern. Älter als die Kirche sind die Altarleuchter, zwei ansehnliche Barockleuchter, die die Jahreszahl 1654 tragen. Die Taufe aus Kalkstein ist neu. Eine hölzerne Taufe, sicher aus dem Jahre 1852, wird in Lilletårn aufbewahrt. Taufgefäß und Taufkanne aus Zinn sind eine Kopenhagener Arbeit vom Ende des 18. Jahrhunderts, wahrscheinlich aber erst um 1830 in die Kirche gekommen. Die Kanzel wurde 1928 aus dem Marinehospital in Kopenhagen in die Kirche überführt. Die frühere Kanzel war zusammen mit dem Altar gebaut und stammte gewiß aus dem Jahre 1852, ebenso das noch erhaltene Gestühl. Die Orgel ist ein Geschenk Frederiks VII., der 1851 die Insel besucht hatte. Die Glocken wurden 1751 *(J. B. Holtzmann)* und 1840 *(I. C.* und *H. Gamst)* gegossen.

DREI FRIEDHÖFE

Auf dem Kirchhof, der etwa 150 m südlich der Kirche liegt, befinden sich mehrere alte Grabsteine, vornehmlich von Festungsoffizieren und deren Angehörigen. Außerdem hat es einen Friedhof auf *Græsholmen* gegeben, wo noch ein Grabstein aus dem Jahre 1812 liegt, sowie auf *Frederiksø,* wo im Jahre 1853 ein Pestfriedhof angelegt wurde.

SAGEN UND ABERGLAUBEN

Dunkle Zeit und dunkle Rede

Jenes Kulturniveau, in dem die bornholmischen Volksüberlieferungen lebendig waren, ist heute unstreitig als Vergangenheit anzusehen. Es ist jedoch erst zu einem so späten Zeitpunkt verschwunden, daß noch einige Leute am Leben sind, die es in seiner letzten absterbenden Phase erlebt haben, und daß die letzten mündlichen Überlieferungen noch nicht ganz vergessen sind.

Der »Rokkesten« in den Paradisbakker mißt 4x3x2 m und wiegt wohl seine 35 Tonnen, bis vor wenigen Jahren konnte ihn jedoch selbst ein Junge zum Schaukeln bringen. In alten Tagen wurde erzählt, ein schwedischer Riese habe ihn nach der Bodils-Kirche geworfen. Rechts: der Bauerntyp der »dunklen Zeit« - und der harten, schweren Arbeit; eine der nachgelassenen Fotografien des Fotografen Myhre aus der Zeit um die Jahrhundertwende.

Noch um die Jahrhundertwende lagen die Paradisbakker offen da mit ihren schroffen Klippenwänden und den großen, mit Heidekraut bewachsenen Felsenflächen, von deren höchsten kahlen Erhebungen man eine weite Aussicht hatte über Heide und Gebüsch, das fruchtbare Flachland, Dueodde mit den Leuchttürmen und endlich das gewaltige Meer. Heute verbirgt die Bepflanzung fast alles, doch wird der Rokkesten jedes Jahr von Tausenden von Touristen aufgespürt.

Dieses Milieu repräsentiert eine dunkle Zeit, denn viele der Sagen sind nicht nur von mangelhafter Aufklärung, sondern auch von mangelhafter Beleuchtung deutlich geprägt. Daß es in den kleinen Küstenstädten nur wenige und schwache Straßenlaternen und auf dem Lande überhaupt keine gab, hat ebenso wie der einsame Wanderer mit seiner Handlaterne zweifellos für mehrere jener Sagen Anlaß gegeben, die Leute aus der Zeit unserer Urgroßeltern als selbsterlebt erzählt haben.

Diese spärliche - und sparsame - Beleuchtung hat aber auch jenes Milieu geschaffen, in dem die Volksüberlieferungen weiterlebten. Bis zur letzten Jahrhundertwende war es auf Bornholm ein verbreiteter Brauch, Schummerstunde zu halten, und in der Dämmerung, im gedämpften Licht des Ofens, wurden die Volksüberlieferungen von Geschlecht zu Geschlecht weitererzählt. Die Unterhaltung in der Schummerstunde, an die sich verschiedene der Älteren noch erinnern, bestand aus phantasievollen Märchen (*Sansâger*), Sagen aus alter Zeit, Berichten über mystische Erlebnisse, die als völlig glaubhafte Wahrheit erzählt wurden, volkstümlichen Liedern und Sprüchen und nicht zuletzt dem Raten von Rätseln, deren Charakter gelegentlich recht derb sein konnte. Kurz gesagt, es war das ganze bunte Gebiet, das heute *Volksdichtung* genannt wird - dazu werden häufig auch Sprichwörter gerechnet, die jedoch zum Alltag gehörten und als feste, wohlbekannte Wahrheiten in die Sprache eingingen, an deren Richtigkeit man nicht zu zweifeln wagte.

Derbheit und tiefe Musikalität

Der Reichtum der Bornholmer an *Sprichwörtern* und festen *Redensarten* ist groß, ihre bündige Form liegt dem Bornholmer von Natur. Viele von ihnen sind natürlich internationaler Allgemeinbesitz; vor allem an gewissen gereimten Redensarten in gemischter dänisch-bornholmischer Sprachform ist zu erkennen, daß sie woanders entlehnt sind. Andere aber sind ausgeprägt einheimisch, an Personen und Begebenheiten gebunden, die lokal bekannt waren, ja mehrere jener »Sprichwörter«, die der Einwohner von Rønne *M.K. Zahrtmann* vor einem halben Jahrhundert dichtete, sind in die Tradition eingegangen und werden als wirkliche Sprichwörter zitiert.

»Er macht Hausbesuch wie der Eber vom Pastor«. (Hajnj gaar i Huzbesøij lisom Præstens Orna).

»Verfragen kann man sich nicht, aber vertun kann man sich leicht«. (Ejnj kajnj inte forsporra saj, men ejnj kajnj nømt forgjorra saj).

»Hungriger Kropf gibt niemals Ruh, zerrissene Därme noch Ärger dazu«. (Svøltijnj Kro har alri Ro, men spræjnjder Tarm har varre Harm).

»In unserer Zeit geht das noch an; Schande über die, die uns überleben«. (Ded gaar nok an i vor Tid; Skam faa di, som ættelæua).

»Kinder machen Kinderstreiche bis an die Siebzig, dann gehen sie ins Kindesalter«. (Bælla gjorra Bællagjærninjnjer, te di e halvfjærsindstjyve Aar, sin gaa di i Barndom).

»Wären diese verdammten Feiertage nicht gewesen, dann hätte ich meine Erbsen im Boden, sagte der Propst«. (Hadd'ed inte vad for di sjide Hellidâna, saa hadde jâ nu hat mina Arter i Jorn, sâ Prostinj).

»Es sitzt sich schön als Witwe auf dem Blykobbegård, sagte Kristine Bohne, da hielt sie Hochzeit mit ihrem dritten Mann«. (Ded e hæjljut aa sedda æjnkja paa Blikaabbagaard, sâ Kjestena Bohne, hon hålte brøjljup me sin trede majn).

Die Tageszeitung »Bornholmeren« hat sich - durch den Zeichner Ludvig Mahler - unter den alten Fabelwesen der Insel ihren Haustroll, Bobbarækus, geholt, um jedoch einen Dialog zu ermöglichen, hat man ihm diesen schlechten Nachwuchs beigegeben, genannt Krølle-Bølle.

Und was für die Sprichwörter gilt, das gilt auch für einiges andere aus der Volksdichtung. Bornholm ist zwar abgelegen, es hat jedoch zu allen Zeiten lebhafte Verbindungen zur Umwelt gehabt. Man darf auch nicht vergessen, daß die Kunst des Lesens auf Bornholm sehr verbreitet war. Die ältesten Aufzeichnungen bornholmischer Volksüberlieferungen reichen bis ins 17. Jahrhundert zurück, und seit etwa 1800 waren bornholmische Sagen gedruckt zu finden. Auch dänische Liedersammlungen aus der Renaissance und später sind auf der Insel nicht unbekannt gewesen. Auf diese Weise kann ein Teil des mündlich überlieferten Volkskundestoffes auf gedruckte Quellen zurückgehen.

Die *Volkslieder* weisen in hohem Grade Parallelen zur Lieddichtung des übrigen Landes auf. Es handelt sich zum Teil um Balladen, die überall gut bekannt sind (wie die schöne Überlieferung des Agnete-Liedes), oder um Scherz- und Schimpflieder, zumeist mit recht derbem Charakter; dies betrifft vor allem die Reime, bis hin zu den Kinderreimen, wo sich die sprachliche Offenheit oft auf besonders barocke Weise geltend macht. Als ein Zeichen dafür, daß sich hinter der angeblichen Nüchternheit im Charakter des Bornholmers dennoch ein gut Teil Empfindsamkeit verbirgt, haben die Melodien der Lieder ein ganz besonderes Gepräge. Die tiefe Musikalität des Bornholmers verleugnet sich nicht. Auch in Reimen und Sprüchen kann der Ton unverkennbar lyrisch sein: *Fahren zur Stadt mit dem Braunen - lang, lang, lang sind die Wege - eng, eng, eng sind die Stege - wir kommen nicht heim - ehe die Sonne - hinter die Hügel sinkt - und in die Täler.* (Aga te Bys me Broga - Vajana e laanga, laanga, laånga - Stajana e traanga, traanga,

traanga - vi rækkja ikkje hjim - forrijn Soln gaar ner - ibag Bakkana - aa ner i Dalana).

Riesen, Kobolde und anderes Trollpack

Auch im *Volksglauben*, wie er sich in den alten Sagenerzählungen äußert, zeigt Bornholm Verwandtschaft mit dem übrigen Dänemark. Die Vorstellungen und Gestalten des Aberglaubens sind dieselben, ihre Bedeutung ist jedoch etwas abweichend. Die gewaltigen Kämpen oder Riesen, die wohl zum Hohen Norden gehören, hat man hier auf Abstand; sie haben sich nur bemerkbar gemacht, indem sie in ferner Vorzeit - entweder von Schonen oder von Christiansø, das ihr letzter dänischer Zufluchtsort gewesen zu sein schien - riesige Steine gegen die bornholmischen Kirchen schleuderten. Dafür hat es sich aber auch um ein größeres Bombardement gehandelt, denn so gut wie alle mittelalterlichen Kirchen der Insel können einen oder mehrere *»Schleudersteine« (Slingesten)* aufweisen, viele von ihnen in beträchtlichem Abstand von der Kirche.

DIE GRÖSSTEN SCHLEUDERSTEINE

Jættebold (Riesenball) im *Svartingedalen* soll nach der Ruts-Kirche oder der Klemens-Kirche geworfen worden sein, der gewaltige Block *Æggehønen* (Eierhuhn) bei *Sandkås* nach der Ols-Kirche, zwei Kolosse im *Kobbeådalen* nach der Rø- und der Øster-Lars-Kirche, *Skulken* auf *Brændesmark* nach der Ibs-Kirche, *Slingestenen* (Schleuderstein) in den *Paradisbakker* nach der Bodils-Kirche, *Kyllingehønen* (Gluckhenne) südlich von *Åkirkeby* nach der Å-Kirche und *Bleghald* südöstlich von *Knudsker* nach der Knuds-Kirche.

Kyllingehønen (Gluckhenne) in Åker und *Æggehønen* (Eierhuhn) bei Sandkås sollen der Sage nach Trolle von Schonen oder Christiansø mit einem Strumpfband dorthin geschleudert haben, weil der Klang der Kirchenglocken sie in Raserei versetzt hatte. Um die beiden Blöcke herum liegen mehrere kleine Steine, wie Kücken oder Eier - daher die Namen.

Der Læså-Kobold

Die Annahme liegt nahe, daß in einem Gebiet mit einer so ausgeprägten und starken Natur wie Bornholm der Glaube an *Naturwesen* verbreitet sein müßte. Es gibt jedoch verhältnismäßig wenige Sagenaufzeichnungen von dieser Kategorie. Die Überlieferung weiß zwar von den geheimnisvollen Mächten der Natur, sie personifiziert sie jedoch relativ selten. So gibt es ringsum auf der Insel *heilige Quellen* mit magischen Eigenschaften, und die wichtigsten von ihnen, vor allem *Kolde Kilde* (Kalte Quelle) in Almindingen und *Rø Kilde* (Rø-Quelle), haben im Volksleben eine bedeutende Rolle gespielt, obwohl man von Quellnymphen nie berichten gehört hat. Das Elfenvolk scheint ebenfalls recht unbekannt - und, was bei einem Land, das derart vom Meer abhängig ist, sonderbar wirkt: die Zahl der Sagen über Meerfrauen und Meermänner ist äußerst gering. In besonders wilden Gegenden der Insel wie den Waldseen von Almindingen wird von mächtigen und gefährlichen Trollen erzählt. Die *Læså* hat ihren Wassermann, *Læsåbobbaijnj*, der jedes Jahr ein Menschenopfer fordert; wenn die Zeit überschritten ist, ertönt seine Stimme aus dem Flußbett: »Die Zeit ist vergangen und der Mann nicht gekommen!« - und dann wissen die Leute, daß in kurzer Zeit jemand in der Læså ertrinken wird. Auch andere Flüsse haben ihren *Bobba*; die *Bobbeå* ist sogar nach ihm benannt.

Kinderschreck

Vielleicht leben Erinnerungen an andere gefährliche Wassergeister in den Erzählungen von *Brojnkjættan*, der sich in der Steinsetzung der offenen Brunnen aufhält und kleine Kinder holt, wenn sie zu nahe kommen. Aber er hat doch lange Zeit zur Kategorie »Schreckgespenster« gehört, ebenso wie *Bobbarækus*, der Kinder holt, die nach Sonnenuntergang auf der Straße sind. Vor 60-70 Jahren waren sie nicht ganz ohne pädagogische Bedeutung.

Aberglaube des dunklen Lebens

In den dunklen Nächten vergangener Zeiten gab es vieles, was unheimlich werden konnte. Viel unnennbares Trollpack zeigte sich in Gestalt von *»wandernden Lichtern«*. Daß es sich nicht bei allen um unschuldige Handlaternen gehandelt hat, scheint aus gewissen Strandungssagen hervorzugehen; die Berichte über den *Løkkedævl* (Weidenteufel) von Hasle und den *Næsdævl* (Landspitzenteufel) von Allinge deuten stark darauf hin, daß an der Küste schlimme Dinge geschehen sind und daß es nicht ganz ohne Bezug auf die Wirklichkeit gewesen ist, wenn es heißt, daß diese Lichter Wracks prophezeit haben.

Der im übrigen Dänemark so populäre Hauskobold, *Nissen*, ist auf Bornholm nicht ganz unbekannt, wird jedoch selten erwähnt und nicht als ein relativ ungefährliches Wesen angesehen. Es gab Leute, die diese Kobolde zu ihrem Vorteil im Hause hatten, doch sie gaben es ungern zu: »Der Herrgott mochte es irgendwie nicht recht leiden« - und die armen Nachbarn, bei denen er Vorräte fürs eigene Haus sammelte, auch nicht.

Das Volk der Unterirdischen auf Bornholm

Jene Gruppe von Gestalten des Aberglaubens, die für Bornholm besonders charakteristisch sind, nämlich *die Unterirdischen*, das Hügelvolk, scheint sowohl die Funktion der Kobolde wie die des Elfenvolkes zu einem großen Teil aufgenommen zu haben. Auch Züge des Bergvolks sind in diesen Typ eingegangen; man hat nicht immer so scharf zwischen natürlichen Felsbänken und künstlichen Erdhügeln unterschieden. In Beschreibungen dieser Fabelwesen haben sich die Bornholmer zumeist vorsichtig-ungefähr und etwas ängstlich ausgedrückt.

Die Vorstellungen vom Volk der Unterirdischen sind in so hohem Grad mit den Begräbnisplätzen des Altertums verbunden, daß der Volkskundler hier unwillkürlich eine Verbindung sucht und annimmt, daß diese Tradition uralt ist, obwohl sich eine direkte Überlieferung kaum weiter zurück als gut 300 Jahre verfolgen läßt. Aber die Sagen sind ja häufig die Erklärung neuerer Zeiten, bezogen auf ältere Phänomene, deren wirkliche Bedeutung vergessen ist.

Die guten Seiten der Unterirdischen

Die Unterirdischen werden als kleine Leute beschrieben, von der Größe 8-10 jähriger Kinder. Sie tragen die alte Bauerntracht aus grauem Loden, in einigen Aufzeichnungen wird gesagt, daß sie rote Zipfelmützen tragen, anderen zufolge tragen sie graue Hüte. Sie halten sich vor allem in Hügeln auf, und von verschiedenen namhaften Hügeln wird ausdrücklich gesagt, daß sie Unterirdische beherbergen. Für gewöhnlich ähnelt ihr Dasein dem über der Erde, sie brauen und backen, waschen ihre Kleider - und sie feiern ihre Familienfeste, wie es ordentliche Menschen tun. Manchmal feiern sie große Feste mit Tanz, und dann kann es passieren, daß sich der Hügel auf glühenden Pfählen erhebt. Kommt zufällig ein Mensch vorüber, kann es geschehen, daß ihm das Hügelvolk gastfreundlich einen Krug anbietet, aber davor soll man sich hüten, denn das sind starke Sachen. Dem hellseherischen und durchtriebenen *Bonavedde* wurde einmal ein solcher Trunk angeboten, er war jedoch vorsichtig und warf den Inhalt des Bechers hinter sich über die Schulter; ein paar Tropfen fielen auf das Pferd und sengten ihm das Fell ab.

Die Unterirdischen sind recht brave Leute, in der Regel leicht umgänglich, wenn man sie ehrlich behandelt, denn sie sind selber sehr ehrlich. Wenn sie sich etwas von den Leuten über der Erde leihen, und es geschieht, daß sie wie andere Nachbarn plötzlich in Not und Bedrängnis geraten, dann kann man stets sicher sein, daß man das Geliehene zurückbekommt, sogar mit guten Zinsen. Für einen Dienst bezahlen sie mit gutem Gold, obwohl es wie Kies aussehen kann, wenn man es bekommt, denn Gold haben sie genug. Will man jedoch Nutzen davon haben, dann muß man ehrlich dazu kommen, denn wer sich ungebeten von dem Goldgeld nimmt, das sie in die Sonne legen oder in einer Quelle waschen, der riskiert, daß das Gold zu trocknem Laub oder zu Pferdeäpfeln geworden ist, wenn er damit nach Hause kommt.

Die Unterirdischen sind im Besitz von Kräften und Fähigkeiten, aus denen die Menschen Vorteile ziehen können. Bekannt sind die Sagen über ihre Geschicklichkeit als Baumeister: von *Hammershus* und der *Klemens-Kirche*, auf die eine weitverbreitete Sage über den Dom von Lund und den Riesen Find übertragen wurde. Aber auch in anderen Handwerken können sie gute Hilfe leisten.

DAS HOCHZEITSBETT IN SKARPESKADE

Auf einem der Skarpeskade-Höfe sollte Hochzeit sein, und das Hochzeitsbett sollte ein Tischler bauen, der ein Sonderling war und in einem einsamen Haus am Rand der Heide wohnte. Doch es dauerte und dauerte, und er zeigte sich nicht; endlich tauchte er am Abend vor der Hochzeit auf. Als die Leute sagten, daß es nun zu spät sei, antwortete er nur, wenn sie den Saal zur Werkstatt umräumen würden, dann würde er das Bett schon fertig bekommen. Das wurde getan, und dann schloß er die Tür ab und legte los. Das gab ein Sägen und Hobeln und Klopfen, als wäre eine ganze Kompanie bei der Arbeit. Der Bauer konnte es nicht unterlassen, durchs Schlüsselloch zu gucken. Da sah er, daß eine ganze Schar von Unterirdischen dem Meister zur Hand ging, doch plötzlich sagte einer von ihnen: »Hier ist ein Auge zu viel!« »Schlag es aus!« antwortete der Meister, und da war der Gutsbesitzer sein Auge los. Doch am nächsten Morgen war das Himmelbett fertig, und es war das feinste und vornehmste im ganzen Land.

DAS BETT DES LEHNSMANNS

Das Bett war aus schwerem Eichenholz mit schönen Schnitzwerk: die Pfosten als männliche Figuren, Enden und Seitenteile mit biblischen Bildern geschmückt. Es trug auch eine Jahreszahl: 1639.

Die Historiker wollen jedoch weder an die Unterirdischen noch an das damals arme Skarpeskade als Ursprung des kunstvollen Bettes glauben. Es wird gemeint, der Lehnsmann auf Hammershus, *Holger Rosenkrantz*, habe es für sich und seine Braut anfertigen lassen, sein Nachfolger, *Ebbe Ulfeldt*, nahm es jedoch 1651 mit nach Simblegård in Klemensker und verkaufte es dann nach Skarpeskade. Nachdem sich dort ein Gutsbesitzer in seinem Himmel erhängt hatte, verkaufte es der Sohn 1871 für 100 Reichstaler an den Maler *Kr. Zahrtmann*. Der verkaufte es wiederum für dieselbe Summe an den Lehnsgrafen *L. Holstein-Holsteinborg*, der es instand setzen ließ - und auf seinem Herrensitz in Südseeland soll es sich noch immer befinden.

Neidisch und rachedurstig

Einen gefährlichen Zug scheint es jedoch im Charakter der Unterirdischen zu geben, eine Art Neid, scheint es, auf die Leute über der Erde. Sie möchten ihren Kindern so gern ein menschliches Dasein verschaffen, und deshalb sind sie so darauf versessen, die Kinder braver Leute zu stehlen und dafür ihre eigenen hinzulegen. Der Glaube an *Bytijna (Wechselbälger)* war stark verbreitet, und wenn ein Kind nicht gedieh oder in irgendeiner Hinsicht nicht normal war, hieß es oft, es sei wohl ein *Bytijn*. Dieser Umtausch konnte jedoch nur stattfinden, bevor das Kind getauft war; deshalb legte man ungetauften Kindern als Schutz vor heidnischen Mächten Stahl in die Wiege. Auch wenn das Unglück geschehen war, hatte man noch Mittel, es wieder gutzumachen: man mußte den Wechselbalg schlecht behandeln und so tun, als wollte man ihn in den Ofen werfen, dann kam die unterirdische Mutter und holte ihn und legte an seine Stelle das richtige Kind. Es stellte sich immer heraus, daß das Kind es bei den Unterirdischen gut gehabt hatte.

Und von direkten Entführungen wird berichtet: Es war ein Mädchen in Gudhjem, das eine schöne Singstimme besaß. Die Unterirdischen hörten, wie sie Kirchenlieder sang, und sie wurden so davon ergriffen, daß sie das Mädchen raubten. Eines Tages war sie verschwunden, doch noch viele Jahre danach erzählten Leute, daß sie das Mädchen in einem bestimmten Felsen singen hören könnten. Hier hatte also weder Taufe noch Choralgesang ausreichend geschützt.

Wie friedlich die Unterirdischen auch sein können, so muß man sich doch davor hüten, sie zu verunglimpfen. Besonders gefährlich ist es, ihre Hügel zu zerstören. Eine der bekanntesten Sagen, die mit *Bjørnegård* in Klemensker verknüpft ist, erzählt, wie schlimm das werden kann.

UNGEBETENE WEIHNACHTS-GÄSTE

Der Bauer des Hofes hatte einen Hügel geschleift, und das hatte zur Folge, daß die Unterirdischen auf dem Hof einrückten, nicht als ständige Gäste, sondern in jeder Weihnachtsnacht, und alles verwüsteten, so daß der Hof allmählich verfiel. Da kam an einem Weihnachtsabend ein Fremder auf den Hof, ein Bärenführer mit seinem zahmen Bären. Er bat um Obdach, und es wurde ihm auch nicht verweigert; der Bär durfte in der Küche am warmen Herd schlafen. Um die Mitternachtsstunde drangen die Unterirdischen in Scharen herein und fingen mit ihrer Verwüstung an. Plötzlich erblickte einer von ihnen den Bären - er glaubte, es sei eine große Katze, und ging ihr an den Pelz, um sie zu necken. Das aber ließ sich der Bär nicht gefallen; er schnappte den Burschen und schüttelte ihn nachdrücklich, und bald verschwanden die Unterirdischen in wilder Flucht vom Hof. Als der Bauer am nächsten Weihnachtsabend in den Hof ging, um sauber zu machen, tauchte ein kleines Männchen auf und fragte, ob sie die »verrückte Katze« noch hätten. Der Bauer dachte mit keinem Gedanken an den Bären, sondern antwortete, der Katze gehe es bestens, und sie habe gerade Junge bekommen. Da verschwand der Unterirdische, und seitdem ist auf dem Hof Ruhe.

Es besteht kaum ein Zweifel daran, daß die Sage als Erklärung für den Namen des Hofes entstanden ist.

Die verborgenen Schätze der Unterirdischen

Von mehreren anderen Höfen wird berichtet, daß Unterirdische eingezogen sind und sich als äußerst unangenehme Logiergäste erwiesen haben. Nicht besser geht es, wenn man sich an ihrem Eigentum vergreift. Ein Mann hatte einmal beim Pflügen eine sehr schöne Urne aus der Steinzeit gefunden; er nahm sie mit nach Hause, um darin Dahlienknollen aufzubewahren. Aber seit dieser Zeit war es im Haus nicht mehr auszuhalten. Es wurde überall rumort; am schlimmsten erging es dem Kind in der Wiege, es wurde so heftig geschüttelt, daß es die ganze Nacht schrie. Und es wurde erst wieder gut, als der Mann die Urne nahm und im Feld vergrub. Als der Lehrer der Gemeinde von der Geschichte erfuhr, wollte er die Urne gern für Bornholms Museum sichern, doch der Bauer schlug es glatt ab, ihm zu erzählen, wo er sie vergraben hatte; er wollte sich nicht noch einmal mit den Unterirdischen anlegen.

Natürlich bestand kein Zweifel daran, daß alles, was in den Hügeln gefunden wurde, Eigentum der Unterirdischen war. Und als aus Grabhügeln der Bronzezeit Goldsachen ausgegraben wurden, breitete sich der Glaube an Schätze in den Hügeln aus; Sagen von vergrabenen Schätzen wurden über diesen und jenen Hügel erzählt. Oft waren diese Hügel daran kenntlich, daß aus ihnen Lichter flammten. Besitzgierige Menschen ließen sich natürlich dazu verlocken, nach den Schätzen zu graben, diese ließen sich jedoch nur in einer Nacht des Jahres, nämlich der *Frauennacht* (nach uralter Berechnung vom 13. zum 14. Dezember) heben, und dann durfte dabei die ganze Zeit kein Wort gesprochen werden. Und das war nicht leicht, denn man konnte sicher sein, daß man allerlei Blenkwerk sah und unangenehmen Dingen ausgesetzt wurde, z.B. einer Ladung Dornen, oder man wurde von unflätigen Tieren besudelt. Die Sagenaufzeichnungen enden stets damit, daß der Schatzgräber losschimpfte, und da sank der Schatz in die Erde zurück.

Der König der Unterirdischen und Frederik VII.

Die Unterirdischen leben in einer Gesellschaft, die von einem König regiert wird, der manchmal den unerklärlichen Namen *Ellestingeren* trägt. Er hat mehrere Parallelen in westdänischen Sagen; u.a. erinnert er an den Klintekongen auf Stevns, wenn gesagt wird, daß er die Anwesenheit eines anderen Königs auf seiner Insel nicht dulden will. Einmal - wann, erzählt die Sage nicht - kam ein König nach Hammershus und wollte sich dort für einige Zeit niederlassen. In Slotslyngen aber stieg er aus dem Wagen und ging in die Heide und kämpfte mit jemandem. Kurz darauf kam er schweißtriefend zurück, stieg wieder in den Wagen, fuhr zu seinem Schiff und segelte davon. Freilich hat im Laufe der Zeit nicht selten ein König auf Bornholm übernachtet - aber noch in jener Zeit, als *Frederik VII.* mit der *Gräfin Danner* die Insel besuchte und in Allinge die Pferde vor ihrem Wagen durchgingen, erzählte man sich untereinander, das sei wohl der König der Unterirdischen gewesen, der seine Macht zeigen wollte.

Das Volk der Unterirdischen als Landesverteidiger

Die Unterirdischen haben auch ein Heer, es umfaßt Fußvolk, Reiterei und Artillerie, und sie exerzieren wie richtige Soldaten, und zwar an gewissen einsamen Orten wie *Rispebjerg, Glimmingelyng* und *Madsebakke*. Verschiedenes wird von Leuten erzählt, die Kommandorufe, Pfeifen und Trommeln gehört, das unterirdische Heer marschieren gesehen und den Soldaten die Pforte geöffnet haben. Sie sind mit Gewehren bewaffnet, und jene *Donnerkeile*, die hier und da zu finden sind, hält man für ihre Kugeln. Die Pferde der Reiterei haben nur drei Beine: zwei an der Seite, von der man sie sieht, es mag nun von vorn, hinten oder von der Seite sein - und eins auf der entgegengesetzten Seite.

Die Selbständigkeit der Insel war im Volksglauben lange lebendig; da hatte Bornholm noch immer seinen eigenen König, was selbst der volkstümliche Frederik VII. zugestehen mußte.

Viele Sagenaufzeichnungen berichten von der Teilnahme der Unterirdischen an der Verteidigung Bornholms. Es wird gesagt, daß die Schweden, die sich auf ihren Schiffen der Küste näherten, bedenklich wurden, als sie die Heide von Hammeren von kleinem Kriegsvolk wimmeln sahen; ein Schwede soll gesagt haben, sie hätten Bornholm schon erobern können, wären da nicht diese Teufel mit den roten Mützen gewesen. Aber sie können erst einen Schuß abgeben, wenn zuvor ein Mensch sein Gewehr abgefeuert hat. Ein Strandwächter, der ein feindliches Schiff sich nähern sah, hörte plötzlich hinter sich Stimmen: «Lade und schieße!« - und als er seinen Schuß abfeuerte, knatterte um ihn herum eine gewaltige Salve los, und der Feind zog sich schnell zurück.

Merkwürdigerweise wird von den Offizieren des unterirdischen Heers gesagt, daß es Menschen sind. Manchmal sind es Leute, bei denen es ein bißchen rappelt und die Namen wie *Ujnejordpivarijn* (Unter-der-Erde-Pfeifer) tragen - aber es wird auch erzählt, daß bornholmische Großbauern im unterirdischen Heer als Befehlshaber gedient haben.

Bonavedde

Unzählige Sagen werden über das Volk der Unterirdischen berichtet, einige typische Wandergeschichten, andere Berichte, die als selbsterlebt erzählt werden. Noch in diesem Jahrhundert konnte man so etwas hören, doch allmählich sind es wohl nur noch die Alleraltesten, die dergleichen erlebt haben.

Einige dieser Sagen haben sich zu einem kleinen Sagenkreis über *Bona-*

vedde (Bondevætte=Bauernkobold) auf *Tornegård* in Pedersker gesammelt - diesen seltsamen Namen soll er deshalb gehabt haben, weil sein Vater ein Bauer und seine Mutter eine Koboldin und Meerfrau (Vætte) gewesen war, sprachlich ist diese Erklärung jedoch ganz unmöglich. Auf jeden Fall hatte er übernatürliche Kräfte, so konnte er die Unterirdischen sehen, die sonst unsichtbar auftreten können. Er bekämpfte sie eifrig und konnte sie dicht beim Hof vom *Alhøj* vertreiben, dafür versuchten sie von *Falhøj* aus allerlei Streiche gegen ihn. Einmal wollten sie seine Frau rauben, als sie im Kindbett lag, und sie machten eine Holzfigur und wollten sie an ihre Stelle legen. Doch Bonavedde hatte sie draußen sagen hören: »Haut ihr eine schiefe Nase, so eine hat Bonaveddes Frau«, und deshalb stand er da und nahm die Frau entgegen, als die Unterirdischen sie aus dem Fenster langten. Danach ging er hinein und warf das sehr ähnliche Holzbild ins Feuer, zum großen Schrecken der Frauen in der Wochenstube. Mehrere andere bekannte Sagen werden über diesen alten »Perskerbo« (Einwohner von Pedersker) erzählt, von dem im übrigen nichts bekannt ist; jeder Versuch, ihn zeitlich festzulegen, ist im voraus zum Scheitern verurteilt.

Gespenstersagen

Der Glaube an die Unterirdischen ist für den bornholmischen Volksglauben am bezeichnendsten. Der eigentliche Sagenstoff, Berichte über erlebte mystische Ereignisse, ist jedoch sehr groß. Vor einem halben Jahrhundert wurde der Glaube an Spukgeister und Gespenster von so gut wie allen geteilt. An Todeswarnungen, entweder als Vorzeichen oder als Botschaft, die der Sterbende im Augenblick des Todes an fernwohnende Verwandte sandte, zweifelte niemand. Viele Höfe hatten ihre Hausgespenster, und einige, wie *Hammersholm*, waren an allerlei Spukerei besonders reich; so konnte man das Geräusch von kleinen Kinderhänden hören, die am Rohr der Jauchepumpe hinauftasteten, und darauf einen Platsch; das waren die Geister von heimlich geborenen und umgebrachten Säuglingen. Aus der Zeit unmittelbar nach der Reformation, als die Pastoren am Weihnachtsmorgen manchmal im Morgengrauen einen Gesangsgottesdienst, die Achtuhrmesse, abhielten, verbindet sich eine eigentümliche Sage mit der *Klemens-Kirche*.

GESPENSTERERSCHEINUNG EINER FRÜHAUFSTEHERIN

Eine Frau stand früh am Weihnachtsmorgen auf, um zur Frühpredigt zu gehen, hatte aber vergessen, auf die Uhr zu schauen. Als sie anlangte, war die Kirche voll, und ein Pastor, den sie aus alter Zeit kannte, stand auf der Kanzel und predigte. Sie wunderte sich darüber, daß sie niemanden in der Gemeinde kannte, bis sie eine Nachbarin erblickte, die vor vielen Jahren gestorben war. Da verstand sie, daß sie zu früh von zu Hause weggegangen und daß dies die Messe der Toten war. Sie schlich sich aus der Kirche und eilte nach Hause, glücklicherweise hatte sie ihren Mantel aufgeknöpft, denn der ganze Haufe war hinter ihr her und zerrte daran; sie ließ ihn aber fahren und kam mit heiler Haut ins Haus. Als man den Mantel am nächsten Tag fand, war er in Fetzen gerissen.

Schwarze Magie

Nicht nur Sagenwesen hatten mystische Kräfte. Auch Menschen konnten über sie verfügen, doch der Besitz derartiger Fähigkeiten konnte gefährlich sein und vielleicht geradezu erfordern, daß man sich den bösen Mächten verschrieb. In der »schwarzen Schule«, wohin die Pastoren gingen und gefährliche Dinge lernten, hatte man den Teufel persönlich als Lehrer, und als Bezahlung forderte er den letzten, der von der Gruppe aus der Tür schlüpfte. Dafür hatten die Pastoren das Beschwören gelernt, und die tüchtigsten konnten den Teufel selber bannen. Wiedergänger konnten sie in die Erde bannen, und sehr häufig mußten sie »wiederzeigen«, d.h. gestohlenes Diebesgut finden.

Bis 1857 war es ein lokaler, sonst nur in Schweden bekannter Brauch, auf den Bauernhöfen Weihnachtsstroh in der Stube auszubreiten und alle heiligen Nächte in diesem »Geschwisterbett« zuzubringen - häufig mit gewissen Verwicklungen als Folge. Währenddessen standen die aufgeschlagenen Betten und ein Tisch mit Weinachtsessen für die Verstorbenen der Familie bereit.

Doch nicht nur die Pastoren beherrschten starke Künste; von einigen Leuten wurde angenommen, daß sie das geheime Buch »Cyprianus« besaßen, in dem alle kräftigen Beschwörungen standen; andere hatten ihre Künste vom Teufel selbst gelernt, mit dem man zusammentreffen konnte, wenn man dreimal verkehrt herum um die Kirche ging und ins Schlüsselloch pfiff.

Die Beschäftigung mit den geheimen Künsten war gefährlich, es gab jedoch viele *Hexen* und *kluge Männer* auf Bornholm; sie wandten ihre Künste an, teils um sich Macht und Vorteile damit zu verschaffen, teils um sich zu rächen - hin und wieder auch, um anderen zu helfen, was sie sich gern bezahlen ließen, denn sie waren nicht allesamt böse Menschen.

In der eigentlichen Zeit der Hexen, als die Scheiterhaufen brannten, hatte auch Bornholm seine Hexenverbrennungen, und einige dieser finsteren Begebenheiten standen sogar in Zusammenhang mit recht prominenten Leuten. Doch noch viel später, als der Glaube an Hexen öffentlich als Aberglaube erkannt war, lebte er in Kreisen des Volkes weiter.

Zu den charakteristischen Einzelheiten des bornholmischen Hexenglaubens gehört der Glaube an *»Smorrbarer«*, dreibeinige Hasen, die von den Hexen aus einem Strümpfling und drei Topfbeinen hergestellt wurden. Sie liefen in Hasengestalt herum und tranken Milch bei den Kühen der Nachbarn und lieferten sie dann zu Hause ab. Die Wirkung zeigte sich darin, daß sich die Bestohlenen beim Buttern noch so mühen konnten - es wurde keine Butter (*smorr*).

Es gab auch Hexen, die durch magische Künste die Fischernetze anderer Leute plündern konnten. Auch hier konnten sie sich nur auf Kosten anderer bereichern; sie konnten sich nur an jenen Fischen vergreifen, die ins Netz gegangen waren.

Quacksalberei

Diese Hexenkünste riefen natürlich Gegenmaßnahmen hervor. Es gab eine Vielzahl von *Hausmitteln*, nicht nur gegen Krankheiten und Muttermale, sondern auch gegen »bösen Blick« und andere Formen von Zauberei. Wenn einem die Entlein verzaubert waren und nicht gediehen, konnte es helfen, sie zu *»bojsa«*, d.h. sie in ein Paar Unterhosen zu stecken (*bojser*=Hosen) und durch die Sprossen der Bodenstiege zu ziehen. Noch viele andere seltsame Kuren gegen Zauberei waren bekannt.

Dasselbe gilt für die viel verwendeten alten Hausmittel, die es gegen fast alles gab und die nicht alle geradezu appetitlich waren. Es wird von den Bornholmern gesagt, daß sie zu Ärzten kein besonderes Vertrauen hatten. Wenn sie krank wurden, dann wandten sie zuerst die alten Hausmittel an, und sie kannten zweifellos viele gute und wirksame Heilpflanzen, oder versuchten, über dem Kranken in einem Waschbecken Blei zu gießen (neunerlei, wobei Kirchenblei nicht fehlen durfte!). Half das nicht, dann ging man zu den klugen Frauen und Männern - und im äußersten Notfall zum teuren Arzt, und dann war es häufig zu spät, was das Vertrauen zum Arzt nicht gerade stärkte.

WUNDERTÄTIGE KRÄUTER

Anis vertrieb Blähungen und linderte Erkältungen und Brustschmerz.

Engelwurz war gut gegen Mutterkrankheit und konnte auch gegen schlechten Atem angewendet werden.

Eichelkaffee wurde gegen Drüsenkrankheit und Weißfluß angewendet.

Eschenblätter, drei Blätter täglich, sollten Fettansatz verhindern.

Weiße Lilienwurzel, zusammen mit Knoblauch gebraten und in Wein aufgeweicht, verlieh den Frauen große Schönheit.

Die gichtgeplagten Bornholmer nahmen Zuflucht zum Heidekraut.

Storchschnabel wurde gegen rissige Brustwarzen gebraucht.

Waldmeister sollte zu einer leichten Geburt verhelfen können, wenn er der Gebärenden unter die Füße gebunden wurde.

Ein Aufguß von *Nieswurz* rief die ausgebliebene Menses herbei.

Ein Aufguß von *Baldrian* in Wein war ein Mittel gegen Gelbsucht und Harnzwang.

Rotebeete-Wasser war gut gegen Frostbeulen. Die grünen Blätter sollten Beinwunden säubern und heilen.

Heidekraut wurde, gekocht und noch warm, als gutes Mittel gegen Gliedergicht gebraucht.

Akelei heilte - in warmen Fußbädern - den schlimmsten Kopfschmerz.

Hyazinthe verhinderte Bartwuchs bei Frauen.

Schlehensaft in Bier war nützlich gegen Durchfall. Die Blüten des Schlehdorns, in Bier gekocht, gaben bei Kindern »milden Stuhlgang«.

Ulmenwurzel, in Wein gekocht, sollte Brandschäden heilen können.

Brombeerblätter und -zweige - als Aufguß - waren wirksam gegen Krätze.

Salbei sollte - mit Zucker und Wasser gekocht - in einer täglichen Dosis von einem halben Liter gegen Unfruchtbarkeit der Frauen helfen.

Aus *Teichrosen* ließ sich ein Öl gewinnen, das bei Einreiben den heftigsten Kopfschmerz linderte.

Nelken-Aufguß war ein Mittel gegen Krämpfe, Zittern und Herzklopfen.

DIE VOLKSTRACHT

In einer Beschreibung aus dem Jahre 1756 heißt es, daß sich die Bornholmer netter kleiden als die Seeländer und in ihrem Benehmen freier sind. Als sich jedoch ein halbes Jahrhundert später in den Städten die Empire-Mode mit

In Højlyngen, wo einsame und geheimnisvolle Felsschluchten zum Nährboden für Sagen über den Menschen feindliche und gefährliche Naturwesen wurden, mag es noch den einen und anderen Einzelgänger geben, bei dem sich Reste von Aberglauben und Inselsprache gehalten haben. Rechts: Der Sinn der Bornholmer für Putz geht aus diesem Gemälde etwa aus dem Jahre 1860 hervor, das die sonntäglich gekleidete Stine Skræp mit »På-sig-bundet« zeigt.

Illustrationen aus der Mitte des 19. Jahrhunderts. Der Bauer, in kurzer Jacke und langen Reithosen, hat eine gestrickte »Nachtmütze« auf dem Kopf. Das junge Mädchen ist für den Kirchgang gekleidet - schwarzes Kleid, schwarzer Mantel mit brauner Pelzkante und »Nølle« mit roten Blumen und Bändern, eine festliche Kopfbedeckung, die in den übrigen Volkstrachten Dänemarks unbekannt ist. »Nattøj« der älteren Frauen (rechts) bestand aus Haube mit Dreieckkreuztuch und Flügeln. Die übrige Bekleidung ist ein ganzes Kleid, ein schwarzes Tuch und eine weiße Schürze.

kurzer Taille und ohne Korsett durchgesetzt hatte, wird gesagt, daß sich die bornholmischen Frauen noch immer ihre lange Taille so stramm wie möglich schnüren - »was gewiß niemals gut aussehen kann«, wie hinzugefügt wird; eine charakteristische Bemerkung eines Mannes, der die gerade abgelegte Rokoko-Mode mit langer, stramm geschnürter Taille für häßlich und altmodisch hielt. Im Jahre 1815 heißt es, daß die meisten Bornholmerinnen Zitzkleider (Kattun) von einem Schnitt tragen, wie ihn nur alte Frauen auf Seeland verwenden. 1830 wird berichtet, daß sich die Frauen auf Bornholm ebenso kleiden wie diejenigen, die aus anderen Gegenden des Landes eingewandert sind. Nun gehen die Bornholmerinnen barhäuptig, tragen Kattun- und Zitz-Mieder und nur wenig darunter, um nicht zu dick zu wirken. Die Empire-Mode hat Bornholm endlich erreicht, obwohl sie woanders schon unmodern geworden ist.

Alle diese Aufzeichnungen beweisen, daß die bornholmische Frauentracht ziemlich hinter der Mode her hinkte, und das ist in Anbetracht der schwierigen Verbindung zum übrigen Dänemark in dieser Zeit nicht verwunderlich. Gleichzeitig war diese Tracht städtischer als die meisten Bauerntrachten damals. Daß eine Bauersfrau barhäuptig ging, wäre in anderen Gegenden undenkbar gewesen - die Bäuerin wurde in erster Linie durch die Kopfbedeckung charakterisiert, und noch lange Zeit, nachdem sie in ihrer übrigen Tracht zur Stadtmode übergegangen war, hielt sie an diesem Bekleidungsstück fest.

Was jedoch für die Tracht der Frauen zutrifft, das gilt in noch höherem Grad für die Tracht der Männer. Im Jahre 1804 heißt es, daß sich der bornholmische Bauer ziemlich ordentlich und nicht wie andere dänische Bauern kleidet. Verschiedene Bauern und Bauernsöhne lassen ihre Sachen ständig ändern, um stets nach der letzten Mode gekleidet zu sein. Ihre Kleidung hat nichts Nationales an sich. Die meisten tragen Seemannskleider, einige sind jedoch wie Städter gekleidet, und der Bauer ist in seiner Tracht in keiner Weise vom Stadtbewohner zu unterscheiden.

Dieser Umstand ist auch aus anderen Gegenden bekannt. Die Männer waren überall beweglicher als die Frauen: sie fuhren zur See, sie reisten herum und handelten mit Ochsen und anderen Waren, und sie wurden als Soldaten einberufen. Kurz gesagt, sie hatten weitaus mehr Möglichkeiten, neue Moden zu sehen, denn die Frauen kamen aus dem engen Dorfbereich nur selten heraus.

Daß die Frauentracht auf Bornholm städtischer geprägt war als anderswo, hat jedoch einen besonderen Grund, und zwar die speziellen Siedlungsverhältnisse auf Bornholm. Die Bauernhöfe befanden sich häufig mitten in den Städten, wie man es schon vom Mittelalter kennt. Und wenn Bauern und Städter ohne Wesensunterschiede so eng zusammen lebten, dann muß das - auch auf die Kleidung - sehr starke Auswirkungen gehabt haben.

Die Frauentracht

Die üblichste Bekleidung waren Jacke und Rock oder ein ganzes Kleid aus selbstgewebter Beiderwand oder gekauftem Stoff, vor allem Zitz. Dagegen waren Mieder und gestrickte Ärmel oder »Nachtjacken«, die an anderen Orten Dänemarks die häufigste Bekleidung der Bauersfrauen darstellten, auf Bornholm nicht sehr gebräuchlich. Nur die Frauen in Nexø trugen Leibchen und rote, gestrickte Ärmel.

»NØLLE« UND »SÖLKJE-KAPPE«

Zu Festen konnte man ein Seidenkleid tragen, das nach der damaligen Mode genäht, nur eben etwas veraltet war. Um den Hals ein Tuch aus Seide oder Musselin, schwarze Strümpfe und Schuhe und auf dem Kopf die charakteristische bornholmische Kopfbedeckung - *»Nøllen«*. Diese besteht aus einer weißen Haube mit bunten Seidenbändern und aufrechtstehenden gefältelten oder gestärkten Spitzenstreifen. Daran sitzen vorn und hinten selbstgenähte Seidenblumen. Von dieser besonderen Kopfbekleidung ist erst nach 1800 die Rede, wahrscheinlich ist sie von den vielen verschiedenen Kappenformen beeinflußt, die in den 90er Jahren des 18. Jahrhunderts modern waren. Als Überbekleidung trug man einen roten Seidenmantel mit Pelzkante - *»Møsling«* - und mit einem silbernen Verschluß am Hals. Der ärmellose Mantel oder Umhang ist schon von der 3000jährigen Tracht der Bronzezeit bekannt und hat sich gehalten bis zu den Radmänteln und Militärmänteln unserer Tage. Die Seidenmäntel der bornholmischen Frauen gehören in diese lange Entwicklungsreihe. Eine gutangezogene Bauersfrau mußte drei Mäntel haben: einen roten, wenn sie besonders fein sein wollte, einen blauen für den gewöhnlichen Sonntagsgebrauch und einen schwarzen bei Trauerfällen. Die Kirchenglocken in Gudhjem singen: »Hering am Spieß, Hering am Spieß, Heringsbrühe und Dorschsuppe, Seidenmäntel (*»Sölkjekappe«*) - aber kein Brot!« Sprüche waren bei den Bornholmern immer beliebt - und vor allem anzügliche Freundlichkeiten wie diese, die sich gegen Putzsucht und vielleicht arm-vornehme Frauen richtet, die am Haushaltsgeld sparten, um sich die teuren Mäntel kaufen zu können.

»PÅ-SIG-BUNDET«

Um am Sonntag gut gekleidet zu sein, konnte man ein Beiderwand- oder Zitzkleid, Schürze und Tücher aus Seide oder anderem gekauften Stoff, blauen Mantel und auf dem Kopf *»På-sig-bundet«* (»An-sich-gebunden«) tragen. Dies war eine komplizierte Kopfbedeckung, die aus einer weißen Binde bestand, deren Kante vorn an der Haube zu sehen sein sollte. Darüber eine kleine Seidenhaube mit hübscher Stickerei im Nacken und an den Ohren. Die Stickerei war völlig naturalistisch in Seide oder

Die nachgelassene Bildersammlung des Fotografen Myhre ist eine unschätzbare Quelle, was die bornholmische Alltagstracht in der Zeit bis zur Jahrhundertwende betrifft. Hier hat er ein paar Frauen eingefangen, die ein gemütliches Schwätzchen machen. Die Frau rechts hat einen »Seelenwärmer« über die Brust geknüpft. Die Männer, die nach Feierabend plaudern, tragen noch Arbeitskleidung, Kittel und gestreiftes Hemd.

Chenille mit bunten Farben ausgeführt, als Vorlage, so wird gesagt, dienten Blumensträuße, die aus dem Garten geholt waren; auf jeden Fall ist sicher, daß sich auf den bornholmischen Hauben zwischen den übrigen Blättern der Rosen auch helle befanden, wie man es in anderen Volksstickereien nicht sieht, und noch in der Mitte des 19. Jahrhunderts soll es auf der Insel eine Rosenart gegeben haben, deren Blätter eine helle Unterseite hatten. Ringsum auf der Insel gab es professionelle Stickerinnen, wie z.B. die »nette Elna« in Rønne. Über der Haube saß das »Kreuztuch«, bestehend aus einem Spitzenbesatz oder einer gestickten Vorkante und nach hinten einem gestärkten weißen Leinendreieck, das im Nacken über einem kleinen Pappkegel zusammengefaltet war, so daß es wie ein Zipfel abstand. Die breiten gestärkten Leinenbänder des Kreuztuchs wurden über den Scheitel gelegt und im Nacken zu einer steifen Schleife gebunden. Entsprechende Leinenschleifen saßen auch unter dem Kinn, und darüber waren sowohl im Nacken als auch unter dem Kinn Seidenschleifen angebracht.

»NATTØJ« UND »KAPPERØLLIKE«

Ältere Frauen benutzten gelegentlich »*Nattøj*« (»Nachtzeug«), eine weiße Baumwollhaube mit Spitzen, die an den Ohren abstanden, darüber ein Kreuztuch. Das Kleid konnte schwarz mit weißem Muster sein, das Halstuch braun mit roter Streifenborte und die Schürze weiß.

Der Maler *Kr. Zahrtmann* erzählt, daß sich die jungen Mädchen, wenn sie sich nach der Morgenarbeit zurechtmachten, Wachs, Pomade oder Talg in einem scharfen Dreieck mit der Spitze zur Nase ins Haar und auf die Stirn rieben, sich darauf mit Mehl puderten und schließlich mit einer geschwärzten Haarnadel einen dicken Strich unter die Augenbrauen zogen. Zur Nachmittagsbekleidung brauchten sie 19 Stecknadeln. Diese Prozedur hieß dann auch sehr bezeichnend »sich nadeln«.

Außer Haus konnten sich die Frauen eine »*Kapperøllike*« über die Kopfbedeckung ziehen. Dies war eine große Kapuze mit einem Volant im Nacken.

Die Trauerbekleidung bestand aus einem schwarzen Kleid, schwarzem Mantel und schwarzen Blumen und Bändern auf dem *»Nøllen«*. Oder, wenn man *»På-sig-bundet«* trug, gefälteltem Tüll statt Spitzen, weißer Baumwollhaube mit schwarzer Stickerei und schwarzen oder weißen Schleifen.

DIE ALLTAGSTRACHT

Von der damaligen Alltagskleidung weiß man nur wenig, nachgelassene Fotografien des Fotografen *Myhre* zeigen jedoch einfache Leute aus der Zeit um 1900 in Alltagstracht. Hier sieht man Frauen mit hellen Kopftüchern oder *»Galleralle«*, einem wollenen, gestrickten oder gehäkelten Mittelding zwischen Kapotthut und Kopftuch, mit Zitz- oder Beiderwandkleidern und großen Schürzen. Auf einem der Bilder trägt die Frau zur rechten einen *»Seelenwärmer«*, ein dreieckiges gestricktes Tuch, über der Brust gekreuzt und hinten gebunden. Dies war oftmals die einzige Oberbekleidung der Frauen und ist mancherorts noch immer zu sehen.

Die Männertracht

Im Jahre 1804 heißt es, daß alle Alltagsbekleidung und ein großer Teil der Festkleidung aus selbstgewebtem Stoff, Tuch, Beiderwand usw. war. Vor allem die jungen Leute aus den Fischerdörfern trugen Seemannskleidung. Noch um 1880 sah man in Rønne und Nexø Männer mit kurzen blauen Jacken, langen hellgelben oder grauen Hosen, Schuhen mit Spangen und blanken Hüten. Um 1830 konnte ein Bauersmann mit brauner gestrickter Mütze mit blauer Plüschkante, rot-blau gemustertem Halstuch, brauner Jacke mit blanken Knöpfen und langen, blaugestreiften Reithosen auftreten, die an der Außenseite des Beins geknöpft waren.

Gegen Ende des 19. Jahrhunderts war in der Kleidung von einer besonderen Prägung der Gegend nichts mehr zu spüren. Die Männer trugen jetzt zu feinen Anlässen Jacke mit Revers, gestreifte oder karierte Weste und lange Hosen aus dickem Stoff sowie einen steifen Hut. Oft sah man Männer in Hemdsärmeln; zu feinen Anlässen waren die Hemden weiß, für die Arbeit häufig gestreift. Als Arbeitskleidung wurde oft ein Kittel aus Baumwollstoff benutzt, in der Regel blau, der die

Ein anderes Bild von Fotograf Myhre - etwa um 1900 - zeigt ein altes Ehepaar vor seinem Hof. Sie trägt eine sogenannte »Galleralle« auf dem Kopf, d.h. ein schwarzes, wollenes, kapuzenartiges Kopftuch, unter dem Kinn gebunden. Außerdem trägt sie gebauschte Ärmel nach der Mode der 90er Jahre und eine große weiße Schürze. Er trägt einen schwarzen steifen Hut von ländlichem Zuschnitt, einreihige Weste mit Längsstreifen und eine einfarbige dunkle Jacke und Hosen.

»Gårdkonnan« (»Die Hofbesitzerfrau«) auf Lille Frigård in Østermarie, ein lokaler Nebengebäudetyp mit Knechtskammer (drænjahuz), Holzschuppen u.ä. Windmühlen mit senkrecht stehender Achse waren ebenfalls eine Besonderheit Bornholms. Die Zeichnung (links) aus dem Jahre 1754 zeigt einen solchen »Teufelstanz« oder »Windklatscher« auf Christiansø. Oben: In der Hansezeit stand der Hering in den schonischen und bornholmischen Gewässern so dicht, daß man eine Hellebarde in die Schwärme pflanzen konnte.

Form eines Hemds hatte, jedoch kürzer war und über der Hose getragen wurde, wie es vor allem in Frankreich und Süddeutschland bis in unsere Zeit üblich gewesen ist.

Ein Schatz von Schönheit und Raffinement

In *Bornholms Museum* sind noch verschiedene der alten Volkstrachten und nicht zuletzt eine große Sammlung der schönen gestickten Hauben zu sehen. Nirgends in Dänemark können sich die Haubenstickereien an Schönheit und raffinierter Farbenzusammenstellung mit den bornholmischen messen.

BAUART

Ein ererbter, hoch entwikkelter Modul

Bis in dieses Jahrhundert wurden die Häuser auf Bornholm nach ganz festen Regeln errichtet - nach einer Modulordnung, die jener entspricht, die heute im rationellen Bauen gesetzlich eingeführt ist, hier aber auf der Grundlage des Fachwerks von selbst entstand. Diese ererbte, hoch entwickelte Standardisierung hat neben anderen Vorteilen den, daß die Harmonie der einzelnen Gebäude und Straßenbilder gesichert war.

DAS BORNHOLMISCHE FACHWERK

Bis die Plantagen und Almindingen heranwuchsen und geradezu einen Überschuß an Langholz brachten, hat es auf Bornholm an Holz gefehlt, und aus diesem Grund hat sich das bornholmische Fachwerk zu einer der einfachsten Formen entwickelt, die man kennt. Der Abstand zwischen den Gefachen ist groß, ca. 2 m, und Streben gibt es fast nirgends. Um 1800 hörte die Verwendung von waagerechten Fußbalken über der Fußmauer auf, und die Eichenbalken wurden direkt auf sie gestellt, wodurch das neue Fachwerk weiterhin vereinfacht wurde. Da Fachwerkgebäude selten länger stehen als 100-200 Jahre, ist selbst die »alte« Bebauung relativ jung, ihr Charakter ist jedoch seit Jahrhunderten unverändert. Vom primitiven Hof der Eisenzeit bis zum hoch entwickelten modernen Hof haben die Bornholmer an denselben Stellen gebaut und gewohnt.

Die Häuser auf dem Lande und in den Städten wurden nach demselben Modul errichtet. In neuerer Zeit wurden die Balken, wie erwähnt, direkt auf die Fußmauer gestellt, die aus Feldsteinen mit Mörtel gebaut war. Die Deckenbalken werden in die Ständer eingezapft, und die Balkenköpfe, mit Holzkeilen befestigt, ragen durch sie hinaus; auf die Ständer wird *»lajden«*, der Rähm, gesetzt, der die Dachbalken und das Dach trägt. Dieses ist in älterer Zeit fast immer ein Strohdach. Die Dachbalken werden so gekreuzt, daß eine Gabel entsteht, in die ein *»Ryggjatræ«* (First) gelegt wird. Daran wird das Strohdach festgebunden; man sieht keine »Krähenfüße« auf Bornholm, außer an Sommerhäusern, deren Besitzer in falsch verstandener Ehrfurcht aus ihrem »alten« Dach besonders viel machen wollen.

Zwischen die Ständer wird mit waagerechten Holzstücken, *Riegeln*, unter Fensterhöhe und mit lotrechten Holzstücken, *Stakhölzern*, in der Mitte des Gefachs ausgefüllt. Danach wird die Fassade mit Lehm oder Mauersteinen sowie Fenstern, Türen und Luken ausgefüllt.

Die Eckpfeiler sind häufig mit geschnitzten Trägern versehen, die einen vorkragenden Giebel tragen. Diese Schnitzereien sind von Haus zu Haus unterschiedlich. An der Spitze des Giebels befindet sich - jetzt leider selten - ein schön geschnitztes Stück Holz, *»Huzbrân«* genannt, das eine weitere dekorative Wirkung verleiht.

Eine zählebige Tradition

Als um die Jahrhundertwende gemauerte Häuser allgemein üblich wurden, wurde dieser strenge Modul auf sie übertragen, und es dauerte lange, bis es den Handwerkern einfiel, davon abzuweichen. Daher gibt es zwischen den Fachwerkhäusern so viele schöne gemauerte Häuser, die sich harmonisch einfügen. Zweifellos aber wurde das Straßenbild an manchen Stellen bunter, als es erst einmal klar wurde, daß sich das Mauerwerk dem Modul nicht

Das bornholmische einstöckige Haus liegt oft auf abschüssigem Terrain, so daß ein hoher Kellersockel unter dem »Saal« hervortritt, der sich stets im Giebel befindet. Die senkrechte geschnitzte Stange - »Husbrand« - ist eine alte Dekoration, bekannt aus Volksliedern, die auf Bornholm und in Südjütland aber noch vorkommt. Rechts: Das Straßenbild von Svaneke wird vom Gefälle des Felsenbodens zum Meer hin und durch die gut erhaltenen, in reinen Kalkfarben leuchtenden Fachwerkhäuser geprägt.

Seit 1823 befindet sich das Theater von Rønne in diesem schönen Gebäude (Zeichnung) aus dem Jahre 1753 und war der Rahmen einer lebendigen Amateurbühne mit bemerkenswerten Kräften wie »Ritter« Wolffsen, Dr. Dampe (politischer Häftling auf Lebenszeit auf Christiansø, später in Rønne) und dem Kommandanten der Insel in den 70er Jahren des 19. Jahrhunderts, später Chef des Königlichen Theaters in Kopenhagen, Kammerherr Fallesen. 1909 wurde das erste Stück in bornholmischer Mundart gespielt, und zum 125-Jahr-Jubiläum des Theaters wurde in der Reihe von lokalen Werken die Oper »Kjøvenhaunarinj« (»Der Kopenhagener«) des Rønne-Professors Daniel Andersen mit dem Bornholmer, Königl. Opernsänger Erik Sjøberg als erster Kraft aufgeführt. Links: Østergade 2 - schräg gegenüber dem Theater - mit Rønnes einzigem noch erhaltenen Erkergebäude, etwa aus dem Jahre 1750.

unbedingt anzupassen brauchte, von Eisenbeton und den Geschäftsfassaden gar nicht zu reden.

Zielstrebige Bemühungen zur Erhaltung

Das *russische Bombardement* im Jahre 1945 traf die alten Viertel von Rønne und Nexø schwer. Zu diesem Zeitpunkt war die alte Modulbauweise völlig aus dem Gebrauch gekommen, und da nicht zu erwarten war, daß die Bauherren selbst ihre Bauten den alten Häusern würden anpassen können, wurde ein besonderes Gesetz zur Regulierung der Fassaden erlassen und von einem staatlichen Architektenbüro kostenlos Unterstützung gewährt. Auf diese Weise gelang es, die zerstörten Städte effektiv in einer Weise wiederaufzubauen, daß alte und neue Häuser eine schöne Gesamtheit bildeten und damit der Untergang der alten Bauart erheblich verzögert wurde.

Insgesamt ist von den älteren Bauten noch so viel erhalten, daß dies als einer der größten kulturellen Werte Bornholms anzusehen ist. Und das Interesse für die Erhaltung wächst, vor allem in den alten Vierteln der Städte.

In *Rønne* arbeitet man an einem Erhaltungsplan für die Viertel um Laksegade, Nørrekås, Storegade-Lillegade sowie das große Gebiet südlich der Kirche. In *Svaneke* - wohl der homogensten der bornholmischen Städte, denn während sich die anderen in den Neubau des Jahrhunderts stürzten, versank es, ohne Eisenbahn, fast in eine Art »Dornröschenschlaf« - wird nun von Seiten des Stadtrats eine zielbewußte Arbeit geleistet, um das Stadtmilieu zu erhalten, und für das gesamte ursprüngliche Stadtgebiet wurde, erstmals in Dänemark, eine amtliche *Erhaltungsdeklaration* erlassen. So ist es normalerweise untersagt, Ziegeldächer mit einer anderen Dachdeckung auszuwechseln, Fenster mit kleinen Scheiben zu verändern, dominierende Schilder usw., und auch die zahlreichen Details wie Treppensteine, Eingangstüren, Schornsteine, Farben usw. werden beachtet, damit sie alle, jedes für sich, zum Gesamtbild beitragen.

Die großen Höfe der freien Bauern

Die Bauweise auf dem Lande entspricht ganz der in den Städten. In den alten Höfen, deren Gebäude durch die vielen Gefache rhythmisch gegliedert werden, kommt die Fachwerktechnik voll zur Geltung. Doch jedes Jahr verschwinden mehr von diesen Höfen. Nur ein einziger Hof, *Melstedgård* bei Gudhjem, steht unter Denkmalschutz, andere werden mit großen Unkosten von ihren Besitzern instand gehalten, doch hat die Zeit die großen, aufwendigen Gebäude, die ein großes Gesinde erfordern, überholt. Die Mehrzahl der gegenwärtigen imponierenden Hofanlagen wurde in den guten Zeiten bis 1800 errichtet und hat die primitiveren Höfe ersetzt, die dort seit der Wikingerzeit gestanden hatten. Die neuen Höfe erhielten zwei Eingänge: einen für Küche und Gesindestube und einen für Wohnzimmer, Schlafzimmer und »Saal«. Der Saal (*Salen*) ist eine Besonderheit der bornholmischen Höfe, ein Symbol für die Selbständigkeit der bornholmischen Bauern. Er lag am Ende des Wohnhauses, hatte Fenster nach drei Seiten und wurde vor allem für Gastmähler benutzt. Oft befindet sich der Saalgiebel dort, wo das Terrain am niedrigsten ist, und wirkt mit seiner hohen Fußmauer sowohl elegant als auch monumental. An vielen Orten war auch das Innere sehr gediegen, ja, diese Säle konnten mit großer Pracht ausgeschmückt sein, denn auf den bornholmischen Höfen wohnten Leute von Stand.

Militär-Barock Neoklassizismus

Die bornholmische Bauart wird - von den Kirchen abgesehen - vor allem durch die anonymen Häuser und ihre Einfügung in Landschaft und Stadt-

Auf einer Gartenmauer am Hafen in Rønne sitzt diese Gallionsfigur - Zeichnung links über der Hauptwache von Rønne - von einer gestrandeten deutschen Brigg, flankiert von zwei Hunden der Rønne-Barke »Tordenskjold«. Als Andersen Nexøs Pelle als kleiner Junge aus Schweden kam und sie sah, bekam er Angst. Rechts: Hier und da sieht man noch die malerischen Ziehbrunnen mit einem Brunnentrog aus vier Sandsteinplatten. Darunter: Nordfassade des Bahnhofs Østerlars.

bild geprägt. Hier und da gibt es ein wenig Militär-Barock: die Pulverhäuser in den Kleinstädten und das *Kastell* in Rønne, das 1688 im Zusammenhang mit dem großzügigen, jedoch niemals verwirklichten Plan errichtet wurde, aus der Stadt eine Festung mit einem Kriegshafen zu machen. Auch *Hovedvagten* (die Hauptwache) in Rønne, die 1744 aus Steinen von Hammershus gebaut wurde, sollte für ein - ebenfalls aufgegebenes - Festungsprojekt verwendet werden. Militär-Barock in seinem ausgeprägtesten und besterhaltenen Zustand ist ansonsten auf *Christiansø* zu erleben.

Auch die sehr zahlreichen Bauten für Wohnungen, Geldinstitute, Schulen, Altersheime und Krankenhäuser, Bahnhöfe u.ä. lassen sich nicht auf die eigentliche bornholmische Bauart zurückführen. In der Regel haben sich die Architekten mehr nach der geltenden Mode als nach dem Ort gerichtet. Doch gelten die von *Kay Fisker* und *Aage Rafn* gebauten kleinen *Stationsgebäude* für die jetzt eingestellte Eisenbahn bei *Åløse, Østermarie, Østerlars* und *Gudhjem* in Architektenkreisen bereits als klassisch.

Michael Ancher

»BLAUBUCH«

Ancher, Michael Peter (1849-1927), Maler, geboren in Rutsker. Sollte die Bürolaufbahn einschlagen, wurde jedoch einer der tüchtigsten und energischsten Schüler der Kunstakademie und studierte dort vier Jahre, entwickelte sich danach selber weiter unter dem Einfluß der zeitgenössischen französischen Kunst. Gewann große Popularität durch seine Porträts und seine dramatischen Bilder aus dem Volksleben, vor allem von Skagen, wo sein Heim mit der Malerin *Anna Ancher* das Zentrum der Künstlerkolonie wurde. Mit seiner Ursprünglichkeit, seiner malerischen Kraft und seinem männlichen Feingefühl ist er einer der größten Bildkünstler Dänemarks.

Martin Andersen Nexø

Andersen Nexø, Martin (1869-1954), Schriftsteller, geboren in Christianshavn in Kopenhagen, jedoch aufgewachsen in Nexø, der Geburtsstadt seines Vaters, wo er früh in den Steinbrüchen der Umgebung arbeiten und als Hütejunge dienen mußte. Trotz kurzen Schulbesuchs war er lernbegierig und besuchte - nachdem er in Rønne eine Schuhmacherlehre abgeschlossen und dann als Maurerhandlanger gearbeitet hatte - zuerst die Volkshochschule auf Bornholm, später die in Askov in Südjütland - mehr als hundert Jahre lang eine der zentralen und führenden Volkshochschulen des Nordens - und ernährte sich danach eine Zeitlang als Freischullehrer. Obwohl es für sein Gesamtwerk nicht charakteristisch ist, muß er doch als der größte Heimatdichter Bornholms betrachtet werden. Seinen großen Durchbruch erzielte er mit seinem teilweise autobiographischen Proletarierroman *Pelle Erobreren* (4 Bde., 1906-10, dt. »Pelle der Eroberer«), mit dem Dänemark seit H.C. Andersen endlich zum zweitenmal einen Platz in der Weltliteratur errang. Weitere Hauptwerke sind *Ditte Menneskebarn* (1917-21, dt. »Ditte Menschenkind«) und die Erinnerungen *Et lille Kræ* (1932), *Under aaben Himmel* (1935), *For Lud og koldt Vand* (1937) und *Vejs Ende* (1939) - dt. »Erinnerungen«, T.1-2. Während sich sein Freund und Lehrmeister der jungen Jahre, Jakob Hansen, niemals vom Geist der 90er Jahre des 19. Jahrhunderts befreite, ging Nexø wesentlich weiter und wurde nicht allein der eigentliche Begründer des Proletarierromans in Dänemark, sondern errang einen Platz, der Romain Rolland berechtigte, ihn zu seinem 70. Geburtstag als den größten Schriftsteller des Proletariats seit Maxim Gorkis Tod zu grüßen. Seine letzten Jahre verbrachte Andersen Nexø in einer Ehrenwohnung in Dresden, DDR.

Christensen, Hans Severin (1867-1933), Arzt und Philosoph, geboren in Rønne. 1913-32 Kommunalarzt in Kopenhagen. Verfaßte eine Reihe rechts-, moral- und

Vilhelm Grønbech

lebensphilosophischer Schriften. Mitbegründer von Dänemarks Rechtsstaatspartei (Danmarks Retsforbund).

Dam, Axel Otto Markus (1868-1936), Schulmann und Politiker, geboren in Åkirkeby. 1926-36 Mitglied des Folketings, gewählt von Danmarks Retsforbund, dessen Mitbegründer er war.

Grønbech, Vilhelm Peter (1873-1948), Sprachforscher, Kultur- und Religionshistoriker, geboren in Allinge. Wirkte als Lehrer bis 1902, erhielt dann den Doktorgrad für eine Abhandlung »*Vorstudien zur türkischen Lautgeschichte*«. Seit 1908 mit der Universität Kopenhagen verbunden, 1915-43 als außerordentlicher Professor. Mitglied der Gesellschaft der Wissenschaften und Ehrendoktor der Theologie in Lund. Zeigte als Forscher eine ungewöhnliche Begabung, sich in die Gedanken anderer Völker und Zeiten hineinzuversetzen und gilt mit seinen Studien der Religionen der Naturvölker in der europäischen Forschung als bahnbrechend. Als Kulturforscher hat er die Literatur mit vorzüglichen Abhandlungen und umfangreichen Werken in einem zutiefst persönlichen Stil bereichert. Mit dem Roman *Sejersen fra Variager* (Herrn Sieger von Variager), 1940, hat er eine bornholmische Stadt so typisch geschildert, daß sich kaum mit dem Finger auf der Karte zeigen läßt, wo sie liegt.

Hansen, Peter Jakob Mathias (1868-1909), Schriftsteller, geboren in Hasle, jedoch in Nexø aufgewachsen, wo er der Freund und Kamerad des fast gleichaltrigen *Martin Andersen Nexø* wurde. Machte 1888 Abitur und trug sich mit Plänen, eine Geschichte des menschlichen Geistes zu schreiben, er fand jedoch trotz ungewöhnlicher Begabung und zweifellos vorhandenem dichterischen Talent niemals zu sich selbst, und sein Leben wurde eine Tragödie. Ohne Subsistenz wählte er das Los eines Arbeiters, bis ihn Krankheit und Not ins Grab brachten. Beeinflußt von Edgar Allan Poe, dessen »Phantastische Erzählungen« er übersetzte, läßt er in mehreren seiner Novellen einen Hang zur Mystik erkennen, in anderen gibt es Züge, die auf Andersen Nexø verweisen, der sich auch, zuletzt in seinen Erinnerungen, zu seiner Schuld gegenüber dem Jugendfreund bekannte und 1912 seine nachgelassenen Novellen *Golgatha* herausgab, die u.a. vom Schicksal eines Tbc-Patienten im damaligen Dänemark berichten.

Hansen, Hans Peter (1836-1900), Erfinder, Uhrmacher, geboren in Rønne. Goldmedaille auf der Weltausstellung 1878 in Paris für eine Kreuzstich-Handschuhnähmaschine. Andere Erfindungen: eine Melk- und eine Sohlennähmaschine.

Herold, Vilhelm Christoffer (1865-1937), Opernsänger, geboren in Hasle. Wurde 1889 Kommunallehrer in Kopenhagen und bildete sich gleichzeitig zum Sänger aus. Debütierte 1893 am Königlichen Theater in Kopenhagen als Faust und gewann rasch eine hervorragende Stellung innerhalb der dänischen Oper. Trat mit großem Erfolg auch in Italien, Frankreich, Deutschland, England und Schweden auf. Bis zu seinem Abschied im Jahre 1915 führender Sänger des Königlichen Theaters, teils durch die seltene Schönheit seiner Tenorstimme, teils durch sein ausgeprägtes dramatisches Talent. 1922-24 Operndirektor, danach Leiter der Opernschule. Auch ein vorzüglicher Bildhauer.

Vilhelm Herold - ein großes dramatisches Talent, doch sein Traum, Schauspieler zu werden, zerbrach, da er seinen bornholmischen Tonfall nicht ablegen konnte.

Hjorth, Lauritz Adolph (1834-1912), Keramiker, geboren in Rønne. Begründete 1859 eine Terrakottafabrik in Rønne, bei deren Betrieb ihm *Kr. Zahrtmann* mit Rat und künstlerischer Anleitung zur Seite stand. 1913 übernahmen die Söhne *Hans* und *P.H. Hjorth* die Fabrik, die sich seitdem sowohl künstlerisch als auch industriell weiterentwickelte, u.a. durch die Erfindung des bornholmischen Steinguts, mit dem die Brüder internationale Anerkennung gewannen.

Høst, Oluf Kristian Alexander (1884-1966), Maler, geboren in Svaneke. Eine der temperamentsvollsten koloristischen Begabungen der dänischen Gegenwartsmalerei; er wählte seine Motive im wesentlichen von seiner Geburtsinsel, mit deren Natur er vertraut war wie wenige andere. Häufig hat er mit impulsiver Kraft den glühenden

Oluf Høst

Sonnenuntergang und das kalte Licht des Winters auf schneebedeckten Flächen und weißen Hofgebäuden geschildert. Typische Beispiele seiner naturromantischen, stimmungsstarken Malerei befinden sich im Kunstmuseum Kopenhagen, in Bornholms Museum und außerhalb der Landesgrenze: in der Nationalgalerie Berlin und im Museum Malmö.

Kofoed, Kristian Hansen (1879-1951), Beamter und Politiker, geboren in Østermarie. 1909-20 Studienrat in Rønne. Mitglied des Folketings (Radikaler) 1913-20. Wurde 1919 zum Vorsitzenden von Statens Lønningsråd (des Staatlichen Lohnrats) ernannt und war 1924-42 Leiter des 1. Departements des Finanzministeriums und 1942-49 Leiter des Departements für Finanzwesen. 1942-45 Finanzminister. Gab *Bornholms politiske Historie* - »Bornholms politische Geschichte« - (5 Bde. 1936-40) heraus.

Kofoed Anker, Peder (1710-88), Rechtsgelehrter, geboren auf Bornholm. Ursprünglich Theologe, ab 1741 Professor der Rechtswissenschaft. Eine wissenschaftliche Begabung, vor allem als Rechtshistoriker bedeutend. Begründer der rechtshistorischen Forschung in Dänemark.

J. N. Madvig

Madvig, Johan Nicolai (1804-86), Philologe und Staatsmann, Sohn eines Stadtschreibers in Svaneke. Durch sein methodisches Beispiel brachte er als der bedeutendste klassische Philologe Dänemarks seine Wissenschaft auch im europäischen Maßstab ein gutes Stück voran. Nationales Pflichtgefühl veranlaßte ihn, 1848 sein stilles wissenschaftliches Dasein zu unterbrechen und Kritik an dem unvollkommenen Verfassungsentwurf zu üben. Trotz seiner natürlichen Scheu, als Verantwortlicher in den Vordergrund zu treten, ließ er sich auf seiner Geburtsinsel zur Grundgesetzgebenden Reichsversammlung wählen, danach war er 1849-54 im Folketing (1852-53 als Vorsitzender), 1855-74 im Landsting, 1856-66 im Reichsrat (1856-63 als Vorsitzender). 1848-51 war er Kirchen- und Unterrichtsminister und brachte unter den Bedingungen der freien Verfassung die Kulturinstitutionen in Ordnung, 1851-74 übte er als Schulrat für die gelehrten Schulen einen pädagogischen und organisatorischen Einfluß aus, der weit über seine Zeit hinausreicht. Madvigs Redlichkeit, sein gesundes Gespür und seine Unabhängigkeit waren, wie bei Bornholmern oft, mit einer gewissen Schroffheit gepaart, und da er schon früh davon überzeugt war, daß eine Teilung Südjütlands für den nationalen Konflikt die rechte Lösung war, trat er aus der Regierung aus, als die Gesamtstaatspolitik siegte. 1876 wurde er der erste Direktor des Carlsbergfonds zur Förderung der Kunst, Besitzer der Carlsberg-Brauereien, und noch im hohen Alter war er, obwohl fast blind, immer tätig und genoß wegen seiner milden Würde und seiner legendären persönlichen Anspruchslosigkeit und Uneigennützigkeit einen einzigartigen Respekt.

Sjøberg, Erik (1909-73), Opernsänger, ursprünglich Schuhmacher, geboren in Nexø. Herold bildete seinen Bariton aus, der sich später erfolgreich zum Tenor entwickelte. Debütierte 1937 am Königlichen Theater als Silvio im »Bajazzo«, 1944 als Tenor in »Carmen«. 1950 Königlicher Kammersänger.

H.C. Sonne, Porträtbüste in Viby.

Sonne, Hans Christian (1817-80), Pastor und Genossenschaftsmann, Sohn eines Kaufmanns in Nexø. Cand. theol. 1841. Gemeindepastor zuerst in Møgeltønder und 1864 in Thisted, wo er nach dem Vorbild der Rochdalebewegung die erste dänische Konsumgenossenschaft gründete. 1871 wurde er Vorsitzender des ersten Gesamtverbandes der Konsumgenossenschaften, der ihm 1906 ein Denkmal in Viby bei Århus errichtete.

Zahrtmann, Kristian (1843-1917), Maler, geboren in Rønne, wo sein Vater Arzt war. In dem hochkultivierten Heim war vor allem die Mutter für den Jungen von außerordentlich großer Bedeutung, die ihm u.a. große Liebe zur reichen Flora der Insel und Kenntnis davon mitgab. Dies kann dazu beigetragen haben, daß er sich, als

In der Laksegade in Rønne traf der Sommerbornholmer Holger Drachmann die schöne Anwaltstochter Vilhelmine Erichsen. Die Ehe war nur von kurzer Dauer, doch Vilhelmines Gitarrenspiel und den kleinen bornholmischen Volksliedern ist es zu verdanken, daß Drachmann seine nicht übertrieben talentierte Malerei aufgab und jener Dichter wurde, der für mehrere Generationen eine führende Gestalt der dänischen Literatur gewesen ist. Kristian Zahrtmann (rechts) malte dieses Porträt von »Frau Belli«, jetzt in Bornholms Museum.

er sich seiner künstlerischen Fähigkeiten bewußt wurde, zwischen mehreren Möglichkeiten für die Malerei entschied, wo er in seiner Farbauffassung häufig Inspiration durch die Farbenpracht der Blumen suchte. Er malte vor allem Historiengemälde und hat sich mit größter Intensität mit dem unglücklichen Schicksal der Königstochter Eleonora Christine beschäftigt. Ein zweiter Motivkreis sind Bilder aus dem italienischen Volksleben und Landschaften. Am liebsten arbeitete er in dem kleinen Bergstädtchen Civita d'Antonio, wo er beliebt und geachtet und schließlich Ehrenbürger wurde. Seine größte Bedeutung für die dänische Kunst hatte er vielleicht jedoch in jenen Künstlerkreisen, die von seiner privaten Malerschule in Kopenhagen ausgingen, so der größte Teil der Gruppe »Fynboerne« und später ein ganz anderer Typ von Malerbegabungen wie *Weie* und *Isakson*, zwei der größten Namen in jenem Kreis, den man als die *»Bornholmer Schule«* charakterisiert. Zahrtmanns Bilder waren von Sammlern sehr gefragt, doch sowohl das Kunstmuseum als auch Hirschsprungs Sammlung, beide in Kopenhagen, besitzen eine ansehnliche Kollektion, und natürlich hängen Arbeiten von ihm in Bornholms Museum.

Zahrtmann, Marius Kofoed (1861-1940), Arzt, geboren in Rønne. Bruder von K.Z. Autor einer Reihe von Werken und Abhandlungen über Bornholm.

DAS AMT BORNHOLM

ADMINISTRATIVE EINTEILUNG

Das *Amt Bornholm* umfaßt 5 Gemeinden: Allinge-Gudhjem (8.786 Einwohner am 1. Januar 1978), Hasle (6.826), Nexø (8.925), Rønne (15.301) und Åkirkeby (7.385). Die Ertholme (Christiansø) sind keine Gemeinde, sondern werden direkt vom Verteidigungsministerium verwaltet.

22 Kirchspiele, zugehörig dem *Stift Kopenhagen.*

1 Amtssteuerinspektorat. 1 Steuerkreis. 1 Grundschuldkreis. 3 Grundwertfestsetzungskreise. 1 Arztkreis (Zentralkrankenhaus in Rønne, Krankenhäuser in Nexø, Svaneke und Åkirkeby). 1 Gerichtskreis und 1 Polizeikreis zugehörig *Østre Landsretskreds*. 6. Kreis des Aushebungswesens. Bornholms Region und Bornholms Værn (Wehr) mit der Almegårds Kaserne bei Rønne, Bornholms Kommandant in Rønne. Bornholms Marinedistrikt. Luftdetachement. Die Zivilverteidigung hat eine Kaserne in Allinge.

Seit 1920 fielen die beiden bornholmischen Folketingsmandate auf die Sozialdemokratie und die Venstre (Liberale Partei Dänemarks).

1 Zollbezirk (Rønne). 2 Rettungsstationen auf Bornholm, 1 auf Christiansø. An der Ost- und Nordküste haben die Fischerboote von Rønne bis Gudhjem den Registrierungsbuchstaben R, an der übrigen Küste wiederum bis Rønne SE (Svaneke).

PRAKTISCHE INFORMATIONEN

Fluglinie Rønne-Kopenhagen (SAS); Sportflugplatz bei Rø. *Linienschiff-* und *Fährverbindungen* täglich Rønne-Kopenhagen und Rønne-Ystad, in der Sommersaison außerdem mehrmals wöchentlich Verbindungen Rønne-Travemünde. *Christiansø-farten* hat in der Sommersaison täglich Verbindung ab Gudhjem und - außer Sonntag - Allinge; bei Ostwind wird Tejn havn (Hafen) oder Hammerhavnen (Sænehavnen) statt Allinge angelaufen. Von Svaneke aus wird Christiansø während des ganzen Jahres täglich (außer Sonntag) mit dem Postboot »Peter« angelaufen.

Konsulate in Rønne für Finnland, Frankreich, die Niederlande, Norwegen, Schweden und die Bundesrepublik Deutschland.

Postleitzahlen: 3770 Allinge, 3760 Gudhjem, 3790 Hasle, 3782 Klemensker, 3730 Nexø, 3700 Rønne, 3740 Svaneke, 3752 Østerlars, 3751 Østermarie, 3720 Åkirkeby.

Telefonbereich: 03 - Teilnehmer-Nr.

Fernsehen: Kanal 5.

Radio: Der Regionalsender sendet auf Programm 2 99,3 MHz, Nachrichten 6.30, 7.30 und 8.30 Uhr, Nachrichten und Reportage 12.30 und 18.00 Uhr.

Tageszeitungen: »Bornholmeren (Sozialdemokr.), tägliche Auflage 6.100, »Bornholms Tidende« (Liberal) 10.106.

Der Lindwurm - Greif - in Bornholms amtskommunalem Wappen wurde - als Dank für die Losreißung von Schweden - im Jahre 1668 von Frederik III. in das Reichswappen gesetzt, ist später jedoch daraus verschwunden.

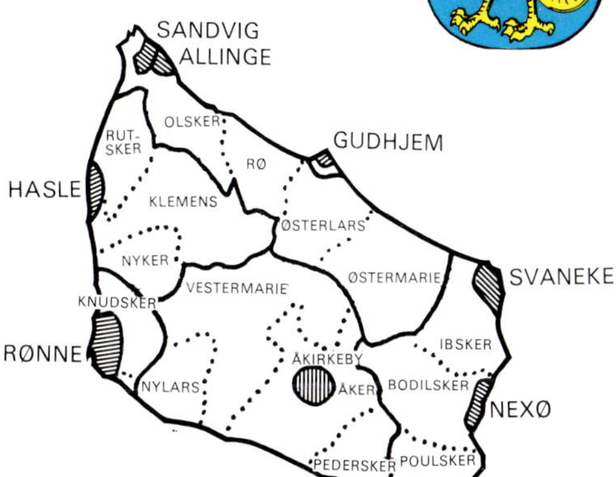

Die voll ausgezogenen Linien zeigen die Großgemeinden an.

Kilometer-entfernungen der Städte	Åkirkeby	Allinge	Gudhjem	Hasle	Nexø	Rønne	Sandvig
Allinge	29						
Gudhjem	18	18					
Hasle	22	13	21				
Nexø	14	41	24	36			
Rønne	16	25	25	11	30		
Sandvig	31	2	20	15	43	27	
Svaneke	23	32	15	32	9	30	34

STÄDTE

Von Bornholms sieben Städten liegen sechs an der Küste: *Rønne, Hasle, Allinge-Sandvig, Gudhjem, Svaneke, Nexø;* in der Mitte der Insel thront *Åkirkeby.*

Man könnte meinen, das seien für ein so kleines Gebiet viele Städte - Falster, etwas kleiner als Bornholm, hat zwei Städte, Langeland, halb so groß, und Mors, ca. ⅔ von Bornholm, haben je nur eine Stadt. Die Ursache für die Entstehung der zahlreichen Städte auf Bornholm - und im übrigen auch für ihr Aussehen - ist auch in den besonderen geographischen und kulturhistorischen Bedingungen zu suchen, die zugleich die große Zahl der Fischerdörfer auf der Insel und das Fehlen von eigentlichen Bauerndörfern erklären.

Die isolierten Fischerdörfer der Vergangenheit

Während Åkirkeby auf einem zentralen Platz um den Hochsitz der Geistlichkeit langsam heranwuchs, waren die Küstenstädte zu Anfang offenbar Anlaufstellen mit etwas Warenumtausch und als Erwerb Fischerei und ein wenig Landwirtschaft und unterschieden sich damit wenig von den größeren Fischerdörfern. Seit dem Altertum war die Bevölkerung im wesentlichen in dem urbar gemachten Gürtel zwischen den Strandmarken und Højlyngen angesiedelt, und hier wiederum in »Korridoren«, die durch unbebautes Land oder Wald voneinander getrennt waren. Noch lange nach der Wikingerzeit hat der Verkehr daher zum größten Teil auf dem Seeweg an der Küste entlang erfolgen müssen. Hier wurden Fischerhütten und Verkaufsbuden fremder Kaufleute die spärlichen Anfänge jener Städte, die während der gewaltigen Heringsfischerei des Mittelalters an den wichtigsten Stellen emporzuschießen begannen, aufgrund des felsigen Geländes oft regellos und

Die bornholmischen Städte besaßen nicht von altersher Märkte oder Marktprivilegien. Die Bornholmer wollten handeln, wo und wann es ihnen paßte, und der Hafen war für sie ein natürlicheres Stadtzentrum. Store Torv in Rønne (links) bekam daher bei der Regulierung nach den Bombardements 1945 eine direkte Verbindung zum Hafen. Von der Randbebauung ist nur das alte Rathaus älter als 100 Jahre, doch wenige Straßen weiter (rechts) lebt ein Idyll der Vergangenheit aus Fachwerkhäusern.

mit engen und verwinkelten Gassen, wobei Fischerhütten und Bauernhöfe jahrhundertelang in gleicher Weise typisch blieben.

Frühes, jedoch eingeschränktes Stadtrecht

Mit Ausnahme von Allinge-Sandvig und Gudhjem erhielten die bornholmischen Städte frühzeitig *Provinzstadtprivilegien*, jedoch keine jener Institutionen, die der Rang einer Stadt im übrigen Land zur Folge hatte. So war der *Markthandel* den bornholmischen Städten in älterer Zeit ein unbekanntes Phänomen, und sie mußten sich mit einer recht unvollkommenen Gemeindeverwaltung begnügen. Noch in der Zeit Christians IV. wurden sie von einer Oligarchie regiert, die von besonders einflußreichen Kaufmanns- und Schifferfamilien ausging - und in der Regel auf Lebenszeit gewählt war. Selbst nach dem Absolutismus mit seiner Beamtenregierung behielt Åkirkeby noch geraume Zeit Bürgermeister, Stadtrat und Stadtrichter.

Rønne

Rønne, die größte Stadt auf Bornholm, beherbergt mit ihren 15.301 Einwohnern (1978), davon einige wenige hundert in der Gemeinde *Knudsker*, gut 30% der gesamten Bevölkerung der Insel; diese Zahl verhält sich zur Bevölkerungszahl Bornholms wie die Einwohnerzahl Groß-Kopenhagens zu der ganz Dänemarks. Besonders typisch für Rønne ist seine große Ausdehnung, von Süden nach Norden sind es gut 3 km, und die größte Breite beträgt fast 2 km; der Grund dafür ist die verstreute Bebauung durch überwiegend einstöckige Häuser, die etwa 200 Straßen mit einer Gesamtlänge von ca. 55 km bilden. Für diejenigen, die von See anreisen, steigt die Stadt wie ein langes Band von Häusern und Gärten empor, das sich über die Küstenhügel zieht, die schlanke Spitze des Kirchturms und der massive Turm des *Kastells* sind die Landmarken, und im Vordergrund erheben sich im Schutz der mächtigen Molenanlage die vielen Schiffsmasten und hohen Lagerhäuser des Hafens. Außer dem Großhafen, einem der größten Pro-

In der Schifferstadt Rønne waren »Guckburgen«, kleine Aussichtstürme auf den Dachrücken, früher recht verbreitet. Jetzt gibt es nur noch zwei - auf Johnsens Gård am Hafen und (rechts) Kaufmann Rønnes aristokratischem Fachwerkhof bei der Hauptwache. Der »Lübeckerflügel« (links) am südlichen Ende der Grønnegade trägt die Jahreszahl 1699, enthält jedoch möglicherweise die letzten Reste jenes Lagerhauses, das der Herr von Hammershus, Schweder Kettingk, hier um 1550-60 errichten ließ.

vinzhäfen Dänemarks, der ständig erweitert wird, gibt es zwei Bootshäfen, wo die Häuser der Fischer in alter Zeit ganz bis an den Uferrand gebaut waren.

NAME UND WAPPEN

Der Name *Rønne* (bornholmisch *Rønnå*, seltener *Ronna*) wurde erst um 1650 allgemein üblich. Die lateinische Form des Namens war *Rothna*, dänisch *Røthna* (1433), *Rodne* (1522), *Rødne* und, durch eine bekannte Lautvertauschung, *Rønne* (1606). Die wahrscheinlichste Deutung geht von dem Adjektiv *rådden* - verdorben, verrottet - aus (altdänisch *rotinn*, bornholmisch *røddijn*), und der Name muß dann das flache Sumpfgebiet unterhalb der Strandhügel am Ankerhafen des Ortes bezeichnet haben.

Der Verwaltungskreis Rønne wird bereits 1149, Rønne Kapelle im 13. Jahrhundert, das Ting von Rønne im Jahre 1433 genannt. 1562 wurde das alte Siegel der Stadt von Frederik II. als Stadtwappen mit »drei weißen Fischen auf blauem Grund« bestätigt.

Bebauung

Rønnes zwei Märkte, *Store Torv* (Großer Markt), einer der größten der Provinz, und *Lille Torv* (Kleiner Markt), bilden das Verkehrs- und Geschäftszentrum, von dem wichtige Geschäftsstraßen ausgehen. Store Torv stellte in alten Tagen vor allem eine Art Anger und Exerzierplatz der Bürgerwehr dar. Außerhalb der Hauptstraßen ist noch immer ein bedeutender Teil der ältesten Bebauung der Stadt mit einem Labyrinth von gemütlichen, verwinkelten Gäßchen erhalten. Ursprünglich war die Bebauung zumeist offen, häufig mit großen Gartenflächen, doch als im Laufe der Zeit an den Straßen Fachwerkhäuser errichtet wurden, veränderte sich das Stadtbild allmählich. Östlich von den alten Stadtteilen sind Straßen und Bebauung regelmäßiger, und noch weiter außerhalb hat Rønne Viertel mit recht offener Villenbebauung aus der Zeit zwischen den Weltkriegen. Die neuesten und moderneren Viertel der Stadt wurden nach dem 2. Weltkrieg errichtet. Durch die russischen Bombardements im Mai 1945 wurden ca. 2900 Grundstücke von 3400 beschädigt, davon 212 total und 121 so stark, daß ein teilweiser Umbau notwendig war. Die 225 schwedischen Holzhäuser, die das bombardierte Rønne erhielt, befinden sich in verschiedenen Vierteln, die einerseits die Eigenart der Häuser hervorheben und sich andererseits schön in das Gesamtbild der Stadt einfügen.

BAULICHE SEHENSWÜRDIGKEITEN

Storegade (Große Straße) war seit alter Zeit die vornehmste Straße der Stadt, wo die Aristokratie - Kaufleute und Schiffer - ihre Höfe hatten. Wie die Überlieferung berichtet, ist Nr. 34, *Amtsgården* (mit Landratswohnung), der Geburtsort von »Bornholms Befreier« Jens Kofoed, und Nr. 30, jetzt Eigentum der Tageszeitung »Bornholmeren«, jener Ort, wo er und die anderen Verschwörer 1658 den schwedischen Gouverneur außer Gefecht setzten, doch sind die beiden großen, schönen Fachwerkgebäude neueren Datums. Eins der vielen anderen schönen alten Gebäude der Straße ist Nr. 42, *Kommandantgården* (Kommandantenhof), dessen Hauptflügel 1847 errichtet wurde, daran grenzt die *Rosengade* (Rosenstraße) mit alten Gartenmauern aus Backsteinen und Fachwerk oder schweren Granitmauern.

Laksegade (Lachsstraße), ebenfalls eine Nebenstraße der Storegade, ist der gut erhaltene Rahmen um *Erichsens Gård* (Erichsens Hof), Nr. 7, ein langes Fachwerkgebäude aus dem Jahre 1807, unter Denkmalschutz Klasse A, und mit seinem typischen Bürgerheim aus der Mitte des vorigen Jahrhunderts heute Interieur-Museum und Bornholms Museum zugehörig. In diesen schlichten, jedoch ehrwürdigen und gemütlichen kleinen Zimmern mit niedriger Decke war im Jahre 1869 der Dichter und Maler *Holger Drachmann* täglicher Gast, als er auf Freiersfüßen ging und die zweitjüngste Tochter des Hauses gewann, die schöne *Vilhelmine*, die von den Freunden in Kopenhagen unter dem Namen Frau Belli bewundert wurde - was sowohl ihrer Schönheit als auch ihrer großen Jugend galt (bornholmisch *belli*=Kind). Eine Dop-

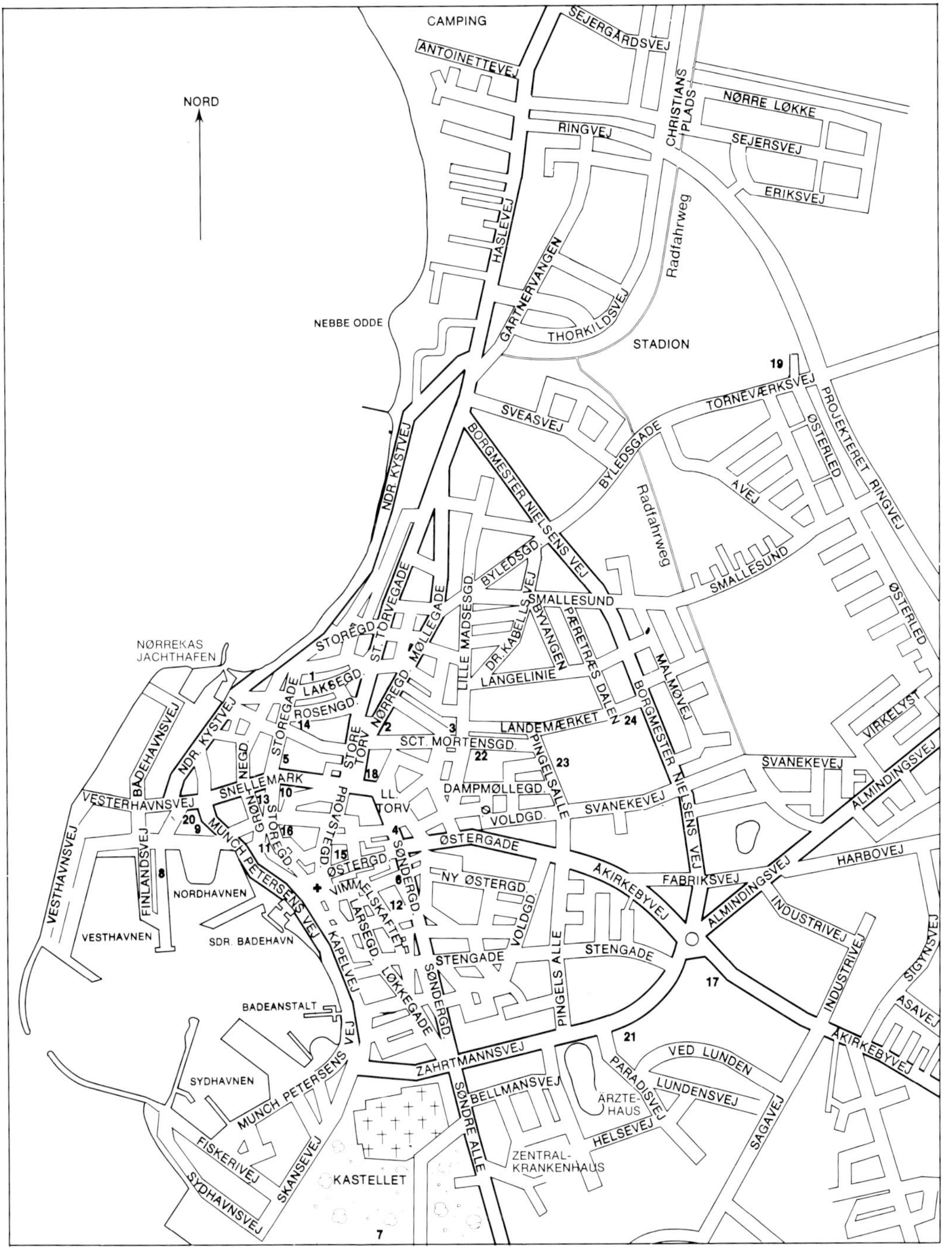

RØNNE: 1) Erichsens Hof. 2) Altes Rathaus. 3) Bornholms Museum. 4) Post. 5) Amtmannshof. 6) Hauptwache. 7) Jugendherberge. 8) Dampfschiffexpedition. 9) Zollkammer. 10) Tageszeitung »Bornholmeren«. 11) Johnsens Hof. 12) Rønnehof. 13) Lübeckerflügel. 14) Kommandantenhof. 15) Theater Rønne. 16) Printzensköld-Steine. 17) Danmarks Radio. 18) Apotheke. 19) Schwimmhalle. 20) Touristenbüro. 21) Polizeiwache. 22) Telegraf. 23) Zentralbibliothek. 24) Rathaus.

In Erichsens Gård wird ein Interieur gepflegt, das unberührt seit jener Zeit dort steht, als der junge Dichter Holger Drachmann hier auf Freiersfüßen ging und der Hausfreund Kristian Zahrtmann die Auserwählte malte. Der »Saal« hat noch die ursprünglichen Wandfarben aus den 20er Jahren des 19. Jahrhunderts und grenzt an einen Garten mit mehr als hundertjährigen Feigen- und Maulbeerbäumen, Gewächsen, die in anderen Gegenden Dänemarks nur schlecht gedeihen, auf Bornholm jedoch die Ähnlichkeit der Städte mit denen des Südens betonen.

Alte Haustür von Nørrekås.

peltür führt hinaus in einen richtigen alten Rønne-Garten, in dem zwischen südländischen Bäumen eine Fülle von Blumen wächst.

Nørrekås, der nördliche Bootshafen nicht weit von der *Laksegade*, ist mit typischen alten Fischerhäusern bebaut.

Søndre Kvarter (Südliches Viertel) - das gesamte Gebiet südlich der Kirche - besteht aus intimen Gäßchen mit gut erhaltenen alten Häusern, und Pflaster, Bürgersteige und Straßenleuchten tragen gemeinsam zu dem selten schönen und harmonischen Gesamteindruck bei.

Kastellet (das Kastell) südlich des Friedhofs bei *Galløken*, dem alten Galgenplatz der Stadt, wurde 1688 nach einer Zeichnung von Coucheron, dem Ingenieur der Festung Christiansø, errichtet. Das kreisrunde Feldsteingebäude mit 3,5 m dicken Mauern hatte ursprünglich ein flaches Dach, das mit Kanonen gespickt war, erhielt jedoch im 18. Jahrhundert sein ziegelgedecktes Kegeldach.

Søndergade (Südstraße), der alte »Spießrutenweg«, führt zur *Hovedvagten* (Hauptwache), gebaut 1744 aus Backsteinen von Hammershus. Das alte Militärwach- und Arresthaus und die umliegenden Fachwerkhöfe aus der gleichen Zeit stehen unter Denkmalschutz und bilden eine ungewöhnliche schöne Partie. Bemerkenswert ist vor allem *Rønnegården* (Nr. 12) durch sein elegantes Fachwerk und seinen Dachturm, die sogenannte »Laterne« oder »Guckburg«, von wo man den Hafen und die Reede beobachten konnte.

Ein Heimatmuseum von Format

Bornholms Museum - in der *Skt. Mortensgade 29*, ein Neubau aus dem Jahre 1923 an jener Stelle, wo sich bis zum Gründungsjahr 1893 das kommunale Krankenhaus befand - steht in dem Ruf, eins der besten der Provinz zu sein. Es hat sich als Heimatmuseum auf die Besonderheiten Bornholms spezialisiert und besitzt reichhaltige Sammlungen an Keramik und bornholmischen Textilien und für die Gebiete Seefahrt und Fischerei, Tier- und Vogelleben, Geologie, Archäologie, Geschichte u.dgl.m.

Eine besondere Attraktion ist die Kunstabteilung mit Werken der Meister der Bornholm-Malerei, von *Kr. Zahrtmann* über *Isakson* und *Weie, Høst, Rude* und *Lergaard, Kræsten Iversen, Helge Nielsen, Sigurd Vasegaard* und *Paul Høm* bis hin zu jüngeren Malern.

CLAUS JOHANSEN

Ein Name für sich ist *Claus Johansen* (1877-1943), ein Autodidakt, geboren auf Seeland, der, in der Öffentlichkeit fast unbekannt, zurückgezogen bei Bauern in Rutsker lebte und dort seine eigenartigen und bedeutenden Landschaftsbilder malte. Erst als im Jahre 1949 in »Kunstforeningen« in Kopenhagen eine Gedächtnisausstellung für ihn veranstaltet worden war, wurde er allgemein bekannt. Obgleich seine Bilder einen sehr persönlichen Charakter haben, können sie an große Namen der dänischen Malerkunst wie Vilhelm Hammershøj und L.A. Ring erinnern.

Hasle

Hasle (bornholmisch *Hăzle*), ca. 9 km nördlich von Rønne, hat seinen Namen sicher nach der Haselbewachsung des Ortes und ist eine alte Stadt, der umliegende Nørre-Amtskreis wurde bereits 1149 Hasle-Amtskreis genannt. Unternehmungslustige Schiffer und Kaufleute verstanden es, das Umland für sich zu gewinnen, und die Stadt war für ihre guten Kartoffeln und Mohrrüben (sie hat noch eine *Gulerodsgade* - Mohrrübenstraße) und ihren feurigen Branntwein bekannt.

ERINNERUNGEN AN 1658

Die Stadt ist - mit vielen alten Fachwerkhäusern und guten Straßenmilieus - teils auf dem alten Steilufer, teils oberhalb auf einer ansteigenden, bis (nahe der Kirche) 26 m hohen Fläche erbaut. *Rådhuset* (das Rathaus) an der Ostseite von *Torvet* (Markt) wurde 1855 mit zwei Geschossen errichtet; über der Eingangstür befindet sich das Wappen der Stadt, ein weißes Kleeblattkreuz auf blauem Grund, bekannt auf jeden Fall seit 1584. Auf dem Markt steht ein Gedenkstein mit den Namen von zehn Bürgern der Stadt, die sich 1658 während des Aufstandes gegen die Schweden besonders ausgezeichnet haben. Einer von ihnen, der berühmte *Jens Kofoed*, wohnte in der

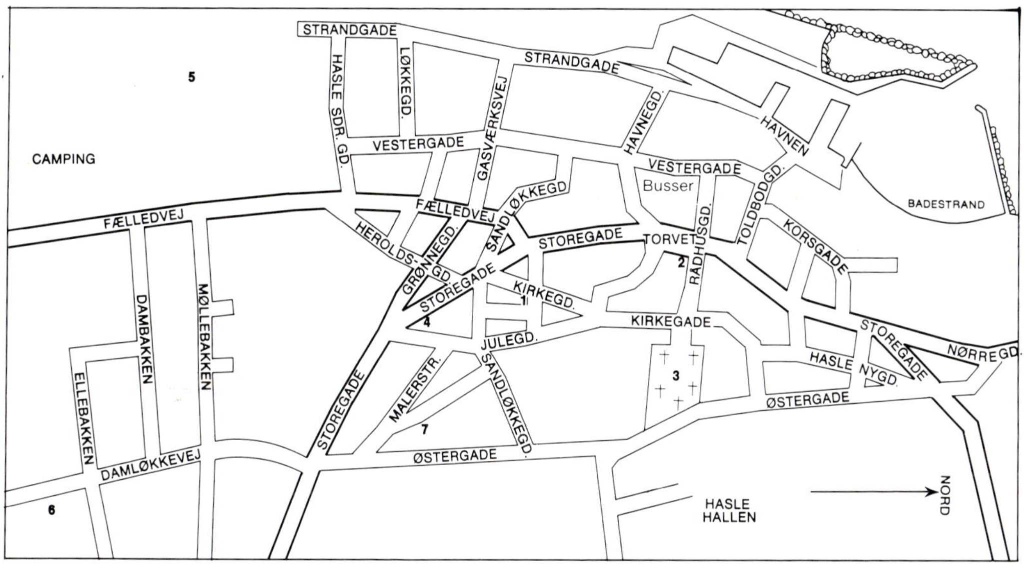

HASLE: 1) Herolds Geburtshaus. 2) Polizei. 3) Kirche. 4) Post & Telegraf. 5) Jugendherberge. 6) Sportplatz. 7) Bibliothek.

Storegade (Große Straße), wo sich heute eine große Kolonialwarenhandlung befindet, während *Povl Ancher* sein Pfarrhaus in der *Østergade* (Oststraße), Nr. 42, hatte und *Niels Gumløs* in der *Havnegade* (Hafenstraße), Nr. 1, wohnte. In der *Vestergade* (Weststraße), Nr. 33, steht noch ein Rest des alten Bürgermeisterhofes aus dem Jahre 1658 mit seinen geschnitzten Pfosten und einem Ring in der Wand, an dem der schwedische Landeshauptmann sein Pferd festband, wenn er beim Bürgermeister zu tun hatte, dessen Wohnung in jenem Hof lag, der heute die Nr. 31 ist.

Eine Stadt im Aufschwung

Nach einer Zeit als »armer erbärmlicher Flecken ohne Geschäftstätigkeit« gab es durch die 1899 angelegte Klinkerfabrik für Hasle einen Aufschwung. Der Hafen, zu Beginn des 19. Jahrhunderts angelegt, jedoch mehrmals erweitert und vertieft, hatte seit dem 1. Weltkrieg den größten Zuwachs an Schiffstonnage auf der Insel.

Hasle, heute eine bedeutende Touristenstadt mit ca. 1.500 Einwohnern, dehnt sich vor allem in östlicher Richtung an der Straße nach Rønne aus.

Allinge-Sandvig

Allinge-Sandvig, die Zwillingsstädte am Fuß des Hammers, sind mit der Zeit ganz zusammengewachsen. Von den 2.000 Einwohnern wohnen 75% in Allinge.

NAME UND WAPPEN

Während der Name *Sandvig* - Sandbucht - (1416 *Sandewik*, 1434 *Sandwig*) unmittelbar verständlich ist, läßt sich *Allinge* (bornholmisch *Ålinja*) über ein ursprüngliches *Alunda* vom Baumnamen *al* - Erle - ableiten, also »Ort mit Erlebenwachsung«.

Das Stadtwappen, aus dem Jahre 1897, hat einen schwarzen Anker auf weißem Grund und weiße Wellen auf blauem Grund, natürliche Kennzeichen für eine Fischerei- und Seefahrtsstadt; der Anker stammt vielleicht aus dem Siegel des Nørre-Amtskreises aus dem Jahre 1584, das St. Klemens mit seinem Attribut, einem Anker, zeigt.

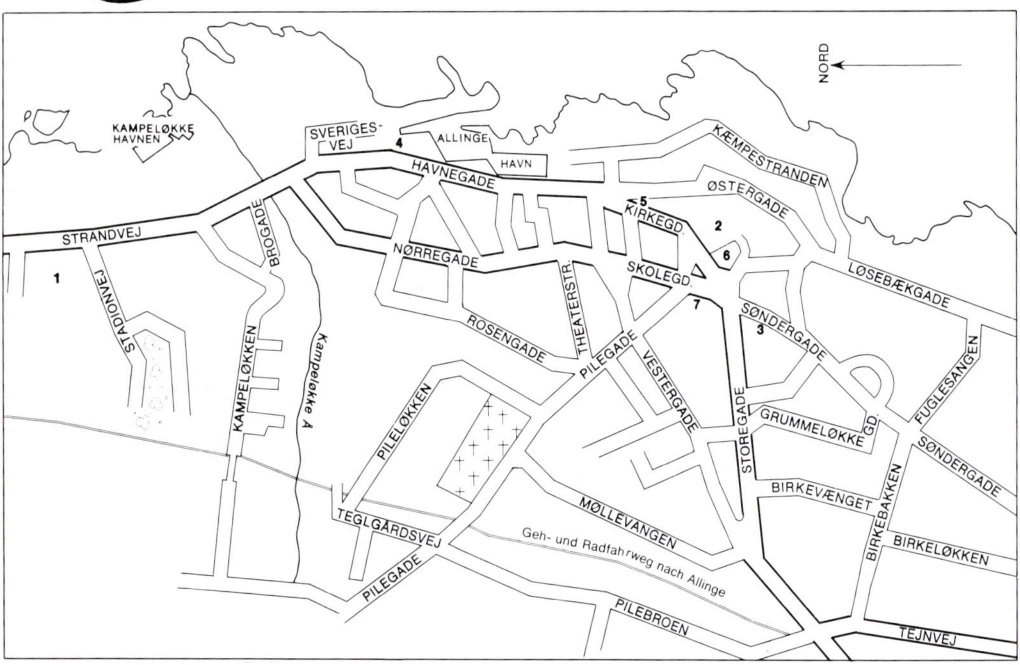

ALLINGE: 1) Nordlandhalle. 2) Polizeiwache. 3) Apotheke. 4) Dampschiffexpedition. 5) Post & Telegraf. 6) Kirche. 7) Arzthaus.

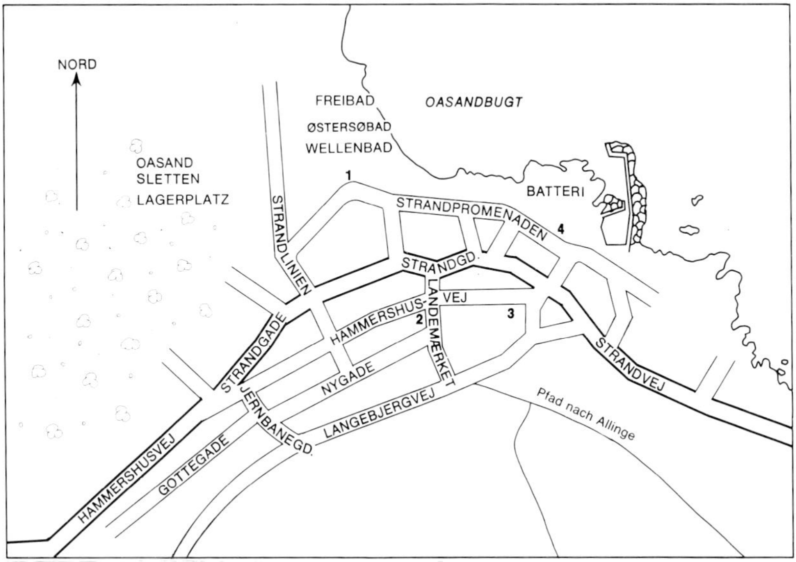

SANDVIG: 1) Jens Kofoeds Minde. 2) Quartier von Zar Peter dem Großen im August 1716. 3) Tømmehaus, Museum der Brüder Lange. 4) Alte Ratsstube.

Herd des Tourismus

Im Mittelalter spielten die beiden Fischerdörfer in dem ausgedehnten Netz von Heringsmärkten der Hansestädte eine bedeutende Rolle. Im Jahre 1856 legten die Bürger von Allinge selbst ihren Hafen an, dessen 4 m-Becken in den Felsen gesprengt wurde. Bei der Sturmflut am 13. November 1872 wurde der Hafen zerstört, jedoch 1876 wiedereröffnet, nun erweitert und durch neue Sprengungen vertieft. Als im Jahre 1891 der große Granitbruch Hammerværket eingerichtet wurde, kam in das stagnierende Sandvig neues Leben, und als die Städte nach der Jahrhundertwende von den Touristen, vor allem den deutschen, entdeckt wurden, wuchsen sie an dem 2 km langen Strandweg zusammen. Die in diesen sonst so hübschen Städtchen auffälligen Hotelbauten stammen aus dieser Zeit.

HISTORISCHE SEHENSWÜRDIGKEITEN

Am Hafen von *Sandvig*, ganz in der Nähe der alten Schanzwälle, liegt die alte *Rådstue* (Ratsstube), bis 1884 Sitz des Amtsgerichtes Hammershus. *Tømmehuset* (Zügelhaus), *Vestergade 3*, beherbergt ein kleines eigentümliches Volksmuseum.

Vor dem neuen Friedhof in *Allinge* steht ein *Obelisk* zur Erinnerung an die gefallenen russischen Soldaten im 2. Weltkrieg.

Magazine aus der Zeit der Miliz befinden sich im Norden der Stadt, außerdem die Batterie auf *Kærrenæs* und die Schanze in *Løsebæk*.

DER BESUCH DES ZAREN

Als *Peter der Große* im Sommer 1716 Bornholm und Christiansø besuchte, ließ er 3-400 Kranke von seiner Flotte an Land setzen und für einige Wochen in einem Zeltlager südlich von Allinge unterbringen, wo 17 von ihnen starben. Selbst übernachtete der Zar abwechselnd beim Stadtschreiber in Allinge und bei einem Zeugmeister und Artilleriehauptmann in Sandvig, und nachts wurde eine eiserne Kette um die Häuser gezogen und Schildwachen aufgestellt. Da er nicht auf Stroh liegen wollte, das Brotgetreide getragen hatte, mußte das Bettstroh durch Heu ersetzt werden. Entsprechend seiner Gewohnheit bekam er täglich zwischen 10 und 11 Uhr im Garten des Wirtes einen epileptischen Anfall, wozu mehrere vornehme Herren als Zuschauer herbeigerufen wurden.

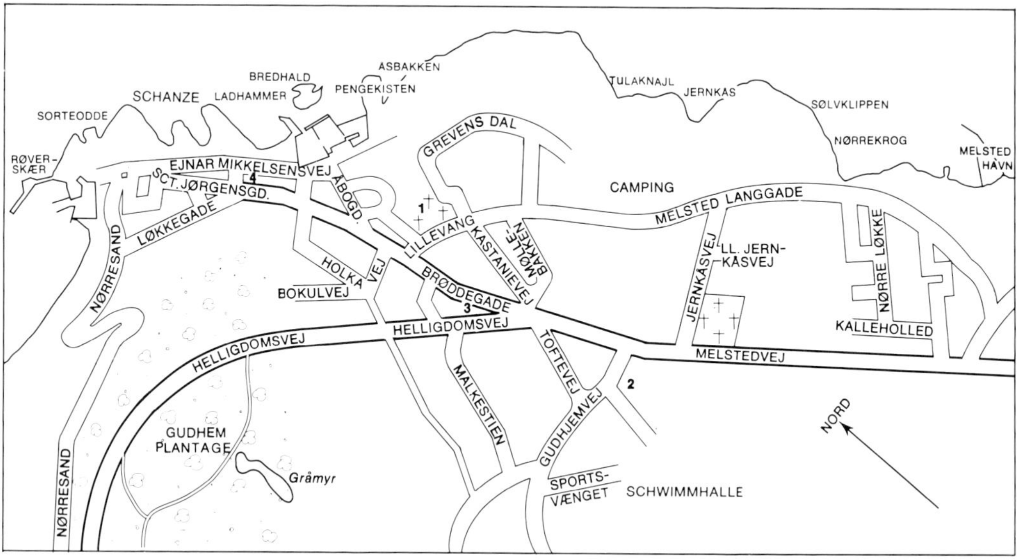

GUDHJEM: 1) Kirche. 2) Museum. Autobusbahnhof. 3) Post & Telegraf. 4) Jugendherberge St. Jørgensgård.

Gudhjem

Gudhjem (gut 800 Einwohner), Bornholms älteste Handelsstadt, hat das Gepräge einer Provinzstadt und die meisten öffentlichen Gebäude und Institutionen einer solchen, obwohl es die entsprechenden Rechte nicht mehr besitzt. Schon im Altertum waren die tiefen Einschnitte der Küste als Anlaufstellen verlockend, und von Grabfunden ist bekannt, daß während der Eisenzeit in der Gegend von Gudhjem und dem Vorort *Melsted* zwei Orte auf je einem Vorsprung an einer der meistbefahrenen Handelsrouten der Ostsee lagen. Ebenso lebhaft nahm die Bevölkerung im Mittelalter an den großen Heringsmärkten teil, und noch im Jahre 1664 zählte der König Gudhjem zu seinen Provinzstädten. Nach dem Pestjahr 1653 war die Stadt fast ausgestorben, doch wanderten nach dem Schonischen Krieg 1675-79 viele Leute, vor allem aus Schonen und Blekinge, ein, und die Stadt wuchs rasch und wurde zur größten der Insel - heute ist sie, nach *Tejn*, die zweitgrößte - Fischersiedlung. Die Festungszeit von Christiansø bedeutete eine weitere Blüte, denn die gesamte Versorgung ging über Gudhjem.

DIE ERSTEN »GERÄUCHERTEN BORNHOLMER«

Die besondere Verbindung mit Christiansø gab auch den Anstoß dazu, daß man gerade in Gudhjem mit der *Heringsräucherei* auf Bornholm ernsthaft begann. Die Fischer hatten gesehen, daß sich schottische Söldner an Heringen delektierten, die sie in den kleinen offenen Schornsteinen der Steinhütten geräuchert hatten, und bald wurde überall in den offenen Küchenschornsteinen der Fischerhäuser von Gudhjem geräuchert. 1886 bauten die Brüder Koch in Gudhjem die erste Heringsräucherei, und von hier aus verbreitete sich das Räuchern von Heringen bald zu den anderen Fischerdörfern. Die Herstellung und der Handel mit *»geräucherten Bornholmern«* wurde eine wichtige Einnahmequelle, nicht nur für Fischer und Räuchereien, sondern auch für Arbeiter, Sägewerke, Fuhrleute, Dampfschiffgesellschaften, Kaufleute u.dgl.m.

Das reine südländische Idyll

Außer der Fischerei ist für Gudhjem die bedeutendste Einnahmequelle das Touristengewerbe. Die Lage der Stadt ist in Dänemark einzig und ist eher mit der Lage der kleinen Küstenstädte des Mittelmeers als mit der anderer bornholmischer Städte wie Hasle, Allinge-Sandvig und Svaneke zu vergleichen, die sich, vom Gelände gezwungen, mit sehr viel Anmut amphitheatralisch um ihre Häfen gelagert haben. In Gudhjem stehen die Häuser terrassenförmig auf den steilen Felshängen, und vom *Bokul*, 47 m über der Meeresoberfläche, hat man eine prachtvolle Aussicht über die malerische Stadt, über das steile Gebirge der Häuserdächer, die tiefen Schächte der Straßen und Gassen und die vielen üppigen kleinen Gärten, die sich sonst vielleicht verstecken, hier aber, aus der Vogelperspektive, plötzlich sich zwischen Häuser und Felsen schmiegen, wo sich nur der kleinste Platz finden läßt. Die Hauptstraße, *Gudhjembrødden*, ist so steil, daß das Fahrradfahren verboten ist.

Hinter dem Bokul, jenseits von Gudhjem Plantage mit dem idyllischen Waldsee *Gråmyr*, steigt das Bergmassiv gleichmäßig bis zu einer Höhe von 73 m über dem Meeresspiegel an.

Die beiden Häfen

Gudhjem hat zwei Häfen, beide mit großem Aufwand in den harten Fels gesprengt. Der Haupthafen besteht aus drei Becken, und ein Schiebetor sperrt die beiden äußersten ab, wenn der Oststurm jegliche Schiffahrt unmöglich macht. Den Hafen bei *Nørresand*, vollendet im Jahre 1902, können Fischerboote und kleinere Schiffe aufsuchen, wenn anlandiger Sturm andere ostbornholmische Häfen blockiert. Er liegt an der *Salene-Bucht*, wo die großen Frachter der Ostsee häufig einen Weststurm abwarten, ehe sie sich durch das Hammerwasser wagen.

Svaneke

Svaneke, in der Nordostecke von Bornholm, ist mit gut 1.100 Einwohnern Dänemarks kleinste und östlichste Provinzstadt - Touristenslogan: »Die Sonne scheint zuerst in Svaneke!« Die Stadt liegt auf einer sehr unebenen, abfallenden Granitfläche, an einer Klippenküste mit Buchten, Landspitzen und Schären. Dennoch ist das Gelände etwas sanfter als im Nordland, und mit seiner alten gepflegten, fein eingepaßten Terrassenbebauung gilt Svaneke als die idyllischste Stadt der Insel. Die vielen Sonnenstunden und der lange Nachsommer haben die Voraussetzungen dafür geschaffen, daß im Schutz der Klippen eine südländische Vegetation entstanden ist: Weinstöcke, Feigenbäume, Maulbeerbäume, Walnußbäume und Kastanien strecken aus den Gärten ihre Zweige über die Straßen, die geteert oder mit grobem Kies, dem sogenannten *Årsdalehvede* (Hvede=Weizen), bedeckt sind.

NAME UND WAPPEN

Svaneke (1491 *Swanicke* und noch früher *Swanwika*) hat, so die Überlieferung, seinen Namen nach einer Bucht, in der sich wilde Schwäne aufhielten, und der Schwan figuriert auch - weiß, mit einem goldenen Ring im Schnabel, auf rotem Grund - im Wappen der Stadt, bekannt seit dem Jahre 1584.

»Eine einzige große Sehenswürdigkeit«

Svaneke erhielt seine ältesten Privilegien im 15. Jahrhundert von den Erzbischöfen in Lund, und Münzfunde in den großen, tiefen, aus Steinen errichteten Warenkellern in einer 900 m langen Verkaufsbudenstraße, die in den 90er Jahren des 19. Jahrhunderts um *Frennehavn*, südlich der Stadt, ausgegraben wurde, zeugen von einer engen Verbindung zu polnischen und norddeutschen Hafenstädten in der Zeit von 1340-1476. Im Jahre 1610 brannte die halbe Stadt ab, sie hat sich jedoch weit bis ins 18. Jahrhundert im Kampf mit Nexø um den Rang des wichtigsten Handelsplatzes von Ostbornholm behaupten können. Die Zerstörung des Hafens während der Sturmflut 1872 war für die Stadt eine Katastrophe. Erst 1897 konnte er wiedereröffnet werden, doch da Svaneke keine Eisenbahn bekam, wurden große Teile des Umlandes von der Stationsstadt Østermarie erobert.

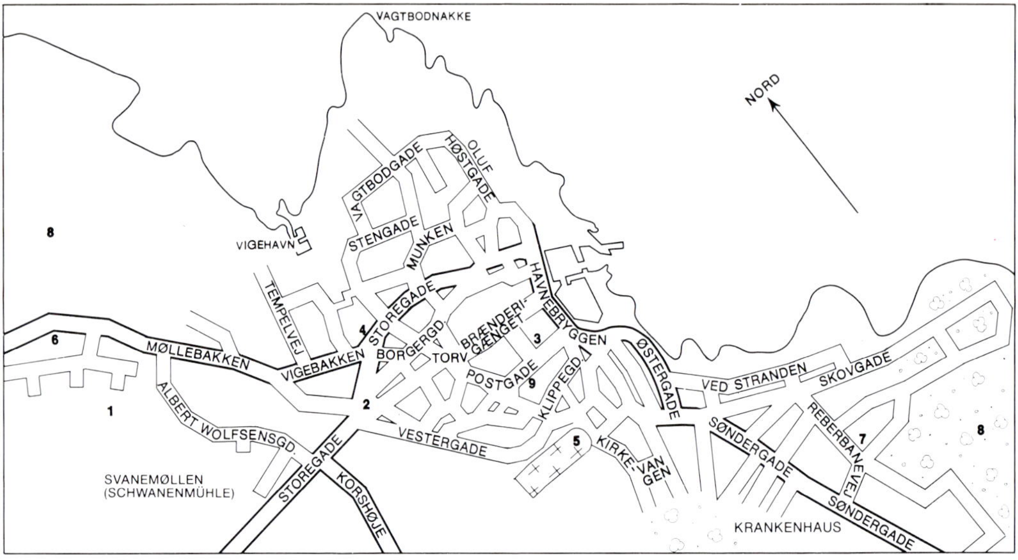

SVANEKE: 1) Wasserturm. 2) Madvigs Minde. 3) Post & Telegraf. 4) Rathaus. 5) Kirche. 6) Bockmühle (unter Denkmalschutz). 7) Jugendherberge. 8) Campingplätze. 9) Touristenbüro.

Die wichtigsten Erwerbsquellen der Stadt sind Fischerei, Schiffahrt und Heringsräucherei - und die zahlreichen Touristen, die sich von einem Idyll ohne spezielle Sehenswürdigkeiten bezaubern lassen, denn »die ganze Stadt ist eine einzige große Sehenswürdigkeit«.

DAS JÄHRLICHE QUELLENFEST

Bis 1872 besaß Svaneke am *Vigehavnen* in *Nørrevig* eine heilige Quelle. Jedes Jahr wird am Johannisabend ein großes Quellenfest gefeiert, zu dem sich mehrere tausend Menschen versammeln. Der Mittelpunkt des Festes ist jedoch der Wald südlich der Stadt, nahe dem Leuchtfeuer auf *Hullenakke.*

Alte Fischersiedlungen

Nachbarn der besterhaltenen Fachwerkstadt der Insel - die im Europäischen Denkmalschutzjahr 1975 mit einer Goldmedaille ausgezeichnet wurde - sind *Listed* und *Årsdale*, Fischerdörfer mit alten Vierteln.

Nexø

Nexø, ca. 3.500 Einwohner, ist Bornholms zweitgrößte und südlichste Stadt, an der Ostküste gelegen, wo der Granit, der in Svaneke und Gudhjem dominiert, von einem niedrigen, leicht abfallenden Sandsteingürtel abgelöst wird. Die Bebauung von Nexø hat daher einen allgemeineren Charakter, sie hat jedoch auch ihre Eigentümlichkeiten. Ebenso wie in Rønne folgen die Hauptstraßen den sanften Kurven der Küstenlinie, hier auf *Åsen*, einem alten Strandwall. Der 1754 angelegte *Königliche Frederiks-Sandsteinbruch* hatte u.a. auch zur Folge, daß die Einwohner der Stadt darauf verfielen, ihre Garteneinfriedungen, oft in Mannshöhe, aus den rötlichen Abfallsteinen anzulegen. Auch viele Straßen der Stadt sind mit Sandstein gepflastert. Dies scheint jedoch nicht mehr üblich zu sein, und die Gefahr besteht, daß dieser besondere Zug aus dem Stadtbild verschwindet.

NAME UND WAPPEN

Der Name der Stadt (bornholmisch *Nœkse*, veraltet *Najse*) ist unerklärlich. Das Wappen der Stadt: ein blauer Bootshaken auf weißem Grund, erhalten in einem Siegel des Jahres 1584, möglicherweise jedoch älter, ist ein Symbol für ihren alten Haupterwerb: Seefahrt, Fischerei und Handel mit den auf Reede liegenden Schiffen.

Eine heimgesuchte Stadt

Nexø erhielt das Stadtrecht im Jahre 1346 von Erzbischof Peder in Lund, und seine Privilegien wurden ebenso wie die von Rønne im Jahre 1555 bestätigt. Im Jahre 1510 wurde die Stadt von den Lübeckern mit Feuer und Schwert verwüstet, und 1645 wurde sie von den Schweden unter General Wrangel geplündert. Als 1653 der zweite »Menschentod« oder die Beulenpest über Nexø hereinbrach und anderthalb Jahre auf Bornholm tobte, brachte sie allein in Nexø 413 Menschen ins Grab, wohl beinahe die halbe Stadt. 1756 wurde die Stadt von einer großen Feuersbrunst heimgesucht, und im Mai 1945 wurde sie wiederum durch die russischen Bombardements stark mitgenommen, die 856 von den ca. 900 Grundstücken der Stadt trafen und 174 total zerstörten. Zwischen den vielen neugebauten einstöckigen Häusern und dem Viertel mit den schwedischen Holzhäusern im Norden der Stadt gibt es jedoch noch schöne Fachwerkarchitektur, so das Grundstück *Storegade 33*, das 1787-1837 als Amtmannshof diente.

HISTORISCHE SEHENSWÜRDIGKEITEN

Rådhuset (das Rathaus) wurde im Jahre 1856 errichtet. Zu diesem Zeitpunkt befand sich das Rathaus in dem gelben *Lagerhaus* (jetzt Museum) am Hafen gegenüber der Apotheke. Nördlich der Stadt, am alten Frederiks-Steinbruch, liegt ein schönes gemauertes Gebäude, *Stenbrudsgården* (Steinbruchhof).

In der Nähe der Stadt lagen außer *Malkværnskansen* (Mühlenschanze) in den *Halleklipper*, ein paar km nördlich von Nexø, noch *Lerskreds Batteri* und *Jomfruens Batteri* (Jungfrauenbatterie), und südlich von Nexø ist das längste Schanzwerk Bornholms zu finden - *Lange skanse*, das vermutlich aus dem Siebenjährigen Krieg 1563-70 stammt. An die Miliz erinnert *Ammunitionshuset* (Munitionshaus) am *Gamle Postvej* (Alten Postweg).

Der größte Fischereihafen der Insel

Die Sturmflut 1872 setzte nicht allein die Grube des Frederiks-Steinbruchs unter Wasser und außer Betrieb, sie zerstörte auch den Hafen von Nexø, der 1879 instand gesetzt und erweitert wurde und 1892 Dänemarks erstes kom-

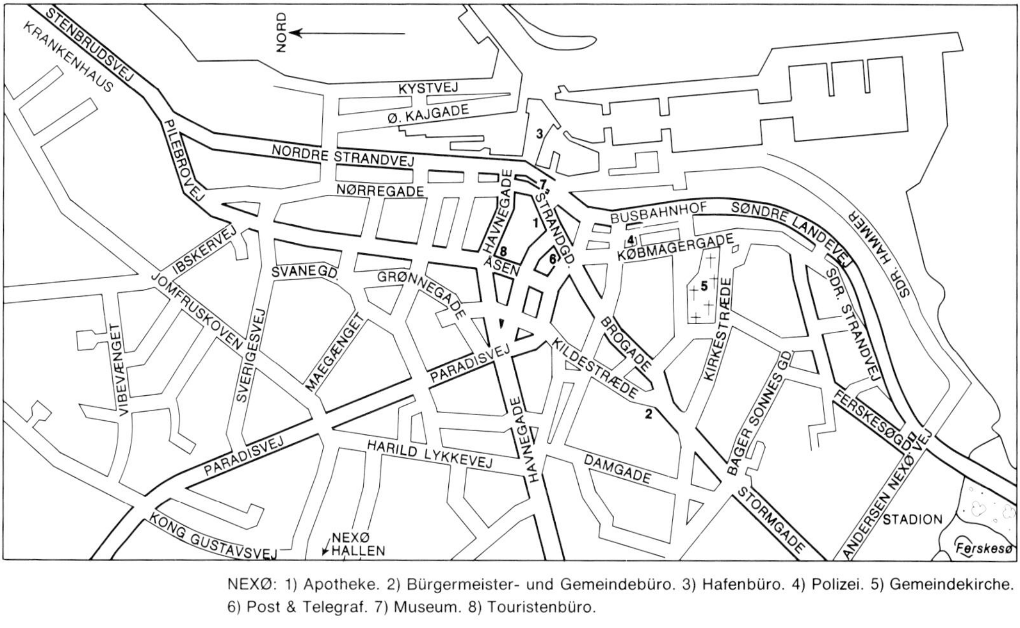

NEXØ: 1) Apotheke. 2) Bürgermeister- und Gemeindebüro. 3) Hafenbüro. 4) Polizei. 5) Gemeindekirche. 6) Post & Telegraf. 7) Museum. 8) Touristenbüro.

munales Trockendock erhielt. Seitdem ist der Hafen verbessert worden, zuletzt 1978-79 durch ein neues Becken, 4-5 m tief und mit doppelt soviel Kaiplatz wie zuvor. Er ist mit Abstand der größte Fischereihafen der Insel, in der Regel eisfrei und bei fast jedem Wetter befahrbar.

Obgleich Nexø immer mehr eine Touristenstadt wird, betreibt es doch in erster Linie Handel und Industrie (Dampfschiffgesellschaft, Steinbruch, Möbel- und Fischkonservenfabriken u.a.m.).

Åkirkeby

Åkirkeby, ca. 2.000 Einwohner, auf halbem Wege zwischen Rønne und Nexø und zwischen Almindingen und dem Badeort Boderne, ist die Provinzstadt des fruchtbaren Südbornholm. Auf seinem 86 m hohen, von Moränenlehm bedeckten Granitplateau - ein Ausläufer des eigentlichen Granitterrains unmittelbar nördlich der Stadt - ist es mit seinen beiden ansehnlichen Kirchen weit zu sehen: der imponierenden alten Å-Kirche mit dem schweren Festungsturm aus bunten Feldsteinen und der modernen *Rosenkranzkirche*, eine der schönsten katholischen Kirchen Dänemarks, 1932 aus roten Ziegeln, mit einem 27 m hohen, fast kampanileähnlichen Turm errichtet und u.a. mit Freskomalereien der finnischen Künstlerin *Birgitta Recksten* aus Åbo ausgeschmückt.

NAME UND WAPPEN

Åkirkeby (bornholmisch *Åkjærkjeby*) bedeutet schlicht und einfach »Stadt bei der Å-Kirche«, und diese wiederum hat ihren Namen nach den beiden Flußläufen im Umland der Stadt, *Læså* und *Grødby Å*.

Das Stadtwappen, dessen ältestes erhaltenes Zeugnis ein Siegel aus dem Jahre 1584 ist, zeigt den Apostel Johannes im roten Gewand mit einem goldenen Becher, aus dem sich eine grüne Schlange windet. Der Legende nach war Johannes dazu verurteilt, einen Becher mit einem vergifteten Trunk zu leeren, das Gift verwandelte sich jedoch

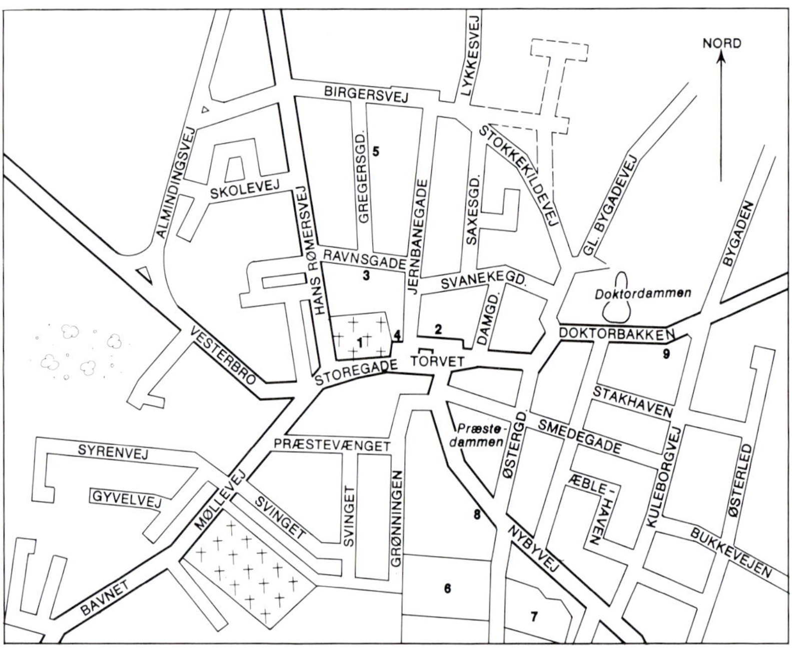

ÅKIRKEBY: 1) Kirche. 2) Post & Telegraf. Polizei. 3) Gemeindebüro. 4) Touristenbüro. 5) Katholische Kirche. 6) Fußballplatz. 7) Sportanlage. 8) Bibliothek. 9) Krankenhaus. Pflegeheim.

durch ein Wunder in eine Schlange und verschwand. Die Å-Kirche ist St. Hans (Johannes) geweiht.

Eine Stadt in der Klemme

Åkirkeby erhielt seine Stadtrechte im Jahre 1346, bestätigt in einem Dokument des Erzbischofs Børge in Lund, und war im Mittelalter die wichtigste Stadt Bornholms, Sitz der kirchlichen Verwaltung der Insel und später auch des Landstings und des geistlichen Konvents. Die Stadt hatte jedoch oft Mühe, sich gegenüber Rønne und Nexø zu behaupten, die beide nicht gesonnen waren, Åkirkeby als Provinzstadt anzuerkennen und noch 1818 vorschlugen, ihm seine Stadtrechte wieder zu nehmen, was der König jedoch ablehnte.

1510 wurde Åkirkeby von den Lübeckern gebrandschatzt, 1618 und 1654 von der Pest heimgesucht, und 1684 legte ein neuer Brand mehr als die Hälfte der Stadt in Asche. Die Zeit des Absolutimus war eine Zeit des Niedergangs. Åkirkebys Bedeutung als Haupstadt ging verloren, sein Hafen bei *Raghammer* versandete, und 1787 lebten mehr als 10% der Bevölkerung der Stadt von Bettelei, darunter viele alte Leute. Noch 1808 hieß es in einem Bericht an den Amtmann der Insel, daß «keine zehn Bürger in der ganzen Stadt schuldenfrei seien«, mit dem 19. Jahrhundert begann für die Stadt jedoch ein neuer Aufstieg. Ihr gutes Umland und ihre zentrale Lage zogen Menschen an, und die Stadt hatte ihren guten Markt.

Obwohl Åkirkeby noch immer Nutzen aus seinem guten Umland zieht, muß es doch einsehen, daß es von Rønne und Nexø beiseite gedrängt wurde. Die Stadt hat eine Faserplatten- und eine Luzernemehlfabrik.

DIE KAPELLE DER AUSSÄTZIGEN

Rådhuset (das Rathaus), 1867-68 errichtet mit einem Stockwerk im »Provinzbarock«, liegt am *Torvet* (Markt). Auch die meisten Häuser sind einstöckig, keins von ihnen sonderlich alt oder von besonderer architektonischer Bedeutung, es gibt jedoch mehrere schöne Fachwerkhäuser.

In der *Storegade* (Große Straße), direkt gegenüber der Gemeindekirche, steht das *Hospital*, errichtet 1856, das seinen Ursprung im *Sanktjørgensgård* für Aussätzige hat, dem »Spitalhof«, der sich im Mittelalter nordwestlich von Åkirkeby bei dem heutigen *Spidlegård* befand und von dem es noch Ruinen einer *St.-Jørgens-Kapelle* gibt.

Bornholms Valsemølle (Walzenmühle), früher Åkirkeby Mølle, läßt sich bis 1645 zurück verfolgen und war damals eine Bockmühle, während General Wrangels Angriff auf die Insel ein Versammlungsort der bornholmischen Miliz.

ERWERBSLEBEN

Für das bornholmische Erwerbsleben sind vor allem zwei Schwierigkeiten kennzeichnend. Zum einen haben die modernen Verkehrsmittel die Isolierung der Insel vom übrigen Dänemark faktisch aufgehoben, was andererseits bedeutet, daß die mehr örtlich gebundenen Erwerbszweige aufgrund der relativ geringen Größe der Insel und dem folglich kleinen Hinterland ihr Monopol auf dem heimischen bornholmischen Markt allmählich verlieren und sich in ständig höherem Grad in der *Konkurrenz mit Betrieben anderer Landesteile* zu behaupten versuchen müssen, wo die Möglichkeiten für den Großbetrieb bedeutend besser, die Rohstoffe leichter zugänglich sind und wo es mehrere andere Vorteile gibt. Eine zweite Schwierigkeit ist die *Flucht der Jugend*, vor allem nach Kopenhagen. Dies hat bisher nur eine Stagnation der Bevölkerungszahl bedeutet, dennoch aber hat sich ein Überschuß an

Alten und Kindern und ein Bevölkerungsdefizit im produktiven Alter ergeben.

39 % der Bevölkerung der Insel - ca. 19.000 - sind berufstätig, gegenüber 48 % im Landesdurchschnitt. Auch die *Berufsverteilung* unterscheidet sich von der des übrigen Landes. Landwirtschaft und Fischerei sind für Bornholm wichtiger als für das Land insgesamt, während Industrie, Handel, Verkehr und Verwaltung für die Beschäftigung eine geringere Rolle als im Landesdurchschnitt spielen.

Landwirtschaft

Es gibt ca. 2.100 selbständige Landwirte, die zusammen mit Familienangehörigen und Mitarbeitern insgesamt 37.178 ha guter landwirtschaftlicher Nutzfläche bewirtschaften. Das ergibt eine *pflanzliche Produktion* von 1,2 Mill. dt Getreide (25.500 ha) und 52 Mill. Futtereinheiten Gras/Rüben (9.000 ha), während die Fläche für Saatgut und andere Feldfrüchte 2.678 ha beträgt. Die *tierische Produktion* lag 1975/76 bei 192.938 Schlachtschweinen, 10.023 Schlachtkühen und anderen Tieren, 37.165.912 kg Milch, 3.178.000 Eiern und 1.547.593 kg Geflügel. Die Landwirtschaft ist mit ihren Nachfolgebetrieben der größte Arbeitsplatz auf Bornholm. Seit dem 2. Weltkrieg ist die *landwirtschaftliche Nutzfläche* um etwas über 2.000 ha zurückgegangen, das sind gut 5 %, der entsprechende Landesdurchschnitt beträgt 8 %.

Die *Eigentumsstruktur* ist durch viele kleine Besitzungen gekennzeichnet. Im Jahre 1960 betrug die Gruppe unter 10 ha ca. 66 % gegen 46 % auf Landesbasis, 1974 knapp 50 % gegen 30 % des Landes insgesamt.

PFLANZENPRODUKTION

Generell muß man die natürlichen Bedingungen für eine Pflanzenproduktion auf Bornholm für besonders gut einschätzen. Der *Düngerverbrauch* pro Arealeinheit ist niedriger als im übrigen Dänemark gewesen. Wenn die Ernteerträge auf Bornholm dennoch höher liegen, so ist dies sicher durch gute Bonität des Ackerlandes in Zusammenhang mit Klima und Niederschlägen zu erklären.

EIERPRODUKTION

Dansk Andels Æg (Dänische Eier-Genossenschaft) hat in Rønne eine Eierpackerei mit einer jährlichen Kapazität von ca. 3,7 Mill. kg. Zur Zeit werden dort 24 Mitarbeiter beschäftigt. Die Eierproduktion auf Bornholm ist im großen und ganzen ein integrierter Produktionszweig der allgemeinen Landwirtschaft.

GEFLÜGELPRODUKTION

Die bornholmischen Geflügelproduzenten verfügen über eine relativ neue Geflügelschlachterei: DANPO in Hasle, gebaut 1965/66. Es handelt sich um einen modernen und effektiven Produktionsbetrieb, der 30-35 Arbeitsplätze sichert. Die Schlachterei hat eine technische Schlachtkapazität von 1,6-1,8 Mill. Stück Geflügel.

RINDVIEH/ MOLKEREIWARENPRODUKTION

Bornholms Andels Mejeri (Bornholms Genossenschaftsmolkerei) ist ein moderner, gut ausgebauter Betrieb mit einer Verarbeitungskapazität von 50-60 Mill. kg Milch und sichert ca. 80 Arbeitsplätze. Seit 1960 ist die Milchproduktion stark zurückgegangen. Die durchschnittliche Größe der bornholmischen Rindviehbestände ist noch immer niedriger als im übrigen Dänemark. Die Ursache dafür ist u.a., daß die bornholmischen Viehbesitzer bei Investitionen für die Rindviehwirtschaft sehr zurückhaltend gewesen sind.

SCHWEINEPRODUKTION

Diese Produktion hat sich auf Bornholm in derselben Weise wie im übrigen Dänemark entwickelt, was in den letzten zwanzig Jahren eine Verdopplung bedeutet hat. Die Produktionserhöhung hatte ihren Gipfelpunkt im Jahre 1974 mit knapp 195.000 Schlachtungen jährlich, und jetzt ist ein Rückgang eingetreten. Während der letzten Jahre wurden in *Bornholms Andels Slagteri* (Bornholms Genossenschaftsschlachterei) in Rønne große Investierungen vorgenommen. Diese Schlachterei ist heutzutage ein moderner Betrieb mit einer technischen Kapazität von mehr als 250.000 Schlachtungen jährlich und sichert 230-240 Arbeitsplätze.

Beratungsdienst und Forschung *Bornholms Landøkonomiske Forening* (Bornholms landwirtschaftliche Vereinigung) hat ca. 40 Mitarbeiter, die auf verschiedenen Gebieten im Beratungsdienst tätig sind. Der Versuchshof der Vereinigung, *Tornbygård,* umfaßt Pflanzenzuchtversuche, S.P.F. Schweinezuchtproduktion u.a.

Gärtnerei Während die Freilandgärtnerei immer mehr zu einem Zweig der Landwirtschaft wird, zeigen die Treibhausgärtner der Insel eine Tendenz zur ausgeprägten Spezialisierung. Die Blumengärtnereien haben einen recht bedeutenden Absatz durch *Gartnernes Salgsforening* (Verkaufsvereinigung der Gärtner) mit einer Verkaufshalle in Rønne. Es gibt auf der Insel 33 Gärtnereibetriebe, 3 Obstbaubetriebe und 12 landwirtschaftliche Betriebe mit Gärtnereiproduktion. 1977 wurde auf der Insel ein Umsatz von 4,2 Mill. Kronen erzielt, davon für 500.000 Kronen Kartoffeln, 200.000 Kronen Obst und 3,5 Mill. Kronen Blumen. Für den Export betrug der Umsatz 700.000 Kronen.

Forstwirtschaft Von Bornholms 10.600 ha Wald sind 3.400 ha Staatswald, 2.800 ha Gemeindewald, verteilt auf 5 Gemeinden, und 4.400 ha. Privatwald, verteilt auf ca. 1.500 Besitzer. Die Forstwirtschaft beschäftigt ca. 100 ganzjährige Arbeiter, und die Produktion ist beträchtlich: durchschnittlich ca. 10 m^3 pro ha zu einem Schnittpreis von ca. 100 Kronen. Der jährliche Holzeinschlag entspricht einem Wert von ca. 10 Mill. Kronen, wovon die Staatswälder und die Gemeindeplantagen für jeweils 3 und die Privatwälder für den Rest zeichnen. Da der Eigenverbrauch der Insel der Produktion ohnehin nicht folgen kann und die Holzindustrie nicht voll ausgebaut ist, müssen neue Wege gefunden werden, um mehr Rohholz zu exportieren. Zu diesem Zweck hat *Bornholms Skovdyrkerforening* (Bornholms Forstwirtschaftsvereinigung), gegründet 1935 von den Gemeinden und den privaten Waldbesitzern, ein gemeinsames Verkaufsbüro eingerichtet.

Traditionell wird hauptsächlich Zelluloseholz nach Schweden und Norwegen exportiert, Laubhölzer gehen an die dänische Holzindustrie, besonders auf Seeland und Fünen, und Nadelhölzer nach Deutschland.

Fischerei Von Bornholm aus wird mit größeren und kleineren Booten eine intensive Fischerei betrieben, die sich von Gedser-Warnemünde im Westen bis nach Gotland und den Ålandsinseln im Norden und Osten erstreckt. Vornehmlich wird Hering, Dorsch und Lachs sowie ein Teil Flundern und Schollen gefangen. Im Jahre 1977 wurden auf Bornholm insgesamt 51.036 Tonnen Fisch zu einem Primärwert von ca. 180 Mill. Kronen angelandet.

WICHTIGSTE FANGARTEN Die *Heringsfischerei* mit Trawl und Netz hat sich in den letzten Jahren erfolgreich entwickelt. Die Fänge werden zur Herstellung der leckeren geräucherten Heringe - der »echten Bornholmer«, zum Salzen, Filetieren und Konservieren verwendet, und ein Teil der frischen Heringe wird in das übrige Dänemark exportiert.

Die *Dorschfischerei,* die hauptsächlich mit dem Trawlnetz betrieben wird, hat ebenfalls größere Fortschritte gezeigt, u.a. da größere Fischereifahrzeuge angeschafft wurden, versehen mit modernen Instrumenten und besseren Fischereigeräten. Bei weitem der größte Teil des angelandeten Dorschs wird von den acht bornholmischen *Filetfabriken* verarbeitet, von denen drei Privatbesitz sind, während die anderen den Fischern selbst gehören; überhaupt ist Bornholm derjenige Teil Dänemarks, wo der *Genossenschaftsgedanke* in der Fischerei am meisten verbreitet ist. Die fertigen Produkte werden vornehmlich in die USA, nach Schweden und in eine Reihe westeuropäischer Länder exportiert.

Die *Lachsfischerei* mit Treibangeln und Treibnetzen ist noch immer ertragreich. Die Fänge werden in der Hauptsache bei Norwegen und Gotland sowie in den Fahr-

Zum Räuchern von »Bornholmern« gehört eine erfahrene Frauenhand. Die kräftige Glut des Erlenholzfeuers muß auf dem Herd nach Regeln, die mehr geübt als gelernt sind, hin und her bewegt und unaufhörlich mit dem Wassergießer gezähmt werden, damit sie nicht auflodert. Der bornholmische Einbaum (rechts) war zwar ein schneller Segler, der zur Kaperflotte der Insel gehörte, doch die Gefahr des Kenterns war außerordentlich groß, daher ließ sich die Großmastwant lösen, so daß Mast und Segel über Bord gingen.

wassern um Bornholm und Christiansø geholt. Außer dem Lachs, der auf dem dänischen Binnenmarkt abgesetzt wird, geht ein großer Teil sowohl von geräuchertem als auch von frischem Lachs in den Export, vor allem nach Frankreich, Westdeutschland und anderen westeuropäischen Ländern sowie Schweden.

Fischereihäfen

Die wichtigsten Fischereihäfen sind *Nexø, Tejn* und *Rønne,* von denen die beiden erstgenannten erheblich erweitert werden sollen. Insgesamt gibt es auf Bornholm und Christiansø ca. 920 Berufsfischer und ca. 200 Gelegenheitsfischer. Von den Fischereifahrzeugen haben etwa 350 eine Größe von 5 bis ca. 100 BRT. Etwa 2.000 Menschen oder 26 % der berufstätigen Bevölkerung sind innerhalb des Fischereigewerbes beschäftigt, denn außer den Fischern selbst arbeiten ca. 1.100 Personen in der stark ausgebauten Fischindustrie.

Handwerk/ Industrie

Noch zu Beginn des 19. Jahrhunderts war das Handwerk auf Bornholm zumeist ein Nebenerwerb. Die meisten Handwerker waren gleichzeitig Landwirte, sie waren jedoch tüchtig, und von ihren Arbeiten läßt sich noch immer eine Menge lernen. Später wurde das Handwerk auch auf Bornholm zum selbständigen Erwerbszweig und hat sich in neuerer Zeit in mehreren Bereichen zu Industrieunternehmen von bedeutendem Format entwickelt. Die Industrie ist in hohem Maße von den Rohstoffen abhängig, die die Insel selbst besitzt, die Keramikindustrie importiert jedoch den größten Teil des feineren Tons mehr und mehr aus dem Ausland.

Tonindustrie

Seit dem Altertum werden auf Bornholm Gefäße aus Ton hergestellt, und der Töpfer war dort einer der ersten Handwerker. Jener unbekannte Mann, der um 3-5.000 v.u.Z. den fetten Lehm mit der Hand formte und dieses erste primitive Stück »Keramik« in der Sonne trocknen ließ, legte den Grund für die heute weltberühmte bornholmische Keramik.

In der Eisenzeit wurde das Tongeschirr in Erdöfen gebrannt und stark geräuchert, was ihm mit der Zeit die bewunderte Patina verlieh, die von hellbraun bis schwarz variiert. Seit etwa dem Jahre 800 und noch einige Jahrhunderte später fehlen Zeugnisse der Töpferei, da zu dieser Zeit die Urnen nicht in die Erde gegraben wurden. Sie tauchen jedoch in Funden des Mittelalters wieder auf, und es ist bekannt, daß die großen roten Backsteine für Hammershus von einer Ziegelei in Olsker geliefert wurden. Um 1850 gab es auf der Insel mindestens 7 Ziegeleien und 40 Töpfereien, und die Töpferkunst hatte ihre Blütezeit. Die Herstellung war jedoch noch primitiv, und der Ton wurde nicht wie heute gereinigt (geschlämmt) und war daher in der Qualität sehr unterschiedlich, und da die Waren schlecht bezahlt wurden, waren die Töpfer arm. Den Profit hatten die sogenannten *Topfschiffer,* die die Produktion eines Ofens auf einmal aufkauften, nach Kopenhagen brachten und auf dem Højbro reißenden Absatz fanden.

Spietz' Fayence und »Warenzeichen«.

DIE SPIETZ'ERN

Von großer Bedeutung für die Entwicklung der bornholmischen Keramik war ein Engländer namens *James Davenport.* Er bekam 1790 die Erlaubnis, bei Hasle Kohlen abzubauen, als sich das Unternehmen jedoch als unrentabel erwies, kam er statt dessen auf die Idee, den Ton, der über den Kohlen lag, und jene Porzellanerde, das Kaolin, das man 1755 bei Rønne gefunden hatte, zu verwerten. 1792 ließ er sich als Steingut- und Fayencenfabrikant nieder, und sein Meister war der deutsche Fachmann *Johannes Spietz.* 1798 gab Davenport den Betrieb auf, drei Jahre später aber begann Spietz zusammen mit ein paar Gesellen für sich selbst von neuem. Auch die kleine Werkstatt in der Søborgstræde von Rønne war keine Goldgrube, obwohl die drei Söhne von Spietz tüchtigere Geschäftsleute als ihr Vater waren. Spietz' eigenes weißes und strohgelbes Steingut mit grüner, blauer und brauner Glasur und die Arbeiten der Söhne in englischen Empire-Formen, zumeist gelbes oder schwarzes Steingut mit weißen Ornamenten, außerdem Küchengeschirr, strohfarbene Geleeformen mit Fischen und Weintrauben als Relief am Boden, sind heute begehrte Sammlerobjekte und sowohl im Nationalmuseum in Kopenhagen als auch in Bornholms Museum zu sehen.

DIE VORGÄNGER DER DREI GROSSEN

Nach den »Brüdern Spietz« fand die keramische Tradition auf der Insel in *Herman Sonne Wolffsen,* dem Sohn des Kaperkapitäns, einen Erneuerer. Er gründete eine Majolikafabrik, den Anfang der Fabrik *Søholm,* die heute Eigentum von Keramisk Forbund (Keramischer Verband) ist. Später begann die Keramikerfamilie *Hjorth* mit der Herstellung ihrer populären Terrakotten aus gebranntem roten Ton: Nachahmungen von griechischen Vasen und Schalen mit aufgemalten Figurenmotiven in schwarzem Lack, Reliefs und Statuetten nach antiken Vorbildern, und, vor allem, Miniaturkopien von Arbeiten des weltberühmten dänischen Bildhauers Bertel Thorvaldsen. Nicht weniger gefragt war die schwarze Terrakotta, und schließlich begann *Michael Andersen & Søn* aus den typischen bornholmischen Tonsorten, dem gelben und dem roten Ton, Ziergegenstände in der sogenannten *Intarsienkeramik* herzustellen - diesen Namen erhielt sie, weil beide Tonsorten miteinander vermischt und ineinander gedreht wurden, bevor man sie zweimal brannte und mit transparenter Glasur versah.

DAS BERÜHMTE STEINGUT

Jenen Aufschwung, der sie weit über Skandinaviens Grenzen hinaus bekannt gemacht hat, nahm die bornholmische Keramik jedoch erst, als die Brüder *Hans* und *Peter Hjorth,* die zweite Generation der Dynastie, *Hjorths Steingut* schufen. Sie brachten den gelben Ton der Insel zum Sintern (ca. 1.250°) und verliehen ihm dadurch einen graubraunen, sehr schönen Schimmer, und der Ton selbst wurde mit ornamentalen und naturalistischen Motiven dekoriert. Heute werden auch Vasen und Schalen und eine Reihe stilvoller Figuren von Tieren und Menschen in ausgesuchten Glasuren hergestellt, und die Firma Michael Andersen & Søn hat nach einer mehr als tausend

Jahre alten persischen Technik die sogenannte *Persia*-Keramik entwickelt, die mit ihren irisierenden Farbwirkungen und neuen, oft asymmetrischen Formen größte Beliebtheit gefunden hat.

Die Spitzenindustrie der Insel

Hinter dem Erfolg der drei großen Betriebe in Rønne stehen viele talentierte Künstler, andere wieder haben ringsum auf der Insel ihre eigenen kleinen Werkstätten, wo sie allein oder mit einigen wenigen Gehilfen arbeiten. Zur bornholmischen Tonwarenindustrie gehört außerdem eine Anzahl von Ziegeleien. *Hasle Klinker & Chamottestensfabrik,* die größte Industrie der Insel, ist heute eine europäische Institution. Andere Großbetriebe sind *Rabekkeværket, Torneværket* und *Dansk Damman Asfalt,* alle in der Nähe von *Rønne.*

Steinindustrie

Ebenso uralt wie der Beruf des Töpfers ist der des Steinhauers, und da Granit und Sandstein in fester Felsenform bekanntlich nur auf Bornholm vorkommen, ist der Steinhauerberuf in Dänemark natürlich besonders mit Bornholm verbunden. Der Abbau von Steinen wurde jedoch erst um 1870 auf Nordbornholm in größerem Format begonnen, vor allem durch das *Hammerværk,* dessen Besitzer, der deutsche Baron von Ohlendorff, u.a. den Hafen *Sænehavnen (*Hammerhavnen) anlegte. In einer Reihe von Jahren beschäftigte das Werk mehrere hundert Leute, und die Produktion war im wesentlichen für Hafenanlagen an der Ostsee bestimmt. 1919 kam das Werk in dänische Hände, als jedoch der Hammerknuden zum Hammersø hin durch den Granitabbau allmählich verunstaltet wurde, unterwarf man den Abbau strengen Restriktionen, und zu Anfang der 70er Jahre wurde er völlig eingestellt. Vor einem halben Jahrhundert waren in 20 Steinindustriebetrie-

Eine Uhr der Arboe's, Bornholms Museum, und - gezeichnet - die vier Typen von »Bornholmer Uhren«: Barock-Bornholmer, 1750-1800, und Empire-Bornholmer mit seinen drei Untertypen: der reine Empire-Typ aus den Jahren 1800-1890, genannt der »Mann« und »männliche Uhr«; das »Fräulein« mit den runden Wangen (nach 1825) und die »Frau«, die einer Bornholmerin mit »Nølle« - der charakteristischen bornholmischen Kopfbedeckung - gleicht (kaum vor 1840). Die »Frau« ist selten, die Barock-Bornholmer sind jedoch am teuersten.

Jørgen Peter Arboe

ben der Insel 1.200 Steinarbeiter beschäftigt, diese Zahl wurde jedoch durch Strukturrationalisierung, Zusammenlegung von Betrieben, Einführung moderner Produktionsmethoden und -mittel reduziert, so daß es heute nur noch drei eigentliche Steinindustriebetriebe gibt, die insgesamt ca. 100 Steinarbeiter beschäftigen. *Rønne Granitværk,* angeschlossen Superfos Dammann-Luxol, produziert in der Hauptsache Schotter, während die Hauptproduktion von *Hasle-Granit* sogenannte Schüttsteine sind, die zum Deich- und Küstenschutz verwendet werden; der größte Teil davon wird nach Deutschland exportiert. Hauptbüro und Steinhauerei von *A/S De forenede Granitbrud* (Die vereinigten Granitbrüche AG), dem ältesten der drei Betriebe und bereits 1824 gegründet, befinden sich in Rønne, seine Granitsteinbrüche sind jedoch in den Paradisbakker und in Klippeløkken in Knudsker, woher der bekannte »blaue Rønne«-Granit kommt.

Die Bornholmer Uhr

Von den verschiedenen Handwerken und Industrien der Insel ist wohl kaum eine so populär geworden wie die Uhrenherstellung. Die *Bornholmer Uhr* ist weit bekannt und wurde in der dänischen Dichtung zum Inbegriff der Gemütlichkeit des stillen Heims. Es ist auch kaum ein Zufall, daß sich die Uhrenindustrie auf Bornholm ansiedelte. Zu allen Zeiten hatten die Bornholmer für experimentierende Heimarbeit großes Interesse und verfertigten an den langen Winterabenden die schönsten Dinge, sowohl aus Holz als auch aus Metall, und es ist für dieses Handwerk, das um 1745 entstand, daher bezeichnend, daß Amtmann C. Urne im Jahre 1750 über den Tischler Poul Ottesen Arboe in Rønne schreiben konnte, daß seine beiden Söhne - *Otto* und *Peter Poulsen Arboe* - »berühmt dadurch geworden waren, daß sie selbständig die Dreher- und Uhrmacherkunst erlernt haben, und viele Stubenuhren ihrer Arbeit nach Kopenhagen und anderen Orten versandt werden«.

EINE FAMILIENTRADITION

Peter Arboe starb im Jahre 1766, erst 40 Jahre alt, doch trotz seiner kurzen Karriere war er der Begründer der Familientradition in der bornholmischen Uhrmacherei, die durch verschiedene Generationen fortgesetzt wurde. Sein Sohn *Jørgen Peter Arboe* (1749-1820) war einer der bekanntesten Uhrmacher seiner Zeit; »dieser tüchtige und zur Veredlung der Kunst wirkende Handwerker« wurde in Rønne ein hervorragender Mann, er wurde zum Bürgerhauptmann gemacht und kaufte 1771 einen Hof am Leergårds Plads (dem heutigen Store Torv).

Im Jahre 1773 hatte die bornholmische Uhrmacherei ein solches Ausmaß, daß die Kopenhagener Uhrmacherinnung beim König klagte, »die auf Bornholm machten sehr schlechte Uhren und schickten sie hierher, so daß die Stadt davon überschwemmt wird«. Die Innung schlug Zollregulierungen oder Einfuhrverbote vor, erreichte jedoch - ganz entgegen ihrer Absicht - nur, daß die königliche Landhaushaltsgesellschaft ein paar Prämien aussetzte, um die bornholmische Initiative zu fördern, die alle von Jørgen Peter Arboe gewonnen wurden, und daß der König 1795 den Sohn seines Hofuhrmachers mit den neuesten Schweizer Uhren auf die Insel schickte, um das Handwerk dadurch zu erneuern.

Im Jahre 1801 - als ein 8-Tage-Werk ca. 40 Reichstaler kostete - wurden von Rønne Uhren zu einem Wert von 9.660 Reichstalern ausgeführt, im Jahre 1806 für 14.160 Reichstaler, 1808 sank der Umsatz jedoch auf 1.424 Reichstaler. Dieser große Niedergang war eine traurige Folge des Krieges mit England und geriet einer schönen und blühenden Industrie zum unersetzbaren Schaden.

Zur ökonomischen Unterstützung begründete Konferenzrat Ørsted im Jahre 1820 die »Gesellschaft zur Förderung der Uhrmacherei auf Bornholm«, mit dem Qualitätsstempel »Bornholmer«. Im Jahre 1835 gab der Stadtrichter von Rønne an, daß in der

Stadt 38 Uhrmacher sowie 40 Gesellen und Lehrlinge arbeiteten und ihre Produktion ca. 1100 Uhren betrug. Der Höhepunkt scheint in den Jahren 1850-55 erreicht zu sein, als jährlich fast 1500 Uhren hergestellt wurden. Die 40 Meister mit ca. 20 Gesellen und 15 Lehrlingen, die es zu dieser Zeit in Rønne gab, hätten jedoch nach Meinung vieler ohne Schwierigkeiten 3000 Uhren pro Jahr ausführen können - doch aus steuertechnischen Gründen wagten die Meister nicht allzu große Zahlen anzugeben.

Eine Fortsetzung im kleinen

Um 1870 wurde die Konkurrenz durch billige amerikanische Uhren so scharf, daß 1894 »nur noch ein Mann übrig war, der sich mit Uhrmacherei befaßte«. In späterer Zeit haben sich jedoch mehrere Leute, darunter der Maschinenfabrikant *J. V. Ancher* in Hasle, äußerst geschickt mit der Herstellung von »Bornholmern« nach Originalmodellen beschäftigt, und der Mechaniker *Eivind Hansen* in Åkirkeby tut es noch immer.

Handel

In neun Monaten des Jahres ist der Umsatz der Geschäfte auf der Insel wie in den meisten Gegenden Dänemarks annähernd gleich verteilt, er nimmt jedoch aufgrund der großen Touristeninvasion in den Monaten Juni, Juli und August einen so ungeheuren Aufschwung, daß viele Geschäfte in den drei Sommermonaten den größten Teil des Jahresumsatzes erzielen. Im Jahre 1962 gab es insgesamt 139 Kaufläden, davon 2 Selbstbedienungsläden, 6 mit Teilselbstbedienung und 131 mit Ladentisch, doch schon 1964 waren die entsprechenden Zahlen 24, 4 und 95, und seit 1978 gibt es 2 Supermärkte, 6 größere Selbstbedienungsgeschäfte, 45 mit teilweiser Selbstbedienung, insgesamt 53. Die alte bekannte Form des Kleinhandels als eine Art Hilfserwerb ist praktisch vorbei, und die etwas größeren Geschäfte sehen ihren Vorteil darin, sogenannte freiwillige Ketten oder Einkaufsvereinigungen zu bilden. Einen kleinen Strich durch die Rechnung macht jedoch die ständige Verbesserung der Flugverbindung, denn viele Bornholmer fliegen, oft ganz überflüssig, schnell mal zum Einkaufsbummel nach Kopenhagen.

Transport

Jeglicher Verkehr von und nach Bornholm erfolgt naturgemäß auf dem See- oder Luftweg. Im *Passagierverkehr* - etwa die Hälfte der Passagiere sind Touristen - dominiert mit ca. 70 % der Gesamtzahl der Reisenden der im Jahre 1973 von der *A/S Dampskibsselskabet paa Bornholm af 1866* (AG Dampfschiffgesellschaft auf Bornholm vom Jahre 1866) staatlich übernommene Betrieb *Bornholmstrafikken.* Die übrigen Passagiere werden teils mit SAS (ca. 20 %), teils mit Chartermaschinen und durch andere Reedereien befördert, die mehr oder weniger feste Sommerlinien zur Insel eingerichtet haben. Im *Güterverkehr* ist der quantitative Anteil von Bornholmstrafikken bescheiden, nämlich 10-15 %. Der weitaus größte Teil des Gütertransports betrifft Schotter und Kies und wird mit Coastern befördert. Im Jahre 1978 wurden ca. 8 % aller Güter per LKW von »Tür zu Tür« befördert, eine Transportform, die seit 1962 für Bornholm möglich ist. Lange schon war die Wagendeckkapazität der Fähren voll ausgelastet, als um die Jahreswende 1978/79 der Wunsch nach Vergrößerung der LKW-Kapazität durch die Einsetzung von zwei neuen Passagier/Autofähren (Schwesternschiffen) erfüllt wurde, die Platz für ca. 300 PKW oder ca. 30 Lastzüge bieten, mehr als doppelt so viel, wie die bisher größte Fähre mitnehmen konnte. Von den alten Fähren wurde die modernste behalten, um die neuen Fähren während der Sommersaison zu unterstützen und während der jährlichen Werftsdurchsicht zu vertreten.

Nach einer gewissen Stagnation aufgrund der Ölkrise 1973 hat der *Luftverkehr* in den letzten Jahren einen »gleichmäßigen« Zuwachs gehabt. Der Linienverkehr zwischen Rønne und Kopenhagen wird von SAS durch-

Mit ihrem technischen Geschick nutzten die Bornholmer frühzeitig Wind- und Wasserkraft durch sinnreiche Mühlen aus. Erhalten sind die Bockmühlen in Egeby, Tejn und Svaneke und mehrere Wassermühlen, hier - in der Mitte - die Mühle in Vang. In Svaneke hat die Bockmühle - die älteste Windmühle Dänemarks, aus dem Jahre 1634 - einen modernen Wasserturm zum Nachbarn bekommen, der wie eine Bake geformt ist und von dem berühmten dänischen Architekten Jørn Utzon, dem Erbauer der Oper von Sidney, stammt. Rechts: Kleine Räuchereien fallen der Industrialisierung zum Opfer und dienen dann anderen Zwecken.

geführt, und darüber hinaus gibt es Charterflüge zwischen der BRD, Schweden und Bornholm sowie einigen Privatflugverkehr. Für das Jahr 1978 wurde mit einer Zahl von ca. 220.000 Flugpassagieren und mit ca. 10.000 Starts und Landungen gerechnet. Im Jahre 1977 wurde im Flughafen *Rønne Lufthavn* ein neuer Kontrollturm für 5,2 Mill. Kronen errichtet, und in den Jahren 1979-1981 soll im Anschluß an das Turmgebäude ein neuer Passagierterminal mit dazugehörigem Straßen- und Vorplatzareal gebaut werden. Das Gesamtprojekt wird mit 18,8 Mill. Kronen veranschlagt.

De Bornholmske Jernbaner - die Bornholmischen Eisenbahnen - (zugehörig DSB = Die dänischen Staatsbahnen) sind seit langer Zeit eingestellt, und jegliche öffentliche Passagierbeförderung wird von *Linienbussen* übernommen.

Tourismus

Wann der erste Tourist nach Bornholm gekommen ist, läßt sich kaum feststellen, doch hat die Natur der Insel und ihre ganze Eigenart schon vor langer Zeit auf dänische wie ausländische Reisende eine große Anziehungskraft ausgeübt. Der erste Touristenverein wurde bereits im Jahre 1895 gegründet, und seitdem ist der Touristenstrom von Jahr zu Jahr angewachsen, in den letzten zwanzig Jahren fast explosiv - während 1925 15.000 Touristen gezählt wurden und 1950 bis 75.000, stieg die Zahl in den Jahren 1960-77 von 137.000 auf 260.000, davon ca. 50.000 Schüler und andere Jugendliche. Mit einem Jahresumsatz von annähernd 250 Mill. Kronen ist der Tourismus einer der Haupterwerbszweige Bornholms und damit ein wichtiger Faktor in den Gebietsentwicklungsplänen geworden. Die höchste Zahl von Touristen, die sich zur gleichen Zeit auf der Insel aufhielten, betrug im Jahre 1977 ca. 35.000, und im Regionalplan bis 1990 wird der

Wunsch geäußert, daß diese Anzahl die Zahl der Ansässigen, nämlich 48.000 nicht übersteigen möge.

KAPAZITÄT Die 107 Hotels und Pensionen verfügen über 7.300 Betten, darüber hinaus wird in Stadt und Land in bedeutendem Maße privat vermietet. Über die Insel verstreut gibt es 19 Campingplätze, die den Anforderungen der Zeit entsprechen, und die Gesamtzahl der Sommerhäuser, von denen ein großer Teil an Touristen vermietet wird, beträgt etwa 2.000.

Von Bornholms 196 Restaurants haben 134 Schankkonzession.

DIE ERTHOLME

Lage Die Inselgruppe *Ertholmene* - in der Umgangssprache nach ihrer Festung *Christiansø* genannt - liegt auf 55° 19' n.B. und 15° 11' ö.L. Im Verhältnis zu Bornholm liegt sie 20 km nördlich von Svaneke, 18 km nordöstlich von Gudhjem und ca. 26 km östlich von Hammeren. Der schwedische Marinehafen Karlskrona befindet sich ca. 100 km nördlich von den Ertholmene.

Größe Die Inselgruppe besteht aus zwei bewohnten Inseln, *Christiansø* und *Frederiksø*, dem unbewohnten *Græsholm* sowie den Schären *Tat, Lilleø, Vesterskær, Tyveskær, Præsteskær* und *Østerskær.*

Christiansø (710 m lang, 430 m breit, 22 ha) ist von Frederiksø (440 m lang, 160 m breit, ca. 4 ha) durch *Nordre- und Søndrehavn* (Nord- und Südhafen) getrennt. An der schmalsten Stelle führt eine 30 m lange Drehbrücke über das Wasser, sie löste im Jahre 1912 eine Pontonbrücke ab.

Die 220 m breite *Tårnrenden* (Turmrinne) trennt Frederiksø von Græsholmen (ca. 11 ha). Die Schäre Tat liegt 600 m nördlich von Græsholmen.

Die Ostsee kann so harte Sturzseen gegen die sturmgepeitschten Klippen der Ertholme wälzen, daß für die Inselbewohner die Gefahr eines Weihnachtsfestes ohne Post, Schweinebraten und Kirchgang besteht. Wenn sich das Postboot jedoch an einem Sommertag im Sonnenschein den Inseln nähert, leuchten die gelben Kasernengebäude über dem Wasser, und im Hafen spiegeln sich Bastionen und Festungstürme mit kräftigen, südländischen Farben. Alles zusammen erinnert an eine Zeit, da fremde Schiffer Dänemarks östlichsten, kanonengespickten Vorposten in respektvollem Abstand grüßten.

Dänemarks östlichster Punkt befindet sich auf Østerskær, 310 m östlich von Christiansø.

Christiansøs höchster Punkt, *Møllebakken* (Mühlenhügel) liegt 22 m, der höchste Punkt von Frederiksø 8 m und der von Græsholmen 10 m über dem Meeresspiegel.

Ortsnamen Der Name *Ertholmene* soll entweder auf die geringe Größe der Inselgruppe oder auf die Ähnlichkeit der beiden bewohnten Inseln und dem dazwischenliegenden Sund mit einer offenen Erbsenschote (»Erbseninseln«) hindeuten. Die Festung, deren Bau 1684 begonnen wurde, erhielt den Namen *Christiansø*, während die Inseln nach Christian V. und Frederik IV. *Christiansholm* und *Frederiksholm* benannt wurden. Vor der Festungszeit findet man für dieselben Inseln die Namen *Kirkholmen* und *Bodholmen*. Ersteres hat wohl etwas mit einer Kirche zu tun, letzteres mit den Fischerbuden, die sich auf Frederiksø befanden.

Geologie Die Ertholme sind ebenso wie Bornholm ein *Granithorst*, und der versunkene Meeresboden liegt - selbst dicht an der Küste - ca. 80 m unter der Meeresoberfläche. Die Tårnrende ist bis zu 27 m tief.

Inseln und Schären sind aus einem schwach gestreiften Granit aufgebaut, der große Ähnlichkeit mit dem *Hammer-Granit* auf Bornholm hat. Im hellen, rötlichen Felsen sind *Pegmatit-*, *Aplit-* und *Diabasgänge* zu bemerken, letztere haben die Richtung Nord-Süd, sowie auf Græsholmen einzelne Gänge aus *Grünsandstein* mit der Hauptrichtung Ost-West.

Abgesehen von den nackten Klippenschären sieht man die ursprünglichen Oberflächenformen nur an der Küste. Die übrige Granitoberfläche ist entweder mit einer dünnen Erdschicht bedeckt oder trägt deutliche Spuren

In alter Zeit lag Søndrehavn oftmals voller Kriegsschiffe, und einmal hatte hier sogar der Seeheld Tordenskjold persönlich mit der Fregatte »Løvendahls Galaj« Zuflucht vor einem übermächtigen Feind gesucht. Nun beschirmen die schweren Festungsmauern ein Gewimmel von Yachten - und spiegeln sich in der Kristallkugel (rechts) im eingebauten Leuchtfeuer des Storetårns. Einmal im Jahr kommt traditionell das Schulschiff »Georg Stage« zu Besuch. Dann wird wie bei allen Flottenbesuchen in dem berühmten Versammlungshaus »Månen« getanzt.

1. Verwalterwohnung, errichtet 1735.
2. Hauptwache.
3. Paradeplatz.
4. Batterie des Kommandanten.
5. Wohnung des Kommandanten, ca. 1700.
6. Garten, wo seinerzeit u.a. die Verwalterwohnung lag.
7. Brauhaus und Waschhaus des Kommandanten.
8. Ravelin.
9. Großer Turm, 1864.
10. Kirche.
11. Großes Magazin, ca. 1736.
12. Sonnenuhr aus dem Jahre 1765 mit dem Namenszug Frederiks V.
13. Großes Pulvermagazin.
14. Kartuschenmagazin, auch Altes Laboratorium genannt.
15. Bombenmagazin.
16. Pferdestall. Gleich östlich davon befand sich das »Lager« der norwegischen Festungsarbeiter.
17. Batterie »Kleines Lager«.
18. Batterie »Großes Lager«. Die Batterien liegen am »Lagerweg«.
19. Gyldenløves Batterie mit Munitionshütte, 1864.
20. Rantzaus Batterie mit Kasematte. In der Erde sind Spuren der Rückstoßbewegungen der Kanonen zu sehen.
21. Roggenfeld mit dem Haus des Festungsbäckers.
22. Exerzierplatz.
23. Salomons Brunnen.
24. Schulgebäude, 1831.
25. Batterie der Herzogin; jetzt Zeltplatz.
26. St.-Hans-Tor mit Pfad zu dem feldsteinbedeckten St.-Hans-Brunnen.
27. Königlicher Garten.
28. Mindet (Denkmal).
29. Zwei Brunnen (Denkmalbrunnen) und Fachwerkwohnungen des Arztes, früher des Pastors.
30. Kildendal (Quellental) mit abgedeckten Brunnen.
31. Bielkes Batterie, 1685.
32. Bielkes Tor, Ausfalltor nach Osten.
33. Großes Affutagehaus, jetzt Feldsteinruine.
34. Hoffmanns Tor.
35. Batterie der Königin, 1730.
36. Coucherons Batterie, 1685.
37. Batterie des Königs mit Munitionshaus, 1735.
38. Frederikshvile (Frederiksruhe), wo Frederik VII. und Gräfin Danner 1851 gebadet haben.
39. Svendsens (d.h. Suenssons) Brunnen.
40. Soldatenhütten.
41. Mühle, von deren kreisrundem Grundriß jetzt nur ein Teil zu sehen ist.
42. Møllebakken (Mühlenhügel). Ringe zur Einstellung der Mörserbatterien sind noch im Felsen zu sehen.
43. Großer Brunnen.
44. Mühlenhaus, 1761.
45. Garten des Kommandanten mit Pavillon, in der Mauer ein altes Provianthaus.
46. Friedhof.
47. Juuls Batterie, 1684.
48. Steinwall mit gewölbten Kanonenschießscharten, 1811.
49. Palivaren.
50. Gamle Kro (Alter Krug). Im Nordgiebel eine Inschrift aus dem Jahre 1736.
51. »Gaden« (die Straße), erbaut 1789-91.
52. Lagerhaus, 1808.
53. Spritzenhaus.
54. Brauerei und Bäckerei.
55. 101-Treppe (101 Stufen).
56. Geräteschuppen des Bootsmanns.
57. Drehbrücke.

---

jener Steinsprengungen, die seit dem Bau der Festung stattgefunden haben.

Klima

Die *Durchschnittstemperatur* ist relativ hoch (7,7 °C), und ca. 230 Tage des Jahres sind frostfrei. Der *Niederschlag* ist der zweitniedrigste in Dänemark: 419 mm.

DAS TRINKWASSERPROBLEM

Die Quantität der Wasserversorgung ist stark abhängig von der geringen Niederschlagsmenge, und die Qualität wird dadurch beeinflußt, daß alles Trinkwasser Oberflächenwasser ist und in natürlichen oder gesprengten Vertiefungen im Fels, den sogenannten »Brunnen« gesammelt wird. Es gibt zehn solcher Wasserlöcher, von denen *Storebrønd* (Großer Brunnen) oder *Guds Forsyn* (Gottes Vorsehung) das größte ist. Von hier wird das kalkfreie Wasser nach einer notdürftigen Filtrierung zu den Wohnhäusern am Hafen und auf dem Meeresboden weiter nach Frederiksø geleitet. In trockenen Sommermonaten ist die Wasserversorgung ein bedeutendes Problem, und es hat Jahre gegeben, wo man Wasser aus Kopenhagen holen mußte, zuletzt 1938. Der stark anwachsende Touristenstrom hat das Problem weiterhin zugespitzt. Zur Einsparung von Trinkwasser wird für Toiletten und Bäder nur Seewasser benutzt, und

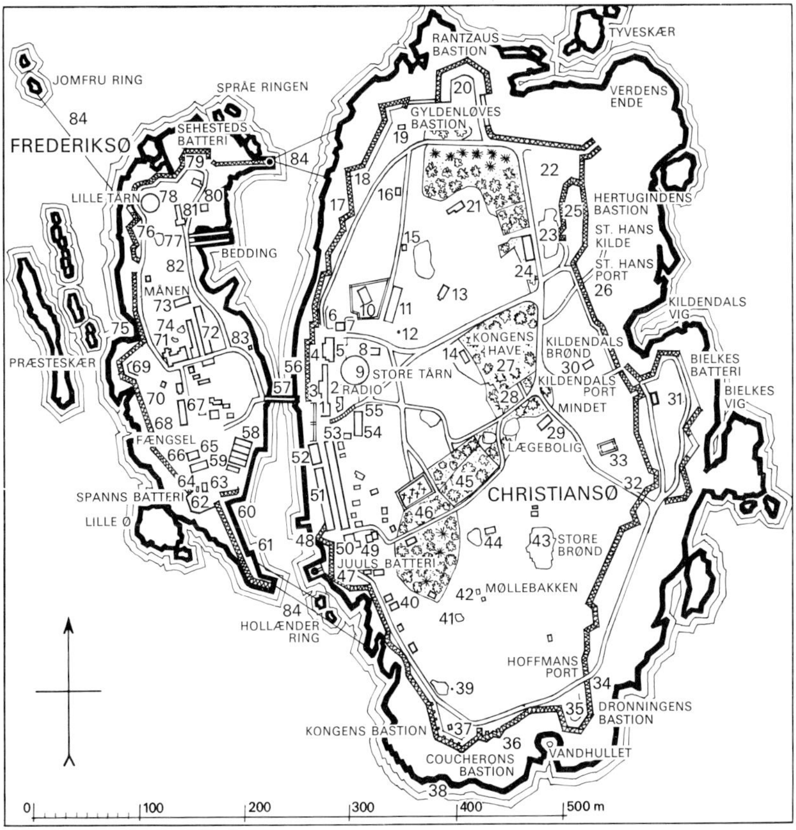

58. Kanonenbootschuppen.
59. Gigschuppen.
60. Brustwehr, angelegt 1812.
61. »Snarken«, Bollwerk aus Holzkisten mit Steinen gefüllt.
62. Spanns Batterie, 1684.
63. Wohnhaus (Kaserne).
64. Materialladen, jetzt Werkstatt der Handwerker der Insel.
65. Staatsgefängnis, 1825.
66. Tordenskjolds Batterie.
67. Lazarett.
68. Cholerafriedhof.
69. Nyhavns Batterie.
70. Ochsenstall.
71. Wohnung des Feldschers.
72. »Frederiksøgaden« (Kasernen).
73. »Månen« (der Mond), ursprünglich Mannschaftsbaracke, jetzt Tanzsaal.
74. »Pfarrhausgarten«.
75. Hier wurde die Insel durch eine schmale Rinne geteilt, die 1684 verstopft wurde, damit Nordrehavn ruhigeres Wasser hatte.
76. Moltkes Batterie.
77. Lilletårns Brunnen.
78. Lilletårn (Kleiner Turm), 1685-87.
79. Sehesteds Batterie, 1684.
80. Bootsmannshütte.
81. Schmiede und Schmiedwohnung, eins der ältesten Häuser.
82. Hier wohnten die Lotsen in einem 27 m langen Gebäude, in dem Gastwirtschaft betrieben wurde.
83. Hafenfeuer; hier befand sich 1730 Danneskjolds Batterie.
84. Ketten, Absperrseile und Schlagbäume, womit die Einfahrten in Kriegssituationen geschlossen wurden.

die Wäsche wird im Meer gespült. Um die Verschmutzung des Wassers in den offenen Teichen zu verringern, ist es verboten, Hunde und Katzen frei herumlaufen zu lassen.

Die Bewohner

Vor 1684 hat es kaum eine fest ansässige Bevölkerung gegeben, nur zur Sommerzeit kamen Fischer von Bornholm, aus Schonen, Blekinge und Norddeutschland. Sie brachten Familien, Rindvieh und Hühner mit und errichteten Steinhütten (*boder*), in denen sie während der Fischsaison wohnten. Zu manchen Zeiten hielt sich der König sogar einen Zöllner auf den Inseln, um vom Fischfang Abgaben einzutreiben.

Mit Christians V. Festungsbau im Jahre 1684 hörten die Sommerbesuche der Fischer auf, und die Inseln bekamen dafür eine ganzjährige Bevölkerung, die, als der Bau fertig war, auf 114 Mann eingeschränkt wurde: Offiziere, Beamte, Handwerker und gemeine Soldaten. Die Anzahl von Frauen, Kindern und Gesinde ist unbekannt. Die Volkszählung des Jahres 1810 zeigt die höchste Bevölkerungszahl der Inseln: 829. Bei der Reduzierung der Festung im Jahre 1855 war die Zahl auf 319 und ein Jahr später auf ca. 100

zurückgegangen. Als die Festung im Jahre 1863 vollständig aufgegeben wurde, verschwand die Besatzung, viele der ehemaligen Soldaten erhielten jedoch die Erlaubnis, als Fischer zurückzukehren.

Christiansø wurde ein Fischerdorf, und im Jahre 1902 wohnten dort 212 Menschen, im Jahre 1921 jedoch nur 107. Obwohl Lehrstellen und Möglichkeiten einer weiteren Ausbildung fehlen, betrug die Bevölkerungszahl im Jahre 1978 doch 124, darunter Fischer, Leuchtturmangestellte, Arzt, Kaufmann mit Personal, zwei Lehrer, drei Handwerker, Künstler und Rentner.

Die Bevölkerung scheint sich an ihren Geburtsort stark gebunden zu fühlen, und in den meisten Ehen ist einer der Partner eingeboren und der andere zugezogen. Diese »Mischehen« haben zur Folge, daß der bornholmische Dialekt auf der »Insel« nicht so ausgeprägt ist wie auf dem »Land« (Bornholm), was noch stärker während der Festungszeit der Fall war.

Fischerei

Der Haupterwerb ist natürlich die Fischerei, und eine der Ursachen dafür, daß sich auf den Inseln nach 1863 eine Fischerbevölkerung niederließ, war, daß sich relativ dicht beim Hafen gute Fischplätze befanden, vor der Zeit der Motorboote ein bedeutender Vorteil.

Gefangen werden Lachs, Hering, Dorsch, Aal. Die Scholle, die sich erst nach 1922 zeigte, spielt für die Fischerei keine Rolle mehr. Die Fänge werden nach Bornholm gebracht, und jene Räucherschornsteine, die man auf den Inseln noch sieht, sind nicht mehr in Gebrauch.

Die Wohnungen

Der größte Teil der Bevölkerung wohnt in den ehemaligen Kasernengebäuden von Frederiksø und Christiansø zur Miete - beim Staat. Auf Christiansø sind es zwei zweigeschossige Häuser aus dem Jahre 1789, die zusammen *Gaden* - die Straße - bilden, mit einem Gepräge wie Nyboder*) und mit 62 Fenstern, die unmittelbar nach Søndrehavn weisen. Die Gebäude sind jetzt in bedeutend größere Wohnungen als während der Festungszeit eingeteilt.

*) Malerisches Viertel am alten Ostwall in Kopenhagen, errichtet 1631-41 von Christian IV., um für die feste Mannschaft der Kriegsmarine Wohnraum zu schaffen. Die nahezu moderne »Reihenhäuserkolonie« ist noch immer Angehörigen der Marine vorbehalten.

Südlich von Gaden befindet sich *der Gamle Kro* (Alter Krug), errichtet im Jahre 1735 als Ingenieurwohnung und jetzt vom Gehilfen des Leuchtturmwärters benutzt. Nördlich von Gaden liegt die weiße Verwalterwohnung und das Hotel in der alten Kommandantenwohnung. Auf der Ostseite der Insel befinden sich das Pfarrhaus und die Arztwohnung. Von anderen Wohnhäusern sind zu nennen: *Rugmarkshuset*, wo der Bäcker wohnt, und auf Frederiksø das *Haus des Schmieds, Malers* und *Seeleutnants*, weiterhin das *Krankenhaus*.

Die Soldatenhütten

Da die Soldatenfamilien nur über eine zweifenstrige Stube und eine einfenstrige Kammer verfügten und die Küche mit drei anderen Familien teilten, ist es verständlich, daß sie sich wegen des Platzmangels für Fischereigeräte, Heringstonnen und Waschzuber kleinere Steinhütten bauten.

Von den 66 *Soldatenhütten*, die es im Jahre 1820 gab, werden noch viele als Waschhäuser und Schuppen benutzt, andere wurden als Wohnung für die ständigen Sommergäste der Insel eingerichtet. Letzteres gilt auch für fünf ehemalige Pulvermagazine und die *Pferdehütte* auf Christiansø sowie die *Bootsmannshütte* auf Frederiksø. Mitglieder des Journalisten- und Schauspielerverbandes nutzen den *Ravelin*, die alte Artilleriewache, als festes Sommerhaus.

Neubauten verboten

Der Staat, der sowohl sämtliche Gebäude als auch den Boden besitzt, verfolgt seit dem Jahre 1863 die Praxis, daß auf den Inseln nichts Neues gebaut werden darf. Der Wiederaufbau einer abgerissenen Hütte kann jedoch unter der Voraussetzung erlaubt werden, daß die Zeichnung gebilligt wird und die Mauern aus Granit, die Giebel aus geteertem Holz bestehen und das Dach mit alten Ziegeln aus Nyboder in Kopenhagen oder von bornholmischen Abrißhöfen gedeckt wird. Die fertige Hütte ist Eigentum des Staates, obgleich der zukünftige Mieter den Wiederaufbau bezahlt hat.

Andere Gebäude

Von den Gebäuden, die nicht als Wohnhäuser dienen, ist am nördlichen Ende des östlichen Gebäudes von Gaden das *Spritzenhaus* zu nennen. Unter dem eigentümlichen »Bohlendach« hat das Bauwesen der Kriegsmarine eine Zeichenstube. Außerdem ist das Spritzenhaus Rettungsstation (Raketenapparat). Dem Spritzenhaus benachbart ist das *Lagerhaus*, zum Südhafen gelegen. Der Staat benutzt es zur Lagerung von Baumaterialien. Kommandant von Kohl, der das Gebäude auf eigene Rechnung errichtet hatte, versteckte während des Engländer-Krieges hier Strand- und Kapergut.

Der Verwalterwohnung benachbart ist die *Hauptwache* (Infanteriewache), jetzt Volksbibliothek und öffentlicher Münzfernsprecher der Inseln. Früher waren hier Wachstuben und später die Lotsenwache. Unter dem vorspringenden Dach gingen die Infanteristen Wache, und um 9 Uhr abends ertönte von hier aus der Zapfenstreich.

Neben der Hauptwache hat in einem Stallgebäude, das zur Kommandantenwohnung gehörte, der Kaufmann seinen Laden eingerichtet. Er hat das Monopol für jeglichen Ladenhandel und die Gastwirtschaft am Ort. Andere dürfen nur selbsthergestellte Waren handeln.

Das *Magazin* - auch Großes Magazin oder Proviantmagazin genannt - wurde etwa 1736 errichtet und im Jahre 1813 erneuert. In dem langgestreck-

Obwohl die Festung - »Christians V. mehr als herkulische Tat, die Beschützerin der Ostsee, die Zuflucht der Seefahrer, die Zierde der Reiche« - vor über hundert Jahren aufhörte, Festung zu sein, zeugt auf den Inseln alles von der Militärzeit. In diesem faszinierenden Milieu, einem der eigenartigsten und schönsten Dänemarks, stehen die langen, gelben Kasernengebäude der Christiansøgade wie ein dramatisiertes Nyboder (die alte Kriegsmarine»stadt« in Kopenhagen) und hinter ihnen (rechts) die kleinen Nebenbauten der alten Soldatenhütten.

Dr.phil. Jacob Jacobsen Dampe (1790-1867) war Philologe und ein tüchtiger Lehrer, Eheprobleme brachten ihn jedoch in politische Opposition. Der »Militärkönig« Frederik VI. verzieh ihm nie, daß er in seinen Schriften über das Recht des Volkes, sich gegen den Monarchen zu empören, behauptet hatte, das Heer müsse in gegebener Situation zum Aufstand überredet werden. 1820 wurde er zum Tode verurteilt, dann jedoch zu lebenslänglicher Gefängnishaft begnadigt, ein selbst nach damaligen Verhältnissen außerordentlich hartes Urteil. Die letzten Jahre vor der Freilassung 1848 - wo ihm übrigens eine kleine Staatspension zuerkannt wurde - ließ man ihn jedoch in Rønne in so freien Verhältnissen verbringen, daß er am Gesellschafts- und Theaterleben der Stadt teilnehmen konnte.

ten Gebäude wurden der Proviant von Bornholm und jene Materialien aufbewahrt, die vom Flottenquartier in Kopenhagen herübergeschickt wurden. Im südlichen Teil sind nun Toiletten und ein Warmbad eingerichtet, und darüber sind Werkraum und Turnhalle der Schule. Im nördlichen Teil hat unter einem verunstaltenden Schieferdach das Leuchtfeuerwesen Maschinenwerkstatt und Wachraum mit Telegrafenstation. Das Leuchtfeuerpersonal besorgt außerdem das E-Werk, die Wetter- und Flugmeldungen sowie die Nebelhörner der Inseln, von denen auf Christiansø zwei in nördlicher und in südlicher Richtung heulen; letzteres befindet sich bei Møllebakken und erhält durch eine Rohrleitung komprimierte Luft zugeführt. Ein drittes Nebelhorn ist im Lilletårn (Kleiner Turm) auf Frederiksø in Richtung Græsholmen installiert.

Der *Leuchtturm* ist zwischen zwei zylindrischen Mauern errichtet, das einzige, was vom eigentlichen Kern der Festung, *Storetårn* (Großer Turm), übrig ist. Das Feuer, das im Jahre 1805 entzündet wurde, war das erste Spiegelfeuer in Dänemark, konstruiert vom Begründer und Leiter des Seekarten-Archivs *Poul Løvenørn*, und erst 1879 wurden die Spiegel durch Linsen ersetzt. Es blinkt jede halbe Minute und ist 28,7 km weit zu sehen, die Fokushöhe beträgt 28 m. Auf der Schäre Tat wurde 1962 ein Agafeuer aufgestellt, und auf Frederiksø befindet sich ein Leitfeuer, dessen Lichtwinkel die Einfahrten der beiden Häfen markieren.

Die *Kirche* ist eine alte Waffenschmiede, 1852 umgebaut und 1928 restauriert; im Jahre 1927 erhielt sie den freistehenden Glockenturm, der mit den bornholmischen Ähnlichkeit hat. Die Orgel ist ein Geschenk *Frederiks VII.*, die Altartafel ein Gemälde aus dem Jahre 1928 von *P. Olrik*. Die Altarleuchter stammen aus dem Jahre 1654, also vor der Festungszeit. Die Kanzel kam 1928 aus dem Marinehospital in Kopenhagen. Die Glocken stammen aus den Jahren 1751 und 1840. Vor 1821 befand sich die Kirche in Storetårn.

Die *Schule* wurde 1831 von Frederiksø nach Christiansø verlegt, sie sollte als Quarantänestation dienen, da sich eine pestähnliche Krankheit den dänischen Küsten näherte. Gleichzeitig zogen der Arzt und der Pastor in zwei Wohnungen bei *Kongens Have* (dem Königlichen Garten) um. Als im Jahre 1855 die Festung verkleinert wurde, wurde der Pastor zum Schullehrer ordiniert und bezog die Lehrerwohnung der Schule, die dann *Præstegården* (Pfarrhaus) hieß.

Seit 1960 gibt es an der Schule zwei Lehrer, und der Pastor hat die Lehrertätigkeit eingestellt, und im Jahre 1962 wurde das Pfarramt der Pfarre Rø auf Bornholm unterstellt.

Palivaren ist der Name eines kleinen Holzhauses bei *Gamle Kro*. Es stand ursprünglich in Nordrehavn und wurde vom Quarantänearzt benutzt, wenn er Verbindung mit fremden Seeleuten aufnehmen sollte. Der Name ist eine Verbalhornung des Wortes »Parloir«: Sprechzimmer. Heute ist Palivaren ein Ausstellungsraum.

Die Gebäude von Frederiksø

Vier langgestreckte Schuppen auf Frederiksø mit Holzgiebeln sind die *Salzereien*. Sie wurden als Kanonenbootschuppen errichtet und später zum Einsalzen von Fisch verwendet, heute sind sie Lagerplatz für Fischereigeräte. Dasselbe gilt für *Gigskuret*, wo die private Schaluppe des Kommandanten stand.

Das *Staatsgefängnis* hinter den Salzereien wurde 1825 errichtet und hat mehrere politische Häftlinge beherbergt. Der berühmteste war Doktor *Dam-*

pe, der von 1826 bis 1841 auf der Festung weilte. Die Zellen werden für Fischereigeräte benutzt; sie wurden jedoch eine Zeitlang von Fischerfamilien bewohnt.

Im alten *Materialladen* befinden sich jetzt Tischler- und Malerwerkstätten. Der Versammlungsraum der Inseln wird *Månen* (der Mond) genannt, obwohl er sich in einem alten viereckigen Kasernengebäude befindet.

Das *Museum* der Festung befindet sich in *Lilletårn*, der Ähnlichkeit mit einer bornholmischen Rundkirche hat. Seit seiner Fertigstellung im Jahre 1687 wurde der Turm als Kaserne, Fecht-, Tanz- und Theatersaal und im Cholera-Jahr 1853 als Lazarett benutzt.

Die üppigen Kleingärten der Soldatenzeit

Außer den Hütten schafften sich die Soldaten Kleingärten an, indem sie Steine beiseite räumten und sie zu hohen Einfriedungen stapelten, die vor dem Wind schützen konnten. In dem spärlichen Boden, der mit Fischabfällen gedüngt wurde, wuchsen oft Pflanzen aus Samen fremder Länder heran. Das Gemüse sollte den Skorbut verhindern. Noch sind in den Gärten häufig Feigen- und Maulbeerbäume zu sehen, und außerhalb der Gärten findet man zahlreiche Gartenpflanzen in degeneriertem Zustand. Ein besonderer Garten ist *Kommandanthaven* (Kommandantgarten) nördlich von Møllebakken. *Kongens Have* - der Königliche Garten - ist nun mehr Wald als Garten. *Stibolts Minde* - oder nur *Mindet* (Erinnerung) - ist ein kleiner Hain bei der Arztwohnung.

Friedhöfe

Der erste, heute noch benutzte Friedhof der Inseln befindet sich auf Christiansø; er ist in den Fels gesprengt und mit Erde aufgefüllt. In der einen Ecke sind einige schöne alte Grabsteine versammelt, der älteste aus dem Jahre 1689. Die Hoffmannsche Kapelle wurde 1888 entfernt und die »Mumien« auf dem Friedhof begraben. Auf dem *Cholerafriedhof* von Frederiksø

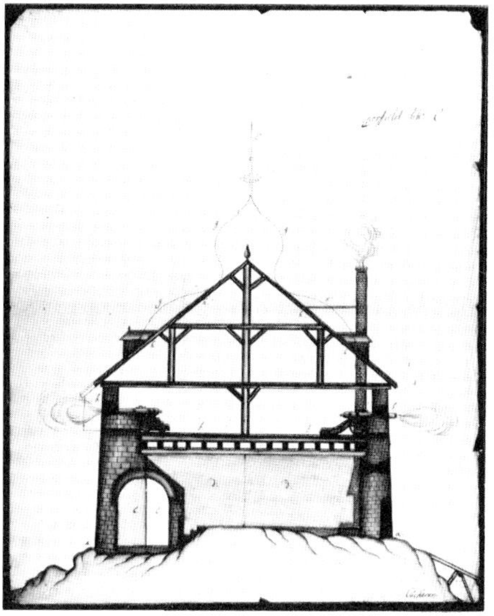

Aussicht von der Batterie des Kommandanten nach Frederiksø mit dem Festungsturm Lilletårn, einem ehrwürdigen Bauwerk, das an eine bornholmische Rundkirche erinnert und die schönste Architektur der Insel repräsentiert. Offenbar hat sich der norwegische Ingenieurkapitän Coucheron höheren Instanzen beugen müssen, denn seine Zeichnung (rechts) schlägt ein Zwiebeldach vor; auch sein Kastellturm in Rønne erhielt schließlich ein kegelförmiges Dach.

wurden in den Jahren 1831-53 71 Menschen beerdigt, *Græsholmen* hatte einen Pestfriedhof, benutzt 1684-85, sowie einen Friedhof aus dem Jahre 1811 mit nur drei Grabstätten; hier stand auch der Galgen der Festung.

Tierleben

An Säugetieren gibt es auf den Ertholmen nur den *Igel* und vielleicht vereinzelte *Mäuse*, die Ratte wurde dagegen ausgerottet. Dabei verschwanden auch die Igel, was zur Folge hatte, daß die *Kröten* überhand nahmen, bis neue Igel eingeführt wurden.

Was den Inseln an größeren Tieren auf der Erde fehlt, haben sie statt dessen in der Luft. Seitdem *Græsholmen* im Jahre 1926 Vogelschutzgebiet wurde, hat sich das Vogelleben auf den und um die Inseln, sowohl was die Arten als auch was die Anzahl betrifft, zu einer großen Besonderheit entwickelt. Hier gibt es den *Tordalk*, die *Trottellumme, Silber-, Herings-* und *Sturmmöwe, Mittelsäger* und *Eiderente*, hier *Åbo* genannt. Die Eiderente spielte in der Festungszeit eine größere Rolle, denn die Daunen gehörten dem Kommandanten und verhalfen ihm zu einer recht bedeutenden Einnahme.

Geschichte

Die Ertholme haben zweifellos schon sehr früh nicht nur als Fischereihafen, sondern auch als Nothafen für Seefahrer und als Zufluchtsort für Seeräuber gedient, weshalb der bornholmische Jarl des Königs auf den Inseln eine Wachmannschaft einrichtete, um die wendischen Schiffe zu beobachten.

Im Jahre 1397 hatte Königin Margrethe vor, auf den Inseln eine feste Burg zu errichten, jedoch erst als im Jahre 1658 Schonen, Halland und Blekinge und damit sämtliche dänische Häfen östlich von Seeland verloren gingen, entstanden Pläne, auf den Ertholmen eine Basis des Nachrichtenwesens zu schaffen, um von dort die Flottenbewegungen der Schweden aus-

Außer dem vierstündigen Bombenregen von den schwer bewaffneten Fregatten, die bei Sonnenaufgang vor Christiansø geankert hatten, mußte die Festung an jenem Oktobertag im Jahre 1808 volle Breitseite von mehreren Schiffen ertragen, darunter einem Dreidecker, der unaufhörlich an der Insel vorüber defilierte. Kommandant Kohl (links) war unter den ersten Verwundeten, ließ sich jedoch zum Møllebakken tragen und leitete von dort den Kampf, bis das englische Geschwader wieder gegen Westen und um Hammeren davonsegelte.

spionieren zu können. Für die Wahl dieses Ortes war entscheidend, daß zwei natürliche Hafenbecken vorhanden waren, die man bei jedem Wind anlaufen konnte, während Bornholm über eigentliche Hafenmöglichkeiten nicht verfügte. Um als wirklicher Kriegshafen zu dienen, waren sie jedoch viel zu klein.

DIE FESTUNGSZEIT

Der Beginn der Pläne liegt im Jahre 1662, doch erst nach dem Schonischen Krieg und nach sorgfältigen Untersuchungen gab Christian V. am 26. Januar 1684 seinen Willen kund, auf den Ertholmen eine kleine Festung zu errichten. Dem norwegischen Generalquartiermeister *Anthon Coucheron* wurde die Leitung der Arbeit übertragen, die von 288 norwegischen Arbeitssoldaten, unterstützt von 50 Mann der bornholmischen Miliz, ausgeführt werden sollte.

Der Sund zwischen Christiansø und Frederiksø wurde zu Nordre- und Søndrehavn ausgebessert, deren Einfahrten durch vier Hafenbatterien verteidigt werden sollten: *Sehesteds, Gyldenløves, Juuls* und *Spans Batterie*. Die Kanonen von Storetårn sollten alles beherrschen, unterstützt von mehreren Batterien ringsum auf der Insel, von denen zuerst auf der Ostseite *Bielkes Batterie* und im Süden *Coucherons Batterie* angelegt wurden. Die Kanonen von Lilletårn sollten Græsholmen bewachen. An Geschützen gab es 20 Stück 18-Pfund Kanonen, 18 kleinere Kanonen und 218 Stück leichtere Geschütze. Die Bestückung wurde jedoch mehrmals geändert.

Die ersten Jahre der Festung waren friedlich, und die Mannschaft widmeten sich mehr dem Fischfang als dem Soldatenhandwerk, und nur während des Großen Nordischen Krieges und des Engländer-Krieges wurde die Besatzung von normalerweise 114 Mann auf jeweils 372 und 568 erhöht. Obwohl die Schweden keinen Angriffsversuch unternahmen, war man sich über die Schwächen der Festung im klaren, vor allem über den Umstand, daß die Kugeln des Feindes von den Klippen abprallen

Die langen dunklen Kanonenbootschuppen auf Frederiksø erinnern an die Tage des Engländer-Krieges, als Kaperboote und Prisenschiffe buntes Leben in den kleinen Festungshafen brachten. Über den Schuppen ist das Staatsgefängnis zu sehen, wo Frederik VI. Dr. Jacob Dampe verwahrte, weil dieser einen Geheimbund gegründet hatte, um seine Ideen von einer freien, demokratischen Verfassung durchzusetzen. Die Zeichnung auf der vorigen Seite muß offenbar auf Feldstudien nach 1825 zurückgehen, denn auf der linken Seite ist das Gefängnis mit hineingeraten.

Auch Christiansø genoß die Gewogenheit Frederiks VII. Während eines Besuches im Jahre 1851 stand er Pate bei zwei kleinen Jungen, die Gräfin Danner in der kleinen Kirche (links) aus der Taufe hob, und im Jahr darauf kam ein schönes Geschenk. Rechts: Die schwere Ringmauer am Kildendal, wo sich das Ausfallstor und, bis 1843, zwei Kanonenbootschuppen mit Aufschleppstelle nach Kildendals Vig befanden. Im Tal stand ein Steinwurfmörser.

(rikoschettieren) würden, und weiterhin, daß die Festung von Anfang an viel zu groß angelegt worden war. Ersteres wollte man zu verhindern suchen, indem man den Felsen mit einer Erdschicht bekleidete, die die Kanonenkugeln zurückhalten könnte, letzteres hatte zahlreiche Vorschläge zur Reduzierung der Festungswerke zur Folge, die jedoch niemals realisiert wurden.

Während des Engländer-Krieges 1808-18 fungierte der Hafen als Stützpunkt für Kaperfahrzeuge, die reichbeladene Handelsschiffe des Feindes aufbrachten, und das Ergebnis war, daß die Engländer die Inseln am 24. Oktober 1808 bombardierten. Von drei Fregatten regneten die Bomben über die Festung herab, deren Kanonen die Schiffe nicht erreichen konnten. Sieben Menschen kamen ums Leben, zehn wurden verletzt, und die Gebäude erlitten große Schäden. Nach diesem Ereignis fand man die Zeit für Verbesserungen reif, und in den Jahren bis 1814 wurde eine ansehnliche Ringmauer errichtet, die nun die Reihe von Batterien auf Christiansø wie auf Frederiksø verbindet. Die Arbeit wurde von 200 Mann des Marineregiments ausgeführt; die hatten keinen Spaß daran, und nach einer regulären Meuterei verließen sie die Festung und traten in schwedische Dienste.

DÄNEMARKS »TEUFELSINSEL«

Neben den militärischen Aufgaben wurde der Festung - aufgrund ihrer isolierten Lage - die Rolle eines *Deportationsortes* übertragen. 1725 wurden die ersten 10 Kettensträflinge oder Sklaven hierhergeschickt. Die Häftlinge waren hier für den Rest ihres Lebens damit beschäftigt, Granit zur Verwendung auf den Inseln oder als Ballast für die Schiffe des Flottenquartiers in Kopenhagen zu sprengen. Es waren etwa zwanzig, und sie wohnten in einem Gefängnisloch auf Frederiksø. Ein projektiertes Gefängnis für 80 Sklaven wurde niemals gebaut, dagegen wurde 1825 das Staatsgefängnis für politische Häftlinge errichtet, nachdem 1782 der letzte Kettensträfling gestorben war.

Außer den Sklaven wurden Geisteskranke und Psychopathen dorthin geschickt, von letzteren taten einige Dienst als Soldaten und wurden dafür von ihrer Familie unterhalten, andere - außer den Geisteskranken - hatten zum großen Verdruß des Kommandanten eine freiere Stellung. Da auch die Beamten des Ortes nicht ganz »gewöhnlich« waren, glich Christiansø zeitweise mehr einer Irrenanstalt als einer königlichen Festung. Offiziere und Beamte hatten auch nicht viel zu tun und vertrieben sich die Zeit mit Kartenspielen und Trinken und machten sich gegenseitig verrückt. Die Folge davon waren Klagen, Berichte und gerichtliche Verfahren mit tagelangen Verhören, alles mehr oder weniger eine Folge der Isolation und der engen Lebensverhältnisse. Die Schreiben der Admiralität an den Kommandanten enden häufig mit der Aufforderung, endlich Frieden zu halten und Animosität und Zanksucht zu vermeiden.

Die Einstellung der Festung

Als sich im 19. Jahrhundert die politischen Verhältnisse im Norden veränderten, verlor Christiansø seine Bedeutung als Flottenstützpunkt gänzlich, auf jeden Fall stand sie in keinem annehmbaren Verhältnis zu den Unkosten. 1855 wurde durch eine königliche Resolution festgelegt, daß die Festung reduziert werden und nur noch eine Besatzung von 24 Mann zur Aufrechterhaltung der Ordnung auf den Inseln umfassen sollte, denn der Hafen sollte als Nothafen mit Lotsenstation und Leuchtfeuerwesen beibehalten werden. 1863 wurde das Militärkommando aufgehoben, und die ehemaligen Soldaten kehrten zurück und verwandelten Christiansø in ein Fischerdorf. Später kamen Künstler - unter den ersten war der Dichter und Maler *Holger Drachmann*, dann vor allem *Edvard Weie* und sein schwedischer Malerkollege *Karl Isakson*, der erste in jenem Kreis, den man später als »Bornholmer Schule« charakterisiert hat - und Sommergäste ließen sich auf den eigentümlichen Inseln nieder.

Nur Staatssteuern

Versuche des Staates, eine bornholmische Gemeinde zur Verwaltung der Inseln zu überreden, schlugen fehl. Christiansø gehört daher noch immer zur Kriegsmarine (Verteidigungsministerium), mit dem Leuchtturmwärter des Ortes als konstituiertem Verwalter, und Kommunalsteuern sind ein unbekanntes Phänomen.

Die Verbindungen zur Umwelt

Christiansø hat Post- und Radiotelefonverbindung mit Svaneke, in den Sommermonaten besteht außerdem eine tägliche Verbindung mit Gudhjem und Allinge. In jeder Saison bringen große, moderne Schiffe etwa 50.000 Touristen zur Inselgruppe.

Auf Møllebakken befindet sich ein Landeplatz für Hubschrauber.

In Eiswintern kann es geschehen, daß die Bewohner der Ertholme ein paar Monate lang vollständig isoliert sind, so daß Proviant mit Flugzeugen oder Eisbrechern herbeigeschafft werden muß. Erst durch den Hubschrauber wurde jedoch eine direkte Landung möglich. Um die Vogelmyriaden von Græsholmen zu umgehen, peilt der Pilot den »Heliport« Møllebakken von der genau entgegengesetzten Seite an.

REGISTER

Opfotograferet og reproduceret
efter kort i størrelse 1 : 500 000

0 10 20

Reproduceret med tilladelse (A 489/77) af Geodætisk Institut.